COLLECTION SOCIÉTÉS, ESPACES, TEMPS

dirigée par Frédéric Abécassis, Jean-Louis Tissier, Marie Vogel

SOCIÉTÉS, ESPACES, TEMPS

Écrire l'histoire des femmes et du genre

Françoise Thébaud

Avec une préface
d'Alain Corbin

2e édition revue et augmentée de
Écrire l'histoire des femmes

ENS ÉDITIONS
2007

Éléments de catalogage avant publication

Écrire l'histoire des femmes et du genre / Françoise Thébaud. – 2e éd. revue et augmentée. – Lyon : ENS Éditions, 2007.
– 1 vol. (315 p.) : couv. ill. en coul. ; 23 cm. – (Sociétés, espaces, temps, ISSN 1258-1135)
Bibliogr. p. 239-306. Notes bibliogr. Précédemment paru sous le titre : «Écrire l'histoire des femmes».
ISBN 978-2-84788-093-9

Illustration de couverture – Robert Delaunay, *La ville de Paris*, 1912.
Paris, musée national d'Art moderne.
© Photo RMN / Jean-Claude Planchet.
Autorisation de reproduction : © L&M Services B.V. La Haye 20070713.

École normale supérieure Lettres et sciences humaines
15 Parvis René Descartes
BP 7000
69342 Lyon cedex 07

ISBN 978-2-84788-093-9

Avant-propos à la nouvelle édition

Rendre compte de l'aventure intellectuelle d'un domaine de recherche – ici l'histoire des femmes et du genre – n'est jamais simple, et poser des jalons permet, malgré l'effet réducteur, d'en embrasser rapidement les contours. En voici quelques-uns, cités dans cet ouvrage dont la première édition date de 1998. En France, le premier cours d'histoire des femmes organisé par Michelle Perrot à l'Université Paris 7 à l'automne 1973 s'intitulait, signe d'une grande perplexité, « Les femmes ont-elles une histoire ? »[1], tandis que se tenait à Aix-en-Provence, sous l'égide du CEFUP constitué à l'initiative d'Yvonne Knibiehler, un cours de formation continue, avant l'ouverture l'année suivante d'un enseignement de Deug sur la « condition féminine »[2]. Une dizaine d'années plus tard, la table ronde publiée en 1984 sous le titre *Une histoire des femmes est-elle possible ?* se demandait comment l'écrire – sources, chronologie, notions de rôles sexuels et de culture féminine –, bientôt suivie d'un essai collectif d'historiographie paru dans les *Annales ESC*. Première tentative de synthèse des travaux et des questionnements des vingt années précédentes, essai d'histoire comparative dont les 3 000 pages connurent un grand succès en France et à l'étranger, l'*Histoire des femmes en Occident* parut en 1991-1992 et se soumit à des lectures critiques lors d'une rencontre tenue symboliquement à la Sorbonne. Le statut de « grande collection » et la direction de Georges Duby et Michelle Perrot offraient alors une visibilité à un domaine marginalisé et lui ouvraient la porte de la discipline historique. Peu de temps après, l'année de la Conférence internationale de Pékin, préparée en France par un colloque interdisciplinaire, vit la naissance de la revue *Clio, histoire, femmes et sociétés* qui

1. Michelle Perrot a raconté cette expérience lors de la journée d'études organisée à l'occasion des vingt-cinq ans d'études féministes à l'Université Paris 7 (Perrot 2001).
2. CEFUP : Centre d'études féminines de l'Université de Provence. Sur l'expérience du CEFUP, voir Thébaud 2004a.

affirmait, plus nettement que sa devancière *Pénélope, pour l'histoire des femmes* (1979-1985), son insertion dans la discipline historique.

Huit ans plus tard, 1998 peut sans doute être considéré comme le jalon suivant, marqué par la parution, aux côtés d'*Écrire l'histoire des femmes*, d'ouvrages importants : *Les femmes ou les silences de l'histoire* rassemble et met en perspective les multiples contributions de Michelle Perrot à l'histoire des femmes ; *Les femmes et leur histoire* fait de même pour celles de Geneviève Fraisse, tandis que *L'histoire sans les femmes est-elle possible ?* – colloque préparé collectivement et rapidement publié – interpelle la communauté des historiens par un questionnement sur les catégories de l'histoire, les innovations thématiques ou la transmission des savoirs[3]. Au même moment, *La domination masculine* de Pierre Bourdieu – « livre fanal »[4] – connaît un large succès éditorial et suscite à la fois polémiques et débats fructueux. L'auteur y interpelle avec sévérité l'écriture de l'histoire des femmes et particulièrement l'*Histoire des femmes en Occident* qui aurait négligé d'analyser le travail de reproduction des institutions et les processus de naturalisation de la différence des sexes. Mais il contribue aussi, par sa notoriété, à asseoir la légitimité de l'objet d'étude auprès du grand public et dans les instances universitaires.

Préfacé avec empathie par Alain Corbin, qui apporte sa caution d'historien reconnu et invite les chercheurs français à moins de désinvolture en la matière, *Écrire l'histoire des femmes* reçut alors un accueil plutôt favorable pour un livre d'historiographie qui peut paraître de prime abord austère et trop dense. Mentionné dans la grande presse – *Libération, Le Monde diplomatique*[5] –, recensé dans plusieurs revues françaises d'histoire – notamment les *Annales HSS* et *Le mouvement social*[6] –, longuement présenté dans au moins trois revues étrangères et dans la jeune revue de sociologie *Travail, genre et sociétés*[7],

3. Voir Sohn et Thélamon 1998.
4. L'expression est de Michelle Perrot qui a participé aux 30 pages de « controverses » publiées par la revue *Travail, genre et sociétés* (n° 1, 1999, p. 202).
5. Dominique Kalifa, « Le laboratoire féminin », *Libération*, 7 janvier 1999 ; Florence Montreynaud, *Le Monde diplomatique*, août 1999.
6. Comptes rendus de Geneviève Dermenjian et de Cécile Dauphin, *Annales HSS*, 54e année, n° 1, janvier-février 1999 (50 pages de comptes rendus en histoire des femmes) ; compte rendu de Patrick Fridenson, *Le mouvement social*, n° 198, *Féminin et masculin*, sous la direction d'Anne-Marie Sohn, janvier-mars 2002.
7. Comptes rendus de Andrée Levesque, *Histoire sociale - Social History*, n° 64, novembre 1999 (Canada) ; de Siân Reynolds, *Modern and Contemporary France*, vol. 7, n° 4, 1999 (Royaume-Uni) ; de Karen Offen, *French Historical Studies* (*review essay* de 13 livres), vol. 26, n° 4, 2003 ; de Delphine Gardey, *Travail, genre et sociétés*, n° 1, avril 1999. L'ouvrage est aussi recensé, de façon plus concise et en même temps que celui de Michelle Perrot,

partiellement traduit en espagnol pour un livre électronique diffusé au Chili[8], l'ouvrage a rencontré un public sensible au regard réflexif sur vingt-cinq ans d'histoire des femmes, à la « civilité » du propos qui met en scène une aventure collective, ou au plaidoyer pour la reconnaissance et l'intégration[9].

Au risque assumé et peut-être maîtrisé de produire un récit canonique de l'histoire de l'histoire des femmes en France, l'objet était en effet de contribuer à l'histoire d'un savoir et d'une communauté d'historiennes, de constituer et transmettre une mémoire des recherches et débats antérieurs, d'ouvrir un dialogue avec l'ensemble de la discipline historique. Comme tel, l'ouvrage est évoqué ou résumé dans plusieurs livres et manuels d'historiographie[10] écrits postérieurement et devient, dans quelques enseignements, un outil pour la formation des étudiants. Tiré à quelques centaines d'exemplaires à l'origine, il a été réimprimé plusieurs fois. Une nouvelle édition est l'occasion de pages d'actualisation qui, avec les compléments bibliographiques, sont apparues d'autant plus nécessaires que le domaine de recherche s'est beaucoup développé et transformé depuis quelques années et que l'aventure intellectuelle continue, en France et ailleurs.

Quel livre est donc proposé aux lecteurs d'aujourd'hui ? Il ne s'agit pas, disons-le d'emblée et clairement, d'un manuscrit entièrement inédit mais, dans la mesure où l'auteure assume toujours son propos de 1998, d'une réédition largement complétée. Aussi cet avant-propos est-il d'abord suivi des divers éléments composant la première édition de cet ouvrage, y compris de l'introduction et de la conclusion d'alors, qui pourront apparaître comme des documents historiques sur l'état d'esprit d'une protagoniste de l'histoire des femmes à la fin des années 1990. Outre la modification de quelques normes éditoriales, les seules interventions sur le texte d'origine ont été la correction de coquilles typographiques ou de menues inexactitudes dont certaines m'avaient été signalées par des lectrices, la suppression d'un avertissement

---

dans la jeune revue *Mouvements* (n° 5, septembre-octobre 1999), sous le beau titre « Comment l'histoire vient aux femmes » (Irène Jami).

8. L'ouvrage *El género en historia* s'appuie sur l'enseignement et la recherche effectués sous la direction d'Anne Pérotin-Dumon à l'Institut d'histoire de la Pontificia Universidad Católica du Chili (Perotin-Dumon 2001).

9. La référence à la civilité est due à Delphine Gardey qui souligne que la façon de « faire science » est sexuée.

10. Par exemple : Christian Delacroix, François Dosse, Patrick Garcia, *Les courants historiques en France, XIXe-XXe siècle*, Paris, Armand Colin, 1999 ; Philippe Poirrier, *Aborder l'histoire*, Paris, Seuil (mémo), 2000.

désormais inutile[11], ou bien encore l'ajout de quelques notes d'actualisation, ainsi qu'une attention à la précision temporelle[12]. Enfin, pour respecter la chronologie d'écriture et celle de l'aventure intellectuelle qui est décrite dans cet ouvrage, les pages rédigées en 2006 sont placées en épilogue et forment une véritable quatrième partie qui met en scène les années 2000 sous le signe du genre.

D'où une dernière remarque qui concerne le titre de l'ensemble, question qui avait déjà retenu mon attention en 1998. « L'histoire des femmes » apparaissait encore comme une expression générique, la seule couramment utilisée, et « écrire » suggérait un projet, un processus, ainsi qu'une histoire inachevée. L'ampleur du complément éditorial et les évolutions décrites justifient, pour l'éditeur et l'auteure, de lui préférer aujourd'hui *Écrire l'histoire des femmes et du genre.*

11. L'avertissement aux lecteurs justifiait et explicitait un mode de référencement peu utilisé alors en histoire mais plus courant aujourd'hui. Incluses dans le texte, des parenthèses avec noms d'auteurs renvoient à une bibliographie générale en fin de volume. La bibliographie utilise classiquement *et al.* à partir du quatrième auteur d'un ouvrage ou d'un article. Par souci d'allégement, il est procédé autrement dans les parenthèses où le premier nom est suivi de *et al.* dès que le nombre d'auteurs dépasse deux. Grâce à la date de parution, il n'en résulte aucune confusion dans la bibliographie où, derrière un patronyme, les références à auteurs multiples sont classées par nombre d'auteurs et par ordre alphabétique du deuxième auteur.

12. Ainsi, pour éviter toute confusion, les « récents » ou « aujourd'hui » ont été remplacés – sauf dans l'introduction clairement datée dès ses premiers mots – par une date précise ou la mention « à la fin des années 1990 ». Les notes ajoutées ou les compléments aux notes existantes précisent par exemple que la thèse mentionnée a été publiée ultérieurement. Ces ajouts et modifications sont indiqués entre crochets.

Préface de la première édition

Aucune des historiennes de sa génération n'était mieux préparée que Françoise Thébaud à porter, à l'occasion d'une « pause solitaire », un regard rétrospectif sur le cheminement d'une histoire à laquelle son propre itinéraire tend à l'identifier. Sa participation à toutes les entreprises collectives qui ont jalonné ce que l'on est convenu d'appeler, en France, l'*Histoire des femmes*, la direction d'un volume de la série qui porte ce titre, la rédaction de ses ouvrages personnels, en bref toute son aventure intellectuelle s'est fondue dans cette nouvelle manière de lire le passé qui constitue, ici, son objet.

Fournir les clefs de cette histoire enchevêtrée, rendre clair le relais des questionnements qui l'ont peu à peu constituée, élucider ce qui les a suscités et ce qui les a rendus possibles tenait de la gageure. Or, Françoise Thébaud a réussi à tracer des lignes nettes. Son livre va permettre à tous ceux qui se sont arrêtés en chemin, à tous ceux que l'entrecroisement des débats avait quelque peu découragés, d'englober, en une vue panoramique mais aussi diachronique, l'une des plus fascinantes tentatives de novation de la discipline historique. Cette revue d'une histoire vibrante faite de débats passionnés, de polémiques retentissantes et aussi de sarcasmes, s'éclaire de la lucidité tranquille de Françoise Thébaud et se mue, pour finir, en un plaidoyer aux accents presque émouvants.

L'histoire des femmes ainsi présentée s'ouvre par une décennie placée sous le signe de l'enthousiasme, de l'indignation et de la dénonciation. Le ton militant des textes initialement produits atteste la relation existentielle qui noue l'historienne à son objet. Le monopole des femmes sur l'écriture de leur histoire est alors résolument revendiqué. Avides de déceler les mécanismes de la domination, les procédures de l'assignation aux rôles sexuels, moins pressées de détecter ce qui relevait du consentement ou de la compensation, les historiennes des femmes se sentent alors animées par le plaisir que procure la conviction d'ébruiter ce qui était silence, de rendre visible ce qui était caché, de faire accéder au statut de sujets historiques celles qu'elles considèrent comme autant de victimes. Elles s'attachent à décrire la condition, la solitude, le malheur ; à dire la révolte, à traquer tout ce qui relevait de la ruse subreptice, tout ce qui témoignait d'une quête d'identité, d'une capacité d'autonomie. Françoise Thébaud sait mettre en évidence la tension qui alors s'instaure entre le désir de déconstruire une catégorie prédéterminée et le besoin de la prendre en compte pour mieux en dénoncer les affres.

À ceux qui en sont restés à cette vision des choses, Françoise Thébaud apportera beaucoup. L'aventure qu'elle retrace – il convient, en effet, d'éviter ici la topologie et de renoncer à l'emploi des substantifs « territoire » ou « champ » – se définit d'abord par l'écoute permanente de ce qui se dit ou de ce qui se fait de plus novateur en matière d'écriture de l'histoire. Toute quête de nouveaux objets se révèle inséparable d'une réflexion sur la manière d'en écrire les résultats. Les historiennes des femmes ont été très tôt obligées de se prêter aux lectures en creux, de pratiquer la chasse aux traces évanescentes ou furtives. Lectrices de Michel Foucault, elles se sont révélées d'emblée attentives aux manques. Elles sont vite devenues familières des angles morts et des points aveugles.

On imagine difficilement, après avoir lu Françoise Thébaud, comment un historien pourrait aujourd'hui se dispenser de considérer le devenir de cette aventure, sinon de se mêler aux débats qui la constituent. Cette histoire contre laquelle se hérissent les barrières de l'institution universitaire et dont on décrète trop souvent la clôture, est, en fait, carrefour, confluence de toutes les interrogations actuelles, laboratoire de novations. Contentons-nous d'une énumération, en vrac. Les historiennes des femmes ou des rapports de sexe débattent des formes de la narration, des procédures de la construction sociale des catégories, de celle des identités et des sentiments d'appartenance, dont elles soulignent la multiplicité. Elles s'interrogent sur le statut de l'histoire des représentations et sur son articulation avec l'histoire sociale instituée. Les débats actuels sur la validité de la dichotomie entre les discours et les pratiques, sur la fécondité de la variation des échelles d'analyse, sur la manière dont les représentations se transforment, à travers le langage, en réalités sociales, sans oublier la revendication de l'intérêt de l'étude du discontinu et de l'éphémère, de tout ce qui se manifeste dans les interstices d'une histoire linéaire, sont au cœur des ouvrages de ces historiennes.

Il n'est pas une interrogation, pas un débat qui traverse la communauté des historiens qui n'agite, du même coup, l'histoire retracée par

Françoise Thébaud. Il ne serait pas, de ce fait, de meilleure propédeutique pour les étudiants de premier cycle que de se plonger au cœur de cette recherche que l'institution tend à marginaliser. Ce rejet subreptice s'explique. Le foisonnement est riche de novations virtuelles, c'est-à-dire lourd de menaces pour tous ceux qui craignent la mise en cause des routines, l'abandon des courtes vues et le bouleversement des certitudes tranquilles. Par bonheur, la marginalité possède sa promesse de fécondité. Le travail incessant de légitimation stimule. La position inconfortable préserve des risques de l'assoupissement. Que les historiennes des femmes se résignent. Je crains que malgré la qualité de ce livre et l'appel irénique à l'intégration qui le clôt, la cruauté des situations individuelles ne se maintienne encore longtemps.

Il est un autre fil directeur à la lecture de l'ouvrage de Françoise Thébaud : celui qui permet de suivre le débat qui oppose une histoire anglo-saxonne dominante à une histoire nationale qui clame sa différence. La première, hantée par la marginalité sexuelle, par les clivages ethniques et par le colonialisme rejette, plus ou moins ouvertement, cette autre scène sur laquelle les rapports se sont construits d'une manière différente. La polémique suscitée par le livre récent de Mona Ozouf est, à ce propos, fort révélatrice. Mis à part les quelques spécialistes de l'Hexagone, les historien(ne)s anglo-saxons prennent en compte les seuls travaux français traduits en langue anglaise. De ce fait, le risque grandit de la constitution de deux histoires distinctes, ou de l'effacement de la spécificité française, à l'issue d'une défaite linguistique, déjà consommée sur bien d'autres terrains. Le jeu sur les termes anglais *history / herstory*, dépourvu de tout fondement étymologique et de toute signification dans une autre langue, me paraît symbolique d'une lutte de pouvoir ; de celle qui, par exemple, se cache derrière la *political correctness* et à laquelle participent paradoxalement bien de celles ou de ceux qui se disent les plus violents adversaires de tout impérialisme.

Mais cela n'a pas besoin d'être souligné tant on sait que de tels débats linguistiques et culturels ordonnent désormais les relations – et les tensions – internationales. L'essentiel est bien l'attitude de Françoise Thébaud, qui prône l'écoute réciproque, l'optique compréhensive, l'acceptation de l'autre. Une telle « appréciation sereine » peut, seule, désarmer les tenants du protectionnisme culturel, comme l'arrogant dédain de ceux qui se trouvent en position de domination.

La lecture du livre de Françoise Thébaud montre qu'au cœur de l'histoire des femmes (*women's studies*), tout ce qui relève de l'étude de la condition, de l'identité et de la révolte n'est plus guère contesté. Mais cette lecture montre aussi que cette histoire se trouve cantonnée, à l'intérieur de l'institution universitaire française, un peu à la manière de l'histoire ouvrière sur le modèle de laquelle elle s'est édifiée, malgré la méfiance témoignée par les syndicalistes à l'égard de l'émancipation féminine.

Par-delà cette constatation, somme toute banale, se dresse un double défi, plus massif, s'affirment deux visées plus stimulantes. Françoise Thébaud les présente de façon lumineuse. Il s'agit, en premier lieu, de tout ce qui relève d'une relecture du passé, réinterrogé au féminin, d'une remise à plat des catégories établies, des hiérarchies et des oppositions instituées, d'une saisie de nouvelles scansions, d'une réinterprétation des événements ; en bref, de l'élaboration d'une « chronologie au féminin ». Force est de constater que nous restons en attente de travaux majeurs et décisifs, à ce propos. C'est que le projet nécessite, au préalable, un long travail de déconstruction, puis de détection de sources, dans la mesure où celles qui étaient jusqu'alors utilisées étaient masculines. Il impose aussi une longue réflexion sur les manières d'écrire l'histoire.

Il est donc logique que le cheminement de l'histoire des femmes et des *gender studies* aboutisse à des recherches extrêmement novatrices, ordonnées par le besoin d'une lecture sexuée – et non seulement féminisée – du passé, attentive, de ce fait, à l'historicité des procédures de construction de la virilité et, plus profondément, par la volonté de saisir la façon dont les rapports de sexe, qui sont des relations de pouvoir en perpétuel réajustement, se trouvent inscrits dans le langage. Nous abordons là les plus âpres débats qui secouent actuellement la discipline historique, qui suscitent les plus vifs effrois et les réactions de défense les plus résolues.

Françoise Thébaud nous plonge au cœur de ce bouillonnement dont la manière de faire de l'histoire sortira transformée. Gageons que la force de son plaidoyer, confortée par la limpidité sereine de son écriture, provoquera les plus désinvoltes à la méditation.

Alain Corbin

Introduction de la première édition

Au cœur des années 1990, le moment est-il venu d'écrire l'histoire de l'histoire des femmes[1] ? À beaucoup comme à moi-même, l'entreprise paraîtra prématurée, ambitieuse, démesurée et d'aucuns me jugeront beaucoup trop engagée dans la discipline pour en parler avec assez de distance critique. Aussi dirai-je d'emblée, puisque la comparaison avec la « nouvelle histoire » sera filée, que cet opuscule ressemble plus à l'essai de Jacques Le Goff « L'histoire nouvelle » paru en 1978[2] qu'aux plus récentes, plus denses et plus critiques histoires de ce courant écrites par des historiens plus extérieurs : notamment Hervé Coutau-Bégarie (1983) et François Dosse (1987) pour une lecture iconoclaste, ou bien Olivier Dumoulin (1983) pour une approche plus sereine. Comme mon illustre collègue, plus maladroitement peut-être, je tente ici de rendre compte en actrice d'une aventure intellectuelle, de faire comprendre ses origines, ses thématiques, ses inflexions successives, ses tâches à venir[3]. Animée pour cela d'une triple motivation.

Il me paraît d'abord légitime de contribuer à forger, même de façon partielle, une mémoire de quelque vingt-cinq années de recherche française en histoire des femmes, mémoire nécessaire à tout champ

1. Le français dispose d'un seul terme pour évoquer à la fois la réalité passée et le travail intellectuel de lecture de ce passé. Dans cet ouvrage, sauf précision contraire, l'expression « histoire des femmes » évoque le champ disciplinaire « histoire des femmes » ou, comme l'indique le titre, l'écriture de l'histoire des femmes.

2. Cet essai ouvre l'ouvrage codirigé avec Roger Chartier et Jacques Revel et intitulé *La nouvelle histoire*. Les dix articles essentiels de cet ouvrage ont été réédités en livre de poche (Éditions Complexe), en 1988, sous la direction de Jacques Le Goff qui ajoute une nouvelle préface et des compléments bibliographiques.

3. Les articulations de l'article de Jacques Le Goff sont les suivantes : La place originale de l'histoire ; Naissance de l'histoire nouvelle : L'« École des Annales » ; Les pères de l'histoire nouvelle ; Une histoire française ? ; L'histoire nouvelle aujourd'hui ; Les tâches de l'histoire nouvelle.

disciplinaire pour aller de l'avant. À l'origine de ce travail, il y a sans doute l'impression curieuse d'entendre à plusieurs reprises, dans des colloques récents, des propos déjà tenus des années auparavant, et le sentiment corrélatif d'une difficile transmission des acquis d'une génération à l'autre. Il y a aussi une curiosité plus personnelle à l'égard de la pratique et des développements de l'histoire des femmes aux États-Unis, l'envie de comprendre et de mettre de l'ordre dans les quelques bribes qui m'étaient parvenues, afin d'en tirer peut-être matière à réflexion, d'être apte tout au moins à ne pas céder aux critiques ou aux modes trop rapides.

Troisième motivation, et non la moindre, le désir de faire connaître un domaine de recherche trop souvent ignoré, et de répondre ainsi à des jugements hâtifs, voire péjoratifs. Bien des collègues historiens craignent une histoire militante ou hors des sentiers de la discipline. D'autres classent l'histoire des femmes, de façon réductrice, dans une catégorie connue : en général l'histoire des mentalités ou l'histoire sociale, cette dernière ayant, il est vrai, une ambition plus totalisante. Ainsi, Alain Boureau, dans un article programmatique de 1989, inscrivait-il d'abord l'histoire des femmes, aux côtés de celle du peuple, du sexe et des corps, dans une histoire des mentalités conçue comme « le refuge des objets historiques exclus par "l'histoire normale" », avant de lui accorder le statut actuel mal défini de discipline indépendante, improprement appelée *gender studies* : « Quelque chose comme l'histoire sociale de la distinction entre hommes et femmes » (Boureau 1989, p. 1493). Plus récemment, il qualifiait d'« ouvrage collectif de vulgarisation » (Boureau 1995, p. 253) les quelque trois mille pages de la série *Histoire des femmes*[4] (Duby et Perrot 1991-1992), qui se voulait pourtant, avec la conscience du travail accompli et de ses limites, « bilan provisoire, instrument de travail, plaisir de l'Histoire, lieu de mémoire »[5]. Pareille appellation, inimaginable pour toute autre collection de format équivalent dont la France semble s'être fait une spécialité – par exemple l'*Histoire de la France urbaine* également dirigée par Georges Duby –, invite, par-delà la polémique, à préciser les choses et à proposer un dialogue plus serein. Comme l'écrit joliment Arlette Farge dans un bilan récent de cinquante ans d'histoire sociale en France, où elle accorde quelques pages à l'histoire des femmes, pour en esquisser trop rapidement

4. Le titre de couverture est *Histoire des femmes* mais le titre intérieur, plus conforme à la réalité du contenu, est *Histoire des femmes en Occident*.
5. Cette citation est extraite de la courte préface « Écrire l'histoire des femmes » insérée au début des volumes 2 à 5.

l'évolution d'une histoire des « minorités et des déviances » à celle de « la construction sociale des rôles sexuels » : « Dire le relatif silence qui se fait sur cette histoire fait partie de l'histoire » (Farge 1995, p. 295). Pourquoi ne pas essayer de briser ce silence, tenter de faire entendre la richesse et la complexité de cette histoire-là ?

Comme tout projet de cette nature, qui est autant ou plus un discours sur l'histoire que sur les réalités du passé dont elle est censée rendre compte, celui-ci comporte de multiples risques. Et d'abord celui de ne pas rencontrer un public féru d'histoire mais rebuté par l'historiographie ou l'épistémologie de la discipline. Il peut aussi agacer une large partie de la corporation historienne, attachée – c'est particulièrement vrai en France où la tradition historiographique s'est longtemps gardée de toute philosophie de l'histoire – à une discipline fondamentalement empirique. Il prend enfin le risque d'oublier, par mégarde ou ignorance, de citer tel ou tel ouvrage, de mal le lire ou bien encore d'en rendre compte de façon trop allusive, et de mécontenter ainsi des chercheuses et des chercheurs passionnés de leurs sujets. L'exhaustivité de lecture est hors de portée d'une seule personne, particulièrement pour les travaux étrangers qui se comptent par milliers, et les pages qui suivent doivent être comprises, par-delà l'honnêteté qui m'anime, comme une lecture personnelle qui appelle de ses vœux commentaires et précisions, ainsi que des travaux ultérieurs.

Cependant le texte présenté, réécriture de ce qui était à l'origine un mémoire soutenu en janvier 1995 pour le diplôme d'habilitation à diriger des recherches, me semble trouver justification, voire utilité dans le contexte actuel. Pour ce qui nous concerne ici, ce dernier se caractérise en effet, d'une part par le développement de la réflexion épistémologique dans la production historienne française, d'autre part par une nouvelle poussée d'anti-américanisme centrée sur la dénonciation de la *political correctness* et des méfaits du féminisme d'outre-Atlantique dans la société et l'Université.

Pour Gérard Noiriel, qui propose aujourd'hui une clarification collective des pratiques du métier d'historien dans ses trois dimensions de savoir, mémoire et pouvoir et dont la lecture stimulante a accompagné les derniers temps de ce travail[6], ces débats épistémologiques, joints aux mutations récentes du métier[7], alimentent chez les historiens le

6. Voir les réflexions qu'il m'a inspirées en conclusion.

7. Dès 1986, dans le numéro 12 de la revue *Vingtième siècle*, Daniel Roche appelait les historiens à en débattre collectivement, afin de remédier aux blocages de la profession et au développement des inégalités parmi ses membres.

sentiment d'une crise de l'histoire et accentuent leurs divisions (Noiriel 1996). Ils sont le signe aussi, me semble-t-il, de la vitalité de la discipline historique qui a toujours réfléchi sur elle-même et entretenu depuis un siècle des relations complexes avec la philosophie[8]. Quoi qu'il en soit, l'optimisme conquérant de la « nouvelle histoire » – manifestée par exemple dans les trois volets de *Faire de l'histoire*[9] publié en 1974 sous la direction de Jacques Le Goff et Pierre Nora – a fait place effectivement, dans les années quatre-vingt, aux incertitudes et aux doutes, à la mise en question des notions, catégories et méthodes utilisées – classes sociales, catégories socio-professionnelles, méthodes quantitatives notamment –, ainsi qu'à la crise des paradigmes unifiants comme le marxisme, le structuralisme ou le fonctionnalisme.

Bousculée par l'actualité ou les nouvelles théories de la connaissance, l'histoire s'interroge sur ses critères d'intelligibilité du passé, sa vérité, son objectivité; elle se plonge pour y répondre dans les délices de l'historiographie critique, au risque d'y perdre sa spécificité, pour y gagner peut-être une nouvelle légitimité. Comme l'écrit Jacques Rancière, philosophe et historien, « une réflexion sur l'écriture de l'histoire est une des voies par laquelle peut passer aujourd'hui une réflexion nouvelle sur l'objet historique » (Rancière 1994, p. 195)[10]. Manifeste dans le « tournant critique » des *Annales*, qui propose en 1989 de devenir un « lieu d'expérimentation » de nouveaux rapports entre histoire et sciences sociales[11], ou bien encore au colloque *Histoire sociale, histoire globale ?* qui entend, au-delà du constat, réagir contre l'éclatement de l'histoire sociale[12], cette réflexion a pris une nouvelle actualité en 1995 avec la publication presque simultanée de quatre ouvrages collectifs de bonne taille (Boutier et Julia, Bédarida, Lepetit, et le numéro triple de la revue *EspacesTemps*). Ces ouvrages aux titres significatifs[13] – de

8. Le livre de Gérard Noiriel le montre avec érudition.
9. Ils s'intitulent de façon significative « Nouveaux problèmes », « Nouvelles approches », « Nouveaux objets ».
10. De Jacques Rancière voir aussi : *Les noms de l'histoire. Essai de poétique du savoir* (1992).
11. L'appel au tournant critique est lancé par les *Annales* dans son numéro de mars-avril 1988 (« Histoire et sciences sociales. Un tournant critique », p. 291-293). La première série de réponses paraît dans le numéro de novembre-décembre 1989 intitulé *Histoire et sciences sociales. Un tournant critique*; le rôle de « lieu d'expérimentation » est revendiqué dans l'introduction intitulée « Tentons l'expérience » (p. 1317).
12. Ce colloque est organisé par Christophe Charle à l'ENS d'Ulm les 27 et 28 janvier 1989, et publié en 1993 par les Éditions de la Maison des sciences de l'homme.
13. Ils méritent d'être mentionnés ici intégralement : *Passés recomposés. Champs et chantiers de l'histoire* (Boutier et Julia); *L'histoire et le métier d'historien en France 1945-1995* (Bédarida; c'est le titre le plus neutre); *Les formes de l'expérience. Une autre*

Passés recomposés au *Temps réfléchi*, en passant par *Les formes de l'expérience* – ont suscité eux-mêmes des recensions critiques[14] apportant leur pierre au débat.

Or, cet état des lieux qui, par-delà le constat de crise, propose des manières de faire et analyse les évolutions en cours – réintroduction des acteurs insérés dans de multiples réseaux qui façonnent identités et liens sociaux complexes, attention aux paroles et parcours singuliers comme aux catégories historiquement construites de la connaissance historique, dialogue avec les philosophes et prise en compte de la dimension narrative de l'histoire –, accorde peu de place à l'histoire des femmes. Outre les pages déjà citées d'Arlette Farge, une seule contribution lui est consacrée, incluse dans le thème « Mutations » de *Passés recomposés* et rédigée avec optimisme par la Britannique Olwen Hufton[15]. Pourtant, en France comme ailleurs, l'histoire des femmes est bien vivante ; elle a, comme cet ouvrage voudrait le montrer, sa place dans le questionnement historiographique actuel et son mot à dire sur les tendances esquissées.

Mon propos intervient aussi dans le cadre du débat contradictoire[16] suscité en France par le livre de l'historienne Mona Ozouf *Les mots des femmes. Essai sur la singularité française* (1995). À travers dix portraits de femmes superbement écrits et un essai plus polémique, le livre entend montrer, par une comparaison souvent rapide avec un modèle américain, la singularité privilégiée des rapports de sexe en France : les hommes et les femmes y entretiendraient des relations sans agressivité, reposant plus, dans la lignée de la société de cour et des salons des Lumières relayée par l'individualisme démocratique, sur la séduction et l'échange que sur l'affrontement. Attribuée à notre « génie national », cette particularité aurait gêné le développement d'une conscience identitaire des femmes et l'affirmation du féminisme, dont la faiblesse est,

---

histoire sociale (Lepetit) ; *Le temps réfléchi. L'histoire au risque des historiens* (revue *Espaces Temps*).

14. Je pense notamment à celle d'Antoine Prost dans *Le mouvement social* de janvier-mars 1996 ; elle s'intitule : « Où va l'histoire sociale ? »

15. Intitulée « Femmes / hommes : une question subversive », elle est résumée par la formule récurrente – bien trop conquérante à mes yeux pour décrire la réalité historiographique française : « Qui imaginerait désormais une histoire de... sans se rapporter à la distinction des sexes ? »

16. Il s'est exprimé notamment dans la revue *Le débat* qui, en novembre-décembre 1995 (numéro 87, p. 117-146), sous le titre « Femmes : une singularité française ? », a donné la parole à Bronislaw Baczko (« Égalité et exclusions »), Elisabeth Badinter (« L'exception française »), Lynn Hunt (« Temps et contrainte des femmes »), Michelle Perrot (« Une histoire sans affrontements »), Joan W. Scott (« Vive la différence ! »), avant la réponse de Mona Ozouf (« Le compte des jours »).

une fois encore répétée, à l'encontre des conclusions des travaux les plus récents (Klejman et Rochefort 1989; Picq 1993; Riot-Sarcey 1994; Bard 1995; Chaperon 1996). Cette faiblesse est opposée à la guerre des sexes d'un féminisme américain présenté comme un tout homogène et sans historicité. Au passage, l'auteur égratigne les historiennes américaines et suspecte la rigueur historique de celles qui, comme Joan Scott, fondent leurs analyses en termes de pouvoir et sur la conscience que « la différence des sexes est un ensemble de relations culturellement et historiquement spécifiques » (Scott 1995, p. 136).

Dans l'esprit du dossier de la revue *Vingtième siècle* qui a tenté, dans son numéro de l'été 1994, de resituer historiquement et politiquement le débat américain sur « le politiquement correct »[17], mon propos historiographique et mon intrusion dans les recherches américaines constituent une forme de réponse non polémique à la thèse de Mona Ozouf et plus encore à ses effets négatifs sur le champ disciplinaire de l'histoire des femmes, qui sort confirmée, au mieux dans son inutilité, au pire dans son caractère outrancier et dangereux. Son essai sur la singularité française, qui « séduira, comme l'a écrit Michelle Perrot dans le journal *Libération* du 30 mars 1995, tous ceux qui rêvent d'un monde sans conflits de sexes », risque ainsi de conforter la méfiance des historiens français et la marginalisation institutionnelle de l'histoire des femmes.

Les motivations, les risques et les justifications énoncées, il reste à dire maintenant ce qu'est et ce que n'est pas cet ouvrage, à préciser son mode d'approche du phénomène histoire des femmes. Rappelons d'abord que cet ouvrage garde les dimensions et les limites d'un essai. Il ne peut qu'esquisser, en privilégiant les plus accessibles, les multiples facettes qu'abordera nécessairement un jour une thèse d'histoire culturelle sur ce sujet : les conditions intellectuelles et sociales d'émergence, les individus et les réseaux de promotion, les principales productions et directions de recherche, la diversité dans le temps et dans l'espace des théories mises en œuvre et des pratiques historiographiques, les débats et les conflits internes, la réceptivité ou les résistances des institutions, les effets (et leurs voies) sur la discipline historique, l'enseignement et la société. Il

17. Numéro 43, juillet-septembre 1994. Le dossier (p. 3-42) s'intitule « Histoire au présent de la "*political correctness*" » et comprend les articles de Denis Lacorne : « Des coups de canon dans le vide? La "civilisation occidentale" dans les universités américaines », de Marie-Christine Granjon : « Le regard en biais. Attitudes françaises et multiculturalisme américain (1990-1993) », d'Eric Fassin : « *Political correctness* en version originale et en version française. Un malentendu révélateur ». Voir aussi d'Eric Fassin : « La chaire et le canon. Les intellectuels, la politique et l'Université aux États-Unis », *Annales ESC*, mars-avril 1993 (p. 265-301).

ne peut pas non plus embrasser la large perspective comparative que justifie son objet. Car l'histoire des femmes est un phénomène international – occidental à ses débuts –, mais qui revêt dans ses recherches et ses structures des visages nationaux, fonction de l'organisation des champs académiques et plus généralement des rapports de sexe dans telle ou telle société ainsi que des cultures politiques nationales[18]. Quoiqu'averti de tout cela, mon propos sera nécessairement moins ample et moins systématique, privilégiant le parcours méthodologique et historiographique français.

À ma connaissance, il ne semble pas y avoir encore, dans aucun pays, de large étude comparative du phénomène histoire des femmes, tout au plus la thèse de sciences de l'éducation soutenue à Londres en 1986 par Renate Duelli Klein, *The Dynamics of Women's Studies : An Exploratory Study of its International Ideas and Practices in Higher Education*. Mais la création en 1987, comme commission interne du Comité international des sciences historiques, d'une Fédération internationale pour la recherche en histoire des femmes a suscité, dans un esprit de dialogue et avec un objectif de visibilité, une première série de bilans parus dans le cadre de l'ouvrage collectif *Writing Women's History : International Perspectives* (Offen *et al.* 1991)[19]. Cette série a été suivie d'une seconde vague de publications toute récente, plus éclatée mais particulièrement significative[20]. Dernière justification s'il en est besoin : mon travail s'inscrit dans ce mouvement de réévaluation d'un champ de recherche et espère contribuer au dialogue international qu'il peut susciter.

Pénétrant sans effraction, presque avec délicatesse, dans ces récits d'« historiens cherch[ant] à se faire les historiens d'eux-mêmes », j'avais beaucoup aimé, lorsqu'ils parurent en 1987, les *Essais d'ego-histoire*

18. Le poids des cultures politiques nationales dans ses rapports au féminisme (et donc indirectement à l'histoire des femmes) a été creusé dans un colloque que j'ai proposé au centre Jacques-Cartier et organisé avec Geneviève Fraisse, Yolande Cohen et Francine Descarries (Cohen et Thébaud 1998).

19. Ce livre contient sept articles méthodologiques et dix-neuf articles sur « The State of the Art in Women's History », de l'Australie au Brésil en passant par l'Inde, le Niger, la Suisse, l'Irlande. Au même moment paraissent en Suisse des articles-bilans écrits par Brigitte Studer (1989 et 1990-1991).

20. Sans prétendre être exhaustif, on peut citer : Eliane Gubin, « Histoire des femmes, histoire de genre », *Sextant*, n° 2, été 1994 (p. 89-103) ; Denyse Baillargeon : « Des voies/x parallèles. L'histoire des femmes au Québec et au Canada anglais (1970-1995) », *Sextant*, n° 4, 1995 (p. 133-168) ; Suzanne Marchand, « Femmes et Histoire. Bilan de la production universitaire québécoise (1970-1993) », *Les cahiers de recherche du GREMF*, n° 63, 1994 ; Joy Parr, « Gender history and historical practice », *The Canadian Historical Review*, n° 76, September 1995 ; Jane Purvis, « Women's history in Britain : an overview », *The European Journal of Women's Studies*, volume 2, n° 1, 1995 (p. 7-19).

(Nora 1987)[21]. Parce qu'ils humanisaient des noms bien connus. Pour le projet qu'ils représentaient : contribuer, selon les mots de Pierre Nora, à l'élaboration d'« un genre nouveau, pour un nouvel âge de la science historique », âge marqué par « l'ébranlement des repères classiques de l'objectivité historique » et par « l'investissement du présent par le regard historique » (Nora 1987, p. 5). Parce qu'ils me renvoyaient à ma propre histoire, à mon parcours fait de hasards et de nécessités, où mai 1968 et ses prolongements jouèrent un rôle décisif dans le « choix » de l'histoire et des thématiques abordées : l'histoire contemporaine, l'histoire des femmes... Si le genre, dont l'autonomie n'est pas facile à trouver entre de classiques mémoires et une auto-psychanalyse, ne s'est pas vraiment développé, il a, me semble-t-il, accru chez les historiens le besoin de regarder d'où ils viennent et comment ils travaillent, de faire le point de temps à autre[22].

Dans cet esprit, j'éviterai les confidences sur mes origines, mes choix et ma carrière mais n'hésiterai pas à évoquer mes propres recherches et mon parcours d'historienne qui m'apparaît au demeurant assez représentatif de l'évolution de l'histoire des femmes. En laissant aux critiques futures le soin de dire si cette affirmation de représentativité ne serait que l'illusion rassurante d'un regard personnel, en espérant ne pas avoir été trop aveugle à l'expression de courants plus marginaux. Au seuil de

21. Cette publication a suscité des réactions très diverses, notamment parmi les générations plus jeunes : voir par exemple *Le débat* n° 49 (mars-avril 1988) : « Autour de l'ego-histoire » (p. 122-140).

22. C'est à cela qu'invite finalement la rédaction d'une synthèse pour l'habilitation à diriger des recherches : évoquer une expérience personnelle et dresser l'état d'une question. De fait, j'ai longtemps hésité devant ce qui, mal défini, me paraissait un exercice de convention et d'autoproclamation. Mais je soulignerai aujourd'hui les vertus de cette pause forcée qui permet de penser le passé, son passé et celui de son champ de recherche pour mieux se projeter dans l'avenir. Et je dirai volontiers que le passage, dans les carrières universitaires, du grand œuvre qu'était la thèse d'État aux tâtonnements des bilans-perspectives, s'il n'en est pas l'effet, me semble refléter l'état de la discipline historique décrit précédemment. D'autre part, compte tenu du caractère récent de l'histoire des femmes, il n'existe que quatre thèses d'État sur le sujet : celles, pionnières, de Françoise Mayeur et Claude Langlois, respectivement publiées en 1977 et 1984 (*L'enseignement secondaire des jeunes filles sous la Troisième République et Le catholicisme au féminin. Les congrégations françaises à supérieure générale au XIXe siècle*) ; celles, plus récentes, d'Anne-Marie Sohn et d'Evelyne Diebolt. La thèse d'A.-M. Sohn, *Les rôles féminins dans la vie privée à l'époque de la Troisième République*, effectuée à l'Université Paris 1 sous la direction de Maurice Agulhon et soutenue en septembre 1993, a été publiée en 1996 aux publications de la Sorbonne sous le titre *Chrysalides. Femmes dans la vie privée (XIXe-XXe siècles)* ; celle d'Evelyne Diebolt, *Les associations face aux institutions. Les femmes dans l'action sanitaire, sociale et culturelle 1900-1965*, effectuée à l'université Paris 7 sous la direction de Michelle Perrot a été soutenue en juin 1993. [Elle a été publiée en 2001 par l'association Femmes et Associations.]

ces pages, le lecteur doit cependant être averti d'une limite imputable à l'incapacité d'un seul individu à tout embrasser et à l'organisation des carrières universitaires françaises qui spécialise les enseignants-chercheurs par période. Le panorama proposé ici porte essentiellement sur l'écriture de l'histoire des femmes en histoire contemporaine (XIXe et XXe siècles) avec seulement quelques incursions en histoire moderne. De ce fait, il néglige ou n'effleure que rapidement les problématiques et modes d'approche anthropologiques plus développés par les historiens et historiennes de l'Antiquité, du Moyen Âge et de l'époque moderne, qui ont par exemple mené une réflexion commune avec les ethnologues de la parenté sur la question des femmes et du patrimoine dans les sociétés européennes, ou se sont inspirés de l'ethnologie du symbolique pour comprendre la production sociale du masculin et du féminin.

Comme l'histoire contemporaine générale, l'histoire contemporaine des femmes a jusqu'ici peu noué d'échanges avec l'ethnologie, malgré les travaux pionniers d'Yvonne Verdier sur la symbolique des fonctions féminines dans le village de Minot (Verdier 1979) ou ceux d'Agnès Fine sur le trousseau et la parenté spirituelle (1984, 1994). L'histoire des femmes s'est même parfois définie, comme pour l'histoire des femmes africaines impulsée par Catherine Coquery-Vidrovitch, contre l'anthropologie[23]. Cependant, cet état de fait ne présume pas de l'avenir des relations entre ces deux disciplines complémentaires pour comprendre tout à la fois le féminin, la différence des sexes et la suprématie masculine, la prise de conscience de la persistance des inégalités malgré des mutations historiques récentes ne pouvant qu'inciter à la collaboration[24]. Il ne justifie pas non plus à mes yeux la définition quelque peu réductrice d'une histoire contemporaine des femmes trop axée sur l'analyse des pouvoirs et réticente à l'approche culturelle du masculin et du féminin. Comme cet essai espère le montrer, l'histoire des femmes s'est aussi intéressée, dans ses développements les plus récents, à ce qui structure la pensée de la différence des sexes.

23. Catherine Coquery-Vidrovitch a publié récemment : *Les Africaines. Histoire des femmes d'Afrique noire du XIXe au XXe siècle* (1994). Elle a aussi coordonné le dossier « Femmes d'Afrique » du numéro 6 de la revue *Clio, histoire, femmes et sociétés* notée *Clio HFS* dans la suite de l'ouvrage (sur cette revue voir la troisième partie de cet ouvrage). Elle explique sa position sur l'anthropologie dans le numéro 90 du *Débat* (mai-août 1996, p. 114-128) : « L'anthropologie ou la mort du phénix ? »

24. Dans un ouvrage récent, *Masculin/Féminin. La pensée de la différence* (1996), Françoise Héritier présente la synthèse de nombreux travaux anthropologiques ; l'analyse des rapports de sexe au travers des systèmes de représentations des sociétés les plus diverses jusqu'à nos jours tend à révéler l'universalité de la suprématie masculine et sa prégnance dans nos mentalités contemporaines.

Bribes d'une éventuelle thèse d'histoire culturelle, échappées d'ego-histoire, les pages qui suivent voudraient, en effet, être aussi autre chose. Et d'abord un manifeste de défense et illustration de l'histoire des femmes, qui en France comme ailleurs, a produit depuis vingt ans une importante littérature grise[25], a connu des succès de librairie qui montrent une réceptivité du public et peut-être une demande sociale[26], mais reste un domaine marginal et marginalisé de l'Université et de la recherche françaises. Je n'évoquerai que rapidement son histoire institutionnelle et je ne tenterai pas d'expliquer longuement les résistances rencontrées, où interviennent spécifiquement la place de l'histoire dans notre culture nationale et la force des écoles historiques françaises[27]. Au profit d'un exposé qui, retraçant les différentes étapes de l'émergence à aujourd'hui – puis-je dire de l'enfance à la maturité ? – peut souligner la richesse de l'histoire des femmes et ses apports possibles à la discipline historique : richesse des thématiques abordées qui apporte un éclairage complémentaire ou contribue au renouvellement des grandes questions historiques, richesse de la réflexion méthodologique sur l'écriture de l'histoire, source de multiples débats dont il sera fait état.

Sans doute stimulée par sa faible légitimité, l'histoire des femmes s'est, à chaque étape de son développement, interrogée sur ses méthodes. Elle s'est mise à la recherche d'une théorie ou tout au moins de concepts offrant des réponses satisfaisantes aux questions qu'elle posait et se posait, et d'abord celle à laquelle est confrontée l'histoire de n'importe quel groupe : sur quelles bases partage-t-il une expérience historique commune ? De plus en plus sophistiquée, l'histoire des femmes apparaît aujourd'hui, particulièrement aux États-Unis, comme un des courants les plus théoricistes de l'histoire. S'il peut conduire à des dérives, ce souci théorique peut aussi être entendu et rencontrer les préoccupations de certains courants de l'histoire sociale et plus encore d'une histoire culturelle en pleine rénovation et à la recherche de ses marques[28]. Il m'apparaît fort significatif que la prestigieuse revue des *Annales*, longtemps hermétique aux productions de l'histoire des femmes, ait publié

25. Mémoires de maîtrise et thèses non publiées qu'il faudrait recenser et cataloguer.
26. Par exemple la série *Histoire des femmes* diffusée à environ 20 000 exemplaires en France.
27. L'histoire de chaque école historique est aussi celle de résistances rencontrées et surmontées, comme le montre la publication récente de la correspondance entre Marc Bloch et Lucien Febvre (Müller 1994).
28. Voir, par exemple, le numéro spécial de la *Revue d'histoire moderne et contemporaine* de janvier-mars 1992 : *Pour une histoire culturelle du contemporain* et le livre récent de Jean-Pierre Rioux et Jean-François Sirinelli : *Pour une histoire culturelle* (1997).

en 1993 un gros dossier « Histoire des femmes, histoire sociale »[29] et qu'elle ait, plus récemment encore, en changeant de sous-titre[30], affiché une priorité pour les « processus de connaissance »[31]. Je souscris cependant tout à fait à la nécessité ressentie par maints historiens et réaffirmée avec force par Gérard Noiriel dans son dernier ouvrage, de ne pas dissocier, dans toute présentation, interrogation sur les méthodes et exemples de leur mise en œuvre, de « toujours entrer dans le concret des choses » (Prost 1996, p. 19)[32]. Comme l'écrivait d'ailleurs dès 1976 une des pionnières américaines, Berenice A. Carroll, dans l'introduction du livre collectif *Liberating Women's History*, une théorie de l'histoire des femmes qui ne s'appuierait pas sur des travaux empiriques fournissant une large information serait « au mieux hypothétique, au pire irréelle et stérile » (Carroll 1976, p. XI).

Autour de *Une histoire des femmes est-elle possible ?* publiée en 1984 sous la direction de Michelle Perrot, les historiennes françaises ont produit maints articles et ouvrages, le plus souvent collectifs, qui seront abondamment cités. Mais antériorité et ampleur de la production font incontestablement des États-Unis, relayés par la Grande-Bretagne, le pays le plus novateur en matière d'histoire des femmes, l'inventeur par exemple des concepts de *gender* et *gender system*, aux acceptions aujourd'hui multiples. C'est aussi un pays qui s'est donné les moyens d'être un lieu d'échanges et de controverses sur les thématiques et les façons de faire, par une ample politique éditoriale d'ouvrages et de revues : fin 1993, la bibliothèque de l'université du Wisconsin recensait 114 « périodiques féministes »[33] anglophones, pour la plupart des périodiques interdisciplinaires de *women's studies* des universités américaines, comme *Feminist Studies* (lancé en 1972, c'est l'un des plus anciens), *Frontiers* (1975), *Signs*

29. *Annales ESC*, juillet-août 1993 (p. 998-1051). Il s'agit, suivies de nombreux comptes rendus, des lectures critiques de la série *Histoire des femmes* (Duby et Perrot 1991-1992) faites lors du colloque *Femmes et histoire* à la Sorbonne en novembre 1992 et publiées par ailleurs dans les actes du colloque (Duby et Perrot 1993).

30. De « Économies, sociétés, civilisations » à « Histoire, sciences sociales » en janvier-février 1994.

31. Voir l'éditorial « Histoire, sciences sociales » du premier numéro intitulé *Annales HSS*. L'interrogation vient de plus loin, du tournant critique déjà évoqué.

32. L'expression est d'Antoine Prost (1995) qui donne raison à Gérard Noiriel et cite son intervention au colloque *Histoire sociale, histoire globale ?* : « Pour rendre acceptable par la communauté historienne une réflexion théorique [...], il est stratégiquement fondamental de montrer concrètement le profit que le chercheur peut en tirer pour ses travaux empiriques » (Charle 1993, p. 113).

33. *Feminist Periodicals* publié par Phyllis Holman Weisbard, Women's Studies Librarian, University of Wisconsin System, automne 1993. La publication d'un tel catalogue avec contenu des numéros en cours semble régulière.

(1975), *Gender and Society* (1987). Les revues spécifiques d'histoire sont apparues plus récemment, comme *Journal of Women's History* (1989) ou deux revues britanniques particulièrement dynamiques, *Gender & History* (1989) et *Women's History Review* (1992). Des articles d'histoire des femmes paraissent aussi de façon significative dans *Critical Inquiry* ou *History and Theory*, tandis que les revues prestigieuses comme *The American Historical Review* ou *French Historical Studies* consacrent de temps à autre des numéros spéciaux à cette thématique[34].

Du débat américain qui a pris une grande ampleur depuis une dizaine d'années, bien peu d'échos sont parvenus en France, faute de relais adéquats[35]. Or, s'il paraît parfois répétitif – chacun choisit son camp dans une société communautariste qui transforme souvent, me semble-t-il, des querelles d'écoles en enjeux politiques –, il ne peut être ignoré et a beaucoup à nous apprendre : le caractère international de l'histoire des femmes, qui touche aujourd'hui les anciens pays de l'Est[36], les jeunes démocraties d'Amérique latine ou des États d'Asie et d'Afrique, est un atout majeur de légitimité comme le gage d'échanges fructueux et de développement futur. Ce pourrait donc être le dernier apport de ce travail qui, à une échelle modeste – l'exhaustivité de lecture est hors de portée, répétons-le une dernière fois, d'une seule personne –, représente un effort de médiation culturelle. J'évoquerai les contributions importantes de l'historiographie étrangère, essentiellement anglo-américaine – les travaux américains en histoire française sont d'ailleurs nombreux et peu connus –, et tenterai, à chaque étape de l'histoire des femmes, de mesurer leur influence sur l'historiographie française, ou plutôt de signaler les points de convergence et de divergence dans les interprétations et les pratiques. Car je m'interroge, sans toujours savoir y répondre, sur la part respective, dans la dynamique de l'histoire des femmes en France, des apports extérieurs et des mouvements de l'historiographie ou de la

34. Par exemple, *The American Historical Review*, volume 89, n° 3, juin 1984 : *Women's History Today ou French Historical Studies*, volume 16, n° 1, printemps 1989 : *Women and Gender in French History*.

35. En France, en dehors de la jeune revue *Clio HFS*, la revue la plus soucieuse de réflexion épistémologique et d'histoire des femmes me semble être *Genèses* qui a publié dans sa rubrique « Fenêtres » deux articles intéressants : Louise A. Tilly, « Genre, histoire des femmes et histoire sociale » (n° 2, décembre 1990, p. 148-166) et Geoff Eley, « De l'histoire sociale au "tournant linguistique" dans l'historiographie anglo-américaine des années 1980 » (n° 7, mars 1992, p. 163-193). D'autre part, le numéro 6 de décembre 1991 est consacré à *Femmes, genre, histoire. Les cahiers du Grif* ont aussi édité un numéro spécial au printemps 1987 (n° 37-38) : *Le genre de l'histoire*.

36. En témoigne, par exemple, le numéro spécial (1996, n° 4) de la revue *Women's History Review* dirigé par Louise Tilly, où s'expriment des historiennes polonaises, hongroises et américaines.

société françaises, et plus généralement sur l'existence de façons nationales d'écrire l'histoire des femmes. Cette dernière question, dont chacun peut mesurer aujourd'hui les risques de simplification, voire de caricature, reste légitime à mes yeux pour son pouvoir heuristique. Il ne s'agit pas, en effet, de distribuer des bons et des mauvais points, mais de situer les recherches françaises dans un ensemble international, pour établir des correspondances et dégager d'éventuelles spécificités qui mettront en relief, tant le travail accompli, que les tâches à venir.

Avant de conclure, je tenterai aussi de donner du sens au débat contemporain, d'en préciser les enjeux et les questions essentielles, notamment les suivantes : le critère de sexe (au sens de rapport entre les sexes, le *gender* en anglais) ne risque-t-il pas de remplacer celui de classe, avec la même prétention totalisante, masquant le poids d'autres types de relations sociales et les singularités individuelles ? Faut-il faire une histoire des femmes (*women's history*) ou une histoire des relations entre les sexes (*gender history*) ? Et quand on parle de *gender history*, de quelle « histoire du genre » s'agit-il ? Faut-il faire une histoire sociale des femmes ou une histoire des représentations ? Le tournant linguistique ne peut-il mener à une dérive langagière ?... Ces questions appellent des réponses et les choix sont fort divergents. J'en donnerai mon interprétation, dirai ce que j'en retiens, pour finalement arguer qu'il peut exister une voie originale en histoire des femmes, celle qui s'est progressivement dégagée en vingt-cinq ans d'existence, celle que je souhaite voir se développer en France : éclectique, ouverte au dialogue international comme au dialogue interne avec les autres courants de l'histoire, ouverte aux échanges avec d'autres disciplines mais capable d'affirmer sa spécificité...

Quelques mots, avant de clore cette introduction, des sources de ce travail, dont certaines ont déjà été évoquées. Pour la France, il a été facile à une actrice du mouvement décrit de rassembler les articles ou ouvrages de mise au point qui ponctuent les deux dernières décennies, de relire les actes des colloques successifs, de parcourir de nouveau les bulletins des quelques groupes ou séminaires de recherche (la plupart interdisciplinaires), de consulter les productions bien souvent plus théoriques d'autres disciplines, comme la sociologie, l'anthropologie ou la philosophie. J'y ai ajouté un regard sur les bilans historiographiques et les synthèses programmatiques, du célèbre *Faire de l'histoire* (Le Goff et Nora 1974) aux ouvrages déjà cités de l'année 1995[37]. J'ai pu aussi

37. En passant par *La nouvelle histoire* (voir note 2), le *Dictionnaire des sciences historiques* (Burguière 1986) ou, dans un autre registre, *Écrire l'histoire du temps présent* (hommage à François Bédarida 1993).

pratiquer un peu d'« histoire orale », interrogeant les deux historiennes pionnières en ce domaine : d'une part, Michelle Perrot qui, à la rentrée 1973, organise à l'Université Paris 7 le premier cours – il s'intitulait « Les femmes ont-elles une histoire ? » – et dirige les premières recherches systématiques – dont mon mémoire de maîtrise –, avant de rédiger de nombreux articles bilans ; d'autre part, Yvonne Knibiehler de l'Université de Provence, où elle crée en 1972 le premier centre d'études féminines, avant de susciter en 1975 le premier colloque, malheureusement non publié, *Les femmes et les sciences humaines*. Qu'elles soient remerciées de leurs réponses et de leurs encouragements ainsi que Christine Bard, Anne Cova, Cécile Dauphin, Evelyne Diebolt, Arlette Farge, Geneviève Fraisse, Florence Rochefort et Eleni Varikas qui m'ont signalé ou envoyé des articles français ou étrangers.

Acquise au fil des ans, ma documentation étrangère, d'où émergent quelques ouvrages collectifs et les recueils d'articles de Joan Kelly et Joan W. Scott – respectivement *Women, History and Theory* (1984)[38] et *Gender and the Politics of History* (1988)[39] –, a été complétée par imprégnation et regroupement de notes signalant les mêmes références, par la lecture des bulletins (*newsletters*) de la Fédération internationale pour la recherche en histoire des femmes[40], et par la consultation des deux revues britanniques *Gender & History* et *Women's History Review* qui ouvrent largement leurs colonnes aux étrangères, surtout américaines ; un grand merci à Laura Frader, Paula Schwartz et particulièrement à Siân Reynolds qui se sont prêtées à mes questions et demandes. À dominante anglo-américaine – avec quelques incursions au Canada anglophone et francophone –, cette documentation

38. Il s'agit d'un ouvrage posthume.

39. Deux articles de cet ouvrage sont disponibles en français : « Genre : Une catégorie utile d'analyse historique » (*Les cahiers du Grif*, n° 37-38, printemps 1988, *Le genre de l'histoire*) et « "L'ouvrière, mot impie, sordide...". Le discours de l'économie politique française sur les ouvrières, 1840-1860 » (*Actes de la recherche en sciences sociales*, n° 83, juin 1990, *Masculin/féminin 1*). Signalons aussi en français sur l'historiographie américaine, outre les deux articles de *Genèses* cités précédemment, *Chantiers d'histoire américaine* (Jean Heffer et François Weil 1994) qui contient une contribution de Ginette Castro : « De l'histoire des femmes à l'histoire des genres ».

40. Ces bulletins sont une mine d'informations sur l'activité (colloques, publications) en histoire des femmes dans chaque pays membre. La section française, qu'il m'a été demandé d'organiser, a été agréée en assemblée générale lors du Congrès international des sciences historiques de Montréal (1995) ainsi que l'amendement proposé sur le titre français : celui-ci est devenu « Fédération internationale pour la recherche *en* histoire des femmes », expression qui rend mieux compte de notre pratique que « *de* l'histoire des femmes », traduction directe de l'anglais. Cette section aurait cependant besoin de plus d'énergie collective...

ne néglige cependant pas totalement d'autres pays européens avec des articles des Allemandes Gisela Bock et Ute Frevert, de l'Italienne Giana Pomata, des Espagnoles Isabel Morant et Mary Nash, de la Belge Eliane Gubin, de la Suissesse Brigitte Studer.

Il reste la question non anodine du titre, qui recoupe celle, – j'y reviendrai –, de l'appellation de ce que nous faisons aujourd'hui après plus de vingt ans de pratique de l'histoire des femmes. J'ai hésité entre un titre militant et programmatique, *Pour une histoire des femmes en France*[41] ; un titre anniversaire, *Modeste contribution à un vingtième anniversaire*[42] ; un titre poétique, *Esquisse panoramique d'une histoire méconnue*[43] ; un titre question, *Qu'est-ce que l'histoire des femmes ?* ou *Où en est l'histoire des femmes ?* ; un titre chronologique, *De l'histoire des femmes à l'histoire des rapports entre les sexes* ou *De l'histoire des femmes à une lecture sexuée de l'histoire,* ou bien encore *De l'histoire des femmes à une histoire du genre* ; pour finalement opter pour un titre plus neutre qui suggère pourtant un projet, un processus, un questionnement, ainsi qu'une histoire inachevée : *Écrire l'histoire des femmes.*

41. Sur le modèle de la *Revue d'histoire moderne et contemporaine* déjà citée : *Pour une histoire culturelle du contemporain. Pour une histoire des femmes* fut le sous-titre de la revue *Pénélope*, publication du Groupe d'études féministes de l'Université Paris 7 et du Centre de recherches historiques de l'École des hautes études en sciences sociales (treize numéros thématiques, comptes rendus de travaux achevés ou en cours, de juin 1979 à l'automne 1985).

42. Sur le modèle du livre de Régis Debray qui m'avait marquée en son temps (1978) : *Modeste contribution aux discours et cérémonies officielles du dixième anniversaire.*

43. Sur le modèle de la contribution d'Alain Corbin à la *Revue d'histoire moderne et contemporaine* (1992) : « "Le vertige des foisonnements". Esquisse panoramique d'une histoire sans nom ».

PREMIÈRE PARTIE

L'émergence de l'histoire des femmes ou l'affirmation d'un nouvel objet-sujet d'étude

TELLE QUE NOUS L'ENTENDONS aujourd'hui, au cœur des années 1990, telle que nous la connaissons au travers de ses productions dont l'*Histoire des femmes en Occident* (Duby et Perrot 1991-1992) est un élément significatif parmi d'autres, l'histoire des femmes est récente : une bonne vingtaine d'années en France, un peu plus aux États-Unis. À cet égard, la comparaison, qui ne se veut pas présomptueuse, du volume sur le XXe siècle que j'ai dirigé (Thébaud 1992a) et des chapitres correspondants de l'*Histoire mondiale de la femme* dirigée par Pierre Grimal et parue, pour le tome intitulé *Sociétés modernes et contemporaines*, en 1966, me paraît éloquente. Faute de travaux réalisés à l'époque, cet ouvrage ne comprend que six chapitres sur le sujet ; rédigés par un juriste (« L'émancipation juridique de la femme »), des civilisationnistes (« La femme américaine », « La femme en URSS »), des historiens de l'art (« Peintres et sculpteurs au XXe siècle devant la femme », « La femme à l'écran »), et une philosophe (« La femme devant la philosophie contemporaine »)[1], ils semblent, à l'exception des portraits nationaux, ne pouvoir rencontrer aucune des questions classiques de l'histoire du XXe siècle sur les guerres, les régimes politiques, les mouvements de l'économie ou les transformations sociales et privilégient des considérations culturelles et décontextualisées...

Mais la question des origines, fondamentale pour comprendre tout mouvement intellectuel ou politique, ne paraît simple qu'aux néophytes qui bien souvent s'autoproclament précurseurs. À l'instar des féministes,

1. Les auteurs sont respectivement Michel de Juglart, Marianne Debouzy, Hélène Zamoyska, Geneviève Agel, Henri Agel, Sylvie Le Bon.

depuis lors qualifiées de « néo » ou de « deuxième vague », qui proclamèrent l'année 1970 « année zéro » de la libération des femmes, faut-il rechercher l'année zéro de l'histoire des femmes ? Sur quel critère ou ensemble de critères la déterminer : le premier cours ? La première thèse ? Le premier livre ou le premier article programmatique ? Cette première partie voudrait aller plus profond : expliquer la longue surdité de la discipline historique, rendre compte des changements en œuvre dans les décennies 1960 et 1970, exposer les caractéristiques françaises de l'histoire des femmes à ses débuts, pour finir sur le pourquoi et le comment de mon engagement dans l'aventure. Avec en préliminaire, un parallèle quelque peu malicieux entre l'histoire nouvelle et l'histoire des femmes.

Histoire nouvelle – histoire des femmes : textes pour convaincre

Rappelant « la longue et illustre lignée » dont descend l'histoire nouvelle, Jacques Le Goff cite, dans son essai du même nom (1978, 1988, p. 47)[2], ce très beau texte de Voltaire extrait des *Nouvelles considérations sur l'histoire* (1744)[3] :

> Peut-être arrivera-t-il bientôt dans la manière d'écrire l'histoire ce qui est arrivé dans la physique. Les nouvelles découvertes ont fait proscrire les anciens systèmes. On voudra connaître le genre humain dans ce détail intéressant qui fait aujourd'hui la base de la philosophie naturelle [...]. Après avoir lu trois ou quatre mille descriptions de batailles et la teneur de quelques centaines de traités, j'ai trouvé que je n'étais guère plus instruit au fond. Je n'apprenais là que des événements [...]. Je voudrais apprendre quelles étaient les forces d'un pays avant une guerre, et si cette guerre les a augmentées ou diminuées. L'Espagne a-t-elle été plus riche avant la conquête du nouveau monde qu'aujourd'hui ? De combien était-elle plus peuplée du temps de Charles Quint que sous Philippe IV ? Pourquoi Amsterdam contenait-elle à peine vingt mille âmes il y a deux cents ans ? Pourquoi a-t-elle aujourd'hui deux cent quarante mille habitants ? Et comment le sait-on positivement ? [...]. Voilà déjà un des objets de la curiosité de quiconque veut lire l'histoire en citoyen et en philosophe. Il sera bien loin de

2. J'utilise, pour référencer les citations, l'édition de 1988, plus accessible.
3. Sont présentés ici des extraits : la deuxième coupure est faite par moi, la première et la troisième par J. Le Goff mais je les ai agrandies. Ce texte de Voltaire fut déjà cité par J. Ehrard et Guy P. Palmade dans leur livre intitulé *L'histoire* (1964, p. 161-163).

> s'en tenir à cette connaissance ; il recherchera quel a été le vice radical et la vertu dominante d'une nation ; pourquoi elle a été puissante ou faible sur la mer ; comment et jusqu'à quel point elle s'est enrichie depuis un siècle ; les registres des exportations peuvent l'apprendre. Il voudra savoir comment les arts, les manufactures se sont établis ; il suivra leur passage et leur retour d'un pays dans un autre. Les changements dans les mœurs et dans les lois seront enfin son grand objet. On saurait ainsi l'histoire des hommes au lieu de savoir une faible partie de l'histoire des rois et des cours. En vain, je lis les Annales de France ; nos historiens se taisent tous sur ces détails. Aucun n'a eu pour devise : *Homo sum, humani nil a me alienum puto.*

Effectivement, commentée par Jacques Le Goff (1988, p. 48), la revendication d'une histoire nouvelle est étonnante :

> Histoire économique, démographique, histoire des techniques et des mœurs et pas seulement histoire politique, militaire, diplomatique. Histoire des hommes, de tous les hommes, et pas uniquement des rois et des grands. Histoire des structures et non des seuls événements. Histoire en mouvement, histoire des évolutions et des transformations, et non histoire statique, histoire tableau. Histoire explicative, et non histoire purement narrative, descriptive – ou dogmatique. Histoire totale enfin.

Mais l'histoire, jusques et y compris celle de l'École des *Annales*, s'est longtemps déclinée au masculin. Confondant en toute bonne conscience l'homme - être sexué (*vir* en latin) et l'homme - être humain (*homo*), elle s'est présentée comme l'histoire générale, comme un discours de l'universel. L'historien-philosophe n'a pas perçu l'importance et les effets de la différence des sexes. L'historien-citoyen n'a accordé aucune place à celles qui, longtemps, furent considérées comme inaptes à la citoyenneté.

Aussi ferai-je écho aux propos de Voltaire en présentant ici deux textes que j'utilise volontiers pour inaugurer un cours d'histoire des femmes et montrer la nécessité comme l'intérêt de ce mode d'approche. En premier lieu, la *Déclaration des droits de la femme et de la citoyenne*, texte d'Olympe de Gouges[4] dédié à la reine en septembre 1791, et quasi

4. Sur Olympe de Gouges, voir les recherches d'Olivier Blanc et notamment *Une femme de liberté, Olympe de Gouges* (1989). La *Déclaration des droits de la femme* peut être lue dans l'ouvrage de Maïté Albistur et Daniel Armogathe : *Le grief des femmes. Anthologie de textes féministes*, tome 1, *Du Moyen Âge à 1848* (1978, p. 182-185). Récemment, les éditions Côté-femmes, qui remplissent, à une plus large échelle que la collection « Mémoire des femmes » chez Syros dans les années 1970, la fonction de rééditer des textes historiques de femmes ou de féministes, ont republié les *Écrits politiques* d'Olympe de Gouges (1993) avec une préface d'Olivier Blanc et, dans son intégralité, la brochure *Les droits de la femme* ; ainsi que ses pièces de théatre : *Théâtre politique 1790-1793*, préface de Gisela Thiele-Knobloch, 1992, et *L'esclavage des Noirs* (1992, préface d'Eléni Varikas). Par ailleurs, les éditions Cocagne, de Montauban qui a désormais un festival et un collège Olympe de Gouges, ont entrepris la publication des œuvres complètes d'Olympe de Gouges.

exacte réplique (un préambule, dix-sept articles, un postambule), au féminin ou sur le mode de la mixité, de la célèbre *Déclaration des droits de l'homme et du citoyen*, passage obligé, et à juste titre, de l'enseignement républicain. Ainsi, le célèbre article premier, qui proclame l'égalité en droits de tous les hommes, devient : « La femme naît libre et demeure égale à l'homme en droits. Les distinctions sociales ne peuvent être fondées que sur l'utilité commune » ; et l'article 10 : « Nul ne doit être inquiété pour ses opinions même fondamentales ; la femme a le droit de monter à l'échafaud ; elle doit avoir également celui de monter à la Tribune ; pourvu que ses manifestations ne troublent pas l'ordre public établi par la loi ». Or, les manuels du secondaire ne reproduisent que le texte adopté par l'Assemblée constituante le 26 août 1789 ; s'ils ont peu à peu assorti leur commentaire sur la nouveauté des principes affirmés et leur portée universelle de remarques sur le caractère bourgeois d'une déclaration qui privilégie le droit de propriété, bien peu encore en soulignent les aspects sexués. Les apports de travaux récents impulsés par la célébration du bicentenaire, comme ceux du colloque de Toulouse d'avril 1989 *Les femmes et la Révolution française*[5], sont encore, malgré leur publication rapide en trois volumes (Brive 1989-1991), largement ignorés.

Les étudiants ne connaissent pas en général la *Déclaration des droits de la femme*, pas plus que son auteur ; ils ont peu entendu parler de la participation des femmes à la Révolution (tout au plus lors des journées d'octobre 1789), encore moins de leurs revendications[6], et pas du tout compris l'ambiguïté de la rupture révolutionnaire annonciatrice, pour les femmes, d'un XIXe siècle d'ordres et de libertés, comme le soulignent Geneviève Fraisse et Michelle Perrot dans l'introduction du volume correspondant de l'*Histoire des femmes en Occident*. Fermant les clubs féminins et rappelant les femmes à leurs foyers, la Révolution est l'acte qui fonde l'exclusion des femmes de la vie de la cité[7], hormis le statut d'épouse et de mère de citoyen ; mais, en affirmant l'égalité des droits individuels, elle porte en elle-même la contradiction de ce principe d'exclusion qui nourrit la revendication féministe des décennies durant. Encore faut-

5. Colloque organisé dans le cadre du bicentenaire par Marie-France Brive, Henri Coulet, Dominique Godineau et Yvonne Knibiehler. L'édition des actes a été préparée par M.-F. Brive. [Les derniers manuels sont plus ouvertss à cette question.]
6. Sur ces points, voir notamment les travaux de Dominique Godineau (1988 et 1991) et d'Elisabeth Sledziewski (1989 et 1991). Voir aussi le livre de Catherine Marand-Fouquet dans la collection « La femme au temps de » (1989).
7. Sur ce point, voir les travaux pionniers de Geneviève Fraisse (1989 et 1992). Voir aussi Pierre Rosanvallon (1992).

il comprendre – la question révolutionnaire dans sa complexité et la diversité de ses modes d'interprétation est ainsi particulièrement riche d'enseignements pour les étudiants – à qui et par quels processus les contemporains accordaient le statut d'individu[8].

Accoler les deux « déclarations » n'est cependant pas – les lecteurs comme les étudiants ne doivent pas s'y tromper – assimiler leur portée et leur intérêt historiques : le texte d'Olympe de Gouges est un pamphlet parmi d'autres et le cri d'une activiste engagée qui appelle à la mobilisation des femmes. Mais leur confrontation fait surgir du sens et suggère que l'histoire n'est pas une science exacte ni exhaustive, qu'elle a produit, non par un oubli anodin mais par un processus actif, l'invisibilité des femmes comme actrices de l'histoire et l'occultation de la dimension sexuée des phénomènes. C'est particulièrement vrai de l'histoire politique qui fut longtemps l'essentiel de l'histoire enseignée, et notamment de l'histoire des idées politiques qui n'accorde pas au féminisme le statut de mouvement et de pensée politiques. Parue en 1987, la *Nouvelle histoire des idées politiques* dirigée par Pascal Ory l'ignore presque autant que l'ouvrage plus ancien dirigé par Jean Touchard (première édition 1959, seconde édition 1971 et 1973).

Bien qu'il risque de devenir le texte fétiche de l'histoire des femmes, cité en toutes les langues, je propose aussi aux étudiants et le reprends ici l'extrait suivant d'*Une chambre à soi* de Virginia Woolf, *A Room of One's Own* paru en 1929 et traduit seulement en 1951 par Clara Malraux. Les pages où, avant d'inventer une sœur à Shakespeare, l'écrivain, qui confère sur les femmes et la création, se tourne vers l'histoire :

> Je m'adressai à nouveau au Pr Trevelyan[9] pour savoir quelle était sa conception de l'Histoire. J'ai trouvé, en regardant les têtes de chapitre, qu'il la comprenait ainsi : « La cour du château et les méthodes de culture en plein champ... Les cisterciens et l'élevage des moutons... Les croisades... L'université... La Chambre des Communes... La guerre de Cent Ans... La guerre des Deux Roses... Les érudits de la Renaissance... La dissolution des monastères... Le conflit agraire et religieux... L'origine de la puissance

8. N'est-ce pas ce point que néglige Mona Ozouf dans son insistance à ne voir que la dynamique positive de la Révolution (1995, p. 341 ; « à la vie des femmes, la Révolution a tout changé »), tout en reconnaissant son ambiguïté initiale et « la contradiction entre l'égalité universelle des individus et l'exclusion des femmes de la citoyenneté » (p. 365). Dans son histoire du suffrage universel qui inaugure une histoire intellectuelle du politique (comprendre ce qui est culturellement acceptable à un moment donné), Pierre Rosanvallon (1992) suggère, pour expliquer l'exclusion des femmes, la thèse d'une réaction compensatrice à l'ampleur de la novation révolutionnaire.

9. Au moment où écrit Virginia Woolf, l'un des historiens britanniques les plus connus.

> maritime de l'Angleterre… La grande Armada, etc. » De temps en temps, une femme précise est mentionnée, une Élisabeth ou une Marie Stuart ; une reine ou une grande dame. Mais jamais une femme de la classe moyenne, n'ayant à sa disposition que son intelligence et son caractère, n'a pu participer à l'un quelconque des grands mouvements qui, rapprochés, constituent la vue de l'historien sur le passé. Et nous ne trouverons pas non plus la femme dans les collections d'anecdotes d'Aubrey. Jamais elles n'écrivaient leurs mémoires, rarement elles tinrent un journal, on ne possède d'elles qu'une poignée de lettres. Elles ne laissèrent ni drames, ni poèmes sur lesquels nous puissions les juger. Ce dont on a besoin, pensais-je, c'est une masse de renseignements, et pourquoi quelque brillant étudiant de Newnham ou de Girton ne nous la procurerait- il pas ? À quel âge se mariaient-elles ? À quoi ressemblaient leurs maisons ? Disposaient-elles d'une chambre à elles ? Faisaient-elles la cuisine ? Pouvaient-elles avoir une domestique ? Toutes ces précisions se trouvent quelque part, dans les registres communaux et les livres de comptes, sans doute. La vie de la femme moyenne sous le règne d'Élisabeth doit être dispersée en de multiples endroits. Ne pourrait-on pas rassembler ces éléments épars et en faire un livre ? C'est là une ambition qui dépasse mon audace, pensai-je, tout en cherchant sur les rayons des livres qui ne s'y trouvaient pas, que de suggérer aux étudiants de ces fameuses facultés de réécrire l'Histoire. Il me semble pourtant bien reconnaître que l'Histoire telle qu'elle est me semble un peu bizarre, irréelle et bâtie de guingois. Mais pourquoi n'ajouterait-on pas un supplément à l'Histoire ? Supplément auquel on donnerait, bien entendu, un nom sans importance pour que les femmes puissent y figurer sans inconvenance ? […] Me voici en train de me demander pourquoi, à l'époque élisabéthaine, les femmes n'écrivaient pas de poésie et je ne suis pas seulement sûre de la façon dont elles étaient élevées. Leur apprenait-on à écrire ? Avaient-elles un salon personnel ? Combien de femmes avaient-elles des enfants avant leur vingt et unième année ? En un mot que faisaient-elles de huit heures du matin à huit heures du soir ? (Woolf 1992, p. 67-69)[10]

Derrière l'ironie du supplément au nom sans importance, que de force dans la dénonciation d'une histoire « irréelle et bâtie de guingois », parce qu'elle a oublié la moitié de l'humanité, parce qu'elle a oublié le privé et le quotidien. Et quel parallélisme avec le propos de Voltaire que Virginia Woolf semble élargir et poursuivre, en le féminisant : les questions concrètes de l'un comme de l'autre offrent de nouveaux objets à la discipline historique ; tous deux posent la question des sources et proposent des réponses ; l'un comme l'autre appellent à une réécriture de l'histoire. Bonne connaisseuse de l'histoire française, l'historienne américaine Joan Scott concluait d'ailleurs en 1981 un article du *Débat* sur « dix ans d'histoire des femmes aux États-Unis », en posant comme

10. J'utilise la dernière édition (Denoël 1992).

préalable à l'avènement d'une véritable « nouvelle histoire » l'entrée de l'histoire des femmes dans la science historique...

Mais quel historien des années 1930, ou même des années 1950, a médité les questions dérangeantes de Virginia Woolf ? En France très peu certainement, aucun peut-être, pas plus qu'ils n'ont lu l'ouvrage fort documenté, mais perçu comme un manifeste, de Simone de Beauvoir *Le deuxième sexe* paru en 1949. Si le nom de Christine de Pizan (1364-1429) et son livre *La cité des dames*[11] sont sortis de l'ombre, qui connaît aujourd'hui la Française Marguerite Thibert, Léon Abensour ou l'Américaine Mary Beard, qui peuvent être considérés comme des précurseurs de l'histoire des femmes ? Sur cette dernière (1876-1958), qui publia en 1946 *Woman as a Force in History*, ouvrage réédité en 1985, je me suis livrée à une petite enquête dans trois générations d'encyclopédies Larousse (le *Grand Larousse encyclopédique* de 1960, le *Grand dictionnaire encyclopédique* de 1982, le *Grand Larousse universel* de 1991), enquête qui illustre à merveille mon propos. Dans ces trois ouvrages à visée encyclopédique, seul figure l'historien Charles Austin Beard son mari (1874-1948), créateur d'une école de recherches sociales et producteur de livres célèbres comme *The Rise of American Civilisation* (1927) ; plus politiques, les versions des années 1980 et 1990 précisent qu'il a joué un rôle au sein du courant progressiste, combattu la politique étrangère de Roosevelt et « influencé plusieurs générations d'historiens par la synthèse *écrite avec sa femme* sur la culture nationale »[12]. Mary n'a pas de nom, pas de carrière, pas de production. Pourtant, elle s'inscrit, par ses travaux des années 1930 – *On Understanding Women* paraît en 1931, *America through Women's Eyes* en 1933 – dans une longue tradition féminine de narration historique qui inclut des biographies de femmes, des études des mœurs ou de la vie sociale et culturelle passée. Contre les maîtres du positivisme, elle a défendu l'idée que le récit historique est fonction de la position de l'observateur, revendiqué l'expérimentation méthodologique et la multiplicité des approches, et considéré l'histoire des femmes, qui les met en scène comme actrices sociales à part entière, comme un défi à la position privilégiée de l'histoire masculine (Smith 1984).

11. Réédité chez Stock en 1986 ; traduction et introduction par Eric Hicks et Thérèse Moreau.

12. Je souligne l'expression « écrite par sa femme ».

Une histoire au masculin. Une discipline masculine

Effectivement, selon la belle formule de Michelle Perrot et Georges Duby reprise de Michel Foucault dans l'introduction de la série *Histoire des femmes*, écrire l'histoire des femmes nécessite une « volonté de savoir » qui fit longtemps défaut. De l'Antiquité au XXe siècle, le silence de l'histoire officielle est pesant, sauf à évoquer quelques femmes exceptionnelles en beauté, en vertu ou en méchanceté, panégyrique des femmes illustres, et dénonciation des excès du caractère féminin. À cet égard, le cas d'Olympe de Gouges est exemplaire, soit délaissée par la grande historiographie du XIXe siècle, soit violemment critiquée dans les recueils de femmes célèbres de la Révolution, soit reléguée dans les ouvrages d'histoire anecdotique (Blanc 1993).

Ce silence fut difficilement rompu par la contribution des femmes à l'historiographie, contribution que nous avons presque totalement oubliée ou qui nous est devenue invisible, mais que des historiennes américaines comme Natalie Zemon Davis ou Bonnie Smith ont, dès la fin des années 1970, tenté de mettre au jour, afin d'inscrire le travail contemporain dans une généalogie qui lui donne tout son sens (Smith 1984 ; Davis 1976 et 1980). Même si la succession de noms de personnes et d'ouvrages peut apparaître aujourd'hui quelque peu fastidieuse, ces travaux nous invitent à ne pas négliger en France, pour comprendre nos pratiques et peut-être nos difficultés actuelles, les recherches sur ce que j'appellerai, dans l'état de nos connaissances, la préhistoire de l'histoire des femmes.

De fait, après Christine de Pizan qui célèbre les grandes dames du passé dans le but de réfuter les accusations misogynes de son époque, l'invocation des femmes illustres, comme la compilation de leurs écrits, a largement inspiré la recherche historique des femmes, organisé leur mémoire du passé et permis de revendiquer, que leur rôle soit jugé positif ou négatif, leur place dans l'histoire. Citons par exemple pour la France, le *Dictionnaire historique des Françaises* (1804) de Fortunée Briquet ou *Les femmes dans l'histoire* (1889) de Henriette Guizot de Witt, ou bien encore les vies des saintes qui fleurissent à la fin du XIXe siècle pour affirmer la supériorité morale du sexe féminin. Mais la production historique des femmes a été marquée aussi par une grande attention, soutenue par la préoccupation de traduire les œuvres étrangères, à l'histoire comparative; ainsi Clarisse Bader (1840-1902) s'intéresse-t-elle à Madame Roland, Marie-Antoinette, sainte Claire d'Assise, mais aussi à la femme biblique, la femme grecque et la femme romaine, titres d'ouvrages respectivement parus en 1866, 1873, 1877 et qui lui permettent de porter des jugements comparatifs sur la situation de la femme française de son temps (1884). Loin des biographies plus ou moins naïves, cette production a cherché parfois, et de plus en plus fréquemment, à rendre compte des conditions de vie, des mœurs et des mentalités d'une population donnée, véritable histoire sociale avant la lettre, illustrée, entre autres, par l'Anglaise Sarah Taylor Austin (1793-1867)[13] ou l'Américaine Lucy Maynard Salmon (1853-1927) qui ne reçoit que mépris pour ses recherches sur le travail domestique et la domesticité, qualifiées péjorativement d'*history in the backyard*, d'« histoire d'arrière-cour ».

En effet, la situation se fige au XIXe siècle, lorsque l'histoire se constitue en récit d'énonciation puis en discipline universitaire. Une analyse rapide de ses courants de pensée montre un traitement particulier des femmes ou leur éviction pure et simple de la scène historique. Bon exemple de l'histoire romantique, Jules Michelet voit dans le rapport des sexes un moteur de l'histoire mais il assimile les hommes à la culture et les femmes à la nature, une nature tantôt sauvage et tantôt maternelle : quand les femmes usurpent le pouvoir, l'histoire se dérègle (Moreau 1982). Refoulant le privé et le quotidien pour affirmer le primat du politique, revendiquant la rigueur scientifique pour définir le métier d'historien, l'École positiviste – que Gérard Noiriel préfère appeler « méthodiste » – de Victor Langlois et Charles Seignobos exclut les femmes du champ de l'histoire et de la profession, « métier d'hommes qui écrivent l'histoire des hommes, présentée comme universelle, tandis que les murs de la Sorbonne se couvrent de fresques féminines » (Duby et Perrot 1991, p. 14). Prôné par la première génération des *Annales*, celle de Marc Bloch et de Lucien Febvre, et plus encore par leurs successeurs Ernest Labrousse et Fernand Braudel, le primat de l'économique et du social, teinté ou non de marxisme, ne favorise pas non plus la prise en compte de la dimension sexuée de l'histoire[14], tandis que l'histoire quantitative établit des séries à partir de documents d'où les femmes sont absentes. Plus réceptive, la

13. À côté de travaux d'histoire sociale sur l'Allemagne, elle entreprend la traduction d'Auguste Comte, Guizot ou Ranke.

14. Dans son essai d'ego-histoire « L'air du temps », Michelle Perrot raconte que, proposant au printemps 1949 à Ernest Labrousse de travailler sur le féminisme, celui-ci lui suggéra de travailler plutôt sur la condition ouvrière (Nora 1987, p. 277).

troisième génération des *Annales*, celle de la « nouvelle histoire », sera évoquée dans le point suivant.

Si l'histoire universitaire s'est écrite au masculin, c'est notamment parce qu'elle a été écrite majoritairement par des hommes. Que l'histoire ait été, en France particulièrement, une discipline masculine, qu'elle le reste encore partiellement dans ses élites, est pour nous Françaises une impression, parfois une expérience, confirmée par les travaux biographiques sur le monde universitaire (Charle 1985a, 1985b, 1986, 1988). Dans un de ses ouvrages *La République des universitaires*, Christophe Charle (1994) accorde quelques pages limpides à « la femme indésirable » dans les facultés de lettres avant la deuxième guerre : il y évoque la triple candidature malheureuse de la germaniste Geneviève Bianquis, pourtant surdiplômée mais en butte à une « tactique concertée du soupçon », et il suggère comme explication, par-delà le sexisme ordinaire, la peur des collègues de se singulariser et d'affaiblir la fonction stratégique de la section d'allemand. Il y a en effet, derrière la réalité chiffrée – pour l'ensemble de la faculté des lettres de l'Université de Paris qui a délivré de 1925 à 1934 trente doctorats sur 288 à des chercheuses, il n'y avait à la rentrée universitaire de 1936 que deux femmes enseignantes, une assistante de grec et une assistante de russe (Davis 1992, p. 132)[15] –, tout un chantier de recherches ouvert depuis quelques années par des étrangers et particulièrement par des historiennes américaines. Il faut citer, là encore, Natalie Zemon Davis et Bonnie Smith qui, sans la renier, ont ainsi dépassé leur approche antérieure trop descriptive[16], ainsi que Joan Scott. Cette dernière semble avoir donné l'impulsion en s'intéressant, pour la période récente, puis sur le long terme, à la place des femmes dans l'American Historical Association fondée en 1884, et plus précisément aux interconnexions entre les politiques de la discipline, au sens large du terme – conceptions du savoir produites et protégées, relations de pouvoir dans la profession et ses organisations –, et les rapports de sexe (Scott 1988b)[17]. Comme elle le souligne dans le premier article de son livre *Gender and the Politics of History*, c'est la rencontre de la résistance de l'histoire aux analyses de l'histoire des femmes qui a suscité les recherches sur la nature profondément sexuée de la discipline et de la profession.

15. Cette information est tirée de la note 21 de l'article.

16. En cela, elles illustrent l'évolution, décrite dans ce volume, de l'ensemble du champ disciplinaire de l'histoire des femmes.

17. Joan Scott utilise le terme *gender* dont je préciserai plus avant les sens ; « rapports de sexe » est une traduction par défaut. Son article s'intitule « American women historians, 1884-1984 ».

L'École des *Annales*, qui fascine les étrangers, a été la plus explorée. Pour y découvrir qu'elle est une communauté d'hommes – « une confrérie de frères » écrit Natalie Zemon Davis (1988a, p. 23 et 1992) – qui bénéficie du travail gratuit ou salarié de femmes œuvrant dans l'ombre : Suzanne Dognon Febvre, sévrienne, agrégée, qui arrête dès le mariage ses recherches de doctorat pour élever ses trois enfants et assister son mari avant de devenir bibliothécaire à Sèvres ; Simone Vidal Bloch dont l'aide dans la préparation de notes de recherche ou la relecture de manuscrits n'a jamais été notifiée dans les publications de son mari[18] ; Rose Brua Celli et Henriette Psichary qui collaborent à la réalisation de l'*Encyclopédie française* tout en poursuivant leurs projets propres : la première est romancière, la seconde se consacre à l'édition des œuvres complètes de son grand-père Ernest Renan ; ou bien encore Lucie Varga. Étrange itinéraire que celui de Lucie, redécouvert par Peter Schöttler (1991, 1992) : jeune juive autrichienne réfugiée en France, docteur en histoire du Moyen Âge, mais aussi ethnohistorienne du Voralberg et bonne observatrice du nazisme, Lucie est l'assistante de Lucien Febvre en 1934 – elle traduit de l'allemand et prépare des notes de lecture –, bientôt admise dans le premier cercle des *Annales*. Elle est la seule femme avec Thérèse Sclafert à avoir signé des articles dans la revue entre sa fondation en 1929 et la mort de Marc Bloch en 1944, dont son « extraordinaire article » (*dixit* Lucien Febvre en 1950) sur « la genèse du national-socialisme » dans le numéro spécial de 1937 sur l'Allemagne. Mais, abandonnée par Febvre qui recule devant une passion naissante, elle perd appui, relations et travail, et elle est bientôt contrainte, en un temps particulièrement dur pour les exilés, d'abandonner ses recherches sur les cathares, avant de mourir à 36 ans, faute de soins, en avril 1941. Déprimé, Lucien Febvre avait entrepris, l'été 1937, un long voyage en Amérique latine qui lui permit de rencontrer, sur le paquebot du retour, un fils spirituel en la personne de Fernand Braudel et d'amorcer une relation amicale et intellectuelle avec Paule Braudel. Peu après, il manifesta quelque intérêt pour les femmes comme sujets historiques, en entreprenant des recherches sur Marguerite de Navarre, thème de conférences données à l'École normale supérieure de jeunes filles de Sèvres, puis de ses cours au Collège de France (année 1940-1941), enfin d'un livre publié en 1944[19].

18. Les équipes familiales sont fréquentes dans la profession, en France comme ailleurs, et pas seulement pour cette génération ; on peut citer les Beard, les Braudel, les Chaunu… Sur Marc Bloch, voir le livre de Carole Fink (1989).

19. Lucien Febvre, *Autour de l'Heptaméron. Amour sacré, amour profane*, Paris, Gallimard, 1944.

Cette réparation des « silences patriarcaux du passé », pour reprendre les termes de Natalie Zemon Davis, peut paraître à certains une inutile entreprise de désacralisation fondée sur l'exhumation voyeuriste d'affaires privées[20]. Mais elle apprend beaucoup sur le statut des femmes et leurs difficultés d'exister comme intellectuelles dans l'entre-deux-guerres ainsi que sur l'institution universitaire. À cet égard est exemplaire le cas de l'historienne Thérèse Sclafert qui publia, dans le premier volume des *Annales*, un article sur « les routes du Dauphiné et de la Provence sous l'influence du séjour des papes à Avignon »[21]. La publication en 1926 d'une thèse – *Le Haut-Dauphiné au Moyen Âge* –, dont Marc Bloch fit un compte rendu élogieux, n'eut pour elle aucune incidence de carrière ; célibataire liée par une grande amitié à la directrice de l'École normale supérieure de Fontenay, elle continua de donner des cours de grammaire et de latin dans cette école après avoir été enseignante du secondaire. Les recherches et l'écriture, qu'elle poursuivit sa vie durant, permirent cependant la publication posthume, par le Centre de recherches historiques de la VIe section de l'École pratique des hautes études, d'un livre pionnier d'histoire écologique[22]. De fait, l'École pratique des hautes études fut, dès les années 1920 et 1930, plus ouverte, si ce n'est à l'histoire des femmes, du moins aux femmes chercheurs et sa section de philologie accueillit quelques historiennes comme chargée de conférences ou directrice d'études, par exemple la spécialiste d'histoire byzantine Germaine Rouillard.

Cette réparation des silences apprend aussi beaucoup sur l'histoire de la profession d'historien et sur la fabrication de l'histoire. Ce n'est nullement de la petite histoire, pas plus qu'une autre piste qui explore le corollaire de l'absence des femmes aux postes clefs de la discipline : la différence des sexes[23] comme constitutive de l'histoire qui, pour s'affirmer comme science, se pense comme masculine et prend corps

20. Sur ce point je suis en désaccord avec Olivier Faure (« Lucien Febvre et les historiens : un singulier destin », *Cahiers d'histoire*, 1993, n° 2, p. 203-208), sceptique sur les méthodes et le contenu du livre de Peter Schöttler ; « inutile et suspect », ce livre explique peu selon lui « la fabrication de l'histoire en ce temps-là, la seule chose qui nous importe », parce que « Lucie Varga n'obtint jamais aucun poste et n'eut pas le temps d'imprimer sa marque à la recherche historique ». Je comprends mal l'insistance d'Olivier Faure à dénier toute originalité et maîtrise à Lucie Varga – les « textes choisis » publiés par Peter Schöttler en témoignent amplement –, et à répondre par les mérites d'historien de Lucien Febvre qui ne sont absolument pas en cause.

21. Le premier numéro des *Annales d'histoire économique et sociale* paraît en janvier 1929.

22. Thèrèse Sclafert, *Cultures en Haute-Provence. Déboisements et pâturages au Moyen Âge*, EPHE, VIe section, Centre de recherches historiques, Paris, 1959.

23. Là encore c'est le terme de *gender* qui est utilisé par les historiennes américaines.

à travers l'opposition originalité-objectivité masculine et copie-falsification féminine. Ainsi, semble-t-il, chaque tournant historiographique aux États-Unis a joué de ce procédé (Scott 1988b). Ainsi en France, des historiens positivistes et des *Annales* ont utilisé la rhétorique de la veuve abusive envers Athénaïs Mialaret-Michelet – collaboratrice de l'écrivain et éditrice *post-mortem* – pour asseoir leur autorité et définir les limites scientifiques de l'histoire (Smith 1992).

Particulièrement audacieuse et stimulante dans un article de 1993 au titre significatif « Gender, objectivity and the rise of scientific history », Bonnie Smith propose l'hypothèse suivante pour expliquer pourquoi l'histoire des femmes et ses praticiennes ont encore tant de mal à être acceptées, malgré l'évolution du champ disciplinaire vers l'étude des relations entre hommes et femmes : l'écriture historique est, depuis ses métamorphoses du XIXe siècle, un lieu investi d'identité masculine. Ainsi, dans la bouche de Leopold von Ranke, considéré comme le père fondateur de l'histoire scientifique, les métaphores de la professionnalisation évoquent la relation amoureuse de l'historien sauvant une belle princesse – le fait caché dans les documents – ou découvrant, plein de flammes, une collection encore vierge. Plus généralement, l'histoire-métier s'est définie contre des attitudes considérées comme féminines : investigation méthodique des documents contre amateurisme et ornement littéraire, primat d'une histoire politique fondée sur la consultation d'archives publiques contre tout discours légendaire sur des femmes de pouvoir. Or, comme le souligne Gérard Noiriel à propos de la « naissance du métier d'historien », « la plupart des normes, règles et habitudes qui régissent aujourd'hui encore le métier » sont, par-delà les polémiques d'écoles ou de générations, celles « inventées à la fin du XIXe siècle, au moment où se constitue véritablement en France l'université littéraire et scientifique » (Noiriel 1990, p. 58). Il y a, sur ces questions difficiles et controversées de la constitution du savoir historique et de la formation de la profession d'historien, encore bien des recherches à entreprendre, qu'historiennes et historiens français ne devraient pas négliger[24]. Elles permettraient de croiser les rapports de sexe avec les enjeux politiques, sociaux et générationnels mis au jour par les études institutionnelles et biographiques, et de mieux comprendre pourquoi la république des historiens est restée si longtemps masculine[25].

24. Par leur choix d'articles et d'auteurs, leurs éditoriaux et manifestes programmatiques, leurs critiques de livres, les revues professionnelles sont certainement une source intéressante à exploiter.

25. [Depuis la première édition de cet ouvrage, ces recherches ont été entreprises en France et ailleurs. Signalons la parution, après le maître-livre de Bonnie Smith sur le genre

Lorsqu'un jury de la Sorbonne décerne en 1934 la mention très honorable à l'étudiante chinoise Li Dzeh-Djen pour sa thèse très hagiographique sur la presse féminine en France de 1869 à 1914, il affirme douter du rôle des militantes dans l'évolution de la condition féminine tout en déclarant que « la plus élémentaire gratitude fait un devoir aux femmes de notre temps de se pencher sur cette histoire déjà oubliée et encore si peu connue ». Le féminisme est un sujet de femmes qui risquent peu d'entrer dans l'institution universitaire. Aux États-Unis, où il met particulièrement l'accent au début du siècle sur le rôle des femmes dans la vie publique, il suscite une monumentale histoire du combat suffragiste – *History of Women Suffrage* – qui, écrite par un groupe de militantes, paraît en six volumes de 1881 à 1922 et dessine pour longtemps le cadre d'une histoire des femmes entre oppression et libération. En France, la thèse de Li Dzeh-Djen est contemporaine d'autres travaux sur l'histoire des femmes et plus encore du féminisme, réalisés par des hommes et des femmes engagés ou proches du mouvement féministe : Suzanne Grinberg, Marguerite Thibert, Jules Puech[26], Jeanne Bouvier, syndicaliste autodidacte qui réalise un travail d'historienne sur les lingères et les dames des postes[27], ou encore l'agrégé d'histoire et professeur de lycée Léon Abensour[28]. Leurs travaux renouvellent un genre confiné

---

de l'histoire (1998), du colloque de Bologne sur les historiennes d'hier et d'aujourd'hui (Palazzi et Porciani 2004) et du séminaire tenu à l'Institut d'histoire moderne et contemporaine ces dernières années (Pellegrin 2006). On y trouve notamment les contributions d'Isabelle Ernot qui a soutenu en 2004 une thèse sur « la préhistoire » de l'histoire des femmes, croisant l'approche biographique d'un grand nombre d'intellectuelles oubliées à une étude des représentations historiques qui offre, sur le long terme, un mode de lecture des relations de genre dans la société française. Elle y a promu un usage large (au-delà de l'institution historique) et heuristique de la qualification d'historienne et vient de répondre, avec clarté et nuances (Ernot 2007), aux réserves exprimées à cet égard.]

26. Leurs travaux les plus connus sont les suivants : Suzanne Grinberg, *Historique du mouvement suffragiste depuis 1848*, Paris, Henri Goulet, 1926 ; Marguerite Thibert, *Le féminisme dans le socialisme français de 1830 à 1850*, Paris, Giard, 1926 ; Jules Puech, *La vie et l'œuvre de Flora Tristan*, Paris, Giard, 1925.

27. *La lingerie et les lingères* (1928), *Histoire des dames employées dans les Postes, télégraphes et téléphones de 1714 à 1929* (1930). Jeanne Bouvier a aussi publié *Les femmes pendant la Révolution, leur action politique, sociale, économique, militaire, leur courage devant l'échafaud* (1932), *Mes mémoires* (1936 ; réédition en 1983 à La Découverte / Maspéro, avec introduction de Daniel Armogathe), et rassemblé 270 000 notices biographiques pour un dictionnaire (inédit) des femmes célèbres… Pour plus de détails sur ces premier(ère)s historien(ne)s des femmes, voir Christine Bard 1995 (et plus encore la thèse dont est issu le livre).

28. Léon Abensour a publié *Le féminisme sous le règne de Louis Philippe et en 1848* (1913), *Les vaillantes – héroïnes, martyres et remplaçantes* (1917), *Histoire générale du féminisme des origines à nos jours* (1921), *La femme et le féminisme avant la Révolution* (1923), *Le problème féministe : un cas d'aspiration collective vers l'égalité* (1927).

dans les études, assez nombreuses au tournant du siècle, sur le statut juridique de la femme dans diverses sociétés et des origines à nos jours. De l'ouvrage d'Abensour *La femme et le féminisme en France avant la Révolution* paru en 1923, comme de celui de la socialiste fabienne Alice Clark *Working Life of Women in the Seventeenth Century* (1919), Natalie Zemon Davis écrivait en 1976 qu'ils égalaient et même dépassaient les productions contemporaines, tant par la méthode que par la finesse de l'analyse ou la recherche d'une théorie. Pionniers, pionnières à redécouvrir, comme plus récemment l'historienne et militante Edith Thomas (1909-1970) qui rédigea des biographies de femmes révolutionnaires et une étude sur la participation des femmes à la Commune (les pétroleuses)[29], ils restèrent isolés dans la discipline, et pour les spécialistes, dans la profession.

Ne peut-on clore ce chapitre en évoquant une singularité française, ou plutôt, à l'échelle européenne, une singularité anglaise qui apparaît à la lecture de la biographie de l'historienne Eileen Power (Berg 1996), contemporaine et admiratrice – la réciproque est vraie – de Marc Bloch[30]. Personnage charismatique, engagée dans le combat suffragiste et pacifiste, médiéviste de renommée internationale – son livre de 1924, *Medieval People,* est encore disponible après dix éditions successives –, Eileen Power (1889-1940) milita pour une histoire économique et sociale qui n'oublie pas la dimension humaine et individuelle, marqua sa discipline et la culture de son temps – elle n'hésitait pas à écrire dans les journaux et à donner des conférences à la radio –, et développa les recherches et l'enseignement en histoire des femmes, notamment par des travaux sur les religieuses et la vie des femmes du Moyen Âge[31]. Sa carrière est celle d'une « première », enseignant notamment à la London School of Economics, figure de proue, aux côtés de R. H. Tawney, de la Economic

29. Les éditions Viviane Hamy ont publié en 1995 trois inédits d'Edith Thomas présentés par l'Américaine Dorothy Kaufmann qui s'intéresse depuis longtemps à cette historienne, romancière et journaliste ; il s'agit de ses mémoires rédigés en 1952 (*Le témoin compromis*), d'extraits de son journal intime tenu entre 1939 et 1944 et du journal fictif d'un bourgeois pétainiste, écrit entre 1940 et 1941 (*Pages de journal 1939-1944* suivies de *Journal intime de Monsieur Costedet*). [Une biographie d'Edith Thomas par Dorothy Kaufmann vient de paraître début 2007.]

30. Dans un article de l'*American Historical Review* de 1988, Natalie Zemon Davis a comparé les carrières et comportements professionnels de Marc Bloch et d'Eileen Power, engagés dans le même combat pour une histoire économique et sociale du Moyen Âge et admirateurs l'un de l'autre, pour souligner de grandes différences dans leur style personnel et la composition (bien plus mixte en Angleterre) de leur entourage professionnel.

31. *Medieval English Nunneries* paraît en 1922, *Medieval Women*, texte fondateur pour la nouvelle histoire des femmes, est un livre posthume publié seulement dans les années 1970, grâce à la deuxième femme de son mari, Cynthia Postan.

History Society et de la *Economic History Review*. Mais sa biographe ne veut pas en faire une héroïne, plutôt la situer dans un courant de recherches féminines et s'interroger sur le déclin des femmes dans la profession et la discipline au lendemain de la deuxième guerre, comme sur l'oubli concomitant des générations antérieures.

De ce côté-ci de la Manche, la question, qui mériterait des recherches comparatives, devient, me semble-t-il : pourquoi n'y eut-il pas d'Eileen Power en France ? De ce fait, le développement universitaire de l'histoire des femmes dans les années 1970 peut y apparaître comme un phénomène plus nouveau.

Les facteurs de changement ou les origines intellectuelles et politiques de l'histoire des femmes

Signe des temps, les quatre tomes de l'*Histoire mondiale de la femme*[32] – environ 2 000 pages – paraissent à la Nouvelle Librairie de France de 1965 à 1967, sous la direction de Pierre Grimal, un spécialiste de la Rome antique. Certes, le contenu ne correspond pas à l'ambition totalisante du titre; il est souvent, comme je l'ai déjà souligné dans l'introduction de cette première partie, plus civilisationniste ou juridique qu'historique, mais il utilise les travaux des précurseurs cités précédemment. Certes, la relecture aujourd'hui de l'introduction et de la conclusion, qui exposent les considérants et les apports de l'entreprise, fait mesurer le chemin parcouru. Pierre Grimal critique les historiens traditionnels qui, « sous prétexte de raconter l'histoire des "hommes" s'en tiennent à celle des maris, des frères, des fils et des pères », il milite pour une histoire des civilisations qui prenne en compte « la moitié quotidienne de l'humanité », il souligne le poids des images et des mythes qui façonnent les individus aux exigences sociales et attirent le consentement. Il suggère même que « l'une des plus importantes "émancipations" de la femme serait peut-être que l'histoire reconnût et mesurât

32. Les quatre volumes sont les suivants : *Préhistoire et Antiquité*; *L'Occident des Celtes à la Renaissance*; *L'Orient, l'Afrique Noire, l'Asie, l'Océanie, et l'Amérique précolombienne*; *Sociétés modernes et contemporaines*.

son rôle réel dans le devenir humain». Mais il se perd, en homme des années 1960, dans des considérations sur l'essence féminine – située du côté de la permanence, de l'enfantin, du sacré –, sur la part respective du biologique et du social dans «l'originalité de l'univers féminin», sur le choix social idéal entre l'arraisonnement maternel des femmes – le mot est plus tardif – et leur autonomie. Il cherche aussi à absoudre avec insistance les hommes de «l'étrange accusation de vouloir asservir les femmes». Cependant, l'existence même de la série témoigne d'un nouvel état d'esprit. Tenter une histoire des femmes, qui plus est dans une entreprise à visée synthétique, ne paraît plus incongru. C'est que l'histoire et d'autres disciplines sont en train de bouger.

La sociologie apparaît pionnière, ou plutôt quelques sociologues femmes – Madeleine Guilbert, Andrée Michel, Evelyne Sullerot – qui, liées aux mouvements féminins de l'époque, prennent comme objets d'étude la presse féminine, le travail ou le syndicalisme des femmes. Paru en 1964, *La condition de la Française d'aujourd'hui,* d'Andrée Michel et Geneviève Texier, est le premier titre de la collection «Femme» lancée par Colette Audry chez Denoël Gonthier. Il est suivi, chez d'autres éditeurs, de l'*Histoire de la presse féminine des origines à 1848* (Sullerot 1966), des *Fonctions des femmes dans l'industrie* (Guilbert 1966a), des *Femmes et l'organisation syndicale avant 1914* qui présente et commente des documents pour une étude historique du syndicalisme féminin (Guilbert 1966b), enfin de l'*Histoire et sociologie du travail féminin,* synthèse neuve sur le sujet (Sullerot 1968). S'ils considèrent la femme comme un cas spécifique dans un modèle général masculin, et la condition féminine comme un état pré-déterminé, s'ils attendent d'un hypothétique changement des mentalités une réduction des inégalités entre les hommes et les femmes, ces travaux montrent néanmoins la nécessité de comparer entre les sexes et de ne pas cantonner à la famille les études sur les femmes. Ils bousculent ainsi une sociologie du travail qui prend comme norme l'ouvrier professionnel de sexe masculin et interpellent l'histoire qui ne s'est pas encore beaucoup posé la question de la différence des sexes. Leurs auteures les poursuivent dans les années 1970, mesurant le travail des femmes, décrivant les changements induits par la société industrielle ou les incidences réciproques entre l'activité professionnelle et la vie conjugale (Sullerot 1973; Michel 1974 et 1975). Dans un colloque devenu livre en 1978 – *Le fait féminin* –, Evelyne Sullerot pose de nouveau la question insoluble «qu'est-ce qu'une femme?», pour y répondre par un vaste débat nature-culture; le livre est critiqué pour la part belle faite au biologique mais il montre aussi la pesanteur des faits de culture et paradoxalement la nécessité d'une histoire des femmes.

Parallèlement, sous l'impulsion de la troisième génération des *Annales* – celle de la « nouvelle histoire » qui propose de « nouveaux problèmes », de « nouvelles approches » et de « nouveaux objets »[33] –, le champ historique s'élargit progressivement aux pratiques quotidiennes, aux conduites ordinaires, aux « mentalités » communes, aux sentiments, et, derrière Philippe Ariès, aux attitudes devant la vie[34]. Fortement marquée par une ethnologie et une anthropologie en plein renouvellement théorique[35], devenue parfois anthropologie historique – André Burguière souligne dans le *Dictionnaire des sciences historiques* paru en 1986 combien ce terme est à la fois imprécis et polysémique[36] –, l'histoire travaille aussi sur les structures de parenté et de sexualité et redécouvre l'importance de la famille comme cellule fondamentale et évolutive des sociétés. Elle se met enfin à compter les hommes et à observer leur cycle de vie et, par tous ces chemins, met en avant les femmes et le féminin.

Certes, la démographie historique, qui appuie ses démonstrations sur un ensemble de chiffres, prend tardivement en compte la différence des sexes pourtant fort instructive (Head-König 1991) ; certes, elle néglige longtemps la dimension de l'expérience vécue par les femmes et ne s'intéresse que progressivement à des figures féminines, la mère célibataire par exemple : ce n'est qu'en 1979 qu'elle ressent le besoin d'organiser une rencontre sur « la démographie historique et les femmes » dont il est rendu compte dans un numéro spécial de 1981 des *Annales de démographie historique*[37]. Certes, l'histoire de la famille n'est pas celle des femmes, pas même celle des rapports de sexe dans la famille (Bridenthal *et al.*, 1979). Mais il faut souligner, je crois, l'importance, dans l'émergence de l'histoire des femmes et son orientation vers le monde et la culture des femmes (voir *infra*, deuxième partie), de ces deux approches, très productives dans les années 1970 et particulièrement développées en France et en Grande-Bretagne autour de l'École de Cambridge[38]. Elles complètent un regard ethnologique sur le

33. Rappelons que c'est ainsi que s'intitulent les trois parties de *Faire de l'histoire*, publié en 1974 sous la direction de Jacques Le Goff et Pierre Nora.

34. Philippe Ariès a publié en 1960 *L'enfant et la vie familiale sous l'Ancien Régime*. Sur le quotidien, voir notamment Guy Thuillier (1977).

35. Notamment sous l'influence de l'anthropologie structurale de Claude Lévi-Strauss.

36. A. Burguière dirige le dictionnaire et rédige l'article « Anthropologie historique ».

37. *Démographie historique et condition féminine.*

38. Recenser des ouvrages m'emmènerait trop loin ; citons, au risque d'en oublier, quelques noms d'historiens : E. A. Wrigley, Peter Laslett, Richard Wall, Edward Shorter, Jack Goody, Lawrence Stone, Louis Henri, Jacques Dupaquier, André Burguière, Jean-Louis Flandrin, E. Le Roy Ladurie. Le numéro spécial des *Annales* intitulé *Famille et société* (n° 4-5, 1972) fournit une vue d'ensemble.

monde rural traditionnel qui, avec les travaux de Martine Segalen, décrit la répartition sexuée des tâches dans le village et la maison et suggère un partage plus ou moins harmonieux, voire une complémentarité, des pouvoirs entre les sexes (Segalen 1980)[39]. De son côté, Yvonne Verdier, dont le *Façons de dire, façons de faire* a ébloui plus d'une lectrice en 1979, s'interroge sur le mode d'initiation sexuelle des filles et la construction culturelle du féminin dans un village de Bourgogne, et montre la place des femmes comme gardiennes de la tradition et de la mémoire[40]. Plus tardive, l'*Histoire de la famille* en deux volumes apparaît comme une synthèse ethnologique et historique qui souligne la variabilité des stratégies matrimoniales, des formes et des rôles de l'institution familiale, met en évidence les modes de contrôle par les groupes humains de leur fécondité et offre de multiples regards sur les relations entre sexes ou générations (Burguière *et al.* 1986)[41].

L'enracinement de l'histoire des femmes à ses débuts dans l'histoire démographique et de la famille est particulièrement vrai pour l'histoire moderne et rappelé a posteriori par des historiennes spécialistes de la France comme Natalie Zemon Davis et Olwen Hufton (Davis 1976 ; Hufton 1983). Mais pour d'autres aussi, et beaucoup certainement, le côtoiement de la « nouvelle histoire » a créé une sensibilité. Yvonne Knibiehler souligne le rôle qu'a joué pour elle la lecture d'Ariès. De mon côté, je pense avoir été confortée dans mes premiers choix par le peu classique programme d'agrégation de l'année 1974-1975 sur la famille, l'enfant et l'éducation du XVIe au XVIIIe siècle, pour lequel j'avais lu avec bonheur *L'enfant et la vie familiale sous l'Ancien Régime* et nombre d'études monographiques.

Apparaît décisif aussi, un autre courant revendiqué par la « nouvelle histoire » – l'ouvrage qui porte le même titre ainsi que le *Dictionnaire des sciences historiques* lui consacrent tous deux un article (Schmitt 1978 ; Farge 1986) –, et qui, dans la foulée de la décolonisation relayée par mai 1968, s'intéresse aux déviants et aux marginaux, aux groupes minoritaires et aux cultures opprimées, aux relations entre les marges et le centre du pouvoir. Longtemps ignorés parce que non acteurs de l'événement historique, les exclus retrouvent existence et dignité et deviennent ceux

39. Sur ce point, voir aussi le catalogue de l'exposition de l'automne 1973 au musée des Arts et traditions populaires : *Mari et femme dans la France rurale traditionnelle.*

40. Le sous-titre de son livre est plus explicite : *La laveuse, la couturière, la cuisinière.*

41. L'ensemble est préfacé par Claude Lévi-Strauss, les deux tomes respectivement par Georges Duby et Jack Goody.

qui peuvent éclairer le fonctionnement des normes collectives dans une société donnée. Souvent majoritaires en nombre, les femmes constituent une minorité sociale et politique, qui plus est, exclue de l'histoire : il fallait les réentendre, leur donner vie, et comprendre les mécanismes de domination du masculin sur le féminin.

L'influence de Michel Foucault, pionnier de ce mode de lecture de la société au travers de ses exclus, est à la fois évidente et difficile à cerner, tant les relations des historiens français avec le philosophe furent difficiles, fondées, comme le soulignait Arlette Farge en 1992, sur un malentendu[42]. La génération arrivée à l'âge adulte dans les années 1970, la mienne, fut surtout marquée, me semble-t-il, par un de ses visages multiples, celui de l'observateur minutieux des pratiques disciplinaires et de la diffusion des pouvoirs qui publie en 1975 *Surveiller et punir*. Cinq ans plus tard, retransmis dans *L'impossible prison*, le débat qui s'instaure à propos du système pénitentiaire et de son mode d'approche permet à Michel Foucault d'expliciter, sans vaincre toutes les réticences de la profession, sa démarche de philosophe qui travaille le matériau de l'histoire pour comprendre par quels systèmes de pensée s'organisent des pratiques institutionnelles :

> Mon thème général, affirme-t-il alors, ce n'est pas la société, c'est le discours vrai / faux : je veux dire, c'est la formation corrélative de domaines, d'objets et de discours vérifiables et falsifiables qui leur sont afférents ; et ce n'est pas seulement cette formation qui m'intéresse mais les effets de réalité qui lui sont liés. (Perrot 1980, p. 55)

Aussi me paraît-il possible d'opposer, avec quelque circonspection, deux modes d'influence de Michel Foucault sur l'histoire des femmes. En France, une influence diffuse accompagne l'émergence et le développement de ce champ de recherche et conduit à une utilisation empirique de ses concepts et outils : l'histoire des femmes peut s'appuyer sur sa démarche antinaturaliste et l'affirmation que rien ne va de soi ; elle

42. Ce terme se trouve dans le titre d'un court article de l'*Histoire* (« Michel Foucault et les historiens : le malentendu », n° 154, avril 1992) qui fait écho à deux articles plus anciens du *Magazine littéraire :* « Face à l'histoire » (Arlette Farge, n° 207, 1984) et « Foucault et les historiens » (entretien avec Jacques Revel, n° 101, 1975). La lecture de Foucault par les historiens et d'autres a été réactivée par la publication au début des années 1990 de *Dits et écrits 1954-1988* (Daniel Defert et François Ewald 1994, 4 volumes) et celle de colloques tenus au même moment: *Michel Foucault dix ans après. Écrire, diffuser, traduire* (Université Paris 7, décembre 1994, avec une communication de Jana Sawicki sur la théorie féministe et Foucault) ; *L'histoire au risque de Foucault* (Beaubourg 1995, avec une communication de Michelle Perrot sur Foucault et l'histoire des femmes). Sur Foucault, voir notamment Dreyfus et Rabinow 1984, Revel 1986, Brossat 1994.

trouve aussi aisément asile dans ses objets – la folie, l'enfermement, les disciplines, le pouvoir, le corps, la maladie, ou bien encore la sexualité. Aux États-Unis, une lecture plus systématique du philosophe prend en compte son projet d'analyse critique et historique des discours, projet qui remet en cause des notions chères à l'histoire comme l'origine, la causalité ou la continuité et qui, derrière l'inertie du vocabulaire des objets historiques, met au jour des configurations provisoires et successives. Cette lecture orientera, dans la seconde moitié des années 1980, un courant de l'historiographie incarné par Joan Scott vers l'analyse de la production du savoir culturel sur la différence sexuelle et celle des différentes formes qu'il revêt – mais c'est là une anticipation sur des évolutions qui seront décrites plus avant dans cet ouvrage. Plus généralement, elle suscite le développement d'« études féministes foucaldiennes », dont Jana Sawicki s'est fait à plusieurs reprises l'exégète : centrés sur l'analyse du pouvoir disciplinaire qui subjugue les femmes sujets et objets du savoir, ou bien sur les cultures et stratégies de résistance, reprochant parfois au philosophe son androcentrisme ou un refus de théoriser la résistance, des textes de plus en plus nombreux[43] interrogent, à partir de l'œuvre de Foucault, les questions d'identité et cherchent de « nouvelles manières de penser le rôle de la théorie et de l'action politique » (Sawicki 1994).

Ainsi, l'histoire des femmes a pu prendre racine dans des courants intellectuels divers. Mais l'impulsion décisive est venue, incontestablement, du mouvement des femmes, qui fait ses premières apparitions publiques en France en 1970 et affirme, avec le dépôt d'une gerbe à la femme du soldat inconnu, que l'histoire et la mémoire ne le laissent pas indifférent (Picq 1993). Les multiples interrogations qu'il suscite, les remises en question qu'il entraîne, les combats qu'il mène, posent très vite la question des femmes et de leur passé. La recherche d'une histoire et la constitution d'une mémoire permettent de donner corps à l'affirmation du « nous les femmes » et de construire l'avenir en se détachant du passé, tandis que, dans le mouvement, les voix du passé font écho aux préoccupations contemporaines. Dans la France des années 1970, comme aux États-Unis dans les années 1960, l'apparition de l'histoire des femmes comme discipline et le renouvellement des recherches en histoire du féminisme accompagnent ainsi la renaissance du féminisme. De fait, aucun autre champ de l'histoire ne semble autant lié à

43. Parmi ces textes, je signalerai celui que j'ai le plus souvent rencontré dans les ouvrages américains et donc consulté : Judith Butler, *Gender Trouble. Feminism and the Subversion of Identity* (1990) [sa traduction française date de 2005].

un mouvement social. Si l'histoire ouvrière a été faite par des intellectuels souvent proches du Parti communiste, l'histoire des femmes est faite, à ses débuts du moins, par des intellectuelles engagées dans le mouvement – elles y sont nombreuses – ou proches de la mouvance féministe, et les recherches se font à la fois dans et hors des institutions, sous l'impulsion parfois d'associations féministes de recherche dont le rôle est souvent oublié aujourd'hui (Diebolt et Fayet-Scribe 1986). L'Université suit tant bien que mal, à l'initiative de quelques enseignantes ou à la demande des étudiantes majoritaires dans cette filière littéraire.

La force de ce lien rend compte de l'antériorité américaine[44] et britannique et peut expliquer, sans la justifier, la résistance des institutions qui craignent une histoire militante. Pour répondre à ce soupçon originel, j'avancerai trois arguments dont la force me semble croissante. Certes, l'histoire des femmes à ses débuts et dans quelques-unes de ses productions a pu affirmer un certain schématisme – par exemple, en usant, comme mode de lecture linéaire, du thème récurrent de la confiscation par les hommes du pouvoir des femmes, confiscation qui suppose une inversion des rapports entre les deux sexes et même l'existence première du matriarcat[45] –, mais ce schématisme a rarement été sans nuances et a presque toujours été contesté à l'intérieur de la discipline dans tous les pays concernés. Il est tout à fait remarquable que dès 1969, une historienne américaine comme Gerda Lerner, une des pionnières de ce champ de recherches aux États-Unis, en critique l'insuffisance théorique dans le *Journal of Social History* et souligne, avec une vigueur à la fois salutaire et contestable, que « le schéma de référence féministe est devenu archaïque et tout à fait inutilisable », qu'« un nouveau cadre conceptuel est nécessaire pour traiter des femmes dans l'histoire américaine » (Lerner 1969, 1976, p. 351). Le débat se poursuit les années suivantes, dans les colloques de l'American Historical Association comme à la Berkshire Conference qui réunit régulièrement, à partir de 1973, sur la côte Est des États-Unis, les chercheurs et chercheuses en histoire des femmes. En 1974, Gerda Lerner y préside les sessions intitulées « L'histoire des femmes en transition » et « Effets de l'histoire des femmes sur les conceptions traditionnelles de l'histoire », où interviennent d'autres

44. Sur le féminisme américain, on peut consulter en français : Sara M. Evans (1991) et Ginette Castro (1984).

45. Thème alors prégnant de l'anthropologie féministe américaine, il est moins présent en France. Le livre de Pierre Samuel, *Amazones, guerrières et gaillardes* (1975) veut surtout montrer la force physique des femmes. Sur le mythe du matriarcat, voir Françoise Picq (1979) et Stella Georgoudi (1991).

historiennes citées dans ce livre : Natalie Zemon Davis, Joan Kelly, Renate Bridenthal et Carroll Smith-Rosenberg.

En France, sans entrer maintenant dans les détails d'un débat qui est l'objet même de ce livre, la scientificité a été très tôt revendiquée et les brochures au ton militant venues d'outre-Atlantique ont rarement convaincu. Il n'y a, par exemple, aucune commune mesure entre de courts essais, exaltant la sorcière comme femme libre défiant l'ordre masculin ou dénonçant la mort des matrones, et les travaux de Robert Muchembled (1979, 1981), Carlo Ginzburg (1980), Jean-Michel Sallmann (1989, 1991) qui analysent la complexité des phénomènes de sorcellerie, ou ceux de Françoise Loux (1978), Marie-France Morel (1978), Mireille Laget (1978,1982), Jacques Gélis (1978, 1984, 1988), Catherine Fouquet et Yvonne Knibiehler (1980, 1983) qui portent un regard historique ou ethnologique sur la naissance et la maternité du Moyen Âge à nos jours.

Extérieurs au champ spécifique, les deux autres arguments qui peuvent être opposés au soupçon d'une histoire non scientifique n'en prennent que plus de poids et ne nécessitent pas de longs développements. Tout d'abord, on ne peut reprocher à l'histoire des femmes ce qui, mis en avant par l'École des *Annales*, est accepté aujourd'hui par toute la profession : à savoir que l'historien, consciemment ou non, pose au passé les questions que lui évoque sa propre société et que le questionnement, venu le plus souvent de l'extérieur de la discipline, renouvelle constamment l'historiographie. D'autre part, je dirai, avec Pierre Vidal-Naquet (1991, tome 2, p. 12), qu'il n'y a « pas d'historien qui puisse se passer d'un système de valeurs »[46], affirmation qui paraît une évidence dans maints pays étrangers mais qui fait souvent problème en France au nom de l'objectivité et de l'universalité...

Là encore, les comparaisons internationales sont fort instructives et m'invitent aux précisions suivantes, parenthèse nécessaire au point de mon discours. Alors que les historiennes américaines et britanniques revendiquent l'appellation de *feminist history*, les Françaises, en désaccord parfois avec des chercheuses d'autres disciplines, récusent, dans leur majorité, la notion de « science féministe ». Comme le dit Rose-Marie Lagrave au colloque de Toulouse *Femmes, féminisme et re cherches* (voir *infra*), où le débat sur ce point est fort animé et contradictoire, « la recherche ne peut être féministe [...], la rupture est dans le voir, pas dans le connaître » (Lagrave 1984, p. 911). Au grand étonnement de nos collègues étrangers, peu férus d'universalisme à la française, le

46. La citation exacte est : « Je ne connais en tout cas pas d'historien qui puisse se passer d'un système de valeurs. »

terme d'« histoire féministe » est rarement utilisé en France, et le plus souvent dans un sens péjoratif, par ceux qui, comme Mona Ozouf en 1995, ne voient dans les recherches considérées qu'une analyse partiale et idéologique centrée sur l'affrontement entre les sexes. De même, la question du monopole des femmes sur l'écriture de leur histoire ne pouvait être tranchée qu'en faveur de la mixité, même si, dans un premier temps, l'utilisation par un homme d'outils d'analyse issus de la démarche féministe parut à beaucoup scandaleuse. Par contre, bien que l'histoire des femmes comme les autres disciplines ait mis en valeur, à travers le sexe de l'auteur, l'importance de la subjectivité dans toute recherche – le « en tant que femme » comme moteur de la production d'un savoir nouveau –, elle a peut-être trop vite délaissé en France ce questionnement controversé qui remettait en cause l'objectivité et obligeait la recherche masculine à se nommer. Il y a quelque ironie à lire et relire chez Joan Scott des citations de Michel de Certeau invitant à dépasser le discours épistémologique sur « la vérité » et donc à déconstruire l'opposition entre idéologie et histoire...

Décisive, l'impulsion du mouvement des femmes ne fut cependant pas immédiate ni directe. Écrire l'histoire des femmes n'est pas, en effet, la préoccupation première ni la préoccupation de toutes les militantes féministes. Pour tout un courant lié à la psychanalyse, il s'agit d'affirmer la réalité positive spécifique des femmes, de chercher une « essence » féminine articulée à leur corps, et donc de se tourner vers cette discipline, ou, en quête d'une écriture féminine, vers la linguistique ou les études littéraires. Seules les féministes qui, dans la lignée de Simone de Beauvoir, s'opposent à l'idée d'une « nature féminine », pour défendre celle de la construction sociale de la différence des sexes, peuvent s'adresser à l'histoire. Car il n'est pas d'histoire possible qui ne repose sur l'affirmation de l'historicité des expériences des femmes et celle des rapports de sexe. Mais l'historicité peut faire problème aussi, notamment en histoire du féminisme, lorsque les historiennes professionnelles, qui, pour la plupart, pratiquent d'emblée une histoire critique et problématique de la pensée féministe, font surgir des modes de pensée qui paraissent anachroniques ou « aliénés » – le terme d'aliénation a été beaucoup utilisé dans certains écrits des années 1970 – et gênent l'identification à des héroïnes du passé : ainsi de l'association féminisme (du XIXe siècle) et moralisme analysée par Geneviève Fraisse dès 1975, dans un article de la nouvelle revue *Les révoltes logiques*. Comment les femmes peuvent-elles revendiquer leur place, si ce n'est au nom des qualités maternelles et domestiques que la tradition leur attribue ?

Largement ouverte, dès ses premières parutions et tout au long d'une histoire centrée sur l'analyse des pratiques du pouvoir et de la révolte[47], aux recherches sur le travail des femmes ou des enfants et plus encore sur les voix / voies du féminisme, la revue *Les révoltes logiques* témoigne à la fois des convergences intellectuelles et politiques autour de l'histoire des femmes et de la complexité des relations entre ce champ historique et le militantisme. Revue du Centre de recherches sur les idéologies de la révolte, centre fondé en novembre 1974 par Jean Borreil, Geneviève Fraisse et Jacques Rancière et rattaché à la chaire d'Histoire des systèmes de pensée que tient Michel Foucault au Collège de France, elle rassemble des philosophes déçus de l'althussérisme, insatisfaits de l'histoire des mentalités « qui réserve aux élites le soin du changement », et lecteurs de Foucault. Dans le contexte des mouvements sociaux et du débat intellectuel de l'époque, elle se propose, de façon dialectique, d'« interroger l'histoire à partir de la révolte et la révolte à partir de l'histoire », pour retrouver une mémoire populaire, la mémoire de « la révolte ouvrière, paysanne, nationale (catalane et occitane) ainsi que [de] la protestation féministe ». Mais elle n'a, comme elle l'affirme d'entrée de jeu et le montre dans ses articles, « aucune vocation à la bonne parole », sensible au contraire aux chemins de traverse de la révolte comme à ses contradictions, attentive aux débats qu'elle suscite[48].

Que dire alors du rôle du féminisme dans l'évolution des thématiques et des points de vue de l'histoire des femmes ? Pris dans une continuelle tension entre le besoin de bâtir une identité féminine et celui de déconstruire la catégorie « femme », affirmant d'une lutte à l'autre que « le personnel est politique », le féminisme a pu ouvrir de multiples voies de recherches parallèles ou successives. Mais, une fois lancée, l'histoire des femmes acquiert aussi une certaine autonomie intellectuelle et il devient difficile, et hors de mon propos, de mesurer la part respective, dans sa dynamique, du mouvement des femmes, de l'historiographie française, des pratiques de l'histoire des femmes dans d'autres pays ou de ses tensions internes. Témoin et actrice d'une aventure intellectuelle qu'il m'importe de faire comprendre, je privilégierai désormais l'histoire intérieure de ce champ de recherches...

47. *Les révoltes logiques* ont publié seize numéros de 1975 à 1981 aux éditions Solin et deux cahiers en 1984 et 1985 aux éditions La Découverte.

48. Les citations sont extraites du « manifeste » du Centre de recherches sur les idéologies de la révolte publié dans le premier numéro du *Doctrinal de Sapience*, et du feuillet d'annonce du premier numéro des *Révoltes logiques* ; je remercie Geneviève Fraisse de m'avoir envoyé ces documents.

Que sait-on en France chez les historiens, au début des années 1970, de l'effervescence des universités américaines, de la naissance des *women's studies* et des travaux anglo-américains ? Peu de choses, semble-t-il, malgré le rôle de relais joué par les départements de civilisation anglaise et américaine[49]. Présentant le premier bilan au colloque *Les femmes et les sciences humaines*, qui se tient à Aix-en-Provence en 1975, Michelle Perrot déclare : « Nous souhaitons vivement qu'une historienne américaine puisse nous renseigner sur l'essor, l'importance, les formes d'action des *women's studies* et sur les secteurs de l'histoire auxquels elles se sont attaquées en priorité »[50]. Elle cite ensuite l'historienne américaine Natalie Zemon Davis qui vient de publier une bibliographie en histoire moderne, *Society and the Sexes in the Earlier Modern Europe, 15th-18th centuries* (1973), ainsi que l'historienne britannique Sheila Rowbotham dont Payot vient de traduire le *Women, Resistance and Revolution* (*Féminisme et révolution*, 1972) et qui a rassemblé une bibliographie plus contemporaine sous le titre *Women's Liberation and Revolution* (1972b). Mais elle ne mentionne pas, du même auteur, l'ouvrage devenu célèbre par la suite, *Hidden from History*, paru en 1973 et réédité en 1974, ni les premières réflexions méthodologiques des pionnières américaines comme Gerda Lerner (1969, 1975)[51]. Sont surtout connus les travaux en histoire européenne et plus encore en histoire française, comme le Ph. D. de Charles Sowerwine, soutenu en 1973 (*Women and Socialism in France, 1841-1921*), résumé pour une part dans un article du *Mouvement social* de 1975 et qui rencontre une des préoccupations principales de l'histoire des femmes en France.

49. Angliciste, Françoise Basch a par exemple effectué une des premières recherches sur « les femmes victoriennes » et utilisé à cet effet les sources littéraires. Sa thèse est devenue livre (1979).

50. Le colloque *Les femmes et les sciences humaines* n'a pas donné lieu à publication ; je remercie Michelle Perrot de m'avoir prêté sa communication intitulée « Où en est l'histoire des femmes ? »

51. Comme cela est fréquent aux États-Unis, ces deux articles de revue sont repris en 1976 dans l'ouvrage édité par Berenice A. Carroll, *Liberating Women's History : Theoretical and Critical Essays*. Quelques années plus tard (1979), Gerda Lerner publiera un livre qui fit date et au titre significatif : *The Majority Finds its Past.*

Quelques caractéristiques françaises

Je n'ai que trop souligné déjà le caractère récent de l'histoire des femmes en France ainsi que le rôle pionnier joué par les Américaines et les Anglaises, comme par certaines branches de la sociologie française. En 1972, deux historiens, Yvonne Knibiehler et Marcel Bernos, participent activement à la création du Centre d'études féminines de l'université de Provence (CEFUP) qui organise un premier enseignement thématique et interdisciplinaire à la rentrée 1973. Cette même rentrée, Michelle Perrot, Fabienne Bock et Pauline Schmitt ouvrent à l'Université Paris 7 le premier cours, dont le titre interrogatif – « Les femmes ont-elles une histoire ? » – manifeste une hésitation à entrer dans l'inconnu et peut-être le vide. De façon tout à fait significative, la même question est traitée en 1975 dans la prestigieuse université d'Oxford par Carl Degler – un pionnier de l'histoire des femmes aux États-Unis plus tard fort critiqué par Joan Scott – dans une conférence devenue livre : « Is There a History of Women ? » Vouées au silence de la reproduction, à la répétition de gestes quotidiens, à une division sexuelle qui semble vieille comme le monde et immuable, les femmes ont-elles véritablement une histoire ? Face à une telle question et faute de matériaux, le cours de Paris 7 procède, après un semestre de sociologie ouvert par Andrée Michel, par conférences d'historiens invités à faire part de l'état de leur réflexion, comme Pierre Vidal-Naquet, Jacques Le Goff, Jean-Louis Flandrin, Emmanuel Le Roy Ladurie, Mona Ozouf (Perrot 1975, 1985). Parallèlement s'amorcent, dans cette université et ailleurs, de nombreuses recherches historiques sur ce qui est alors couramment appelé la condition féminine.

Ces recherches prennent le relais de travaux plus isolés, engagés quelques années auparavant à l'initiative d'étudiantes ou d'enseignantes sensibles à cette thématique. Ainsi, c'est pour approfondir la remarque d'un cours d'agrégation mentionnant la rupture induite par la première guerre dans la condition des Françaises[52] qu'Anne-Marie Sohn (1996a, p. 10) commence à la rentrée 1969 des recherches, dirigées à l'Université

52. J'ai d'ailleurs découvert tardivement, au début des années 1980, en écrivant un livre sur les femmes pendant la Grande Guerre (Thébaud 1986a), l'existence d'un épais diplôme d'études supérieures effectué par Yvonne Delatour sous la direction de René Rémond et soutenu en 1965 : *Les effets de la guerre sur la situation de la Française d'après la presse féminine 1914-1918*.

de Nanterre par Annie Kriegel, sur la réception par l'opinion publique du célèbre roman de Victor Margueritte paru en 1922 – *La garçonne* – et sur les institutrices féministes favorables aux thèses de l'ouvrage (Sohn 1972, 1973). Au même moment, Marie-Hélène Zylberberg-Hocquard qui a découvert à la faveur des événements de 1968 « la distorsion politique entre les sexes »[53], élargit sous la direction de Madeleine Guilbert des travaux antérieurs sur le mouvement ouvrier et s'intéresse aux rapports entre féminisme et syndicalisme, en particulier sur la question du travail des femmes (Zylberberg-Hocquart 1978). Vingt-cinq ans plus tard, la convergence de ces premières recherches, contemporaines du travail de Charles Sowerwine, apparaît remarquable.

En effet, dans le contexte français où l'historiographie est encore à dominante économique et sociale[54], où, dans une perspective marxiste, l'inégalité sociale prime toute autre forme d'inégalité, l'histoire des femmes prend comme premier et principal objet d'étude la question du travail des femmes et des rapports entre femmes – travailleuses ou non – et mouvement ouvrier. C'est le temps de ce que j'ai appelé ailleurs une « histoire ouvrière du travail féminin »[55], où de nombreuses études portant surtout sur le XIXe siècle mettent en évidence plusieurs phénomènes. Tout d'abord la surexploitation des femmes cantonnées dans des secteurs spécifiques – textile, habillement, tabac et allumettes, conserves – et sous-payées : en moyenne, à la fin du siècle, les ouvrières perçoivent la moitié d'un salaire masculin, ce que la société appelle un « salaire d'appoint », d'où la nécessité parfois de compléter par la prostitution ou l'impossibilité présumée de vivre seule. S'appuyant, à travers la presse ouvrière ou les archives de police, sur des études de cas mais aussi sur les nombreux livres d'époque rédigés par des médecins, des hommes politiques ou des économistes qui font du travail des femmes un problème social – « ouvrière, mot impie » écrit Jules Simon derrière

53. La remarque est d'Anne-Marie Sohn (1996a, p. 11).
54. En 1965, dans l'introduction du colloque *L'histoire sociale. Sources et méthodes* (publié en 1967), Ernest Labrousse soulignait que l'école historique française est « la plus anciennement et la plus profondément sociale de toutes les écoles historiques du monde ». Les années 1960 et le début des années 1970 sont l'époque des grandes thèses sur le mouvement ouvrier – celles de Michelle Perrot (*Les ouvriers en grève, France 1871-1890*, Paris, Mouton, 1974) et d'Yves Lequin (*Les ouvriers de la région lyonnaise dans la seconde moitié du XIXe siècle, 1848-1914*, Lyon, Presses universitiares de Lyon, 1977) –, de la mise en chantier puis de la parution de l'*Histoire économique du monde* sous la direction de Pierre Léon, et de l'*Histoire économique et sociale de la France* sous la direction de F. Braudel et E. Labrousse.
55. Dans une communication au colloque de Malaga, 1er au 4 décembre 1992, *El trabajo de las mujeres. Pasado y presente* : « L'approche historique et sociologique du travail des femmes en France. »

Michelet –, ces études veulent montrer le traumatisme engendré par la Révolution industrielle. Pensée comme une rupture sociale et économique, celle-ci aurait détruit la famille en séparant foyer et lieu de travail et pesé particulièrement sur les femmes et les enfants.

Mais dès 1975, dans une table ronde à la Maison des sciences de l'homme sur l'impact de l'industrialisation sur le travail et la condition des femmes, cette thèse est fortement nuancée par Louise Tilly et Joan Scott qui, en combinant histoire démographique, économique et de la famille, soulignent plutôt les continuités avec l'ancienne économie familiale ou du moins l'importance du legs rural, le travail des femmes restant rythmé par les activités reproductrices et les besoins de la famille[56]. Sans toujours convaincre, l'histoire des femmes apparaît là comme précurseur d'une relecture de la Révolution industrielle, dont le terme exprime trop l'idée d'un bouleversement radical, particulièrement peu conforme à la réalité française. De fait, malgré l'accroissement notable de la population active féminine dans la deuxième moitié du XIXe siècle, accroissement rendu nécessaire par le fléchissement démographique, on doit se rendre à l'évidence que les secteurs d'emploi demeurent très traditionnels et que la pénétration des femmes dans la grande industrie reste faible, y compris, comme le montre le recensement de 1906, au seuil du XXe siècle. Toutefois, la surexploitation des ouvrières est manifeste aussi dans des formes particulières d'encadrement du travail féminin : ateliers caporalisés ou bien encore couvents-usines du Sud-Est de la France dans le travail de la soie, notamment celui de Jujurieux dans l'Ain dont Dominique Vanoli explique les modalités et la logique d'enfermement (1975, 1976). Ainsi surgit une figure de femme victime, opprimée parmi les opprimés, la plus opprimée peut-être.

Deuxième phénomène mis en évidence dans de nombreux travaux (Guilbert 1966; Devance 1973; Zylberberg-Hocquard 1978, 1981; Sowerwine 1978; Perrot 1976) : la grande méfiance du mouvement ouvrier français, plus marqué par Proudhon que par Marx, envers le travail des femmes. Les ouvriers français et leurs organisations – une CGT anarcho-syndicaliste, une SFIO très composite avec une tendance guesdiste peu importante – craignent la concurrence du travail féminin sous-payé et posent comme un idéal la mère au foyer, éducatrice du petit prolétaire qu'il ne faut pas livrer à des mains « mercenaires » et « abeille » de la ruche

56. Intitulée « Women's work and the family in nineteenth century Europe », la communication de Joan Scott et Louise Tilly est citée par Michelle Perrot au colloque d'Aix-en-Provence (1975). Ces deux historiennes américaines développent leur thèse dans un ouvrage paru aux États-Unis en 1978 (*Women, Work and Family*) et traduit tardivement en France (1987).

ménagère. Construisant leur identité sur le mode de la virilité, ils défendent jalousement des métiers considérés comme masculins – le bois, le métal, le livre –, comme le montre l'affaire Couriau, véritable interdiction professionnelle dans le milieu du livre, qui fit beaucoup de bruit dans le monde féministe et syndical en 1913 mais représente une situation extrême : venu de Paris, un couple de typographes, Emma et Louis Couriau, s'embauche dans des entreprises lyonnaises et demande son adhésion à la section syndicale du Livre de Lyon, laquelle refuse l'adhésion d'Emma et radie le mari coupable d'avoir laissé travailler sa femme dans un métier masculin... Le travail des femmes est ainsi au cœur d'un violent conflit entre mouvement ouvrier et mouvement féministe dont certaines figures sont alors redécouvertes au travers de leurs écrits, et parfois rééditées, notamment dans la collection « Mémoire des femmes » qu'Huguette Bouchardeau ouvre chez Syros en 1978[57]. Ces femmes défendent l'idée d'une double oppression féminine – par le capitalisme et par les hommes –, dénoncent l'exploitation au travail tout en défendant le droit à l'emploi, cherchent à organiser les travailleuses dans des structures autonomes ou essaient, comme l'institutrice Hélène Brion (1882-1962), de faire entendre la voix des femmes au sein des organisations ouvrières.

Le dernier phénomène mis en évidence, dans la foulée des travaux de Madeleine Guilbert (1966b) et Michelle Perrot (1974), est la participation médiocre et épisodique des femmes aux luttes ouvrières. Ces luttes font surgir quelques figures de rebelles, comme Philomène Rozan, leader de la grève des ovalistes de Lyon de juin-juillet 1869 (Auzias et Houel 1982) ou bien Lucie Baud qui mène la grève des tisseuses de soie de Vizille et Voiron en 1905-1906 et dont le témoignage est publié dans *Le mouvement social* en 1978. Elles conduisent souvent à une poussée éphémère de syndicalisation mais révèlent aussi une défaillance fréquente, d'un sexe à l'autre – y compris du masculin au féminin – des solidarités de classe. Dans ce paysage, les institutrices d'extrême gauche de l'après-guerre, étudiées par Anne-Marie Sohn (1973, 1977) puis par Slava Liszek à travers la biographie de Marie Guillot (1994), constituent un groupe bien particulier.

Cohérent, ce premier ensemble de recherches donne lieu à une bibliographie synthétique intitulée *Travail et condition féminine* et

57. Entre 1978 et 1984, sont ainsi réédités, sur la question du travail des femmes et plus généralement de leur expérience et de leurs droits, des textes d'Hubertine Auclert, Bettina Brentano von Arnim, Hélène Brion, Maria Deraismes, Emma Goldman, Paule Minck, Madeleine Pelletier, Nelly Roussel.

commentée par Madeleine Guilbert, Nicole Lowit et Marie-Hèlène Zylberberg-Hocquard (1977), puis à un numéro spécial du *Mouvement social* présenté par Michelle Perrot (1978) et consacré aux *Travaux de femmes dans la France du XIXe siècle.* Il suscite aussi deux colloques : *Les femmes et la classe ouvrière*, organisé par Madeleine Rébérioux à Vincennes en 1978 et malheureusement non publié, puis, en 1980, *Les femmes et la question du travail*, mis en œuvre dans une perspective plus interdisciplinaire par le Centre lyonnais d'études féministes (CLEF 1984). Il montre, à la différence des États-Unis où l'histoire des femmes a largement contribué au développement d'une histoire sociale jusqu'alors marginale[58], mais comme en Grande Bretagne – autour d'*History Workshop* par exemple[59] –, l'existence de liens forts et durables entre l'histoire des femmes et l'histoire sociale, notamment dans sa composante histoire ouvrière et histoire du travail.

Dominante, cette histoire ouvrière du travail féminin n'est cependant pas toute l'histoire des femmes à ses débuts. Considérons par exemple le recensement, effectué par Michelle Perrot et inséré en annexe de sa contribution au colloque d'Aix-en-Provence, des travaux en cours ou achevés dans trois universités parisiennes en juin 1975[60]. Le mémoire de maîtrise, que j'ai rédigé avec deux amies sur les ouvrières des usines de guerre (Mathilde Dubesset et Catherine Vincent; voir Dubesset *et al.* 1974), entrait dans le courant majoritaire, aux côtés de recherches sur les midinettes, les ouvrières des manufactures de tabacs, les ouvrières en soie, le travail à domicile, ou les grèves de 1936 dans les Grands Magasins. Mais il y avait aussi, à l'écoute de l'actualité, des travaux sur l'avortement et les origines de la loi de 1920, sur le mouvement néomalthusien (Ronsin 1974)[61], sur les prostituées ou les femmes en prison – autres

58. La remarque est faite par Cécile Dauphin dans l'entrée « Femmes » qu'elle rédige pour *La nouvelle histoire* (1978).

59. Né au milieu des années 1970, *History Workshop, a Journal of Socialist Historians* modifie son sous-titre en 1982 (à partir du n° 13) – *A journal of Socialist and Feminist Historians* –, pour affirmer son intérêt et son engagement pour l'histoire des femmes. En 1995, il abandonne tout sous-titre.

60. Michelle Perrot y réclamait déjà la constitution d'un fichier de travaux en histoire des femmes, fichier jamais réalisé. Signalons toutefois la bibliographie interdisciplinaire établie par Nicole Demouge et Guy Olivier au laboratoire Erestrate de l'Université de Nancy 2 : *Les femmes: repères bibliographiques. Une approche interdisciplinaire à travers l'exemple du Canada et de la France.*

61. La thèse de troisième cycle de Francis Ronsin – *Mouvements et courant néo-malthusiens en France, 1880-1914* (direction Michelle Perrot) – a été complétée pour devenir livre : *La grève des ventres, propagande néo-malthusienne et baisse de la natalité française, XIXe-XXe siècles* (1980). Sur cette question comme sur d'autres, Roger-Henri Guerrand avait ouvert la voie en 1971 avec *La libre maternité.*

figures de femmes victimes –, ainsi que sur l'homosexualité féminine à laquelle Marie-Jo Bonnet a consacré nombre de ses recherches d'historienne (1974, 1981, 1995). En même temps étaient redécouvertes quelques grandes figures féministes comme Nelly Roussel et Madeleine Pelletier (Maignien et Safwan 1975)[62], ou bien encore Marguerite Durand et son journal quotidien *La Fronde*. Ces derniers travaux complétaient la thèse de l'Américain Patrick Bidelman sur les débuts du mouvement féministe en France, thèse soutenue en 1975 et déposée à la bibliothèque parisienne Marguerite Durand.

De fait, l'histoire du féminisme suscite très vite de nombreuses recherches pour répertorier les organes de presse et les mouvements, établir les biographies des militantes, analyser leurs revendications et décrire leurs combats. Latente, la revendication des femmes surgit à chaque ébranlement politique du XIXe siècle, s'exprime notamment dans une presse engagée – citons par exemple *Le Conseiller des femmes* (1833-1834) ou *La Voix des femmes* (1848) d'Eugénie Niboyet[63] –, que commencent à étudier, derrière Evelyne Sullerot (1966), Geneviève Fraisse (1975, 1979a) et Laure Adler (1979) pour le temps des « premières journalistes », puis d'autres pour la période postérieure. Sorti de l'ombre par des ouvrages généraux – dès 1977 paraît la première tentative de synthèse, *Histoire du féminisme français du Moyen Âge à nos jours*, sous la plume de Daniel Armogathe et Maïté Albistur qui publient l'année suivante une très utile anthologie de textes intitulée *Le grief des femmes* –, le féminisme présente encore toutefois un visage trop lisse et masque quelque peu d'autres formes de luttes de femmes, moins formalisées et moins étudiées.

Du côté de l'histoire démographique et de la famille, peu développée pour la période contemporaine, l'histoire des femmes propose aussi des pistes neuves : histoire de la sexualité et de la répression sexuelle (Guerrand 1971)[64], histoire du difficile contrôle des naissances qui passe par l'infanticide, l'avortement et la contraception ou encore histoire du corps féminin qu'Yvonne Knibiehler défriche à travers l'analyse du discours médical dans deux articles parus en 1976, l'un dans les *Annales*, l'autre dans le numéro spécial de la revue *Romantisme* consacré aux

62. Après sa maîtrise menée avec Magda Safwan, Claude Maignien préface et annote la réédition en 1978 chez Syros de *L'éducation féministe des filles* de Madeleine Pelletier.
63. Il y a, sur la saint-simonienne Eugénie Niboyet, de nombreux travaux postérieurs à ces premières recherches des années 1970, notamment : Planté (1983, 1986) ; Czyba (1986) ; Riot-Sarcey (1994).
64. Ce thème est aussi abordé dans une perspective plus générale et de façon pionnière par Van Ussel (1977) ou Zeldin (1977).

« mythes et représentations de la femme au XIXe siècle ». Elle montre notamment comment, au seuil du XIXe siècle, les médecins décrivent la femme malade, concluent à la nécessité de la protéger et justifient scientifiquement son assujettissement, inscrit dans le Code civil. Ce faisant, elle nuance fortement la thèse optimiste d'Edward Shorter qui voit, dans la croissance au même moment des naissances illégitimes ou dans le recul tout au long du siècle de la fécondité dans le mariage, l'indice d'une libération sexuelle et d'une plus grande autonomie des femmes (Shorter 1971, 1973)[65]. Quant à Angus McLaren (1977, 1978), il décrit l'avortement, de plus en plus pratiqué par des femmes mariées et multipares, comme une forme de féminisme populaire, posant lui aussi la question, cruciale pour le XIXe siècle, de l'interprétation des novations, qu'elles soient démographiques, politiques ou économiques[66]. Au centre des premiers efforts de l'histoire des femmes, ce siècle interroge en effet les historiens et les historiennes sur les changements de la condition féminine. Quels sont les effets, positifs ou négatifs, de la modernisation et de l'industrialisation ? Loin des débats de l'historiographie américaine qui s'interroge déjà sur la notion de « culture féminine », l'historiographie française, centrée sur l'étude du monde ouvrier et la découverte des modèles normatifs, n'est alors pas très optimiste...

Que se passe-t-il quand les femmes entrent à l'usine ? Le travail extérieur au foyer est-il toujours libérateur pour les femmes ? Ce questionnement, historique et politique, sous-tendait ma première recherche en histoire des femmes.

Choisir l'histoire des femmes : un phénomène générationnel

Automne 1973, Université Paris 7 : Michelle Perrot, qui a raconté ailleurs pourquoi elle avait, après 1968, opté pour cet établissement et ce qu'elle devait au mouvement des femmes (1987a, p. 287-292), propose ses

65. Edward Shorter a écrit de nombreux articles et ouvrages. En français, on peut lire notamment *Naissance de la famille moderne XVIIIe-XXe siècles* (1977), traduction de *The Making of Modern Family* (1975), et *Le corps des femmes* (1984).

66. Depuis lors, Angus McLaren a poursuivi ses travaux sur les comportements sexuels et les politiques démographiques en Grande-Bretagne, au Canada et secondairement en France. En 1996 a été traduite en français son histoire de la contraception de l'Antiquité à nos jours.

premiers sujets de recherche en histoire des femmes. Comme d'autres de ma génération, en cette période de mouvements sociaux les plus divers, j'ai été attirée par la réputation d'ouverture de cette université, pour y découvrir un meeting quasi permanent et y écouter des cours sur les ouvriers, les expériences socialistes ou le tiers monde. Avec bonheur, Jean Chesneaux professait alors un regard critique sur l'histoire et ses professionnels, avant de publier *Du passé, faisons table rase* (1976), symbole à mes yeux, avec son équivalent géographique écrit par Yves Lacoste – *La géographie, ça sert d'abord à faire la guerre* –, de ces années de contestation intellectuelle, et empreinte durable sur une génération d'étudiants.

Quelques années plus tôt, j'aurais sans doute embrassé de façon plus classique l'histoire ouvrière. En 1973, comme Mathilde Dubesset et Catherine Vincent qui m'ont rejointe à Paris 7 – fortes de complicités amicales et militantes, nous voulions travailler ensemble –, les questions soulevées par le mouvement des femmes me préoccupaient tout autant que la question sociale. Demandeuses à la fois d'une recherche en histoire ouvrière et d'un sujet « femmes », imprégnées des thèses et débats marxistes tout autant que féministes sur l'indépendance économique et la libération des femmes, nous avons accepté avec empressement celui proposé sur les ouvrières des usines de guerre pendant la première guerre mondiale (Dubesset *et al.* 1974, 1977). Comme nous l'écrivions dès les premières lignes, après avoir cité la préface de Pierre Grimal à l'*Histoire mondiale de la femme*, « certes l'histoire des femmes est à faire ! Pas seulement des femmes comme filles, épouses, sœurs et mères, mais aussi comme travailleuses ». Trop tranchée, cette opposition entre travail et statut familial nous paraissait alors fondamentale et l'histoire de la vie privée plutôt secondaire. Cependant, dans les séminaires qui réunissaient régulièrement les étudiants de Michelle Perrot – une majorité de filles et une minorité de garçons inscrits en histoire ouvrière –, nous étions très attentives aux recherches plus directement liées à l'actualité du mouvement féministe, notamment à celles qui portaient sur les origines de la loi de juillet 1920 réprimant toute forme de « propagande anticonceptionnelle », et découvrions les multiples facettes du questionnement historique. Ignorantes de la plupart des travaux précurseurs cités précédemment, n'ayant reçu de l'enseignement secondaire et supérieur qu'une vision masculine du passé, nous avons travaillé avec l'ardeur des néophytes, l'enthousiasme de faire du neuf, l'impression de travailler et militer à la fois...

Ce fut une bonne école. Il fallait pour traiter correctement le sujet s'approprier les travaux antérieurs sur l'histoire du travail féminin et des rapports femmes - classe ouvrière, connaître l'essentiel sur des thèmes aussi divers que la mobilisation économique ou l'attitude du mouvement ouvrier pendant la guerre, et surtout consulter, pour y découvrir parfois l'ouvrière, la gréviste, la pacifiste ou la féministe, une quantité importante de sources, archives de différents ministères ou de la Préfecture de police, publications officielles, presse ouvrière, féministe et grand public, ouvrages d'auteurs... Si la moisson fut riche, malgré la difficulté à trouver des données précises sur l'importance numérique des ouvrières, nous concluions à « la très faible expression des femmes ouvrières » et tentions d'y pallier par la recherche de témoignages oraux. Toujours émouvants, ceux-ci livraient des souvenirs précis – l'accident dramatique à la cartoucherie, le contremaître odieux affublé du sobriquet de Zigomar, la peur de la main-d'œuvre étrangère –, ainsi que des appréciations contradictoires sur l'expérience de guerre des femmes.

Perplexes comme Anne-Marie Sohn (1972) sur l'image de la garçonne diffusée dans les manuels scolaires, soucieuses d'interroger la notion de travail libérateur, nous cherchions en effet à savoir si l'entrée des femmes dans l'industrie de guerre – environ 100 000 dans le département de la Seine, un tiers de la main-d'œuvre –, soit dans les secteurs traditionnellement masculins de la métallurgie, de la chimie et de la mécanique, avait constitué pour elles une expérience positive. Pour y répondre, il fallait analyser les origines et les formes de la mobilisation des ouvrières – qui est embauché, comment, pour quelles tâches et avec quelle organisation du travail ? –, leurs conditions de travail et de salaire, leurs modes de combativité et son inscription dans les luttes ouvrières, mais aussi – le thème s'est imposé à nous – le traitement social de la maternité ouvrière ou la perception et les tentatives de résolution de ce que nous appelions « la contradiction maternité – travail ». Quant aux représentations et discours sur ces femmes, omniprésents et contradictoires, ils furent tout au long de l'étude comparés entre eux et confrontés aux réalités pour, disions-nous, « faire apparaître l'importance particulière de l'idéologie dans ces années de guerre et mesurer sa force de frein sur la prise de conscience des ouvrières » (Dubesset *et al.* 1974, p. 12).

Sensibles à la difficulté de cerner « le vrai » derrière la profusion des discours, qui nous indignaient, nous faisaient sourire ou nous émouvaient, nous accordions plus de crédit aux uns qu'aux autres et n'en percevions pas toujours la fonction. Mais il y avait déjà dans ce travail une histoire des femmes fort contextualisée et une histoire des rapports de sexe à l'usine, même si le rôle du mouvement ouvrier peut y apparaître surestimé[67]. Contribution à une histoire économique et sociale de l'arrière – celle de « l'autre front » (Fridenson 1977) – qui renouvelait alors l'histoire de la Grande Guerre, il apportait plus généralement une réponse nuancée, et plutôt négative, à la thèse de l'émancipation des femmes par la guerre, qui a certes favorisé le droit au travail des jeunes bourgeoises mais bien peu amélioré la vie des ouvrières. Dernier recours après le rappel d'ouvriers mobilisés et l'embauche de main d'œuvre étrangère et coloniale, les « munitionnettes » viennent en effet de tous les horizons, chômeuses et ménagères en quête d'un revenu, jeunes attirées par les hauts salaires. Toujours inférieurs aux rémunérations masculines, sous prétexte de financer la modernisation de l'outillage et la réorganisation du travail rendues nécessaires par l'embauche d'une main-d'œuvre non qualifiée, ceux-ci ne peuvent masquer le caractère intensif et dangereux du travail. Alors que le besoin de main d'œuvre favorise tardivement l'invention de mesures d'aide aux mères – la création de chambres d'allaitement notamment –, la fin du conflit voit surgir avec insistance, même du côté des syndicats masculins dont la méfiance n'est pas entamée par les circonstances, le thème du retour au foyer et du devoir maternel. « Après les obus, les enfants », écrivions-nous alors, un brin provocantes, mais conscientes de la complexité des enjeux autour du travail féminin et convaincues que l'histoire des femmes pouvait et valait la peine d'être entreprise...

Revenons, pour conclure cette première phase, au colloque interdisciplinaire d'Aix-en-Provence de juin 1975. Déjà citée, la communication de Michelle Perrot s'achève par des « propositions pour une histoire des femmes » qui méritent d'être rapportées intégralement :

> L'histoire des femmes demande de l'ingéniosité pour pallier la pauvreté des sources classiques [...]. Les méthodes de cette histoire devraient emprunter beaucoup à l'ethnologie, aussi bien pour le déchiffrement des mythologies que pour l'exploration du quotidien. Comme elle, elle devrait user de la quête du récit, à la manière des Anglo-Saxons beaucoup plus avancés que nous

67. Ainsi, nous écrivions en introduction : « Quant au mouvement ouvrier, principale force de contestation du "vieux monde", de son attitude face à la mobilisation des femmes dans la métallurgie, face aux conditions de travail, face à la maternité ouvrière, dépendait en grande partie que les femmes puissent tirer de leur nouvelle situation toutes les conséquences : l'acquisition, comme le souhaitait Péricat (leader de la fédération CGT du bâtiment) en 1912, d'une "conscience de classe qui la rattache au prolétariat dont elle est, et qui lui confère le sens de la dignité personnelle, de la dignité collective". » En conclusion, nous faisions aussi une référence très datée au livre que Claudie Broyelle venait de publier sur les femmes chinoises, *La moitié du ciel* (Paris, Denoël Gonthier, 1973).

dans cette direction de l'histoire orale. Enfin l'histoire des femmes devrait réaffirmer sans cesse sa problématique qui est la recherche obstinée d'une relation à l'autre sexe et à l'histoire globale, non pas l'édification précise d'une geste solitaire – même si comme la négritude, la féminitude peut se comprendre et temporairement se justifier. Pourquoi et comment la grande division du travail entre les sexes s'est-elle globalement et généralement transformée en sujétion voire en exclusion des femmes ? Quelles sont les sinuosités d'une histoire sans doute non linéaire et peut-être plus pleine de bruit et de fureur qu'on ne le croit ? Quelle est l'histoire brisée de la conscience féminine et pourquoi s'affirme-t-elle aujourd'hui avec une telle force ? La réévaluation de cette dimension sexuelle de l'histoire ne devrait-elle pas changer quelque chose à sa compréhension globale ?

Toute l'histoire de l'histoire des femmes depuis ses débuts, son projet et ses tensions, se trouvent dans ces propos, affirmant à la fois la volonté d'explorer les territoires du féminin – jusques et y compris « la conscience féminine » – et la nécessité d'une histoire relationnelle qui puisse contribuer à la réécriture de l'histoire générale. S'il était théoriquement possible de maintenir en même temps les deux exigences, du moins collectivement, la cécité de l'histoire envers la dimension sexuée des phénomènes, la découverte de la richesse du sujet, le sentiment de donner enfin un passé aux femmes ont poussé la plupart d'entre nous à privilégier pendant quelques années la première exigence, à focaliser leurs recherches sur les femmes en histoire, à écrire ce que l'on peut appeler l'histoire au féminin. Exprimée à plusieurs reprises par Michelle Perrot, Arlette Farge, Cécile Dauphin, l'équipe de *Pénélope*[68] et bien d'autres, la peur de créer un ghetto intellectuel, de produire une histoire parallèle et isolée ne pouvait empêcher cela. Au même moment aux États-Unis, où l'histoire des femmes avait déjà une dizaine d'années, où le débat était engagé sur la nécessité d'intégrer l'histoire des femmes à celle d'un « passé humain », Berenice A. Carroll rappelait dans l'introduction de *Liberating Women's History* (1976) que pour de nombreuses femmes, écrire leur propre histoire apparaissait encore légitime en soi, sans devoir invoquer son apport à la connaissance d'autres questions. En France comme ailleurs, l'histoire au féminin était en quelque sorte une étape nécessaire de l'histoire des femmes.

68. L'éditorial du premier numéro paru en juin 1979 l'affirme explicitement : « Nous ne voulons pas créer un "ghetto" de l'histoire des femmes. » Plus d'informations sur *Pénélope* seront données dans la deuxième partie de cet ouvrage.

DEUXIÈME PARTIE

L'histoire au féminin ou la phase d'accumulation

Les femmes et la presse; *Éducation des filles, enseignement des femmes*; *Les femmes et la création*; *Les femmes et la science*; *La femme soignante*; *Femme et violence*; *Femme et terre*; *Questions sur la folie*; *Femmes et techniques*; *Femmes au bureau*; *Femmes et associations*; *Mémoires de femmes*; *Vieillesse des femmes* : tels sont les titres des treize numéros de la revue *Pénélope, pour l'histoire des femmes*, gros cahiers thématiques dont chacun rendait compte, en cent à cent cinquante pages et par de courts articles, d'une vingtaine ou plus de recherches en cours ou achevées. Née en 1979, après l'échec d'une tentative de revue internationale d'histoire des femmes, de la collaboration entre un groupe d'historiennes de l'École des hautes études en sciences sociales et le groupe d'études féministes de l'université Paris 7 (GEF), *Pénélope* devient rapidement la revue de l'association du même nom et confie à tour de rôle sa réalisation à des historiennes spécialistes des thèmes considérés. Comme l'explique l'éditorial du premier numéro, elle souhaite réunir l'information et la faire circuler, pour « stimuler la réflexion sur cette dimension de l'Histoire qu'est l'histoire des femmes et sur cette dimension qu'est pour les femmes leur temps collectif » ; avec le désir, deux fois affirmé, de « développer l'histoire des femmes comme une contribution à la prise de conscience actuelle, mais aussi de poser la question "femmes" à l'Histoire entière ». Semestrielle, elle cesse de paraître après le numéro de l'automne 1985, faute de soutien institutionnel suffisant, victime aussi sans doute – des témoignages seraient les bienvenus pour amorcer une histoire qui reste à écrire –, de divergences internes sur les choix éditoriaux ou le mode de fonctionnement[1].

1. Personnellement, lectrice assidue, j'ai été sollicitée à plusieurs reprises pour des articles mais je n'ai pas directement participé à l'équipe de *Pénélope*. Les archives de *Pénélope* ont été déposées à la bibliothèque Marguerite-Durand.

À elle seule, cette liste suffit cependant à montrer l'élargissement du champ d'étude et la richesse de l'histoire des femmes qui, en moins de dix ans, de part et d'autre du tournant des années 1980, produit en France des centaines de mémoires de maîtrise, thèses ou livres, des milliers de par le monde. Mon propos, dans cette seconde partie, ne peut être de les recenser, ni même d'évoquer tous les thèmes historiques avec lesquels rime désormais le mot « femme », qu'il soit écrit au singulier – « la femme » –, au pluriel défini – « les femmes » –, au pluriel indéfini – « femmes » ou bien encore « de(s) femmes ». Je voudrais plutôt faire comprendre le projet global de cette histoire au féminin, en décrire la pratique – « Une histoire des femmes est-elle possible ? » se demandait, pour y répondre positivement, le colloque de Saint-Maximin tenu l'été 1983 et publié en 1984 –, situer mes travaux sur la maternité et la guerre dans les tendances historiographiques contemporaines, pour terminer par un bilan institutionnel et intellectuel, exposant les doutes et interrogations qui closent cette phase d'accumulation.

Un projet de remémoration

Les anglophones ont pu forger et utiliser le terme significatif de *herstory*, réponse à, et réplique inversée de la discipline, *history* qui ne connaît que les hommes et les activités masculines. Cité dans de nombreux articles américains des années 1980 pour caractériser la première approche en histoire des femmes, il en est contemporain[2] et son histoire mériterait d'être connu. Le terme *herstory* a-t-il été forgé par ses promotrices dans l'enthousiasme de faire du neuf ? Résulte-t-il au contraire, à l'égal du mot « féminisme »[3], de la réappropriation par les historiennes

2. Je l'ai trouvé par exemple dans un article fort intéressant de Sheila Ryan Johansson (« "Herstory" as history : a new field or another fad ») qui est une communication au congrès annuel de l'American Historical Association de décembre 1973, avant d'être repris dans *Liberating Women's History* (Carroll 1976).
3. À l'origine, le mot « féminisme » appartient au registre médical et désigne un défaut de virilité chez un sujet masculin. L'adjectif « féministe » semble avoir été utilisé pour la première fois en 1872 par Alexandre Dumas-fils dans *L'homme-femme*. Il est repris ensuite, dans un sens positif, par la suffragiste Hubertine Auclert en 1882, puis par d'autres militantes du mouvement pour les droits des femmes à partir de 1891. Le nom et l'adjectif passent dans le français courant dans la dernière décennie du XIXe siècle (Offen 1987 ; Fraisse 1989).

des femmes d'un terme péjoratif utilisé pour disqualifier les nouvelles recherches et signifier leur non-appartenance à la discipline historique ? En tout cas, la subtilité du jeu de mot lui donna rapidement une force mobilisatrice incontestable.

Ce sont les anglophones aussi qui ont popularisé la métaphore de la visibilité, reconnue par toutes les historiennes des femmes comme particulièrement suggestive. Si les femmes ont été cachées, rayées de l'Histoire – *Hidden from History* est le titre déjà cité du livre de Sheila Rowbotham[4] –, le but de l'histoire des femmes est d'abord de les redécouvrir, de les rendre visibles, comme le dit explicitement le recueil d'articles publié en 1977 par les Américaines Renate Bridenthal et Claudia Koonz : *Becoming Visible. Women in European History.* Ce titre est si célèbre qu'il a été conservé dans une deuxième édition complètement remaniée (1987) et préféré à *No Longer Invisible* qui gommait l'intention au profit du résultat. Rendre les femmes visibles[5], c'est en effet briser le miroir déformant des mythes qui entourent la féminité et partir à la recherche des femmes réelles, des femmes en action, les replacer dans leurs contextes historiques, faire surgir leur statut, leurs travaux, leurs joies et peines, leurs combats. C'est faire des femmes, immense travail, des sujets historiques à part entière. C'est se donner un passé, c'est retrouver la mémoire. La tâche, avouons-le, pouvait susciter l'enthousiasme, comme l'a si bien rappelé depuis lors Eliane Gubin, pionnière en Belgique de ce domaine de recherches : « Il y avait du plaisir, du bonheur à inventer, à construire de toutes pièces un objet d'étude avec un sujet "impensable" quelques années auparavant. C'était comme une sorte de revanche sur le passé et d'une certaine manière sur l'enseignement de ce passé » (Gubin 1994, p. 94).

Comme les Américaines et les Britanniques, les Françaises sont animées du même projet et le disent dans des livres aux allures plus modestes et aux métaphores plus discrètes. Huguette Bouchardeau joue sur les mots, sur l'appel masculin à la docilité féminine *Pas d'histoire, les femmes...*, pour écrire, après de longues séances à la bibliothèque Marguerite-Durand, *50 ans d'histoire des femmes : 1918-1968*, sous-titre de son ouvrage paru en 1977 et consacré aux mouvements de femmes et à leurs luttes pour le suffrage, la paix, la libre maternité ou le droit

4. Le sous-titre semble avoir varié d'une édition à l'autre (1973, 1974, 1977) ou de l'édition anglaise (*300 Years of Women's Oppression and the Fight Against It*) à l'édition américaine (*Rediscovering Women in History from the 17th Century to the Present*).
5. Le terme *visible* apparaît aussi dans d'autres ouvrages plus récents, par exemple celui d'Anne Firor Scott, *Making The Invisible Woman Visible* (1984) ou celui de Nancy A. Hewitt et Suzanne Lebsock, *Visible Women. New essays on American Activism* (1993).

au travail. Plaidoyer pour une histoire des femmes[6] – en l'occurrence une histoire des résistances qui ne soit pas « une histoire des crêtes » ni des beaux textes –, il inaugure des recherches sur le XXe siècle et me semble injustement ignoré ou trop vite repoussé pour cause d'histoire militante. Peut-être parce que, dans un avant-propos très personnel, Huguette Bouchardeau exprime sa colère contre le discours masculin, le destin et le silence des femmes, « la méconnaissance de ce qu'ont pu vivre deux ou trois générations de femmes [dont elle est] qui ont vieilli ou commencé d'exister au moins, avant la renaissance du mouvement féministe ».

Mais ce lien quasi existentiel entre les historiennes qui se lancent dans l'histoire des femmes et leurs sujets d'étude est à l'origine de la plupart des recherches de l'époque. On le trouve exprimé aussi dans *L'histoire sans qualités* (Dufrancatel *et al.* 1979), dont le titre fut mal compris des critiques et des lecteurs mais qui peut être considéré comme le second équivalent français de *Hidden from History* ou *Becoming Visible*. Ouvrage collectif qui respecte dans sa présentation l'égalité des sept auteures[7], ce « recueil d'essais sur l'identité historique des femmes » est, comme l'indique sa quatrième de couverture, « une recherche à plusieurs voix » et une « recherche actuelle » qui voudrait à la fois « reconnaître l'épaisseur et le sens du présent » dans la quête du passé et faire surgir, dans un « paysage cadré sur les lieux où s'exercent le pouvoir des hommes et leurs conflits », les femmes « porteuses de cette histoire non identifiable à travers les qualités reconnues par les habitudes dominantes » (Werner 1979, p. 9 et 11). Arlette Farge y explique le choix de son métier par le besoin de « déchirer le mur de l'oubli » après une enfance de fille « désappropriée de l'histoire », et tisse joliment les métaphores des couleurs et de l'audible pour décrire son histoire des femmes qui est déjà – mais ce n'est pas vrai de l'ensemble du livre – celle du partage entre le masculin et le féminin : « Donner couleur à ce que le silence de l'historiographie a noirci de son ombre », « ébruiter l'histoire de la confrontation entre l'homme et la femme, de leurs rencontres et de leurs conflits » (Farge 1979, p. 37 et 38). Comment dire en effet cette recherche d'une autre histoire, les difficultés de sa pratique et ses effets ?

6. C'est le titre du premier chapitre.
7. Christiane Dufrancatel, Arlette Farge, Christine Fauré, Geneviève Fraisse, Michelle Perrot, Elisabeth Salvaresi, Pascale Werner.

La pratique de l'histoire au féminin : la question des sources

« Femmes emmurées, comment vous rejoindre ? » écrit avec lyrisme Michelle Perrot dans ce même ouvrage, au seuil d'un article sur « la femme populaire rebelle ». L'histoire des femmes pose en effet d'abord le problème des sources pour l'écrire. Moins encore que les classes populaires, les femmes n'ont laissé de traces, parce qu'exclues de la sphère publique – particulièrement au XIXe siècle où se renforce la ségrégation sexuelle – et faiblement regroupées dans des organisations. Elles sont presque totalement absentes des matériaux traditionnels de l'historien, produits d'hommes détenant savoir et pouvoir : archives diplomatiques et administratives, presse, documents parlementaires.

Pas plus que la constitution de fonds – la sous-estimation du travail féminin, notamment du travail à domicile, dans les recensements et enquêtes, est maintenant bien connue des historiens et conforme aux présupposés sociaux qui ont présidé à leur élaboration (Scott 1986b) –, la conservation des archives n'est neutre : faute d'une attention à leur égard, les documents concernant les femmes n'ont pas toujours été conservés ou rarement catalogués comme tels, enfouis dans des dossiers aux classifications convenues. Ainsi, légués au Musée social avant 1914, les fiches et dossiers rassemblés par la militante Eliska Vincent, notamment sur les communardes, ont probablement été détruits. De même, seuls le travail et la perspicacité de Maïté Albistur, qui a retrouvé et inventorié à la Bibliothèque historique de la Ville de Paris, où elles avaient échoué après la guerre, les archives de documentation féministe – livres, coupures de presse, correspondances – rassemblées entre les deux guerres par Marie-Louise Bouglé, modeste employée qui avait la passion des livres et du féminisme, ont sorti de l'ombre une source riche de milliers de documents (Albistur 1982).

Comme les écrits féminins, les traces directes des femmes sont rares et cette rareté contraste avec la surabondance des discours masculins sur « la » femme : les hommes de loi, les moralistes, les pédagogues, les médecins disent ce qu'elle est et ce qu'elle doit être et faire, les militants ou les maris parlent en son nom et à sa place. Mais ce sombre tableau, que la féminisation du corps des conservateurs comme la prise de conscience des inégalités sexuelles et du rôle des femmes pourraient à terme éclaircir, doit être nuancé, puisque l'histoire des femmes s'écrit.

En premier lieu, toutes les sources ne sont pas aussi muettes que cela. Plus encore que les archives policières qui disent les déviances féminines – en les assimilant bien souvent, encore au début du XXe siècle, à des déviances sexuelles –, les archives judiciaires parlent des femmes et même font parler les femmes : c'est le matériau de base de la thèse d'Anne-Marie Sohn sur les rôles féminins dans la vie privée (1996a) ou des travaux d'Arlette Farge qui dit si bien leur évidente présence, et donc la nécessité de « défricher l'histoire autrement, en retrouvant dans l'événementialisation, dans les attitudes et les sensibilités collectives, les endroits où les analyses historiques ont fait l'économie de la relation obligée entre le masculin et le féminin » (Farge 1979, p. 20). De fait, la plupart des sources peuvent être lues « en creux » et faire surgir, par le regard qu'on leur porte, les femmes ou la division sexuelle. Voici par exemple, le récit que fait Joan Kelly peu avant sa mort, en préface à un recueil de ses articles, de sa conversion à l'histoire des femmes. Sollicitée en 1971 par Gerda Lerner de participer à la création d'un cours d'histoire des femmes, elle répondit d'abord que, spécialiste de la Renaissance, elle n'avait rien à dire, puis devant l'insistance de sa collègue, demanda à réfléchir quelques jours, pour connaître, après le trouble et dans l'excitation intellectuelle, un changement « kaléidoscopique » : « Je n'avais pas lu de nouveau livre. Je n'avais pas trébuché sur de nouvelles archives. Aucun élément d'information ne s'ajoutait à ce que je savais. Mais je savais maintenant que le tableau que je donnais de la Renaissance était partial, déformé, limité et imparfait par ces limites » (Kelly 1984, p. XIII). Elle développe alors ses réflexions dans un cours, puis dans l'article célèbre publié pour la première fois dans *Becoming Visible* : « Did women have a Renaissance ? » (Les femmes ont-elles connu une Renaissance ?).

D'autre part, la voix des femmes enfle au cours des siècles, particulièrement depuis deux cents ans, sous l'impulsion féministe, et leurs écrits se font moins rares : livres, périodiques, lettres. Beaucoup, et de plus anciens soigneusement recherchés et collectionnés, sont parvenus jusqu'à nous grâce à l'effort de féministes de la Troisième République soucieuses de s'inscrire dans la continuité et de forger une mémoire collective (Bard 1995, p. 428-433). Certaines ont tenté des inventaires encyclopédiques, comme Jeanne Bouvier déjà citée ou Hélène Brion dont les cent soixante-six volumes d'une curieuse *Encyclopédie féministe* sont conservés à l'Institut français d'histoire sociale. D'autres ont constitué des archives de femmes, pour le présent – ouverture au public de leurs bibliothèques – ou pour l'avenir, comme Eliska Vincent, Marbel, Marie-Louise Bouglé et Marguerite Durand, dont la bibliothèque léguée à la Ville de Paris en 1931 et constamment enrichie depuis une vingtaine d'années a acquis une reconnaissance nationale et internationale (Dizier-Metz 1992). Mais il faut citer aussi la Bibliothèque de documentation internationale contemporaine (BDIC), qui possède un fonds important sur les organisations catholiques de femmes ainsi que les documents rassemblés entre les deux guerres par la pacifiste Gabrielle Duchêne. L'initiative de Françoise Blum, Colette Chambelland et Michel Dreyfus, qui ont inventorié les sources parisiennes sur les mouvements de femmes des années 1920 et 1930 et rédigé un très précieux guide des sources documentaires, numéro spécial de la revue *Vie sociale* en 1984, n'a malheureusement pas été poursuivie par d'autres, sur d'autres thèmes, d'autres périodes et en d'autres lieux ; à cet égard, les archives départementales ont encore bien des secrets.[8]

Gardiennes de la mémoire familiale, gestionnaires du quotidien, les femmes ont laissé aussi des traces plus furtives, multiples papiers personnels, correspondances, livres de comptes, ou même photographies. Bien que souvent détruits au soir d'une vie, plus encore que les journaux intimes écrits par tant de jeunes filles aux XIXᵉ et XXᵉ siècles – *Le moi des demoiselles* en révèle de larges extraits inscrits dans un récit d'enquête et une analyse des dispositifs d'écriture autobiographique qui renvoie à l'évolution des systèmes éducatifs et des mentalités (Lejeune 1993) –, ces traces gisent nombreuses au fond des greniers, documents précieux, s'ils peuvent être consultés, pour connaître la manière dont les femmes ont vécu, travaillé, aimé ou pensé. Elles constituent l'essentiel des archives familiales que les historiens ont longtemps négligées mais qui peuvent éclairer de manière inédite la vie privée et sociale des groupes qui les ont conservées ; c'est par exemple le matériau de base de la thèse de Catherine Pellissier, qui décrit la vie privée (1996) et analyse les sociabilités patriciennes à Lyon au XIXᵉ siècle (1997).

Derrière Philippe Lejeune ou Roger Chartier, historien des usages de la lecture et de l'écriture (1991), et pour pénétrer au cœur de l'intime, nous lisons aujourd'hui plus volontiers les journaux ou les correspondances comme des formes d'expression codifiées, révélatrices de pratiques culturelles et d'apprentissage. *Ces bonnes lettres*, étude de la correspondance de la famille Froissart, en est un bon exemple qui privilégie l'analyse du rituel et des fonctions de l'écriture sur le contenu informatif des missives (Dauphin *et al.* 1995). Je rappellerai cependant l'effet de connaissance produit par la traduction et la publication des lettres des filles de Karl Marx qui éclairent le destin des femmes

8. [Partiellement levés par la publication du *Guide des sources de l'histoire du féminisme* (Bard *et al.* 2006).]

du XIXe siècle et les rapports de sexe au sein du mouvement ouvrier (*Les filles de Karl Marx* 1979), par l'édition de dix ans (1892-1902) de la correspondance des de Montbourg qui livre l'histoire tragique de Marthe et dévoile les règles rigoureuses du jeu social[9] (*Marthe* 1982), ou bien encore par celle du journal intime de Caroline Brame, jeune fille de la fin du Second Empire à l'amour contrarié (*Le journal intime de Caroline B.* 1985). De fait, le développement de l'histoire des femmes revalorise ce genre de témoignages, qui accèdent au statut d'archives dignes d'un regard historique et parfois d'un legs à une bibliothèque publique, comme les diplômes et la correspondance de Julie Daubié récemment confiés par son héritière lyonnaise à la bibliothèque Marguerite-Durand[10]. Féministe et suffragiste avant l'invention des termes, auteure d'ouvrages et de brochures qui eurent un large écho – citons notamment *La femme pauvre* récemment réédité (1992) –, Julie Daubié est la première bachelière de France, qui réussit en 1861 à Lyon cet examen réservé aux lycéens, après avoir essuyé plusieurs refus d'inscription dans d'autres académies. D'une génération à l'autre, d'une branche à l'autre, sa famille a conservé une centaine de lettres de correspondants français et étrangers (Bulger 1992), mais surtout son diplôme de bachelier – le terme n'a pas de féminin à l'époque –, qui, de façon fort significative, la nomme à la quatrième ligne, après correction manuscrite, « Melle Daubié », mais à la huitième ligne, sans correction, « Sieur Daubié ». Ainsi, et cette limite n'est franchie que par des correspondances paysannes ou des journaux intimes de la Grande Guerre, la plupart des documents parvenus jusqu'à nous ne sont que l'expression de milieux aisés ou militants.

Il y a enfin, pour la période récente, « l'histoire orale », ou plutôt l'utilisation de sources orales en histoire : la mise au point de vocabulaire intervient rapidement en France (Aron-Schnapper *et al.* 1980) comme ailleurs et le terme d'« archives orales » apparaît dans le premier numéro des *Annales* de 1980. Cette pratique de recours aux témoignages n'est pas l'invention de l'histoire des femmes – parmi les premiers en France, Jacques Ozouf (1967) a constitué un matériau nouveau en sollicitant, par questionnaire écrit il est vrai, les instituteurs du début du siècle – mais elle lui est consubstantielle dès le début (Baillargeon 1993), à la fois nécessaire pour combler les vides documentaires et conforme à

9. Jeune fille de petite noblesse normande, Marthe, « tombée enceinte », fuit avec sa sœur et sa mère le château familial…

10. Le don par Laure Reuchsel des archives Daubié a été accompagné d'une table ronde organisée à Lyon par F. Bayard et F. Thébaud (*Bulletin du centre Pierre-Léon* 1993).

sa volonté de faire parler les sans-voix et d'atteindre, dans la mesure du possible, l'expérience subjective des femmes. Citons par exemple, parmi bien d'autres, la voix de Mémé Santerre qui raconte à Serge Grafteaux, comme les ouvrières parisiennes interrogées par Catherine Rhein, la « vie dure » qu'elle a menée, entre tissage l'hiver dans sa maison de l'Avesnois et travaux agricoles l'été dans la région de Dieppe (Grafteaux 1975 ; Rhein 1979) ; ou bien encore les témoignages de femmes qui ont traversé le siècle et disent une mémoire marquée par le quotidien et le poids des grossesses non désirées (Germain et Panafieu 1982). Mais je ne ferai ici que quelques remarques, car un autre livre serait nécessaire pour rendre compte de l'évolution de l'histoire orale, comme de ses caractéristiques nationales. Celle-ci apparaît en effet plus militante en Allemagne et en Italie – pour faire surgir le refoulé de l'histoire récente –, plus ancienne, plus diverse et plus organisée aux États-Unis et en Grande-Bretagne – pays pionnier en Europe –, tardive mais productive en France, où l'Institut d'histoire du temps présent (IHTP) investit tout au long des années 1980 un important travail bibliographique et méthodologique[11], pris en charge, dans le champ de l'histoire des femmes, par Danièle Voldman et Sylvie Van de Casteele-Schweitzer (1984).

Comme dans d'autres domaines, l'histoire orale en histoire des femmes a suscité de multiples débats fructueux – mais aussi parfois répétitifs – sur cette technique d'enquête propre aux dernières décennies : quels sont les mérites respectifs du questionnaire fermé ou du « récit de vie » ? Est-il nécessaire ou est-ce une trahison de transcrire le témoignage oral, en perdant intonations, silences et hésitations ? Quelle est la nature des rapports qui se tissent entre l'historienne et l'interviewée et quelles incidences ont-ils sur l'émergence du souvenir

11. Cette note bibliographique se justifie par le nombre des références citées. Par ordre chronologique, au début des années 1980 : *Problèmes de méthode en histoire orale*, table ronde du 20 juin 1980, publication IHTP ; *Histoire orale et histoire des femmes*, table ronde du 16 octobre 1981 (*Bulletin de l'IHTP*, supplément n° 3, 1982) ; *L'histoire orale en France. Répertoire des chercheurs*, édition 1982, publication IHTP. Très rapidement s'organisent des réunions régulières d'un groupe de travail sur la « mémoire collective en France depuis 1945 » (animé par Gérard Namer et Jean-Pierre Rioux). Le 21 avril 1982 s'ouvre un séminaire « Histoire orale des femmes » animé par Sylvie Schweitzer et Danièle Voldman ; il prend en octobre le nom de « Les sources orales pour l'histoire des femmes ». Ces activités sont suivies de mises au point régulières sur l'histoire orale des autres pays, de la publication de « Éléments pour une bibliographie internationale d'histoire orale » (*Bulletin de l'IHTP*, n° 17, septembre 1984) et de *Questions à l'histoire orale*, table ronde du 20 juin 1986 (*Cahier de l'IHTP*, n° 4, juin 1987). Quelques années plus tard paraît *La bouche de la vérité. La recherche historique et les sources orales* (*Cahier* n° 21, novembre 1992) sous la direction de Danièle Voldman qui publie par ailleurs : « La place des mots, le poids des témoins » (*Écrire l'histoire du temps présent*, 1993).

et de la parole ? A-t-on le droit de tout questionner, y compris les sujets les plus douloureux, ou doit-on élaborer une déontologie respectueuse de l'intimité des personnes interrogées et des secrets d'une vie ? Si la réponse à cette dernière question allait de soi pour tout ce qui touche à l'expérience concentrationnaire et à la mémoire du génocide – l'enquête orale a attendu que s'exprime de nouveau, après le temps du silence, la volonté de témoigner (Wieviorka 1992) –, sur bien d'autres sujets, les historiens sont restés circonspects dans la sollicitation de témoignages oraux. Ainsi, fondamentale dans l'émergence d'une histoire des femmes dans la Résistance (*Les femmes dans la Résistance* 1977 ; Francos 1978 ; Brive 1995[12] ; Weitz 1997), utile pour une histoire du quotidien des années noires (Veillon 1995), l'histoire orale a longtemps reculé, à l'image de l'historiographie, devant les pratiques de collaboration et le phénomène des tontes de femmes accusées, à la Libération, de « collaboration horizontale » avec l'ennemi. Derrière Alain Brossat (1992) qui a dénoncé « un angle mort de l'histoire » et replacé les tontes dans une histoire longue de la persécution, les historiens, qui cherchent à connaître et comprendre cette réalité, se tournent d'abord vers les sources écrites, nombreuses au demeurant (Virgili 1992, 1995a et 1995b ; Capdevila 1995).

Par-delà ces débats, l'histoire orale s'est pensée, notamment à ses débuts, et parfois proclamée comme « une autre histoire »[13], plus populaire, plus démocratique, plus féministe. Mais, si elle a effectivement ébranlé bien des certitudes de l'histoire classique sur l'objectivité et les critères d'explication, le changement d'échelle des problèmes historiques et l'approche biographique ont mis à mal l'idée – fortement mobilisatrice dans les années 1970 – d'une identité collective des femmes, tandis que la croyance en une « mémoire féminine », qui serait naturellement celle des chronologies familiales et du privé, n'a pas résisté à une critique des rôles sociaux sexués. Comme dans d'autres domaines, les approches se sont très vite diversifiées : à côté de recherches fondées presque exclusivement sur des témoignages, pour étudier des modes de vie ou des perceptions, se sont multipliés les travaux qui utilisent la source orale comme complément pour obtenir, à côté de la version officielle des faits, des précisions ou un point de vue inédit, ou pour faire ressortir

12. Recueillis à grande échelle, les témoignages devaient constituer le matériau de base d'une thèse sur les résistantes, que Marie-France Brive n'a pu achever avant sa mort prématurée en 1993. La revue *Clio HFS* a publié en 1995, dans son premier numéro intitulé *Résistances et libérations, France 1940-1945*, un article inédit de Marie-France Brive.

13. Ce fut, sous forme interrogative, le titre du dossier du numéro de janvier-février 1980 des *Annales :* « Archives orales : une autre histoire ? »

les interactions réciproques du public et du privé. Elles ont rapidement rencontré la question de la mémoire et la nécessité de prendre en compte les différentes dimensions de son fonctionnement. De fait, la mémoire est bientôt devenue un véritable objet d'histoire, mémoire nationale étudiée à travers nos héritages collectifs, – nos « lieux de mémoire » (Nora 1984-1992) – ou bien révélée par « le syndrome de Vichy » (Rousso 1987 ; Conan et Rousso 1994), mémoire de groupe qui filtre et recompose l'histoire pour sceller une identité commune (Joutard 1980, 1983 ; Granet-Abisset 1994). Mais l'histoire des femmes, me semble-t-il, est restée en retrait sur ce plan[14] et éprouve parfois des difficultés à se départir d'une utilisation positiviste de la source orale, sans doute parce qu'elle y a trouvé l'irremplaçable parole des femmes et que celle-ci a encore bien des choses à nous apprendre sur le passé. Cette remarque vaut d'ailleurs plus pour la France que pour l'Italie où Luisa Passerini s'est tournée vers les questions de mémoire et de subjectivité (1988), et pour les pays anglophones où cette pratique est traversée par tous les débats théoriques autour de la déconstruction des discours (Gluck et Patai 1991 ; Sangster 1994).

Ce tour d'horizon sur les sources de l'histoire des femmes ne peut éviter, pour finir, la question des images de femmes. Comme les discours sur les femmes, qui disent la femme imaginée et imaginaire, elles ne sont pas qu'illustration de la réalité ou au contraire écran qui masque l'expérience vécue, elles peuvent devenir et deviennent de plus en plus un matériau à décrypter. Archéologie, significations et effets de ces images ont intéressé par exemple Stéphane Michaud dans ses recherches sur la place des femmes dans la symbolique religieuse et plus généralement sur les idolâtries du XIXe siècle (Michaud 1985a, 1991), de même que Maurice Agulhon qui, au fil de ses livres, montre le processus d'utilisation de la figure féminine dans la symbolique républicaine : à l'opposition Napoléon-individu / République-abstraction de sa *Marianne au combat* (1979), se substitue progressivement celle de Napoléon-homme / République-femme, cette dernière connotant la conciliation, la douceur et la paix et accompagnant l'exclusion des Françaises de la sphère politique (Agulhon 1989).

L'histoire des représentations devient ainsi un objet de l'histoire des femmes et inversement, tandis que l'historiographie s'intéresse de plus en plus aux usages sociaux, politiques et sexués de l'image (Michaud *et al.* 1992). Esquissé dans la période ici décrite, le mouvement se développe ensuite, pour renouveler fondamentalement aujourd'hui l'usage

14. Peu de choses, sauf méconnaissance de ma part, en France après le numéro 12 de *Pénélope*.

des sources imagées. C'est le cas de la photographie qui, regard du photographe bien souvent masculin[15] et de la société de son époque, révèle les normes posturales requises de chaque sexe, la division sexuelle des espaces de travail et même la valeur attribuée aux tâches des uns et des autres. Commentées par Mathilde Dubesset, les photographies d'ouvrières et d'employées de Saint-Étienne dans la première moitié du XXe siècle oublient le registre masculin du « travail magnifié », ne représentent quasiment jamais, malgré la féminisation réelle du travail, la passementière seule au métier et disent peut-être, dans la pose distanciée des travailleuses, « le déficit de légitimité qui caractérise [...] le travail des femmes » (Dubesset 1995, p. 54; Dubesset et Zancarini-Fournel 1993). C'est le cas aussi du cinéma de fiction, quand il est envisagé plus comme une production culturelle qu'à l'aune de la cinéphilie : revisités par Geneviève Sellier et Noël Burch, les films des années 1930-1956[16] témoignent finement de la déstabilisation des rapports entre les sexes dans la société française des années quarante et de la crise d'identité masculine que génèrent la défaite, l'occupation et la libération par des forces majoritairement étrangères (Burch et Sellier 1995, 1996). C'est le cas enfin des sources audiovisuelles que les historiens du temps présent commencent à utiliser, grâce à l'ouverture aux chercheurs des archives de l'Institut national de l'audiovisuel (INA) et à la réflexion méthodologique engagée à l'IHTP par Marie-Françoise Lévy[17]. Pour une histoire des femmes du temps présent, qui émerge, dans les années 1990, les images de télévision[18] constituent un formidable gisement à explorer... Mais revenons aux premières années de l'histoire des femmes.

15. La conquête féminine de l'image (peinture, photographie, cinéma, publicité) est encore moins connue que celle de l'écriture (Planté 1989; Hoock-Demarle 1990 et 1991; Marini 1992). Elle a été abordée dans les cahiers d'images des volumes de l'*Histoire des femmes*, notamment par Anne Higonnet pour les XIXe et XXe siècles (1991 et 1992). Signalons le mémoire de maîtrise de Françoise Condé sur « les femmes photographes en France au XXe siècle » (Université Paris 7, 1992) et la thèse de Denise Noël sur « les femmes et la peinture au XIXe siècle » (sous la direction de Michelle Perrot, 1997).

16. 1956 voit la sortie de *Et Dieu créa la femme* de Vadim, où éclate « la bombe » Brigitte Bardot.

17. L'Institut national de l'audiovisuel et l'Institut d'histoire du temps présent ont édité conjointement des vidéo cassettes sur la vie politique et la transformation des modes de vie en France depuis les années cinquante. À l'automne 1996 s'est ouvert à l'IHTP un séminaire animé par Marie-Françoise Lévy et Évelyne Cohen : « Télévision : source, objet, écriture de l'histoire. »

18. Sur la question de la famille, elles ont été regardées par Marie-Françoise Lévy qui, à travers près de quarante ans de documentaires et de magazines d'information (1950-1986), s'interroge sur le rôle de la télévision comme acteur des changements sociaux et déchiffre une histoire de l'intime des Français, de leur univers domestique et de leurs relations conjugales ou intergénérationnelles (Lévy 1995) [voir aussi Lévy 2000].

La pratique de l'histoire au féminin : objets et points de vue

Publiant en 1974 – toujours l'avance américaine – une conférence tenue l'année précédente sur les « nouvelles perspectives en histoire des femmes », Mary Hartman et Lois Banner lui donnent le titre significatif de *Clio's Consciousness Raised*, qui souligne à la fois l'élargissement du champ historique et la prise de conscience de sa nécessité. Avec un XIXe siècle à l'honneur, on y trouve des articles sur les maladies des femmes et leurs médecins, le cycle de la féminité, les débuts de la limitation des naissances, la féminisation de la religion ou des bibliothèques publiques aux États-Unis, la politique sexuelle de l'anthropologie victorienne, la prostitution à Plymouth, ou bien l'impact plus tardif de la machine à laver[19]. En Italie me semble-t-il, je n'en connais cependant que très partiellement l'historiographie[20], tout un courant de l'histoire des femmes est lié au projet de *microstoria*, qui privilégie les thèmes du privé, du personnel et du vécu et, à travers la notion « d'exceptionnel normal » proposée par Carlo Ginzburg, voit dans l'écart la trace de la norme. En Allemagne, l'histoire du quotidien, qui peut être appréhendée facilement par la traduction en français de l'ouvrage collectif d'Alf Lüdtke (1994)[21], n'est qu'un des volets, aux côtés d'une approche d'histoire sociale, d'une histoire des femmes pluri-thématique, qui ressemble fort à la nôtre, nonobstant les enjeux spécifiques de l'histoire récente et la controverse sur la place des femmes dans le nazisme. Dirigés par Annette Kuhn, Karin Hausen, Christiane Eifert ou Suzanne Rouette, quelques ouvrages collectifs expriment bien, dans leur contenu et leurs titres, les objectifs et les apports de l'histoire au féminin : la série des six volumes de *Frauen in der Geschichte* (Les femmes dans l'histoire, Kuhn 1979-1985), *Frauen suchen ihre Geschichte* (Les femmes cherchent leur histoire,

19. Un article porte cependant sur le Moyen Âge : « The power of women through the family in Medieval Europe 500-1100 » (Jo Ann Mc Namara et Suzanne Wemple). Un autre sur le travail des femmes en France : « Salon, foyer, bureau : woman and the professions in France » (Catherine Bodard Silver).
20. De fait, mes contacts avec l'Italie ont été jusqu'ici limités, sauf avec les historiennes qui travaillent sur les guerres dans le cadre des Instituts historiques de la Résistance.
21. Voir notamment la contribution de Dorothee Wierling : « Histoire du quotidien et relations entre les sexes ».

Hausen 1983), *Unter allen Umständen. Frauengeschichte(n) in Berlin* (En toutes circonstances : histoire des femmes de Berlin, Eifert et Rouette 1986)[22].

En France aussi, l'histoire des femmes crée ou développe de nouveaux objets d'histoire. Des thèmes anciens ou nouveaux, portés par l'histoire sociale ou la nouvelle histoire, sont interrogés au féminin, comme le travail, les associations, les luttes, la sociabilité ou l'éducation. Pionnière en la matière, même si d'autres recherches parallèles sur l'alphabétisation ou les fonctionnaires de l'éducation n'étaient pas insensibles à la différence des sexes (Ozouf 1967; Furet et Ozouf 1977), Françoise Mayeur soutient en 1976 une thèse d'État – qui peut sans doute être considérée comme la première en histoire des femmes – sur l'enseignement secondaire des jeunes filles de 1867 à 1924; soit de la création des cours Duruy qui marque déjà la volonté de l'État de soustraire les filles des classes dirigeantes à l'influence de l'Église, à l'alignement des secondaires masculins et féminins, qui ouvre aux jeunes bourgeoises, après l'instauration d'un baccalauréat féminin en 1919, les portes de l'Université et le monde des professions libérales (Mayeur 1977, 1979). Cette question de l'éducation des jeunes Françaises est ensuite abordée par des historiennes américaines comme Linda Clark ou Rebecca Rogers[23]. Mais les thèmes impulsés par l'histoire des femmes sont d'abord ceux liés au corps féminin, à ses fonctions, son entretien ou son langage : la maternité, l'accouchement, la beauté et le travail des apparences (Fouquet et Knibiehler 1982; P. Perrot 1981, 1984; Thébaud 1986b); les professions des soins du corps, celles d'infirmières et de sages-femmes (Collière 1981; Leroux-Hugon 1981; Knibiehler 1984a; Tucat 1982); la prostitution (Corbin 1978); les maladies ou les déviances (Ripa 1986; Lesselier 1982)[24]. L'histoire des femmes est ainsi, avec l'histoire de la famille, un des moyens privilégiés pour explorer la sphère du privé. Elle fournit bien des éléments à la collection *Histoire de la vie privée* – mise en œuvre par

22. Christiane Eifert a aussi publié une utile bibliographie commentée de l'histoire des femmes en Allemagne au XXe siècle : « Frauengeschichte in Deutschland. Literaturübersicht und Auswahlbibliographie », dans *Jahresbibliographie der Bibliothek für Zeitgeschichte*, Band 64, 1992, Essen 1993.

23. [Depuis la rentrés 2006 et après une dizaine d'années d'enseignement à Strasbourg, Rebecca Rogers enseigne l'histoire de l'éducation à l'Université Paris 5.]

24. *Pénélope* a consacré deux numéros à ces thèmes : le n° 5 (*La femme soignante*) réalisé par Evelyne Diebolt et le n° 8 (*Questions sur la folie*) réalisé par Yannick Ripa. Formatrice à l'École internationale d'enseignement infirmier supérieur de Lyon, Marie-Françoise Collière a tenté de promouvoir une ethno-histoire des soins et participé à la publication des *Cahiers de l'AMIEC* (Association des amis de l'école internationale d'enseignement infirmier supérieur); voir notamment le n° 10.

Georges Duby et Philippe Ariès, elle paraît en France dans la seconde moitié des années 1980 –, notamment au volume sur le XIXe siècle dirigé par Michelle Perrot (1987b).

« L'histoire des femmes passe-t-elle par celle de leur corps ? » demande Catherine Fouquet au colloque de Saint-Maximin, où elle défend ce « détour obligé » qui, démontrant que le corps féminin a son histoire « même à travers ses plus humbles fonctions », bouscule l'idée de l'éternel féminin, ébranle les stéréotypes sur la nature féminine et suggère une nouvelle grille de lecture aux recherches sur le masculin (Fouquet 1984). Avec Yvonne Knibiehler, spécialiste de la période contemporaine et favorable – sans réticence aucune pour une focalisation temporaire sur le sujet femme – à une exploration complète des domaines féminins, elle publie des synthèses ou essais neufs sur ces thématiques : *L'histoire des mères du Moyen Âge à nos jours* en 1980, *La beauté, pour quoi faire ?* en 1982, *La femme et les médecins* en 1983. Regard de long terme, ce dernier ouvrage envisageait d'une part la construction par les médecins d'une définition « scientifique » de la « nature féminine », qui induit certes une plus grande sollicitude pour les femmes mais aussi jusqu'en plein XXe siècle – l'obsession démographique prenant le relais de la biologie – leur assignation aux rôles de mère et d'épouse, d'autre part l'évolution du statut des femmes soignantes, progressivement réduites par les médecins aux tâches auxiliaires et subordonnées. Consacrée au XXe siècle, la troisième partie faisait largement référence à mes recherches, soutenues l'année précédente à l'Université Paris 7, sur l'histoire de la maternité entre les deux guerres. Recherches qui, a posteriori, me paraissent tout à fait significatives de cette phase d'histoire au féminin : je passais ainsi des munitionnettes aux accouchées, du travail à la maternité, d'une histoire des rapports de sexe à l'usine à une exploration d'un domaine féminin, l'acte de donner la vie.

Ancrée dans l'actualité – deuxième moitié des années 1970 – des prises de parole féminine sur l'accouchement et des critiques contre le pouvoir médical ou le fonctionnement des maternités, *Donner la vie, histoire de la maternité en France entre les deux guerres*[25] voulait montrer sur un temps court l'historicité de la maternité – « tout comme le statut et le sentiment de l'enfant ne sont pas des données immuables

25. Une version abrégée (notamment dans sa première partie « La maternité refusée ») a été publiée aux Presses universitaires de Lyon (Thébaud 1986b) ; elle peut être complétée par les deux articles suivants : « Le mouvement nataliste dans la France de l'entre deux guerres : l'Alliance nationale pour l'accroissement de la population française » (Thébaud 1985) et « Maternité et famille entre les deux guerres : idéologies et politique familiales » (Thébaud 1986c).

mais historiquement déterminées» écrivais-je en pensant aux travaux de Philippe Ariès –, et l'installer dans une histoire socio-politique qui dépasse le récit de l'état des sciences et des techniques médicales. Si mon projet initial le situait au confluent de l'histoire des femmes et de l'histoire de la médecine et de la santé – domaine alors en plein défrichement –, ce sujet m'est peu à peu apparu à l'époque comme le sujet en histoire des femmes, car la maternité « est un grand moment de la vie des femmes [...] ; qu'elle soit désirée, refusée ou acceptée sans plaisir, elle est au centre de la condition féminine et le sort des mères traduit la place réelle des femmes dans la société» (Thébaud 1986, p. 7[26]). Je souhaitais aussi l'inscrire dans le contemporain, dans ce XXe siècle encore peu étudié[27], dans le temps de nos grand-mères «proches par l'affection et l'héritage qu'elles transmettent, lointaines par la spécificité de leur condition, [...] souvent injustement considérées comme des victimes résignées d'un monde dur aux femmes» ; persuadée, comme je le soulignais en conclusion après avoir cité Lucien Febvre, que « comme celle des peuples décolonisés, l'histoire des femmes réconcilie l'histoire-filiation (la recherche de racines) et l'histoire-questionnement engagé» (p. 289). Aussi, d'une monographie hospitalière de la maternité parisienne Baudelocque, l'établissement modèle de l'époque, reconstruit et réorganisé dans les années 1920 et sur lequel la bibliothèque de l'Assistance publique de Paris possède de belles archives, s'est-il vite orienté vers une approche plus complexe qui privilégie l'acte de donner la vie, son refus, son cadre social et idéologique, ses conditions matérielles et même son vécu. Conformément au projet historiographique de ces années de remémoration, je tentais en effet d'appréhender l'expérience des femmes – y compris celle des filles-mères méprisées et maltraitées –, en décrivant les comportements de ceux qui les entouraient, en sollicitant des témoignages oraux – le pain marqué AP (Assistance publique) est resté dans les mémoires –, ou bien encore en recherchant des récits au féminin, comme *Tu enfanteras, roman de l'amour maternel* écrit par Raymonde Machard en 1919, ou *Madame 60 bis*, le cri de révolte d'Henriette Valet paru en 1934 et traduit plus tard par un historien américain (Burkhard 1993)[28]. Mais des trois volets de l'étude – la maternité refusée, la mater-

26. [Je renvoie à l'ouvrage abrégé qui est issu de la thèse soutenue en 1982.]
27. Sur l'entre-deux-guerres avait été soutenue en 1977 la thèse de Catherine Rhein *Jeunes femmes au travail à Paris entre les deux guerres*, dont une partie d'enquête orale a été dactylographiée à part, sous le titre *La vie dure qu'on a eue* (1979).
28. La recherche d'archives privées et de récits non publiés n'a pas été entreprise ; ils auraient sans doute permis de pousser plus loin le thème de l'expérience vécue de la maternité. De son côté, l'Américaine Rachel G. Fuchs, spécialiste de l'assistance dans la

nité médicalisée, la maternité vécue –, le second est le plus souvent retenu, peut être parce que le plus neuf à l'époque et parce qu'il est, dans une perspective d'histoire générale, une contribution à l'histoire de l'État-providence en France. Il montre, dans le contexte de l'entre-deux-guerres, les multiples facettes de la médicalisation de la maternité : réorganisation de l'institution comme lieu moderne d'accouchement et de surveillance pré- et post-natale, développement de la puériculture, déclin de l'accouchement à domicile. Il en souligne aussi les conséquences : recul de la mortalité maternelle et infantile, normalisation acceptée et subie tout à la fois de l'ensemble des fonctions de reproduction, lente évolution sociale de la clientèle hospitalière. Il en précise enfin les limites : indifférence au vécu des mères, inégale répartition des structures médicales qui oppose au modèle urbain un quasi-désert rural. Ces conclusions ont été à la fois confirmées et nuancées quelques années plus tard par les recherches de Mathilde Dubesset et Michelle Zancarini-Fournel (1993) qui notent la longue persistance à Saint-Étienne – ville de taille moyenne – de la pratique ancienne d'accouchement à domicile et donc du métier de sage-femme libérale.

Paradoxalement, comme le souligne à plusieurs reprises Michelle Perrot (1987c), cette histoire du corps des femmes, qui n'est pas seulement un sujet pour historiennes[29] – rappelons les travaux déjà mentionnés de Jacques Gélis, Alain Corbin ou Philippe Perrot –, a longtemps laissé de côté la sexualité feminine. C'est un reproche que nous ont fait les Américaines qui depuis longtemps se sont intéressées à la construction sociale de la sexualité, qu'elle soit hétérosexuelle ou homosexuelle, et la considèrent, particulièrement depuis le débat féministe des années 1980 autour de la pornographie, comme un axe structurant d'une histoire des femmes et des rapports de sexe[30].

France du XIXe a étudié un large échantillon d'accouchées de la Maternité de Paris entre 1830 et 1900, travail devenu livre en 1992.

29. Même s'il y a évidemment plus d'interférences avec leur vie personnelle. Ainsi, j'ai fréquenté en 1984 les locaux de la maternité Adolphe Pinard, construite en 1934 dans les jardins de l'hôpital Saint-Vincent de Paul, émule du modèle Baudelocque et baptisée du nom du célèbre accoucheur militant de la protection maternelle et infantile disparu cette année-là.

30. Ce reproche (Davis et Scott 1992 ; Stone 1994, voir *infra*) perd une partie de sa substance après la publication de la thèse et du livre d'Anne-Marie Sohn (1996a, 1996b) mais les approches françaises et américaines restent très différentes. Sur l'historiographie américaine peuvent être consultés l'article et la bibliographie de Judith Walkowitz (« Sexualités dangereuses ») dans le volume 4 de l'*Histoire des femmes* (Fraisse et Perrot 1991). La revue *Women's History Review* a publié en 1992 un numéro spécial (n° 3) intitulé *Women's Sexualities : Contest and Control* et dirigé par Penny Summerfield et Penny Tinkler.

Pourtant, certains des premiers travaux américains ont été traduits en français – dans *Les temps modernes* notamment –, comme l'article de Caroll Smith-Rosenberg sur le monde des femmes dans l'Amérique du XIXe siècle (1975). L'auteure proposait d'interpréter les amitiés féminines en les replaçant « dans un contexte culturel et social plutôt que dans celui de la sexualité individuelle », elle montrait la complémentarité affective et « rationnelle » des mondes hétérosexuels et homosexuels et avançait l'hypothèse qu'« au XXe siècle de nombreux tabous culturels se sont mis en place pour casser les liens "homosociaux" entre les filles et pousser les femmes [...] vers les relations hétérosexuelles » (Smith-Rosenberg 1978, p. 1232, p. 1254). De même, initiées par cette historienne américaine, les rencontres qui eurent lieu de 1979 à 1982 entre des représentantes de six pays occidentaux sont à l'origine du livre collectif *Stratégies des femmes* (Pasquier *et al.* 1984), qui contient deux contributions sur « l'invention » de la lesbienne (Smith-Rosenberg et Newton ; Schwarz). Mais les travaux de Marie-Jo Bonnet (1981, 1995) ont longtemps fait peu d'émules chez les historiens et historiennes[31], de même qu'il a été peu répondu à l'appel d'Alain Corbin à enquêter sur la misère sexuelle masculine au XIXe siècle et plus généralement sur les contraintes de la virilité et la souffrance des hommes.

Faut-il voir dans ce retrait de l'historiographie, comme le suggère Alain Corbin dont les articles sur la sexualité et l'anxiété biologique ont été rassemblés dans *Le temps, le désir et l'horreur* (1991), la marque durable d'un puritanisme de la recherche universitaire ? Quoi qu'il en soit, au colloque de Saint-Maximin, il invitait avec raison l'histoire des femmes à une connaissance des mentalités masculines, mentalités marquées au XIXe siècle par la conviction de l'infériorité sexuelle des hommes et une peur croissante des femmes (Corbin 1984) ; connaissance qui apparaît indispensable à une critique historique des discours masculins sur la nature féminine, discours biaisés par tout un système de représentations. Ainsi, il fut difficile aux historiens de la prostitution de ne pas se laisser envahir et piéger partiellement par le schéma doloriste

31. Signalons toutefois la thèse de Christian Bonello (1984) qui étudie « le discours médical sur l'homosexualité au XIXe siècle » et le livre d'Annie Stora-Lamarre (1990) qui tente, à travers l'étude des écrits pornographiques mis en « Enfer » à la Bibliothèque nationale, une histoire des fantasmes sexuels et plus encore de la répression de « l'immoralité ». À l'automne 1996, Marie-Jo Bonnet a lancé une enquête auprès des chercheurs de toutes disciplines travaillant sur l'homosexualité, afin d'améliorer la visibilité de leurs travaux. Enfin, Florence Tamagne soutient en 1998 à l'IEP de Paris une thèse d'histoire comparative (France, Allemagne, Angleterre) sur l'homosexualité dans l'entre-deux-guerres. [La thèse est devenue livre en 2000. Sur le développement récent d'une histoire des sexualités, voir la quatrième partie de cet ouvrage écrite pour l'édition 2007.]

qui émane de toutes les sources, qu'elles soient policières, médicales, cléricales ou philanthropiques[32]... La femme victime, une figure classique de l'histoire au féminin.

Élargissons maintenant la question de cette histoire en parlant de ses points de vue. En France, l'histoire au féminin s'est orientée quasi conjointement, me semble-t-il, dans deux directions, avec un décalage de seulement deux à trois ans pour la deuxième. Première direction : chercher les racines de la condition féminine et les héroïnes de la transgression, en opposant la grande majorité des femmes victimes de l'ordre masculin et la petite minorité des femmes rebelles, féministes, grévistes, ou révoltées. *Misérable et glorieuse, la femme du XIXe siècle* s'intitule significativement le recueil d'articles que Jean-Paul Aron introduit par le tryptique « L'interdite, La garante, La superbe ». Rapide sur les « emblèmes » que constituent la mode féminine et le modèle de la femme au foyer, l'ouvrage oppose les « servitudes » de la bonne, de la prostituée et de l'ouvrière aux « maîtrises » de quelques individualités – écrivaines, militantes – et à celles, plus contestables, des femmes rurales de la société traditionnelle dont Martine Segalen décrit les pouvoirs dans la complémentarité des activités masculines et féminines (Aron 1980). Comme le résume si bien Michelle Perrot dans le bilan intitulé « Quinze ans d'histoire des femmes » et paru dans la revue *Sources, travaux historiques* en 1987, « l'histoire des femmes a d'abord été celle de leur oppression ; femmes battues, trompées, humiliées, violées, sous-payées, abandonnées, folles et enfermées..., on a fait l'inventaire des malheurs féminins, sans toujours s'interroger sur les mécanismes de la domination, en en voyant plutôt les effets ; histoire nécessaire, mais déprimante aussi ».

Cette histoire du malheur et parfois de la révolte se fondait, d'un côté, sur l'étude des multiples textes normatifs qui, religieux, juridiques, médicaux ou pédagogiques, disent ce qu'est ou doit être une femme, sur l'étude des textes réglementaires – réglements de prison, d'atelier, de couvent, d'institution charitable – ou littéraires, ou bien encore sur celle du discours ouvrier ou moraliste ; de l'autre, sur la recherche de quelques prises de parole ou apparitions féminines. Fort productive, elle confondait parfois « l'image de la femme dans... » – titre de nombreux mémoires de maîtrise – et une réalité plus complexe. Elle devenait souvent un discours de la dénonciation, quelquefois une histoire point d'exclamation, qui invitait le lecteur à partager notre indignation devant

32. Sort de ce schéma le livre de Laure Adler sur les maisons closes (1990). Laure Adler avait publié en 1983 : *Secrets d'alcove. Histoire du couple de 1830 à 1930.*

tant de paroles ou de comportements ignominieux. Elle donnait rarement d'autres explications que celle, qui n'en est pas une, de la misogynie des hommes, une misogynie atemporelle ou renvoyant le passé dans les brumes de l'arriération, une misogynie tout au plus auréolée du concept de patriarcat…

Deuxième direction, que préfigure *L'histoire sans qualités* en affirmant, dès la préface de Pascale Werner, que « faire l'histoire des femmes du seul point de vue de l'oppression sexuelle ce serait perdre la mémoire une seconde fois » (Dufrancatel *et al.* 1979, p. 10) : saisir, au-delà de quelques révoltes individuelles, les femmes comme agents de l'histoire, dans leur résistance diffuse, leurs gestes, ou leurs actions positives ; faire apparaître une identité féminine et une capacité d'autonomie des femmes dans des domaines mixtes et plus encore dans des domaines qui leur sont propres. C'est alors, pour le XIXe siècle, l'étude des sociabilités féminines et de leurs lieux – le marché, le lavoir, le four, éventuellement le couvent ou les congrégations religieuses (Langlois 1984 ; Turin 1989) –, et celle des formes d'intervention publique des femmes, de l'émeute de subsistance à la grève, de la participation aux mouvements révolutionnaires à l'émergence d'un véritable mouvement féministe. De son côté, l'histoire du XXe siècle se penche sur les professions soignantes et du social (Guerrand et Rupp 1978 ; Knibiehler 1980, 1984a) ou bien encore sur les associations féminines, lieux où les femmes peuvent donner leur mesure : ainsi, à l'encontre d'a priori défavorables aux recherches sur les femmes catholiques, et derrière Anne-Marie Sohn (1984) qui avait déjà souligné le poids social de la Ligue patriotique des Françaises[33], Sylvie Fayet-Scribe s'intéresse aux associations féminines chrétiennes d'éducation populaire et d'action sociale, non pour en mesurer l'impact extérieur, mais pour comprendre « le catholicisme social au féminin » et l'élan émancipateur qui a porté ses promotrices (Fayet-Scribe 1990a, 1990b)[34]. Geneviève Dermenjian participe en 1982 à la création du Groupement pour la recherche sur les mouvements familiaux (GRMF) et montre que, par-delà une conception traditionnelle de la complémentarité des rôles sexuels dans la famille, ces mouvements des années 1930, 1940 et 1950 développent une conception neuve du couple et favorisent, dans l'esprit

33. Sur cette ligue existe une thèse américaine (Sarti 1992)[voir aussi Dumons 2006].
34. Les recherches de Sylvie Fayet-Scribe sont antérieures à la publication du livre ; en 1984 elle a réalisé le numéro 11 de *Pénélope* (*Femmes et associations*). Avec Evelyne Diebolt, elle a créé chez Eres la collection ETHISS (Études historiques des institutions sociales et sanitaires) dont le but est d'identifier et de décrire le tissu français des associations et œuvres sanitaires et sociales et d'éclairer leurs liens avec le secteur public.

de la JOC-JOCF[35] dont sont issus de nombreux militants, l'autonomie des femmes et leur intégration à la sphère publique (*Les cahiers du GRMF* 1991; Pierrard *et al.* 1984). Des historiennes sont aussi parfois sollicitées par les associations elles-mêmes, soucieuses de se forger une identité ou de comprendre les enjeux du présent : c'est le cas notamment d'Evelyne Diebolt qui s'est spécialisée dans l'histoire du secteur associatif sanitaire et social et a rassemblé ses recherches pour une soutenance de thèse d'État sur travaux en 1993[36] (Diebolt 1990, 1997; Diebolt et Laurant 1990). C'est le cas aussi de Dominique Dessertine qui, spécialiste avec Olivier Faure de l'histoire de la médecine et de la santé, s'est intéressée aux veuves de guerre et à la protection de l'enfance (Dessertine et Faure 1988, 1994; Dessertine 1990). Plus généralement, les femmes apparaissent tout autant comme actrices que comme destinatrices dans les travaux, de plus en plus nombreux et pas nécessairement impulsés par une approche d'histoire des femmes, sur la philantropie (Duprat 1991; Barret-Ducrocq 1991), sur l'invention et les formes du social[37], ou bien encore sur la protection ou l'éducation de l'enfant (Rollet 1990; Luc 1997). Citons par exemple Émilie Mallet, instigatrice de la salle d'asile, et Pauline Kergomard, promotrice de l'école maternelle (Luc 1997).

L'histoire des femmes suit, dans le mouvement décrit, une inflexion identique à celle de l'histoire ouvrière qui, après l'histoire des stratégies disciplinaires patronales, a fait place à celle des sociabilités ouvrières et des mobilités sociales. Je développerai ici l'exemple du travail, où l'histoire ouvrière du travail féminin présentée dans la première partie de cet ouvrage s'élargit dans une histoire du travail au féminin, une histoire des activités féminines, salariées ou domestiques. Cette évolution est manifeste d'un numéro du *Mouvement social* à l'autre, de 1978 à 1987 où paraît le deuxième volume entièrement consacré à ce thème et intitulé *Métiers de femmes*.

Tout d'abord, l'ouvrière n'est plus la seule figure historique de la travailleuse : secteur fondamental de l'emploi – 17 % au recensement de 1906 – et de l'apprentissage féminin, la domesticité a ses premières historiennes (Fraisse 1979, Martin-Fugier 1979), comme les nourrices

35. [Jeunesse ouvrière chrétienne et Jeunesse ouvrière chrétienne féminine, mouvements d'action catholique nés en 1927 et 1928.]

36. [La thèse est devenue livre en 2001.]

37. Les références sont nombreuses. Je ne citerai que quelques noms d'historiens : Henri Hatzfeld, Jacques Donzelot, François Ewald, Christian Topalov, Pierre Guillaume, André Gueslin, Jacques-Guy Petit, Suzanne Magri... Sur l'approche sexuée des États-providence, voir la troisième partie de cet ouvrage.

(Faÿ-Sallois 1980) et bien avant le monde des employées[38]. Parallèlement, salaires et conditions de travail ne sont plus les seules voies d'approche qui s'enrichissent d'une attention aux tâches, aux qualifications, aux effets des techniques – le numéro 9 de *Pénélope* y est largement consacré – et même à l'image des métiers. De nombreuses études monographiques – plusieurs d'entre elles sont présentées dans le *Mouvement social* de 1987 (Bachrach, Cacouault, Leroux-Hugon, Zerner) – portent alors sur le XXe siècle ; elles mettent en évidence à la fois la professionnalisation des fonctions considérées comme naturellement dévolues aux femmes – l'aide, le soin, l'éducation des enfants, ou même la médiation sociale (Fourcaut 1982)[39] – et la féminisation de secteurs en développement comme les Postes[40], ou en mutation comme l'industrie taylorisée. Ces nouveaux métiers de femmes avec formation et diplôme reconnu – création par exemple en 1922 du diplôme d'infirmière soignante ou visiteuse, celui-ci devenant le diplôme d'assistante sociale en 1938 – consacrent le droit au travail des filles des classes moyennes ; ils permettent la promotion de jeunes filles des milieux populaires et accordent à toutes une certaine autonomie et réalisation d'elles-mêmes, comme l'ont souligné les témoignages d'assistantes sociales recueillis par Yvonne Knibiehler (1980). Mais ces métiers féminins s'exercent souvent dans un cadre codifié et une position subalterne : ainsi, en ce qui concerne les infirmières, le choix est fait en France, à l'inverse du modèle anglais, d'une profession subordonnée au corps médical et d'un recrutement populaire (Leroux-Hugon 1981 ; Diebolt 1990). Ils s'accompagnent aussi, bien souvent, d'un célibat imposé autant que choisi. De fait, la solitude des femmes, mal connue encore et décrite longtemps par les contemporains comme une condition anormale – une femme ne peut vivre sans homme –, semble

38. Le numéro 10 de *Pénélope* (printemps 1984) réalisé par Cécile Dauphin et Pierrette Pezerat est consacré à *Femmes au bureau*. Dans *L'usine et le bureau*, Yves Lequin et Sylvie Vandecasteele-Schweitzer (1990) rassemblent des contributions où la dimension sexuée n'est pas oubliée. La thèse de Delphine Gardey (1995) sur les employés de bureau de 1890 à 1930 met en œuvre la perspective du *gender* [devenue livre en 2001].

39. D'importation britannique, la fonction de surintendante d'usine est née pendant la Grande Guerre. Elle perdure après le conflit dans un but nataliste. Annie Fourcaut (1982) a résumé l'histoire de leur profession et montré leur étonnement devant la volonté des ouvrières françaises de l'entre-deux guerres de travailler à l'extérieur du foyer. En 1987, Laura Lee Downs a soutenu une thèse comparative intitulée *Women in Industry 1914-1939 : The Employer's Perspective. A Comparative Study of the French and British Metals Industry* ; elle y aborde, comme dans un article postérieur du *Mouvement social* (1993a), la question des surintendantes d'usine et leur rôle dans la rationalisation du travail en France. Sa thèse est devenue livre en 1995.

40. Sur les Postes, voir aussi, outre Bachrach (1987), Bertinotti (1985) qui compare carrières féminines et masculines.

largement répandue aux XIXe et XXe siècles, en France comme ailleurs, facteur de pauvreté ou d'autonomie selon les individus et les groupes sociaux aux itinéraires multiples (Farge et Klapisch-Zuber 1984). Question d'interprétation, de catégorie observée ou de différence nationale, l'historiographie française apparaît en général moins optimiste que l'historiographie américaine, où certains travaux mettent l'accent sur l'indépendance des femmes célibataires. Dans *Independant Women* par exemple, Martha Vicinus (1985) montre comment certaines femmes célibataires des classes moyennes et supérieures anglaises organisent leur espace et leur temps, en instaurant des institutions non mixtes – écoles, maisons sociales, communautés religieuses...

D'autre part, et c'est là la deuxième tendance de l'histoire du travail au féminin, se développent des recherches sur les activités domestiques et maternelles, en particulier sur le rôle et la vie des femmes au foyer dans la société bourgeoise. Dans un monde cloisonné en classes sociales, « qu'est-ce qu'une bourgeoise ? » se demandent à la fois Anne Martin-Fugier qui analyse dans une promenade littéraire le modèle de la digne épouse et mère du début du siècle et l'éducation qui lui est associée (1983), Katherine Blunden qui dénonce dans l'assignation au foyer « une mystification de la Révolution industrielle » (1982) et l'Américaine Bonnie Smith qui se penche en 1981 sur les bourgeoises du Nord de la France, *The Ladies of the Leisure Class*[41]. Elle montre comment, exclues de la gestion des affaires après 1860, ces femmes recomposent leurs rôles pour devenir des mères prolifiques et des éducatrices, transforment l'image d'elles-mêmes et adoptent des valeurs bien souvent en opposition avec l'idéologie du capitalisme libéral : soumises à des règles de civilité particulièrement rigides comme aux contraintes de l'apparence, elles construisent leur identité en insistant sur leur utilité sociale d'« anges du foyer », de mères et de dames d'œuvres remédiant aux maux de la société. À chaque sexe, sa sphère : idéologie du XIXe siècle qui s'appuie sur un discours naturaliste – homme et femme constituent deux espèces aux aptitudes différentes –, réalité politique, ce modèle ne s'applique cependant dans les familles qu'à une étroite élite, avant de se démocratiser lentement au XXe siècle en direction des couches moyennes puis populaires. En même temps qu'il la condamne au « néant » de ses statistiques – selon les recommandations du recensement français de 1926 –, ce siècle voudrait faire de la ménagère et de la mère dans toutes les couches sociales une professionnelle, auxiliaire de puériculture, diététicienne,

41. La traduction française est tardive (1989) et son titre plus neutre : *Les bourgeoises du Nord*.

utilisatrice d'appareils ménagers, pour les plus grands bienfaits de sa famille et pour son bonheur, dit-on (Martin M. 1984).

Sur ce point encore, me semble-t-il, l'historiographie française de cette période apparaît, dans ses interprétations, plus homogène et moins optimiste que l'historiographie américaine. Alors qu'aux États-Unis depuis le milieu des années 1970, un courant qualifié de « révisionniste » par Joan Scott (1981, p. 129) insiste, en s'appuyant sur les écrits des femmes elles-mêmes, sur les aspects positifs de la culture domestique et soutient que les femmes, particulièrement de la bourgeoisie, ont gagné autonomie et pouvoir en jouant de l'idéologie victorienne de la femme sans passion et de celle, imposée, de la femme au foyer[42] (Cott 1977, 1978)[43], les travaux français soulignent plutôt les contraintes du modèle et son mode d'imposition par le droit ou l'éducation, éventuellement ses failles et les résistances qu'il suscite. Même s'ils reconnaissent avec nuances la réalité d'un pouvoir maternel et domestique des femmes – maîtresses de maison dans les couches aisées, « ministres des finances » et nourricières dans les couches populaires –, ainsi que l'utilisation à des fins collectives – la philantropie par exemple – des tâches qui leur ont été laissées, ces travaux insistent moins sur les joies de l'entre-femmes que sur leur volonté de « sortir »[44] des figures normatives. Ainsi, en 1989 encore, lors du colloque belge *Femmes et pouvoirs* (Courtois *et al.* 1992), le troisième point de la contribution de Michelle Perrot – « les femmes : exercice et conquête des pouvoirs » – est présenté comme l'esquisse d'un programme et son paragraphe sur « la force du féminin » se réfère aux travaux étrangers déjà cités de Nancy Cott et Bonnie Smith ainsi qu'à la thèse d'Eleni Varikas sur l'émergence du féminisme dans la Grèce du XIXe siècle (1986).

Je serai plus rapide sur le troisième aspect de l'histoire du travail au féminin. Comme les sociologues qui mènent une réflexion collective sur « le sexe du travail », titre d'un colloque édité par Marie-Agnès Barrère-Maurisson (1984), ainsi que sur l'articulation production-reproduction

42. Pour Carl Degler, dans son célèbre ouvrage sur la famille américaine paru en 1980, elles l'ont même promue à cet effet.

43. Toutefois, dans le livre de Nancy Cott intitulé *The Bonds of Womanhood. Woman Sphere in New England 1780-1835*, le terme *bonds* signifient à la fois liens de solidarité et chaînes d'esclavage. Il y a bien sûr d'autres ouvrages américains qui mettent en valeur les possibilités ouvertes aux femmes dans les sociétés cloisonnées du XIXe siècle et l'utilisation qu'elles font de l'idéologie des sphères séparées. Louise Tilly en cite plusieurs dans son article en français paru dans *Genèses* (1990, p. 152-153).

44. « Sortir » est le titre du chapitre écrit par Michelle Perrot pour le volume XIXe siècle de l'*Histoire des femmes*.

– notamment dans le cadre de l'APRE[45] –, les historiennes cherchent de plus en plus à associer statut familial et travail, travail salarié et travail domestique. Elles suivent en cela l'ouvrage de Louise Tilly et Joan Scott, *Women, Work and Family* paru en 1978 ; montrant que du XVIIIe au XXe siècle, le travail des femmes des milieux populaires est lié aux besoins de la famille qui s'adapte ainsi aux changements économiques et aux pressions démographiques, cet ouvrage s'éloigne de la problématique – et du crédo féministe – de l'émancipation par le travail, pour suggérer que celui-ci n'est ni une constante ni un droit, qu'il n'a pas changé pendant longtemps le statut des femmes dans la société, encore moins leur place dans la famille. Datée de 1987, l'introduction des auteures à l'édition française atténue cependant ce déterminisme économique et biologique ; elle souligne le rôle des influences culturelles et idéologiques comme les pratiques de résistance féminine et appelle à des recherches ultérieures sur les marchandages entre les sexes et les groupes d'âge, comme sur les prises de décision dans la famille. Stimulante, elle peut se lire comme un bilan critique d'une phase jugée révolue...

Bilan de cette phase d'accumulation : acquis intellectuels, résistances institutionnelles

Plus de dix ans d'histoire des femmes ont permis de répondre positivement à la question des premiers jours : les femmes ont-elles une histoire ? Que les femmes aient une histoire est devenu dans les années 1980 une certitude, quelles que soient les interrogations sur la façon de l'écrire. Non seulement les expériences et les activités féminines sont historiquement déterminées et constituent de nouveaux objets d'histoire, mais tout phénomène ou événement historique peut être observé du point de vue des femmes et prend alors d'autres dimensions et significations, car hommes et femmes peuvent en être affectés différemment. L'histoire qui n'avait vu qu'un aspect des choses, qui n'avait mis en scène que des acteurs masculins, en sort enrichie, tandis que les femmes retrouvent un passé, glorieux ou non.

45. Le sigle APRE signifie atelier production-reproduction.

Paru en 1982, le *Être femme sous le IIIe Reich* de Rita Thalmann apparaît à cet égard pionnier, avant que ne s'ouvrent des collections du type « La femme au temps de... ». Écrit pour combler une lacune des études sur le national-socialisme, lacune fondée sur l'idée préconçue que les femmes n'y ont joué aucun rôle, cet ouvrage se propose d'analyser « l'état de l'émancipation féminine » dans l'Allemagne de cette époque. Soulignant le caractère oppressif du régime, il confronte les discours officiels aux réalités d'un « ordre masculin » qui met au pas et encadre, qui exige des bonnes aryennes service maternel et travaux subalternes et persécute d'autres Allemandes pour raisons raciales ou idéologiques. Galerie de portraits, contribution inédite à l'histoire de la société nationale-socialiste et à celle des femmes en régime totalitaire, il amorce une réflexion, poursuivie les années suivantes par Rita Thalmann[46] en France, par d'autres en Allemagne ou aux États-Unis[47], sur les ambiguïtés politiques des mouvements féminins et féministes et sur la question, plus complexe encore, du consentement des femmes ou de certaines d'entre elles à l'ordre établi.

Comme Rita Thalmann, sollicitée pour écrire le cinquième volume de la collection « La femme au temps de... » qui venait de publier *La femme au temps des cathédrales* (Pernoud 1983), *La femme au temps des années folles* (Desanti 1984), *La femme à Venise au temps de Casanova* (Ravoux-Rallo 1985), *La femme au temps des colonies* (Knibiehler et Goutalier 1985), j'ai regardé d'une autre façon « la guerre de 14 », cet événement fondateur dont les aspects militaires, diplomatiques, économiques ont été envisagés dans des milliers de livres peu prolixes sur l'expérience des femmes, comme sur celle des hommes[48]. Par-delà leur mobilisation économique, somme toute relativement limitée, j'ai envisagé, avec le plaisir de la découverte mais sans toujours pouvoir appro-

46. Rita Thalmann rassemble autour d'elle des équipes de recherche qui adoptent une approche comparatiste. Elle fonde dans une perspective pluridisciplinaire et transnationale la WIF (Fondation scientifique internationale des femmes) et organise en 1983 à Salzbourg un colloque intitulé *Femmes et fascismes* (publié sous ce titre en 1986). Elle conçoit ensuite une recherche collective devenue livre en 1990 sur « la tentation nationaliste » des mouvements féminins et féministes dans l'Europe de 1914 à 1945. Citons notamment les recherches de Marie-Aline Barrachina et Danièle Bussy Genevois sur l'Espagne, celles de Nicole Gabriel, Eliane Crips et Marianne Walle sur l'Allemagne (voir Thalmann 1986, 1990 et Kandel 1997).

47. Leurs travaux seront présentés dans la troisième partie de cet ouvrage.

48. Sur l'expérience des hommes en guerre, il y avait des témoignages d'anciens combattants, des romans de guerre, le livre déjà ancien de Jacques Meyer sur « la vie quotidienne des soldats pendant la Grande Guerre », mais peu de travaux d'historiens avant Antoine Prost (*Les anciens combattants et la société française*, 1977) et Stéphane Audoin-Rouzeau (*14-18 : Les combattants des tranchées*, 1986).

fondir chaque thème, les multiples facettes de « la guerre des femmes » – des héroïnes aux remplaçantes en passant par les infirmières et les dames d'œuvre –, et me suis efforcée de mesurer ses effets sur les contemporains : étonnement admiratif suscitant la louange, franche hostilité ou crainte de « la masculinisation » du sexe féminin. J'ai tenté aussi de rendre compte de la vie quotidienne et privée comme des attitudes politiques des Françaises dans un pays en guerre, évoquant à cet effet des figures ignorées : résistantes et victimes – affamées, déportées, violées parfois[49] – des départements envahis par les Allemands, veuves et mères éplorées, ménagères confrontées à l'inflation et aux pénuries, grévistes soucieuses de défendre leurs salaires ou d'exprimer leur aspiration à la paix, ou bien encore féministes qui, avides d'intégration, suspendent leurs revendications, font assaut de patriotisme et exhortent les femmes à faire leurs preuves[50]. Encore inscrit dans la problématique linéaire de la place de la guerre dans le long chemin vers l'émancipation féminine – à l'arrière la guerre peut en effet apparaître comme subversion de l'ordre des choses –, cet ouvrage se focalisait sur les femmes, avec le souci de nuancer fortement le mythe d'une guerre émancipatrice. Néanmoins, attentif aux « images et discours qui révèlent et modèlent les mentalités tout à la fois, se mêlent aux situations concrètes », inévitablement sensible dans certains chapitres aux rapports de sexe, il concluait de façon plus relationnelle et générale : « La guerre qui exalte les valeurs viriles et opère une séparation radicale des hommes et des femmes ne paraît pas favorable à une évolution des rôles sexuels » ; long traumatisme pour les combattants, elle suscite chez les hommes le désir de « retour à la normale » ; hécatombe démographique, elle favorise l'obsession nataliste et un relatif consensus sur le devoir maternel... (Thébaud 1986a, p. 300).

Mais ajouter les femmes à la connaissance historique n'est pas sans conséquence. Très vite l'histoire des femmes remet en cause, parce que non opérantes, des catégories établies de l'histoire traditionnelle, bien souvent alignées sur la distinction homme / femme et fortement enracinées dans la culture européenne comme les oppositions nature / culture et travail / famille, ou la coupure privé / public, que l'on envisage le premier comme dénué d'histoire ou les deux comme sans interférences réciproques. C'est ce que Gisela Bock appelle, dans un article fort intéressant (1991), « défier les dichotomies », soulignant par exemple, de

49. Sur la question du viol, Stéphane Audoin-Rouzeau a publié en 1996 *L'enfant de l'ennemi.*

50. Sur l'attitude du féminisme pendant la guerre, voir aussi Thébaud 1990 et Bard 1995.

nombreux travaux à l'appui, que la vie publique des hommes repose sur le travail domestique des femmes, que les États légifèrent sur l'intime et tentent même, pour les régimes autoritaires, de détruire toute sphère privée, ou bien encore que de nombreuses féministes du début du siècle ont revendiqué la maternité comme une fonction sociale digne de leur conférer la citoyenneté politique.

L'histoire des femmes remet en cause aussi la périodisation qui est consubstantielle à la discipline mais résulte d'un choix et d'une hiérarchisation des événements. Les thématiques de la nouvelle histoire, ses notions de temps court et long, avaient déjà fortement ébranlé l'histoire événementielle, la succession des règnes et des régimes ou celle, constitutive de la discipline et de l'organisation universitaire en France, des quatre périodes classiques de l'enseignement : Antiquité, Moyen Âge, Époque moderne, Époque contemporaine. L'histoire des femmes va dans le même sens, sans plus mettre à bas les assises de l'histoire enseignée et sans toujours savoir imposer autre chose : après l'*Histoire de la vie privée* et d'autres grandes séries typiquement françaises, l'*Histoire des femmes* se coulera dans le moule des cinq volumes[51], ne posant qu'au détour de quelques introductions la question de la chronologie.

Au colloque de Saint-Maximin, Yvonne Knibiehler soulignait qu'une chronologie au féminin bousculerait l'ordre d'importance des faits et proposait d'articuler cette nouvelle chronologie à « une double émancipation des femmes ; par rapport à la biologie, par rapport à la domination masculine » (1984b, p. 55). Considérant l'émancipation des femmes à l'aune de la régulation de la sexualité, de leurs rôles économiques, politiques, culturels, et de l'idéologie du féminin, Joan Kelly avait, plusieurs années auparavant, contesté la notion et le terme de Renaissance, montrant que les femmes ne connaissent pas de renaissance, du moins dans la période ainsi nommée. Elle avait, par cette provocation qui défiait les interprétations reçues du progrès – « Did women have a Renaissance ? » –, ouvert un large débat sur les implications méthodologiques de l'histoire des femmes qui porte, au-delà de la périodisation, sur toutes les catégories d'analyse et notamment sur les théories du changement social (Kelly 1976). J'en ai retenu la nécessité d'articuler les changements qui interviennent dans les rapports de sexe et de classe, et celle d'avoir un regard critique sur les chronologies et les dénominations du discours historique, dont il faut discuter les critères et les connotations.

51. Un volume par période pour les trois premières ; la période contemporaine, mieux connue, se subdivise en un long XIXe siècle de la Révolution à 1914, et en un plus court XXe siècle.

Ainsi, j'ai noté dans l'introduction du volume XXe siècle de l'*Histoire des femmes* (1992a, p. 19) que « la coupure classique de 1945 qui ouvre en Occident une ère durable de démocratie et de croissance économique n'est pas opératoire, malgré la généralisation du suffrage féminin », qu'un nouveau partage sexuel ne s'esquisse pas avant le milieu des années 1960, décennie encore peu étudiée sous cet angle. J'ai posé ensuite, dans divers articles sur la seconde guerre mondiale (Thébaud 1994a, 1994b), la question « les femmes ont-elles eu une Libération ? » dans le sens où, en France particulièrement, ce mot ne signifie pas seulement victoire sur les occupants nazis – qui libère bien évidemment toute la population et réinstaure pour tous une promesse de démocratie –, mais aussi, dans le récit historique et la majorité de l'opinion, une quasi-révolution politique, économique et sociale. Or, si les Françaises obtiennent des droits politiques par l'ordonnance du 21 avril 1944, elles ne deviennent pas pour autant, ni dans les têtes, ni dans les faits – il y a peu d'élues –, des citoyennes à part entière, et cette mutation politique ne s'accompagne pas d'une mutation plus générale des droits féminins qui lui aurait donné tout son sens. La République triomphante proclame l'égalité sexuelle mais n'en pense pas tous les effets : elle conserve notamment une législation répressive contre le contrôle des naissances et un Code civil inégalitaire qui fait de la femme mariée une mineure juridique et l'exclut, pour longtemps encore, de la dynamique des droits individuels déclenchée par la Révolution française; la sphère privée est alors tenue en dehors des enjeux de démocratisation et le civisme réclamé aux Françaises est d'abord un civisme démographique. Ces affirmations ne veulent pas dire que les Françaises ou des Françaises ne sont pas sorties différentes du conflit, qu'elles n'ont pas pris conscience de leurs nouvelles responsabilités de citoyennes et de mères et que ne se préparent pas, par de multiples voies, les mutations postérieures : en particulier, le baby boom est aussi consentement au modèle proposé et « un prodigieux laboratoire du changement », comme le souligne Yvonne Knibiehler dans son livre *La révolution maternelle* (1997, p. 19). Cependant, confirmées par l'analyse du cinéma fortement misogyne de la Libération (Burch et Sellier 1996), elles légitiment à mes yeux la question posée qui, bien que mal comprise ou jugée trop impertinente par les étudiants ou les spécialistes de la période – il y a là, semble-t-il, un fort enjeu de mémoire que perturbe le questionnement « femmes »[52] –, me paraît éclairante pour comprendre les articulations de notre siècle.

52. Ne faut-il pas s'étonner que la République ait si peu célébré le cinquantième anniversaire du suffrage universel en France ?

Ce genre d'incompréhension est-il à l'origine des résistances institutionnelles rencontrées par l'histoire des femmes ? Sans doute, dans la mesure où toute institution – des grandes structures universitaires et de recherche aux instances plus locales, laboratoire, revue ou chaire d'enseignement – a tendance à se perpétuer à l'identique et à considérer d'abord toute novation comme une intruse illégitime. Mais sur la question des réactions à l'histoire des femmes, de son implantation et poids institutionnels, je ne ferai ici, avant d'inviter au débat en conclusion, que trois séries de remarques : la première pour dégager des caractéristiques nationales, la seconde pour évoquer les différents centres de recherche, la troisième pour esquisser une chronologie.

Les comparaisons sont toujours instructives. Ce que nous appelons en France « discriminations positives » – en faveur des femmes ou de tout autre groupe défavorisé – s'intitule aux États-Unis programmes d'*affirmative action* et j'y vois, même si ces derniers sont parfois remis en cause, l'expression de deux cultures politiques différentes. De même, le développement de l'histoire des femmes n'a pas suivi dans les deux pays des voies institutionnelles similaires. Aux États-Unis, ses représentantes ont sollicité l'appui du gouvernement et des fondations privées, pour se développer et vaincre les résistances académiques comme celles des associations corporatives. Dans un contexte général de développement des études sur les minorités[53], elles ont obtenu à une large échelle, avec l'appui des étudiantes, la création de cours sur les femmes dans les départements d'histoire et celle de *women's studies* interdisciplinaires. Convaincues de leur droit à l'existence et de la justesse de leurs revendications, elles ont à la fois créé des structures parallèles qui les rendaient visibles et facilitaient l'insertion des nouvelles recrues – revues spécialisées, collections, conférences comme la Berkshire Conference qui rassemble périodiquement depuis 1973 des centaines de communications sur le sujet[54], prix Joan Kelly établi en 1983 –, et forcé, par le nombre et le succès, la porte des institutions existantes : l'American Historical Association reconnaît l'histoire des femmes comme Conference Group en 1974 et porte à la présidence en 1987, pour la deuxième

53. En français, on peut consulter *Chantiers d'histoire américaine* (Heffer et Weil 1994), en particulier les chapitres 9, 10 et 11 : « L'histoire afro-américaine », « De l'histoire des femmes à l'histoire des genres », « Des Indiens sans histoire ».

54. Déjà citée, la Berkshire Conference est à l'origine une association fondée en 1929 pour lutter contre la discrimination des femmes dans la profession d'historien. En 1973, elle organise sa première conférence sur l'histoire des femmes, dont les principales communications sont publiées dans le livre *Clio's Consciousness Raised* (Hartman et Banner 1974). [Sur les *women's studies*, voir Boxer 1998 et 2001.]

fois de son histoire, une femme, qui plus est militante de l'histoire des femmes, Natalie Zemon Davis. Cette même année, se crée, à l'intérieur du Comité international des sciences historiques mais revendiquant une existence autonome, et à l'initiative de la Norvégienne Ida Blom et de l'Américaine Karen Offen, la Fédération internationale pour la recherche de l'histoire des femmes, à dominante anglophone. Trop rapidement décrits et lissés de leurs tensions internes, ce mouvement et ces choix furent qualifiés par Joan Scott en 1981, à l'usage des lecteurs français du *Débat*, de « stratégie de survie », donc de seule stratégie possible. Il m'apparaît d'ailleurs significatif, qu'à la différence de cet ouvrage, la première synthèse sur trente ans d'histoire des femmes aux États-Unis, parue en 1993 sous la plume de Judith Zinser, accorde une large place à la bataille institutionnelle et s'intitule *History and Feminism*.

En France, l'implantation institutionnelle de l'histoire des femmes est faible, tout comme celle de l'ensemble des recherches sur les femmes. C'est le résultat d'abord d'une plus grande résistance des institutions à ce qui apparaît comme un particularisme ou une spécialisation inutile. Ainsi, le bilan de la recherche historique en France depuis 1965, publié en 1980 pour le Congrès international de Bucarest par le Comité français des sciences historiques[55], ne mentionne pas l'histoire des femmes dans les spécialisations de l'histoire contemporaine et ne l'évoque, dans une conclusion de René Girault axée sur la continuité de l'historiographie, que comme une réponse post-soixante-huitarde aux « passions fugitives de la mode » (Comité français des sciences historiques 1980, p. 59). À l'appui de cette résistance peuvent être invoqués de multiples paramètres matériels et culturels, que mentionne Michelle Perrot à l'usage de lecteurs américains (1994), et qui mériteraient sans doute, dans la lignée des travaux déjà cités de Christophe Charle et Gérard Noiriel, une étude fouillée : la centralisation de l'Université française ; la rigidité des disciplines et des cursus qui freine une pluridisciplinarité particulièrement féconde dans les recherches sur les femmes ; le prestige en France de la discipline historique qui, liée à l'affirmation de la Nation et de la République, joue un grand rôle dans l'enseignement et la culture et revendique un discours objectif et universel ; enfin, conséquemment et malgré la féminisation récente de la profession, le fort taux de masculinité de ses élites intellectuelles. Il faut cependant rappeler aussi la méfiance fondamentale des féministes françaises envers toute forme

55. Il est vrai que ce bilan est fondé essentiellement sur le recensement des thèses d'État. Il fait par ailleurs suite à *Vingt-cinq ans de recherche historique en France 1940-1965*, ouvrage réalisé pour le Congrès international de Vienne en 1965.

d'institutionnalisation, vécue comme trahison et récupération (Picq 1993), et le refus des chercheuses et universitaires d'adopter une stratégie séparatiste. Ce qui a dominé – et Arlette Farge l'a exprimé avec force à plusieurs reprises (Farge 1979, 1983, 1984) – est la peur de créer un ghetto intellectuel et institutionnel, de forger un champ d'études et des cursus tolérés mais dévalorisés et sans influence sur la discipline. Plutôt qu'à en créer de nouvelles, les historiennes françaises ont cherché à entrer dans les institutions ou tout au moins à explorer des voies moyennes entre le séparatisme et l'intégration ; sans beaucoup de succès, peut-on dire avec le recul, mais il n'est pas sûr que dans le contexte français l'attitude inverse eût été plus payante...

Relisant leurs bulletins et interrogeant témoins et actrices, nous pourrions faire aujourd'hui l'histoire des centres et groupes créés ici et là : au sein du CNRS, le groupe qui anime autour de Christine Delphy la revue *Nouvelles questions féministes*, ou le Groupe d'études sur la division sociale et sexuelle du travail (GEDISST), ou bien encore certains séminaires de l'IHTP[56] ; hors institution, le séminaire Limites-frontières ou le Centre de recherches, de réflexion et d'informations féministes (CRIF), ou bien encore l'association Dialogue de femmes qui organise un séminaire mensuel depuis janvier 1979 ; dans l'Université, plusieurs structures installées dans quelques pôles géographiques : Paris, Lyon, Aix-en-Provence, Toulouse, Nantes, Bordeaux. Citons, par pôle et ordre chronologique : le Centre d'études féminines de l'université de Provence (CEFUP), créé en 1972[57] ; le Groupe d'études féministes (GEF, 1975), puis le Centre d'enseignement, de documentation et de recherches pour les études féministes (CEDREF, 1984) de l'Université Paris 7 » ; le Centre lyonnais d'études féministes (CLEF) qui, fondé en 1976, évoque son histoire dans un ouvrage consacré au « mouvement de libération des femmes à Lyon » (CLEF 1989) ; le Centre d'études féminines (1978) de l'Université Paris 8 ; le Groupe de recherches interdisciplinaires d'étude des femmes (GRIEF), qui s'installe en 1979 à l'université de Toulouse, où Marie-France Brive fonde, sept ans plus tard, le groupe Simone de conceptualisation et de communication de

56. J'ai déjà évoqué le séminaire « Les sources orales pour l'histoire des femmes », organisé au début des années 1980 par Sylvie Van de Casteele-Schweitzer et Danièle Voldman. Cette dernière anime avec François Rouquet, de janvier 1992 à juin 1995, un séminaire intitulé « Violence, répression et différence des sexes (1870-1960) », dont une partie des résultats a été publiée dans le numéro 31 des *Cahiers de l'IHTP* sous le titre *Identités féminines et violences politiques*.

57. [Sur le CEFUP, voir Thébaud 2004a.]

la recherche femme[58]. De statuts et d'activités diverses – séminaires de recherche, recherches et publications, enseignement de premier ou second cycle, formation permanente –, tous sont pluridisciplinaires, moins par nécessité – pour faire nombre – que par choix, pour faire converger les approches, circuler les concepts et éclater les catégories de pensée. Avec l'ambition, souvent affirmée, que la recherche féministe opère « une rupture épistémologique » dans le champ du savoir.

La diversité des appellations – « femmes », « féminin », « féministe » – n'est pas, selon Rose-Marie Lagrave qui, parmi les premières, tente d'appliquer un regard de sociologue à ce domaine d'études, le reflet de problématiques différentes mais celui de positions divergentes dans le champ académique, positions qui s'ordonnent autour de la rhétorique de la scientificité : entre un « pôle militant » assumé par le CLEF ou le groupe Simone et celui de « la recherche orthodoxe » (GRIEF, Centre d'études féminines), la majorité des groupes cherchent une troisième voie « ni féministe, ni sur les femmes, fondée sur la position du juste milieu » (Lagrave 1990, p. 38). Pointant difficultés et tensions internes, cette classification me paraît éclairante mais elle néglige peut-être, dans ses paramètres, le poids respectif des différentes disciplines, l'histoire ayant parfois du mal à s'affirmer dans des centres formés majoritairement de sociologues, psychologues ou littéraires. Ainsi, le groupe le plus dynamique et le plus productif en histoire des femmes fut le petit groupe informel formé à l'École des hautes études en sciences sociales autour d'Arlette Farge, Christiane Klapisch-Zuber, Cécile Dauphin, Pierrette Pezerat, avec Michelle Perrot, Geneviève Fraisse et quelques autres. Classé dans le pôle de la recherche orthodoxe, il est à l'origine du colloque de Saint-Maximin comme de l'article collectif paru dans les *Annales* en 1986 – « Culture et pouvoir des femmes : essai d'historiographie » –, et il a fourni l'essentiel de l'équipe de direction de la série *Histoire des femmes en Occident*. D'autre part, utile pour comprendre ce qui s'est joué ici ou là, cette classification, comme le souligne encore Rose-Marie Lagrave, n'est pas figée et se modifie parallèlement à une évolution générale vers une plus grande intégration institutionnelle et « un divorce structural entre féminisme et recherche ».

Il ne peut être question ici de décrire en détail ce mouvement qui engendre déchirements et clivages, mais seulement de marquer

58. Nous devons très certainement à cette tradition de recherche et au rayonnement de Marie- France Brive (prématurément décédée en 1993) l'acceptation par les Presses universitaires du Mirail (Toulouse) du lancement en 1995 d'une nouvelle revue d'histoire des femmes : *Clio HFS*. J'avais, à cet effet, sollicité une vingtaine d'éditeurs.

quelques étapes où l'histoire apparaît, me semble-t-il, plus légitimiste et intégrationniste que d'autres disciplines. Au Congrès international des sciences historiques de Bucarest en 1980, malgré le silence du bilan historiographique français, l'histoire des femmes est à l'ordre du jour : le Français Claude Fohlen est le rapporteur général d'une séance sur les États-Unis où Joan Scott présente, avec trois collègues[59], une synthèse d'une cinquantaine de pages sur les acquis de la recherche américaine en ce domaine. En France, la discipline reste attentiste, à la fois tolérante et méfiante ; par exemple, si Cécile Dauphin a droit à quelques pages de *La nouvelle histoire* pour rédiger un article « Femmes » (1978), les *Annales* ne publient entre 1970 et 1982 que 34 articles sur les thèmes de l'histoire des femmes, soit seulement 4,5 % de l'ensemble (Farge 1984)[60]. Mais sur le plan institutionnel, les changements politiques intervenus en 1981 ouvrent une période d'embellie dont les effets, multiples, ne peuvent à mon sens être envisagés seulement, selon les termes de Rose-Marie Lagrave, comme du « travail de normalisation ». S'engouffrant dans les procédures de consultation et d'auto-évaluation de la communauté scientifique, mises en place par les nouveaux dirigeants[61], les groupes cités précédemment obtiennent le financement d'une importante délégation française au colloque international de Montréal sur « la recherche et l'enseignement relatifs à la femme » – le singulier est encore couramment employé en 1982 – et celui d'un immense colloque

59. Il s'agit de Barbara Sicherman, E. William Monter et Kathryn K. Sklar. La synthèse, publiée sous l'égide de l'American Historical Association s'intitule : *Recent United States Scholarship on the History of Women.*

60. Il serait intéressant de poursuivre dans le temps ce genre d'enquête. Quelques années plus tard, l'histoire des femmes a place dans le *Dictionnaire des sciences historiques* (Burguière 1986) sous la plume de Christiane Klapisch-Zuber (1986), et dans *L'état des sciences sociales en France* (Guillaume 1986) sous la plume de Michelle Perrot (1986) et Marie-Victoire Louis (1986).

61. De ces procédures de consultation résultent de nombreux rapports parmi lesquels il faut citer : *Pré-rapport sur les recherches féministes*, réalisé par le Collectif parisien d'organisation du colloque *Femmes, féminisme et recherches* (143 pages) ; *Réflexions sur l'état des recherches féministes en France*, réalisé par le CRIF à la demande du ministère des Droits de la femme (129 pages) ; *Les sciences de l'homme et de la société en France*, ouvrage dirigé par Maurice Godelier (1982b) et dans lequel Michelle Perrot fait le point « sur les recherches féministes en France ». Soucieuse « d'articuler les diverses instances de la recherche » (y compris hors-institution) et de vaincre les obstacles extérieurs, bien plus redoutables que « les difficultés internes liées aux divergences de points de vue », Michelle Perrot propose de créer une commission « Recherches sur les femmes et études féministes » au sein du CNRS, des postes d'études féministes dans les Universités pour coordonner un enseignement intégré dans les cursus (éventuellement sous forme d'option ou de sous-dominante), et un Centre national d'information, instance de liaison et de communication.

Femmes, féminisme et recherches qui se tient, après des journées régionales, à Toulouse les 17, 18 et 19 décembre 1982 et réunit environ 750 participantes et 140 communications[62].

Ce colloque peut être considéré comme « l'acte de naissance quasi ritualisé du champ des recherches sur les femmes » (Lagrave 1990, p. 31), champ alors légitimé par les personnalités présentes, tant politiques – Yvette Roudy, ministre chargée des Droits des femmes – que scientifiques. Directeur du département des sciences de l'homme et de la société du CNRS, Maurice Godelier y parle de « date historique », « d'étape désormais irréversible dans le mouvement qui a mené à la reconnaissance du caractère légitime et nécessaire des recherches portant sur les rapports hommes-femmes, des recherches faites dans un esprit militant, des recherches féministes destinées non seulement à expliquer un état de fait mais à le transformer » et il s'engage à les soutenir matériellement. Comme Georges Duby qui vient de renouveler la problématique du mariage médiéval (1981), il témoigne, par ces travaux d'anthropologue, de l'acceptation par des hommes ayant une place institutionnelle importante des questions posées par l'histoire des femmes, notamment celle de la domination masculine (1982a). Cette reconnaissance débouche sur la création au CNRS d'une Action thématique programmée qui finance une soixantaine de projets[63], tandis que les chercheuses s'organisent en associations régionales, ancêtres de l'ANEF (Association nationale des études feministes) et que le ministère de l'Éducation concède aux Universités quatre postes d'études féministes, dont un en histoire, celui de Marie-France Brive à Toulouse. C'est peu pour la discipline, signe des réticences présentées précédemment et d'une embellie de courte durée[64].

Fête féministe qui montre le foisonnement des recherches menées et l'ampleur des remises en cause théoriques, le colloque de Toulouse

62. L'association Femmes, féminisme et recherches (AFFER) est créée pour prendre en charge l'organisation du colloque ; elle en publie les actes en 1984, gros volume de 1093 pages.

63. Deux appels d'offres successifs retiennent pour chacun d'eux une trentaine de projets. Les résumés des rapports sont consultables dans deux volumes publiés par le CNRS en 1989 et 1990 : Action thématique programmée n° 6, *Recherches sur les femmes et recherches féministes. Présentation des travaux 1984-1987* ; idem, *1986-1989*.

64. Au début des années 1990 ont été créés deux autres postes de maîtres de conférences, l'un à l'université Paris 8 (dont la titulaire est Yannick Ripa) et l'autre à Paris 7 où il fut intitulé « Histoire sociale, histoire des femmes » (Gabrielle Houbre) ; Djamila Amrane a succédé à Marie- France Brive à Toulouse. Soulignons aussi que l'accroissement au même moment des postes universitaires a permis le recrutement de quelques spécialistes en histoire des femmes mais que la contraction postérieure du nombre d'emplois mis aux concours leur est particulièrement défavorable.

révèle aussi des clivages disciplinaires et des conceptions fort différentes des rapports entre féminisme et recherche. Au nom de l'histoire et de l'anthropologie, Véronique Nahoum, qui évoque son expérience à *Pénélope*, dénonce le « stock des tabous, des sujets obligés, des problématiques nouées qui ont fait vieillir les recherches sur les femmes avant qu'elles s'épanouissent » – ce qu'elle appelle joliment « les sorcières et tout ça » –, comme la trop grande prégnance de l'outillage psychanalytique (1984, p. 144). Françoise Ducrocq défend « une prise en compte du caractère social de la relation entre les genres » et « une histoire globale du passé qui prenne en compte les interactions entre les hiérarchies sexuelles et les autres hiérarchies sociales » (1984, p. 827). Et un groupe d'historiennes signe un texte intitulé « Femmes et recherche : pour quel "féminisme" ? », où il affirme sa volonté de sortir « du renfermement sur soi et de l'affirmation de la différence », et son choix, « à la croisée du chemin historique et de la voie féministe », de l'intégration des « études femmes » aux territoires de l'histoire ; ce faisant, il récuse, sans en proposer d'autre, les termes d'« histoire des femmes » et d'« histoire féministe » ainsi que l'exclusion des hommes de ce champ de recherches (AFFER 1984, p. 895-899).

En histoire des femmes, le colloque de Toulouse inaugure ainsi, paradoxalement, la fin d'une période. Dès lors on s'achemine, en exprimant de plus en plus clairement doutes et interrogations, vers une histoire plus relationnelle, une histoire qui prenne en compte toutes les dimensions des problèmes humains et ne soit pas seulement l'inverse de l'histoire au masculin.

Bilan de cette phase d'accumulation : doutes, interrogations et émergence d'une autre pratique

Je ne saurais détailler les chemins parfois longs, par lesquels, dans l'histoire de l'histoire des femmes, l'expression individuelle d'un malaise rencontre un plus large écho et devient critique collective d'une façon de faire et propositions admises par la majorité. Je ne puis que repérer des inflexions, en privilégiant des textes qui me paraissent significatifs.

Quelques remarques d'abord sur l'histoire du féminisme qu'il convient de distinguer, Geneviève Fraisse n'a cessé de le répéter (1984a,

1992), de l'histoire des femmes, dont elle n'est pas qu'une simple composante, même si tout historienne ou historien des femmes rencontre de près ou de loin, dans ses sources et son propos, le féminisme. Mettant fortement en jeu la subjectivité individuelle et sexuelle, cette histoire a parfois oscillé entre l'hagiographie célébrant des femmes exceptionnelles et le jugement de valeur distribuant bons et mauvais points en fonction de critères contemporains. Pour se poser rapidement, dans des travaux plus historiques, de multiples questions : celle de la définition (qu'est-ce que le féminisme, qui est féministe ?), celle des classifications (comment rendre compte des différentes tendances ?), celle de la chronologie, questions à la fois éclairées et rendues plus complexes par des comparaisons internationales, tant les travaux sont nombreux aussi à l'étranger. Sur ce point je renvoie à la bibliographie et à l'essai comparatif qu'Anne-Marie Käppeli a donnés au volume quatre de l'*Histoire des femmes*, après avoir restitué dans *Sublime croisade* l'histoire des féministes protestantes qui ont combattu, au nom de la justice et de la morale, la prostitution réglementée et fondé la Fédération abolitionniste internationale (Käppeli 1990, 1991).

Il n'y a pas eu en France l'équivalent du débat historiographique, qui oppose depuis trente ans aux États-Unis une définition large et une définition restreinte du féminisme, débat réactivé dans la revue *Signs* en 1988-1989, par les échanges de vue entre Nancy Cott[65], Ellen Carol Dubois et Karen Offen qui, dans une tentative de synthèse, a opposé avec nuances le féminisme « relationnel » européen (et particulièrement français) et le féminisme « individualiste » anglo-américain (Offen 1988)[66]. De même, a été peu débattue en France la question – plus culturelle que politique, pour reprendre les termes de l'alternative *culture versus politics* exposée dans un important colloque américain en 1980[67] –, de savoir si le confinement des femmes dans leur sphère spécifique a été ou non favorable au développement d'une solidarité sexuelle et d'une conscience de groupe – « conscience de genre » comme l'écrit Eleni

65. Nancy Cott est l'auteure en 1987 de *The Grounding of Modern Feminism* où elle montre que les années 1910-1930 marquent une transition entre le mouvement du XIXe siècle, celui des droits de la femme, et le féminisme moderne qui prend en compte la diversité des femmes. Ce faisant, elle dépasse le concept de culture féminine qui avait soutenu ses travaux précédents.

66. Défendant une définition très extensive du féminisme, l'Américaine Naomi Black a parlé de « féminisme social » à propos de l'UFCS, mouvement féminin français né en 1925 dans la mouvance catholique et partisan du retour des femmes au foyer (Black 1989).

67. La revue *Feminist Studies* publie de nombreux commentaires dans son numéro du printemps 1980, sous le titre : « Politics and culture in women's history : a symposium ».

Varikas à propos des femmes grecques du XIXe siècle (1986) – propices à l'émergence du féminisme. Evitant la querelle sur les origines et les filiations entre mouvements féminins et féministes[68], les chercheuses françaises – Laurence Klejman et Florence Rochefort pour les premières décennies de la Troisième République, puis Christine Bard qui a préféré le pluriel (« les féminismes ») pour caractériser l'entre-deux-guerres – ont défini le féminisme à la fois par la conscience de l'oppression spécifique des femmes et la revendication, partielle ou totale, d'égalité entre les sexes (Klejman et Rochefort 1989 ; Bard 1995). Soulignant l'imbrication de revendications égalitaires et d'aspirations identitaires, elles ont récusé la notion péjorative de « féminisme bourgeois » – notion inventée par les femmes socialistes avant 1914 pour discréditer un mouvement concurrent (Picq 1984) – comme l'opposition fixiste, calquée sur le débat contemporain, entre féminisme égalitaire et féminisme de la différence, pour proposer une classification plus souple et surtout plus politique (alliant moyens d'action et objectifs) autour des termes « radical », « modéré », « réformiste ».

Car là est l'essentiel : considérer le féminisme comme un mouvement à la fois social, culturel et politique qui intéresse la société tout entière ; l'étudier à travers ses modes d'intervention, discours et autres pratiques publiques, mais aussi à travers ses réseaux et ses membres ; et articuler son histoire au champ politique global. Les travaux français n'ont pas négligé la « quête d'identité » que constitue le féminisme ou « les crispations identitaires » de telle ou telle époque, mais les titres des thèses et des livres qui en sont issus – *L'égalité en marche* (Klejman et Rochefort 1989), *Vers l'intégration des femmes dans la Cité, Les filles de Marianne* (Bard 1995), sans oublier, j'y reviendrai, *La démocratie à l'épreuve des femmes* (Riot-Sarcey 1994) – témoignent bien, me semble-t-il, de l'inscription de l'histoire du féminisme dans l'histoire politique tout autant que dans celle des femmes. Ce faisant, s'est affinée une chronologie jusqu'alors considérée comme saccadée – prémices, âge d'or de la Belle Époque, reflux, résurgence des années 1970 –, Christine Bard montrant que le féminisme de la première vague s'éteint en 1940, tandis que les mouvements féminins et féministes de l'après-deuxième guerre sont maintenant connus grâce aux recherches de

68. Cette querelle fut fort animée au Québec, où Yolande Cohen considère que les cercles de fermières ont joué un rôle déterminant dans l'émergence du féminisme québecois (Cohen 1990, 1992), alors que la Fédération nationale Saint-Jean Baptiste était considérée jusqu'alors comme la première association féministe. La revue *Clio HFS* a publié dans son numéro 6 (automne 1997) le point de vue critique de Micheline Dumont et la réponse de Yolande Cohen.

Sylvie Chaperon[69]. L'approche monothématique a aussi été tentée, en particulier sur la question de la maternité, par Anne Cova, dont le travail, initié dans le cadre d'un projet comparatif européen (Bock et Thane 1991), met en valeur « le maternalisme » longtemps ignoré des féminismes des premières décennies de notre siècle (Cova 1991, 1997). Reste par contre encore à l'état de projet, l'idée – ancienne – de réaliser, après d'autres entreprises parallèles comme « le Maitron » – *Dictionnaire biographique du mouvement ouvrier français* –, un dictionnaire biographique du féminisme français. Le féminisme aussi est un lieu de mémoire, son histoire ne peut nier totalement les coups de cœur, ni les lectures personnelles ou collectives de tel groupe ou figure, ni les effets de ces lectures. Parmi les militantes les mieux connues figure notamment, dans toute la complexité de sa courte vie de « paria » et grâce au travail de Stéphane Michaud (1980, 1985b, 1994, 1995), la féministe socialiste Flora Tristan (1803-1844)[70]. Citons aussi Madeleine Pelletier (1874-1939) dont la figure tragique et hors du commun – féministe radicale apôtre de « la virilisation » des femmes, première femme médecin des asiles internée à Perray-Vaucluse en 1939 – semble fasciner les historien(ne)s : deux biographies et un colloque lui ont été consacrés (Gordon 1990, Sowerwine et Maignien 1992, Bard 1992) et ses textes sont réédités, comme son étonnant *Mon voyage aventureux en Russie communiste* (1996). Mais l'entreprise biographique, qui se méfie aujourd'hui des illusions positivistes du récit et s'interroge sur la notion de représentativité et d'exceptionnalité[71], est devenue

69. [Soutenue en 1996, la thèse de Sylvie Chaperon a été publiée en 2000.] Ainsi, avec le travail de Michèle Riot-Sarcey sur la période 1830-1848 et celui de Françoise Picq sur le MLF (1993), le champ des luttes des femmes françaises pour leur émancipation est presque totalement couvert de 1830 à nos jours. Ont aussi contribué à les faire connaître des recherches étrangères, particulièrement américaines, comme celles de Claire Goldberg Moses (1984), Joan Scott (1996, traduction française 1998) [ou Karen Offen qui apporte beaucoup par son regard de long terme et sa perspective comparative sur les féminismes européens (2000)]. Faut-il rappeler là le sourire et le refus d'Ernest Labrousse, lorsque Michelle Perrot lui proposa, peu après la parution du *Deuxième Sexe* de Simone de Beauvoir, de travailler sur le féminisme qu'il ne considérait pas comme un sujet de recherche historique (Perrot 1987a, p. 277-278). [Le Second Empire – jusque là mal connu sous cet angle – est, avec la Seconde République, l'objet de la thèse d'Alice Primi soutenue en octobre 2006.]

70. Depuis longtemps mentionnée dans l'histoire du mouvement ouvrier, Flora Tristan a été rééditée par François Maspero à la fin des années 1970 : *Pérégrinations d'une paria* (1978), *Promenades dans Londres* (1979), *Le tour de France* (1980.)

71. À cet égard, les contributions de Christine Planté, Michèle Riot-Sarcey et Eleni Varikas dans *Le genre de l'histoire* sont fort utiles (1988), tout comme le numéro spécial de *French Historical Studies* sur la biographie (1996).

difficile, nœud de la plupart des débats qui agitent aujourd'hui la discipline historique.

Deuxième point préliminaire : bien qu'elle ait mis beaucoup de temps à se traduire dans l'édition[72] et l'opinion publique, ou même chez les historiens non spécialistes[73], pointe rapidement l'idée qu'on ne peut faire l'histoire de « la » femme – celle-ci n'existe pas sauf dans l'imaginaire des hommes et parfois des femmes – et que le singulier est à proscrire pour sa connotation d'une essence féminine, d'une figure quasi intemporelle et même d'une condition immuable. Comme le souligne dès 1973 l'historienne américaine Sheila Ryan Johansonn – *women versus « woman »* –, le singulier doit être abandonné aux poètes de second rang et les historiens doivent parler des femmes au pluriel et plus encore de groupes bien définis de femmes (Johansonn 1976, p. 402-403). « La » femme disparaît ainsi au profit « des » femmes dans leur diversité, diversité de conditions sociales, d'âges, de religions..., diversité de contextes historiques. Mais cette évidence, mise au jour par la multiplicité des recherches, est quelque peu iconoclaste parce qu'elle gêne l'identification à une destinée commune. En France, elle est très fortement exprimée au début des années 1980 par les historiennes de l'équipe de *Stratégies des femmes*, qui ont partagé l'aventure de confronter leurs recherches avec des collègues étrangères, aventure qui a remis en cause, pour elles-mêmes et leur métier, « la notion d'appartenance » et problématisé l'identité sexuelle. Même des catégories plus fines comme « la femme communiste », « la bourgeoise », « la catholique »... leur paraissent trop monolithiques, tant

> il est apparu que les vies, les représentations, les pensées des femmes, étaient faites de pièces disparates : certaines étaient communes à toutes, ou presque toutes, d'autres pas, certaines étaient partagées avec les hommes, d'autres pas, certaines enfin n'étaient que des petits morceaux de verre blanc. (Pasquier *et al.* 1984, p. 10)

C'était dire, bien longtemps avant d'autres, – mais sans en tirer toutes les conséquences pour l'histoire qui reste malgré tout un effort de catégorisation –, que chaque individu est une somme unique d'identités multiples, dont l'une ou l'autre peut être dominante ou volontairement privilégiée dans des contextes particuliers. Mais ce livre, dont le titre souligne bien la complexité des rapports de sexe, a été plus lu pour le

72. La collection « La femme au temps de... » chez Stock perdure jusqu'en 1992. Par contre le livre de Célia Bertin, paru en 1993, s'intitule *Femmes sous l'occupation*.
73. Tout à fait riche, un colloque tenu au Puy-en-Velay en septembre 1992 s'intitulait *La femme au XVIe siècle*, expression qui se répétait dans les trois thèmes : la femme du XVIe siècle dans l'histoire, dans la littérature, en Languedoc.

contenu informatif de ses vingt-cinq contributions que pour son court préambule méthodologique.

En France, les interrogations qui agitent l'histoire des femmes, la critique des objets, méthodes et effets de l'histoire au féminin, apparaissent essentiellement, après les quelques pages d'Arlette Farge dans *Le débat* (1983), dans *Une histoire des femmes est-elle possible ?* – actes du colloque de Saint-Maximin qui voulait faire le point sous l'angle théorique de l'état de la recherche (Perrot 1984a)[74] –, puis dans « Culture et pouvoir des femmes : essai d'historiographie » (Dauphin *et al.* 1986). Cet article marque la première tentative de dialogue avec la prestigieuse revue de la nouvelle histoire – les *Annales* – et avec son mode d'analyse, à dominante anthropologique, des rôles sexuels. C'est aussi l'article français le plus long et le plus théorique, traduit assez rapidement en anglais puis en espagnol, et commenté avec profit – le dialogue est toutefois difficile, faute d'une connaissance approfondie des ouvrages cités – par des collègues étrangers[75]. De façon autonome mais significative, il reprend à sa manière – « culture et pouvoir » – les termes de l'alternative du colloque américain déjà cité de 1980, signe à la fois des convergences et des divergences des historiographies nationales[76].

74. Le sommaire de *Une histoire des femmes est-elle possible ?* est le suivant : « Préface » (Michelle Perrot) ; « Pratique et effets de l'histoire des femmes » (Arlette Farge) ; « Le médiéviste, la femme et le sériel » (Christiane Klapisch-Zuber) ; « Chronologie et histoire des femmes » (Yvonne Knibiehler) ; « Les sources orales pour l'histoire des femmes » (Sylvie Van de Casteele-Schweitzer et Danièle Voldman) ; « Le détour obligé ou l'Histoire des femmes passe-t-elle par celle de leur corps ? » (Catherine Fouquet) ; « Corps, reste, texte » (Elisabeth Ravoux-Rallo et Anne Roche) ; « La différence des sexes, histoire, anthropologie et cité grecque » (Pauline Schmitt-Pantel) ; « Masculin / Féminin : sur l'usage historiographique des rôles sexuels » (Jacques Revel) ; « Le "sexe en deuil" et l'histoire des femmes au XIXe siècle » (Alain Corbin) ; « À propos du trousseau : une culture féminine ? » (Agnès Fine) ; « Singularité féministe : historiographie de l'histoire du féminisme en France » (Geneviève Fraisse) ; « Les femmes, le pouvoir, l'histoire » (Michelle Perrot). Ce livre a été traduit en italien, allemand, espagnol (en partie), anglais (en 1993 seulement, sous le titre déjà utilisé *Writing Women's History*).

75. Cet article est paru deux fois en anglais : dans le premier numéro du *Journal of Women's History* (1989), avec des commentaires de Karen Offen, Nell Irwin Painter, Hilda L. Smith et Lois Banner ; dans l'ouvrage édité en 1991 par la Fédération internationale pour la recherche en histoire des femmes, *Writing Women's History : International Perspectives* (Offen *et al.* 1991).

76. Sur le sens de cette alternative-dichotomie (*culture versus politics*) dans l'histoire américaine, je signale l'article en français de Louise Toupin « Une histoire du féminisme est-elle possible ? » (1993) qui, bien plus riche que son titre ne le laisse penser, explore les méandres historiographiques – approche culturelle / approche politique, histoire sociale / histoire politique – du débat égalité-différence aux États-Unis. Il est sans doute significatif aussi que le titre américain de *Stratégies des femmes* soit *Women in Culture and Politics : A Century of Change* (Friedlander 1986).

Trois séries d'interrogations et de propositions pour l'avenir émergent de ces documents. La première concerne l'usage du couple domination masculine / oppression féminine et de la dichotomie femmes victimes de la misogynie / femmes rebelles à l'ordre masculin. D'une part, le couple domination-oppression favorise des exposés tautologiques où l'historienne retrouve, avec fascination parfois, le présupposé de départ. Privilégiant les textes normatifs qui concernent les femmes – plus d'ailleurs que la violence réelle faite aux femmes, moins facile à cerner (Claverie et Lamaison 1982 ; Guillais-Maury 1986)[77] – et ignorant ceux dont l'homme est l'objet, il évite de confronter condition féminine et condition masculine et tend à poser comme un invariant cette fameuse misogynie. Non historicisé, le face à face dominé-dominant dit peu de choses sur le fonctionnement de la domination – par quelles médiations concrètes et symboliques passe-t-elle, comment ces médiations s'articulent-elles au contexte et changent-elles avec lui ? –, et rien sur ses causes. Ce faisant, l'histoire des femmes entretient un rapport à la fois simple et ambivalent au passé, certains travaux soulignant la permanence du statut dévalorisé des femmes, d'autres les progrès linéaires et cumulatifs de la condition féminine, progrès obtenus par l'action des rebelles ; alors que, comme le souligne Arlette Farge, l'histoire est plutôt « lieu de contradictions, d'allers et retours, de chevauchements » (1984, p. 32). Mais la reconnaissance de ces faiblesses méthodologiques ne doit pas faire conclure à l'invention idéologique du thème de la domination masculine, qui relève bien d'un constat scientifique. À l'appui de cette affirmation régulièrement remise en question, les auteures de « Culture et pouvoir des femmes » citent Maurice Godelier préfaçant *La violence et la ruse*, ouvrage qui analyse les antagonismes de sexe dans un village grec des années 1960 ; comme le souligne l'anthropologue de la société Baruya de Nouvelle-Guinée, « on n'a pas eu la preuve formelle jusqu'à présent qu'il existe des sociétés exemptes de domination masculine » (Handmann 1983, p. 7 ; Dauphin *et al.* 1986, p. 281)[78].

77. Citons aussi l'ouvrage postérieur et tout à fait neuf de Marie-Victoire Louis : *Le droit de cuissage, France 1860-1930* (1994).

78. Ceci est confirmé par des travaux postérieurs. Par exemple, Pierre Bourdieu explique que la domination masculine est au cœur de l'ordre social et qu'elle s'exerce et se perpétue notamment par le biais de la violence symbolique : par toute une série d'expériences antérieures, les femmes intériorisent le principe de vision dominant et incorporent les structures objectives de domination (Bourdieu 1995). De même, la synthèse anthropologique déjà citée de Françoise Héritier (1996a), qui analyse les rapports de sexe au travers des systèmes de représentation et des pratiques des sociétés les plus diverses dans le temps et l'espace, tend à révéler l'universalité de la suprématie masculine et sa prégnance dans nos sociétés contemporaines. Paru en 1991, le premier tome de l'*Histoire des femmes* a

D'autre part, couple et dichotomie cités ne rendent pas compte de la complexité des rapports entre hommes et femmes, complexité mise au jour, au moins partiellement, par la multiplication des recherches. Indissociable du mode de production des biens et de reproduction de la société, la domination masculine s'assortit pour les femmes de compensations qui expliquent leur part de consentement : pour les deux derniers siècles, une législation protectrice spécifique du travail, une plus grande irresponsabilité pénale, un surinvestissement du rôle maternel et du pouvoir social, des pouvoirs de maîtresse de maison qui s'exercent sur les domestiques – c'est-à-dire d'autres femmes – et les enfants, des complicités entre femmes ou entre mères et filles[79], ou encore les jeux subtils de la galanterie et de la séduction. « Peut-on faire l'économie de l'histoire du désir ? » interrogent avec provocation les auteures de « Culture et pouvoir des femmes » ; certes non, même si l'entreprise est à peine ébauchée... Complexes, les rapports de sexe le sont aussi, parce que la résistance des femmes s'exprime moins dans l'affrontement direct que dans la résistance passive, la ruse, le compromis ou le retournement : par exemple – cela a été souligné à maintes reprises – les féministes réclament des droits civils et politiques au nom des devoirs maternels et sociaux qui leur sont assignés et les Françaises pratiquent, dès la fin du XIXe siècle, une véritable « grève des ventres ». Finalement, « c'est, [dans leur dimension sexuée], l'articulation fine des pouvoirs et des contre-pouvoirs, trame secrète du tissu social, qu'il faudrait scruter », pour faire en quelque sorte « une histoire intérieure du pouvoir familial, social et politique » (Dauphin *et al.* 1986, p. 286).

Le deuxième point concerne les acquis et les risques de l'approche culturelle des sexes qui s'intéresse aux attitudes, croyances et codes. Réaction aux États-Unis contre l'approche « politique » (victimes / rebelles), qui renseigne peu sur la vie de la grande masse des femmes, elle y est inaugurée par l'article déjà cité de Carroll Smith-Rosenberg – « The female world of love and ritual » – qui suscite, après sa parution en 1975, de multiples recherches sur une culture spécifique des femmes, leurs liens « homosociaux » et leur conscience de groupe. En France, elle accompagne le succès de l'histoire culturelle et des représentations et l'intérêt des ethnologues comme de l'opinion pour une société rurale en train de disparaître. D'autres documents sont examinés – notamment les correspondances entre femmes –, d'autres questions posées, d'autres

---

par ailleurs pris nettement position contre l'idée, souvent présente chez les féministes des années 1970, d'un matriarcat primitif : Stella Georgoudi y montre la construction au XIXe siècle de ce mythe anthropologique.

79. Sur l'analyse historique de cette relation, voir Lévy 1984 [et Houbre 2006].

catégories d'analyse offertes. Ces recherches identifient lieux, conduites ou objets féminins, comme le linge, composante principale du trousseau dont Agnès Fine montre la signification à la fois sociale et identitaire, celle d'une étape initiatique associant contrainte et plaisir (1984). Elles mettent en avant, particulièrement aux États-Unis, des espaces de liberté et de relations entre femmes[80]. Elles révèlent l'existence de pouvoirs possédés par les femmes au nom de leurs fonctions biologiques, pouvoirs considérés parfois comme le « vrai » pouvoir, et tendent en France à décrire les rapports de sexe dans l'ancienne société rurale comme harmonieux et complémentaires.

Mais la prédilection historiographique pour le corps des femmes risque de réassurer le mythe d'une nature féminine invariante, d'une identité inscrite dans le biologique, mythe par ailleurs combattu par les historiennes-citoyennes. Elle fonde une dissymétrie dangereuse dans l'étude des rôles sexuels – négligence du pôle masculin – et freine leur reconnaissance comme « catégorie historique opératoire » ; sur ce point, Jacques Revel est particulièrement sévère à Saint-Maximin, affirmant que « la réduction des catégories de sexe à leur détermination biologique est sans doute ce qui a le plus obstinément empêché qu'on en pense l'existence et les tensions sociales », et invitant à dépasser les schémas binaires au profit de l'analyse des « surfaces de recouvrement dans lesquelles l'identité des rôles est mise en cause et se redéfinit » (Revel 1984, p. 123, 139). Quant au thème de la complémentarité, il masque les tensions comme la hiérarchie symbolique contenue dans la division technique des tâches et tend à donner l'image de sociétés immobiles. Tandis que la focalisation sur les pouvoirs féminins, stimulation pour la recherche mais aussi résurgence d'un vieux stéréotype – « Les femmes, quelle puissance ! » écrivait déjà Michelet –, refoule la question centrale de la domination masculine et celle du pouvoir politique.

Plus généralement, le concept de « culture féminine », qui fleurit aux États-Unis et surgit çà et là en France, tout comme celui « d'écriture féminine » – d'ailleurs mis à mal par les recherches engagées dans les années 1980 sur les pratiques d'écriture ou celles sur la femme-auteur (Chartier 1991 ; Planté 1989 ; Dauphin *et al.* 1995) –, contient tous les pièges de l'essentialisation des femmes et accrédite l'idée d'une sphère féminine spécifique. D'une part, Nancy Hewitt fait remarquer dès 1985 qu'il repose sur l'étude des classes moyennes et supérieures et traduit mal le vécu des

80. Je renvoie à l'analyse de l'histoire du travail au féminin. Dans les ouvrages américains d'histoire des femmes, les pratiques culturelles liées à la nourriture, le linge, la mort, sont peu envisagées car elles relèvent du domaine des *american studies*.

femmes ouvrières ou noires qui mettent en œuvre des solidarités plus complexes (Hewitt 1985). D'autre part, sa dimension politique éclate au grand jour en 1986 lors du procès Sears[81] qui, amenant deux historiennes à la barre et justifiant la discrimination par « la différence féminine », suscite une immense bibliographie outre-Atlantique[82] et fait l'effet d'une onde de choc aux États-Unis, accélérant chez les unes le tournant post-structuraliste – déconstruire la différence –, chez d'autres le tournant multiculturaliste – prendre en compte la diversité des cultures...

Bien que préservées d'une utilisation aussi directe de leurs travaux, les historiennes françaises s'interrogent. Agnès Fine, qui se définit comme historienne et ethnologue et qui a travaillé sur le mariage et la dot dans la société rurale du Sud-Ouest de la France avant de s'interroger sur la symbolique du trousseau, juge impropre le terme de « culture féminine », alors que les représentations du féminin sont partagées par les hommes et les femmes ; ainsi, les « façons de dire, façons de faire » des femmes de Minot énoncent un système d'intelligibilité cohérent et nécessaire pour l'ensemble de la société villageoise (Verdier 1979). Soucieuse de ne pas cantonner l'histoire des femmes à la seule analyse des pouvoirs et de comprendre à la fois le mode de construction culturelle du féminin et le sens des croyances et coutumes qui lui sont attachées dans une société donnée, elle propose à Saint-Maximin de distinguer deux niveaux d'analyse à chronologie différente : la place des femmes dans les rapports sociaux de production et de reproduction et d'autre part la symbolique sexuelle inscrite dans le temps long (Fine 1984, p. 186). De leur côté, les auteures de « Culture et pouvoir des femmes » soutiennent que la culture est le produit d'une relation de pouvoir ; elles invitent à historiciser et à mettre en relation ce concept, pour

81. Grande entreprise de vente au détail et le plus gros employeur de femmes aux États-Unis, Sears, Roebuck and Co est poursuivie pour discrimination (absence des femmes aux postes élévés) par l'Equal Employment Opportunity Commission qui prend comme témoin-experte l'historienne Alice Kessler-Harris, auteure notamment de *Women Have Always Worked* et de *Out to Work : A History of Wage-Earning Women in the United States* (1982a, 1982b). Mais le juge retient l'argumentation de l'historienne mobilisée par la compagnie, Rosalind Rosenberg, qui invoque « la différence féminine » et le désintérêt des femmes pour ces postes...

82. Alice Kessler-Harris a proposé dès 1986 une analyse de son expérience dans la *Radical History Review*. Dans *Feminist Studies*, une autre spécialiste du travail des femmes au XXe siècle, Ruth Milkman, a tiré les leçons du procès dans un numéro de 1986 (« Women's history and the Sears Case »), ainsi que Joan Scott quelque temps plus tard (« Deconstructing equality versus difference ; or the uses of post-structuralist theory for feminism », printemps 1988) ; ce dernier article a été repris dans *Gender and the Politics of History*, sous le titre « The Sears case ». Voir en français, dans le numéro *Unité/Diversité* de la revue québécoise *Recherches féministes* (1991), le dossier intitulé « L'expertise féministe au tribunal » et ouvert par Micheline Dumont (« L'histoire à la barre »).

> comprendre, écrivent-elles en citant comme modèle l'étude de Bonnie Smith sur les bourgeoises du Nord, comment une culture féminine se construit à l'intérieur d'un système de rapports inégalitaires, comment elle en masque les failles, réactive les conflits, jalonne temps et espaces, comment enfin elle pense ses particularités et ses rapports avec la société globale. (Dauphin *et al.* 1986, p. 278)

Ce faisant – et ce sera l'objet d'un désaccord avec Agnès Fine[83] –, elles expriment leurs réticences envers les problématiques de longue durée, l'étude des « gestes de la vie quotidienne » et plus généralement des territoires du féminin.

En effet, et c'est le troisième point, l'interrogation fondamentale, inscrite dans le titre du colloque de Saint-Maximin, est la suivante : peut-on écrire l'histoire d'une catégorie de sexe, avec ses événements et sa chronologie propres ? Oui, cela est possible, avec quelque ingéniosité. Mais dans quel but et avec quelle production d'intelligibilité ? Les problèmes sont d'abord humains, comme l'écrivait déjà Yvonne Knibiehler en 1981 dans un article intitulé « L'histoire au féminin », et la réalité, présente et passée, est mixte. Faire des femmes un objet autonome d'histoire, c'est seulement écrire un appendice à l'histoire générale, comme le chapitre annexé de maintes thèses de ces années-là ; c'est proposer un ajout, qui ne contribue pas à l'explication de questions historiques plus larges et qui se révèle sans influence réelle sur la discipline. Formulée très tôt aux États-Unis – par exemple par Ann Gordon, Mary Jo Buhle et Nancy Shrom Dye dès 1971[84] – puis avec insistance par Joan Scott[85], l'ambition d'incorporer l'histoire des femmes dans l'histoire, et donc de transformer celle-ci, ne s'est pas réalisée après des années de *herstory*. Pour changer la direction du regard historique, – tout autant qu'un récit au masculin, l'histoire est un récit asexué –, la question majeure doit devenir celle de la différence des sexes, celle du rapport entre les sexes, compris comme un rapport social qui est à la fois effet et moteur de l'histoire, qui fonctionne à tous les niveaux de réalité et de représentation et dont on peut

83. [Le désaccord est explicité en 2002, dans *Clio HFS* où Agnès Fine répond aux arguments de 1986.]
84. L'essai d'A. D. Gordon, M. J. Buhle et N. S. Dye – « The problem of women's history » – date de 1971. Il est reproduit dans *Liberating Women's History* (Carroll 1976).
85. Dans sa synthèse à l'usage des Français parue dans *Le débat* en 1981, Joan Scott regrette que les historiennes des femmes débattent entre elles, réfléchissent par rapport aux préoccupations féministes au lieu de s'intéresser au corpus historiographique et de chercher à infléchir les interprétations historiques. Elle donne comme exemple des dérives de l'isolement l'interprétation déjà évoquée de Carl Degler dans *At Odds : Women and the Family...* (1980) : les femmes elles-mêmes, dit-il, ont créé l'idéologie des sphères séparées pour accroître leur statut et leur autonomie...

comprendre les rouages et marquer les spécificités selon les systèmes historiques. Instrument essentiel pour comprendre la logique de tout rapport inégalitaire, il doit aussi être conçu comme un rapport social parmi d'autres. En filigrane à Saint-Maximin, la nécessité « d'intégrer les niveaux sociaux », d'articuler rapports de sexe et de classe, et même de tenir compte de l'imbrication de tous les rapports sociaux (non précisés), est affirmée sans ambiguïté dans « Culture et pouvoir des femmes », qui s'achève sur une hypothèse de travail pour repenser l'étude des faits historiques : examiner comment en période de rupture « se représente et se redéfinit chacun des deux sexes ainsi que son mode de relation à l'autre » (Dauphin *et al.*, p. 290).

Parce que son auteure, tout en revendiquant un « droit à l'éclectisme idéologique et épistémologique », se réfère explicitement à cet article des *Annales*, parce qu'elle représente une tentative de réponse aux apories de l'histoire des femmes, j'évoquerai là, pour clore ce paragraphe, la thèse devenue livre d'Anne-Marie Sohn (1996a). Résultat d'une longue recherche solitaire entreprise dès le milieu des années 1970 sur les rôles féminins dans la vie privée, son mode d'approche et ses principales conclusions méritent d'être mentionnés, tout comme l'itinéraire et la démarche de recherche longuement exposés en introduction. Formée à l'histoire sociale et des mentalités, élève d'Annie Kriegel et de Maurice Agulhon, Anne-Marie Sohn s'est d'abord intéressée, dans le prolongement de l'histoire du mouvement ouvrier, aux femmes émancipées et aux femmes en lutte (1972, 1973). Mais la découverte de l'hostilité rencontrée par *La garçonne* de Victor Margueritte – roman paru en 1922 – et de l'échec des institutrices féministes de la Fédération unitaire de l'enseignement à s'imposer dans le syndicat et à tisser une solidarité féministe avec les ouvrières, la conduit à s'interroger sur les blocages sociaux et sur les résistances mentales à l'émancipation féminine. Pour comprendre ce phénomène, elle délaisse bourgeoises et militantes, travail et luttes – alors figures et thèmes privilégiés de la recherche historique –, pour porter son attention sur « les sans-grade de la condition féminine » et les réalités de la vie privée : qui effectue et comment les tâches ménagères, par qui et comment sont élevés et éduqués les enfants, et plus encore, quelles sont les multiples facettes de la vie en couple, des prémices de la fréquentation à la rupture matrimoniale[86] ?

86. Le divorce a suscité d'autres travaux : Dominique Dessertine (1981) a fait une étude socio-démographique des divorces lyonnais sous la Révolution et l'Empire ; Francis Ronsin (1992) a scruté les nombreux débats parlementaires sur la question.

Historienne avant tout, très critique parfois sur les autres disciplines, particulièrement l'ethnologie, Anne-Marie Sohn pose comme règles d'or que les normes prônées par les discours ne doivent pas être confondues avec les pratiques, et que « l'histoire des femmes doit s'appuyer sur les sources manuscrites pour se dégager de la subjectivité » (Sohn 1981, p. 623). Elle recourt alors systématiquement aux dossiers judiciaires qui permettent une bonne approche du quotidien et fournissent, au travers des conflits de toute nature qui ont abouti devant les tribunaux – sept mille cas étudiés –, de nombreux éléments sur la vie privée, y compris sur la sexualité, des femmes et des couples, principalement de milieu populaire. Ce regard sur la majorité modeste des Françaises conclut au poids des contraintes objectives et au faible impact des discours de l'élite : longtemps peu sensibles au modèle bourgeois du *home*, ignorantes du Code civil – cette bible de l'inégalité sexuelle tant combattue par les féministes (Théry et Biet 1989 ; Arnaud-Duc 1991) –, les femmes populaires travaillent par nécessité, parent au plus pressé dans leurs tâches domestiques et transgressent continuellement le droit matrimonial. Mais l'amélioration du niveau de vie dès la fin du XIXe siècle et le développement généralisé de l'individualisme modifient progressivement, sauf dans les familles les plus misérables, les rôles féminins et les rapports privés entre hommes et femmes : allègement du travail ménager et goût du paraître, recherche d'un bonheur partagé, esquisse d'un partage des tâches et des responsabilités, maternité choisie. Dans ce contexte, seule la croisade hygiéniste rencontre un large écho, car elle correspond au désir des pères et des mères d'avoir une famille restreinte et des enfants choyés. Néanmoins, cette mutation des relations privées et des rapports familiaux, particulièrement précoce en France en regard des résistances masculines dans la sphère publique, est longtemps inégalement partagée : les employées et ouvrières de la capitale, et de ce qu'Anne-Marie Sohn appelle joliment « l'axe PLM de la modernité » (1996, p. 1016), constituent, dès avant 1914 et bien avant sur certains points, les avant-gardes d'un mouvement continu d'émancipation – le rôle des guerres est minoré – qui touche tardivement les régions isolées.

Même s'il pêche parfois par excès d'optimisme – la source utilisée conduit à privilégier la modernité et, résultat d'une mise en scène de tous les acteurs, doit être considérée avec circonspection –, le travail d'Anne-Marie Sohn nuance bien des appréciations antérieures et constitue un apport fondamental à la connaissance des rapports de sexe dans les classes populaires des années 1880 aux années 1930. De même, la volonté de dépasser la seule sphère des représentations et d'inscrire l'histoire des femmes dans l'histoire générale, comme l'appel à une histoire véritablement bisexuée, ouvre des perspectives nouvelles. Cependant, comme le montrera la partie suivante de cet ouvrage, « l'histoire des genres », dénoncée en conclusion, n'est pas cette pensée mécaniste qui lierait, par un déterminisme rigoureux, système de pensée sexuée et comportement sociaux des hommes et des femmes. Les développements de l'histoire des femmes postérieurs à l'histoire au féminin méritent mieux que cette appréciation péjorative et participent de la réflexion qui est au cœur de la démarche historique sur les rapports entre réel et réprésentation...

Fallait-il intituler cette deuxième partie « la tentation de l'isolement » ? J'ai préféré insister sur le caractère productif et cumulatif de ces années qui ont élevé l'expérience féminine – c'est le mot clé de l'époque avec « identité » – à la dignité d'un véritable sujet d'investigation historique. Connu ou non, l'appel de Virginia Woolf a été entendu. Mais la large réflexion collective que je viens de décrire, – elle a eu lieu dans la plupart des pays où se pratique l'histoire des femmes[87] et rend quelque peu condescendante ou paternaliste l'attitude de l'historien de renom Lawrence Stone qui débuta en juin 1985 une critique de livres dans la *New York Review of Books* en édictant dix commandements *« Thou shalt... », « Thou shalt not... »* à l'usage de l'histoire des femmes[88] –, a montré les limites de l'histoire au féminin et ouvert la voie à ce que les anglophones appellent la *gender history* et que les Françaises ne savent pas bien comment nommer[89].

87. Par exemple, l'Italie du début des années 1980 connaît un débat animé sur la notion de culture féminine, débat initié par un article de Rossana Rossanda dans l'*Orsaminore* (article traduit en français dans *Peuples méditerranéens*, 1983). Postérieurs, des articles allemands (Gisela Bock 1989 et 1991 ; Ute Frevert 1991) ou espagnols (Isabel Morant 1994) rappellent ces étapes et débats de l'histoire des femmes ; pour l'Espagne, voir aussi l'ouvrage publié par Mary Nash (en collaboration avec James Amelang, 1990) et son article dans *Writing Women's History* (1991). Cette somme éditée par la Fédération internationale pour la recherche en histoire des femmes (Offen *et al.* 1991) fait largement état de ces questionnements.
88. En 1985, ces commandements sont déjà, pour la plupart, devenues des évidences ; par exemple, le commandement n° 4 prescrit de ne pas confondre normes prescriptives et réalité sociale, le commandement n° 8 de ne pas utiliser la biographie de femmes exceptionnelles et riches pour décrire l'expérience de la majorité... Je remercie Isabel Morant de m'avoir signalé cet article et Gisela Bock de me l'avoir envoyé.
89. [Du moins jusqu'aux premières années du XXIe siècle (voir la quatrième partie de cet ouvrage.]

TROISIÈME PARTIE

Le temps du *gender*

COMME LE DISENT EN SOURIANT nos collègues étrangères, les historiennes et historiens français ont longtemps eu un problème avec le terme *gender*, qu'ils n'ont pas su traduire et imposer. Alors que le *gender* devient familier aux historiennes américaines et britanniques dès les premières années de la décennie 1980, alors que la signification de ce terme en sciences sociales s'inscrit désormais dans des dictionnaires de langue anglaise – à côté de son sens usuel ou grammatical –, alors qu'il trouve des traductions en allemand (*Geschlecht*), italien (*genere*), espagnol (*género*), le terme français « genre » est peu utilisé en histoire et a encore une très faible visibilité intellectuelle à la fin des années 1990[1].

Publié (Hurtig *et al.* 1991), le colloque interdisciplinaire *Sexe et genre* a tenté en 1989[2] d'expliciter la notion et de montrer l'intérêt heuristique de la distinction sexe / genre, tandis que deux numéros de revues se sont expressément intéressées au genre en histoire : *Le genre de l'histoire* des *Cahiers du Grif* en 1988 et le numéro 6 de *Genèses* au titre plus incertain – *Femmes, genre, histoire* – en 1991. Mais les historien(ne)s des femmes se disent rarement, comme leurs collègues étrangers, spécialistes du genre ou des genres[3], et les titres de leurs enseignements contiennent plus volontiers « femmes », « rapports de sexe » ou même « sexe », comme le

1. [Rappelons que cette troisième partie était la dernière de l'édition originale dont la rédaction a été achevée en 1997. Elle évoque donc la situation des années 1990. Sans doute inexacte aujourd'hui, sa première phrase (« Les pages qui suivent apparaîtront sans doute moins familière au lecteur français ») est supprimée dans la présente édition qui actualise le propos dans une quatrième partie.]
2. Ce colloque des 3 et 4 mars 1989 marque un aboutissement de l'Action thématique programmée du CNRS Recherches sur les femmes et recherches féministes et porte sur un des thèmes développés dans cette ATP, « l'analyse critique de la conceptualisation des sexes ».
3. Dans le numéro de décembre 1994 de *L'histoire*, l'historien suisse Thomas Späth (Université de Bâle) se présente comme spécialiste de l'historiographie romaine et de l'histoire des genres dans l'Antiquité.

séminaire « Sexe et race » qu'a organisé et régulièrement publié Rita Thalmann à l'Université Paris 7 ou le DEA « Sexe et société » de cette même université. De même, alors qu'en 1995 le CNRS a accepté la création par les sociologues du travail féminin d'un groupement de recherche intitulé « Marché du travail et genre », qui publie *Les cahiers du MAGE*, la revue d'histoire dont j'ai pris l'initiative au même moment a choisi, après un long débat entre les neuf membres de son comité de rédaction[4], un titre plus acceptable par la profession, clin d'œil modeste au triptyque des *Annales ESC* : *Clio, histoire, femmes et sociétés*. Quant aux éditeurs, ils découragent l'emploi d'un terme qu'ils considèrent comme incompris du public – alors que « femmes » est plutôt commercialement porteur – et ont osé seulement à quelques reprises, le plus souvent à la demande d'organisatrices de colloques, intituler un livre « Le sexe de... », titre qui souligne bien la dimension sexuée d'un phénomène historique ou social. Après *Le sexe du travail* déjà cité (Barrère-Maurisson 1984) sont parus *Le sexe du pouvoir*, *Le sexe des sciences*, *Le sexe des politiques sociales* (Aubert *et al.* 1986 ; Collin[5] 1992b ; Gautier et Heinen 1993). Par contre, la table ronde, organisée en 1993 par Michelle Zancarini-Fournel et l'Américaine Leora Auslander sur « le genre de la protection », n'a pu être publiée que sous le titre, considéré comme plus explicite, *Différence des sexes et protection sociale* (1995).

Comment expliquer cette particularité nationale ? Est-elle le reflet de notre faiblesse théorique et institutionnelle ? Sans doute. Ou la conséquence de différences linguistiques ? Peut-être, dans la mesure où, à la différence de l'expression *sexual difference*, « différence sexuelle » ne renvoie pas seulement à la différence biologique. De fait, cette particularité me semble de même nature que la résistance opposée, par le rire ou l'autorité du dictionnaire, à la féminisation des fonctions, grades et titres, féminisation devenue effective au Québec francophone. Mais si je suis, sans réticence aucune, favorable à cette dernière, il ne m'est pas pendant longtemps apparu très opportun ni particulièrement nécessaire de revendiquer et diffuser l'appellation « histoire du genre ». On a dit et redit au début des années 1980 que l'histoire des femmes était piégée par

4. Christine Bard, Agnès Fine, Gabrielle Houbre, Christiane Klapisch-Zuber, Claudine Leduc, Catherine Marand-Fouquet, Florence Rochefort, Françoise Thébaud, Michelle Zancarini-Fournel.

5. Françoise Collin est directrice des *Cahiers du Grif* dont le numéro 45 s'intitule *Savoir et différence des sexes* (automne 1990) et le numéro 46 *Provenances de la pensée. Femmes/philosophie* (printemps 1992). Notons que les sciences dites dures n'ont pas échappé au questionnement féministe, tant sur la place des femmes dans les structures de recherche et d'enseignement que sur les connaissances produites.

son nom, qui sous-entend celle d'une catégorie particulière d'individus et non un questionnement nouveau. Pourtant elle a su, en France comme ailleurs – et là est l'essentiel –, intégrer les apports méthodologiques et conceptuels de la notion de *gender*, proposer une histoire du rapport entre les hommes et les femmes, entre le masculin et le féminin, et amorcer une lecture sexuée des événements et phénomènes historiques. Riche du passé, des tensions et débats que je décris dans cet ouvrage, l'appellation « histoire des femmes » peut être considérée comme générique et inclusive, englobant comme étape et composante l'histoire du genre. Elle rassemble tout en laissant place au débat et n'a pas nécessairement vis-à-vis de l'extérieur – la communauté des historiens, les étudiants, le public lecteur – les inconvénients qu'on lui prêtait. A-t-on longtemps reproché à l'histoire ouvrière d'être une histoire marginale ou trop spécialisée ? Et celle-ci s'est-elle demandée si elle devait perdre son nom pour devenir « l'histoire de classe » ? Les spécialités dont se réclament les historiens en France sont de nature diverse[6] et évolutive, enjeux non dits de la discipline et de la profession. Dans leur perfectionnisme à se bien nommer, celles et ceux qui pratiquent l'histoire des femmes sont sans doute victimes du soupçon qui a pesé et pèse encore sur leur légitimité et / ou leur compétence ; nouvel objet ou nouveau point de vue, l'histoire des femmes est transversale aux spécialités reconnues et trouve difficilement sa place, quelle que soit son appellation. Inversement – et je m'interroge, séduite par l'aisance avec laquelle des collègues plus jeunes utilisent le terme « genre »[7] –, aucun historien ne peut être insensible au poids des mots et aux enjeux, symboliques et réels, de la diffusion d'une nouvelle expression ou d'une nouvelle signification…

Autre argument et deuxième élément qui complique la perception du *gender* en France : l'usage quasi rituel du terme en Grande-Bretagne et aux États-Unis, dans les titres de livres, de cours ou de sessions de colloques. Comme l'a souligné l'historienne britannique Claire Duchen, qui a recensé dans la seule bibliothèque de l'Université du Sussex 678 titres le contenant, *gender* est si largement répandu qu'il court le risque de perdre toute signification. Employé comme nom, seul ou en association – *gender relations, gender systems, gender identity…* –, il prend aussi

6. Elles se réfèrent à un espace (histoire urbaine, rurale, africaine…), une catégorie (histoire ouvrière, des entreprises…), un niveau ou sous-niveau de réalité (histoire économique, sociale, du travail, politique, des institutions, culturelle, des religions, des mentalités…).

7. Par exemple, Delphine Gardey et Ilana Löwy ont intitulé la journée d'étude organisée le 24 janvier 1997 au Centre de recherche en histoire des sciences et des techniques (La Villette) : « Genre et science. État de la question historique en France et à l'étranger ».

la forme d'un adjectif et de plus en plus d'un verbe : *gendering*. Utilisé tantôt à la place de « sexe » ou de « femmes », tantôt en opposition à ces termes, il reste le plus souvent indéfini, comme si sa signification était évidente et faisait l'unanimité. Déjà signalé par Joan Scott en 1986, ce phénomène de mode qu'elle dénonce et attribue notamment à la plus grande acceptabilité intellectuelle du terme – abstrait, il apparaît plus « objectif » que « femmes » –, inspire à Claire Duchen un salutaire article de clarification sur ses différents usages dans le féminisme et le discours académique (1994a). Dans cette perspective, le premier point de ce chapitre sera consacré à une brève histoire du terme et du concept, ainsi qu'à sa réception en France dans le champ de l'histoire des femmes.

Troisième élément à prendre en compte : l'existence de plusieurs acceptions du concept de *gender*. Ceci est mal connu en France, faute d'écho suffisant au large débat polémique qui oppose, aux États-Unis surtout, les historiennes des femmes qui se réclament du post-structuralisme ou du tournant linguistique, et celles qui dénoncent les dangers de ce « nouvel historicisme ». Nous sommes loin, semble-t-il aujourd'hui, des échanges cordiaux entre Louise Tilly et Joan Scott – les deux ex-coauteurs de *Women, Work and Family* (1978) –, échanges mieux connus grâce à la traduction en français de deux articles importants. Paru en 1990 dans la revue *Genèses*, l'article de Louise Tilly intitulé « Genre, histoire des femmes et histoire sociale » était une forme de réponse non polémique à l'essai de sa collègue inséré dans *Les cahiers du Grif* de 1988 : « Genre : une catégorie utile d'analyse historique »[8]. M'inspirant de la distinction opérée quelque temps plus tard par Joan Scott, dans une contribution fort éclairante[9] à l'ouvrage collectif de Peter Burke *New Perspectives in Historical Writing* (1991b), entre l'approche « science sociale » du *gender* et l'approche post-structuraliste du *gender*, j'avancerai dans cette troisième partie par étapes. Après un rappel des origines, j'expliciterai, avec ses conséquences historiographiques et les critiques qu'elle engendre, la signification la plus courante de la *gender history*, avant de regarder, notamment avec la série *Histoire des femmes*, ce qui s'est pratiqué en France, pour finir sur les clivages contemporains et les tendances de l'historiographie française des années 1990.

8. Les versions originales en anglais – « Gender : a useful category of historical analysis » et « Gender, women's history and social history » – ont été publiées respectivement dans l'*American Historical Review* (volume 91, n° 5, décembre 1986) et *Social Science History* (volume XIII, n° 4, hiver 1989). Comme je l'ai déjà indiqué, l'article de Joan Scott est inclus dans son recueil *Gender and the Politics of History* (1988b).

9. Elle s'intitule « Women's history ». Je remercie Siân Reynolds d'avoir attiré mon attention sur ce texte et Isabel Morant de me l'avoir envoyé en espagnol.

Moins historiographiques – au sens de recensement de travaux –, plus théoriques et plus internationales que les chapitres précédents, ces pages voudraient mettre un peu de clarté autour du *gender* et de ses enjeux. Montrer aussi que, si la pratique de l'histoire des femmes est aujourd'hui fragmentée – fragmentation toutefois moins manifeste en France et même en Europe qu'aux États-Unis – entre la *women's history*, la *gender history* première manière et la *gender history* post-structuraliste, ses débats tout comme ses objets peuvent enrichir la discipline et faire écho à ses interrogations. Même s'il nous faut constater qu'en ce domaine comme ailleurs, la France a longtemps porté une moins grande attention que d'autres pays à l'épistémologie de l'histoire.

Brève histoire du terme et du concept

Celle-ci commence par la mise en évidence, par Robert Stoller d'abord dans un livre peu connu de 1968 – *Sex and Gender* –, puis par la sociologue Ann Oakley dans une étude plus largement divulguée – *Sex, Gender and Society* (1972) –, de la différence entre sexe et genre[10]. Le premier terme fait référence à la nature, aux différences biologiques entre hommes et femmes, mâles et femelles ; le deuxième renvoie à la culture et concerne la classification sociale et culturelle en masculin et féminin. Le genre est en quelque sorte « le sexe social » ou la différence des sexes construite socialement, ensemble dynamique de pratiques et de représentations, avec des activités et des rôles assignés, des attributs psychologiques, un système de croyances. Le sexe est ainsi perçu comme un invariant, tandis que le genre est variable dans le temps et l'espace, la masculinité ou la féminité – être homme ou femme ou considéré comme tel(le) – n'ayant pas la même signification à toutes les époques et dans toutes les cultures.

Fondamentale pour le féminisme dans son combat contre le déterminisme biologique, cette distinction ouvre la porte à l'histoire des rapports de sexe, à une histoire moins descriptive et plus analytique, perspective proposée très tôt à l'histoire des femmes, particulièrement aux État-Unis.

10. Tous les articles américains et français consultés renvoient au travail d'Ann Oakley mais Claire Duchen (1994b) signale le livre pionnier de Robert Stoller. Malgré la faible diffusion du terme « genre » en français, je l'utiliserai par commodité dans la suite de cette partie ; par contre, je garderai le terme anglais de *gender history*.

En 1974, à la conférence de Berkshire, Natalie Zemon Davis esquisse le programme collectif d'une « histoire des femmes en transition » – le titre de l'article paru deux ans plus tard dans *Feminist Studies* – et s'explique longuement :

> Notre but est de comprendre la signification des sexes, des groupes de genre dans le passé. Notre but est de découvrir les variations des rôles et du symbolisme sexuels dans différentes sociétés et périodes, de comprendre ce qu'ils signifiaient et comment ils fonctionnaient pour maintenir l'ordre social ou promouvoir son changement. Notre but est d'expliquer pourquoi les rôles sexuels furent tantôt étroitement prescrits, tantôt fluides, tantôt asymétriques, tantôt plus égalitaires. (Davis 1976, p. 90)

Ce faisant, elle souligne déjà les incidences positives de cette approche sur la discipline historique – repenser les questions centrales de pouvoir, de structure sociale, de propriété, de symbolisme, de périodisation... –, et formule le vœu que s'occuper du genre comme des classes devienne une seconde nature pour les historiens. Plus ferme encore chez Joan Kelly qui propose de comprendre le changement social en articulant relations de sexe et de classe (1976), ce vœu est encore peu réalisé vingt ans plus tard, et n'est entendu des historiennes des femmes que dans les années 1980, après les développements de la *herstory* et parallèlement à la popularisation du terme *gender*. Signe indubitable de reconnaissance et d'intégration intellectuelle, son entrée dans les titres de revues est d'ailleurs fort tardive : *Gender & History* est créée en 1989, au même moment que *Gender and Education*, et peu de temps après la revue d'études anglaises et américaines *Genders* (1988) ou celle de sociologie *Gender & Society* (1987).

Le concept de genre met aussi beaucoup de temps à traverser l'Atlantique, même si en France – je l'ai déjà souligné –, la nécessité d'une histoire relationnelle des deux sexes est affirmée dès le début et à maintes reprises. Ce qu'écrivent les chercheuses de l'Institut d'histoire du temps présent, à l'écoute des nouveautés historiographiques, me semble un bon indicateur. Rédigée début 1982 par Claire Auzias, Helen Chenut et Danièle Voldman, l'introduction à une bibliographie d'histoire orale et d'histoire des femmes signale qu'aux États-Unis « le courant féministe ou *women's studies* paraît le plus intéressant et le plus solidement implanté dans les sciences sociales, face à des courants comme l'histoire de la famille ou *gender studies*, qui ont tendance à essayer d'orienter les études féminines vers celle des rapports entre les hommes et les femmes, sans apporter pour autant un cadre théorique plus fécond à l'histoire des femmes » (Auzias *et al.* 1982, p. 60-61). Mais le séminaire d'histoire orale reçoit Louise Tilly en juin 1986, et douze mois plus tard Natalie Zemon Davis qui rend compte des questions soulevées dans son cours à Princeton et réaffirme ses engagements de longue date. Au colloque de Toulouse, on débat surtout, pour en marquer les filiations et les limites, de concepts plus marxisants comme classe de sexe, mode de production domestique ou encore patriarcat, qui conceptualisent peu la différence des sexes ou du moins en rigidifient la perception. Le genre n'est évoqué que dans des sessions animées par des spécialistes des études anglo-américaines – Françoise Basch et Françoise Ducrocq notamment – et défini comme « la nécessité de replacer le thème "femme" dans l'optique socio-culturelle et politique » (AFFER, p. 34) ; l'expression « sexe social » y est écarté au profit de « masculin-féminin ».

Ignoré dans les interventions de Saint-Maximin, – mais Michelle Perrot souligne dans la préface aux actes du colloque qu'elles ont reproduit le récent débat américain –, le concept de genre se diffuse lentement. Cité au détour d'une phrase dans un bilan historiographique écrit en 1985, puis dans un autre de 1987, il lui est préféré immédiatement l'expression « rapports de sexe » qui appelle les précisions suivantes : « Quels que soient les objets traités, l'histoire des femmes est celle de leurs rapports, individuels et collectifs, réels et symboliques à l'autre sexe ; il s'agit de faire l'histoire de ces rapports à tous les niveaux : discours, représentations, pratiques effectives... ; d'articuler aussi rapports de sexe et rapports de classe » (Perrot 1987c, p. 26). Comme les représentantes d'autres disciplines et particulièrement les sociologues, qu'un long cheminement régulièrement décrit et théorisé conduit de l'étude de la condition féminine à une sociologie des « rapports sociaux de sexe » (Ferrand et Le Feuvre 1992; Haicault 1992)[11], les historiennes françaises, de fait beaucoup plus empiriques, retrouvent par elles-mêmes ou assimilent des éléments du *gender* mais en boudent le terme. Ainsi, par effet de style ou pour éviter les répétitions, les historiennes peuvent employer « masculin-féminin » pour « hommes-femmes », ou bien encore « masculin-féminin » comme englobant l'une et l'autre des relations précédentes. De même, et tout cela est source d'incompréhensions d'une discipline à l'autre, le

11. Je renvoie aux bibliographies et aux articles très clairs de Michèle Ferrand, Nicky Le Feuvre et Monique Haicault parus dans les *Actes* du groupe de travail Sociologie des rapports sociaux de sexe. Ce groupe de travail s'est formé à l'occasion du 14e Congrès de l'AISLF tenu à Lyon en juillet 1992, après le constat des résistances de la communauté scientifique française. On trouve dans ces actes des parcours et des interrogations très proches de ceux de l'histoire des femmes. On peut consulter aussi la collection des *Cahiers du GEDISST* qui paraissent depuis 1990, et particulièrement le numéro 3 intitulé *Rapports sociaux de sexe. Une journée de discussion.*

genre est qualifié tantôt de notion, tantôt de concept, bien qu'il soit plus précisément un concept. Le concept ne fera d'ailleurs jamais l'unanimité en France dans les années 1990, apprécié de façon plutôt contradictoire comme l'a montré le colloque *Sexe et genre*, d'où émergent trois points de vue : pour les unes, dont l'anthropologue Nicole-Claude Mathieu qui a rassemblé en 1991 ses travaux critiques sur les catégorisations du sexe et préfère parler de « sexe social », le genre risque de masquer le rapport de domination entre hommes et femmes ; pour d'autres, c'est un concept utile comme catégorie d'analyse mais source d'ambiguïtés ; pour d'autres enfin, il est le seul à pouvoir rendre compte du rapport de domination. Pointant les difficultés théoriques et les enjeux scientifiques, ce colloque appelle à une nécessaire explicitation des rapports sexe / genre, le biologique apparaissant, contrairement aux premières affirmations, comme objet de réélaboration psychologique et sociale. Représentation et lieu de pouvoir, le corps aussi a une histoire ; en ce sens, le genre, catégorie de la pensée, précède le sexe et le module…

De ces prémisses découle ce qui peut être appelée une méthode d'étude du genre, dont les maîtres-mots sont comparer et plus encore mettre en relation : comparer la situation des femmes et celle des hommes à tous les niveaux et à travers toutes les sources possibles, toujours rapporter l'évolution de la condition féminine à celle de la condition masculine, travailler sur les processus plus que sur l'état des choses, analyser dans toutes ses modalités la rencontre sexuée. Ainsi écrivais-je à propos des femmes occidentales de ces dernières décennies :

> Si dans le monde du travail, la féminisation de certains métiers [et la croissance de la main-d'œuvre féminine] perpétuent l'écart des positions entre hommes et femmes, la possibilité de méthodes modernes de contraception ne libère pas seulement les femmes de grossesses indésirées ; elle leur donne, au détriment des hommes, la maîtrise de la fécondité et doit être placée en parallèle avec les modifications du droit civil qui mettent fin, au même moment, à leur subordination privée. (Thébaud 1992a, p. 16)

Le genre invite aussi à considérer tout ce qui donne sens aux activités et statuts respectifs des hommes et des femmes, à porter attention à toute forme de symbolisme sexué. L'histoire des femmes n'est plus celle des acquis féminins, qui put par erreur d'optique conduire à un discours simpliste sur le progrès et l'émancipation ; elle s'interroge plutôt sur l'évolution du *gender system*, à la fois ensemble de rôles sociaux sexués et système de pensée ou de représentations définissant culturellement le masculin et le féminin et façonnant les identités sexuelles. Ainsi écrivais-je encore :

> Longtemps décrite comme émancipatrice pour les femmes, la guerre, dont les effets psychologiques et sociaux se font sentir bien au-delà de l'arrêt des hostilités, la Grande Guerre en particulier, apparaît alors comme profondément conservatrice dans la mesure où, loin des aspirations égalitaires et des interrogations identitaires, elle favorise, jusque dans le féminisme, le triomphe d'une pensée dichotomique en matière sexuelle. (Thébaud 1992a, p. 17)

Mais pour les historiennes françaises, comme pour les Américaines et d'autres, la théoricienne du genre est Joan Scott dont l'intervention de décembre 1985 au colloque de l'American Historical Association devient l'année suivante l'article célèbre traduit en plusieurs langues : « Gender : a useful category of historical analysis » (Scott 1986a et 1988c). Soulignant que le genre est une construction intellectuelle heuristique, cet article développe des thèmes amorcés dans un bilan critique de la *women's history*, une histoire considérée comme trop descriptive et qui ne théorise pas comment le genre opère historiquement (Scott 1983). Pour tenter de dépasser à la fois l'inaptitude des théories existantes – marxisme, psychanalyse, théorie du patriarcat – à expliquer les inégalités persistantes entre hommes et femmes et à introduire la variabilité historique, comme celle de l'histoire des femmes à forcer les portes de la reconnaissance et transformer les concepts dominants de la discipline[12], Joan Scott propose d'adopter la définition suivante du genre : « Le genre est un élément constitutif des rapports sociaux fondé sur des différences perçues entre les sexes, *et* le genre est une façon *première* de signifier des *rapports de pouvoir* » (Scott 1988c, p. 141)[13]. Là est l'essentiel, semble-t-il, dans un regard plus politique qui tente d'analyser les voies par lesquelles, réciproquement, la politique – entendue au sens large de tout ce qui implique des distributions inégales de pouvoir et donc des conflits – « construit le genre et le genre construit la politique ». D'une part, puisque la différence sexuelle apparaît comme un moyen fondamental de marquer, par opposition binaire, la différenciation et de légitimer la hiérarchie, le genre irrigue la société et la tâche de l'historien est de traquer toute forme explicite et implicite de politiques ou de discours « genrés » – en français on dit plus facilement sexués –, pour comprendre comment le genre construit les rapports sociaux. D'autre part, la recherche historique

12. Joan Scott et Louise Tilly (1990, p. 148) citent toutes deux – avec des mots différents – la réaction d'un historien de la Révolution française à l'issue d'un séminaire sur Olympe de Gouges : « Maintenant que je sais que des femmes ont participé à la Révolution, quelle différence cela fait-il ? »

13. Pour les citations, j'utilise la version française. C'est moi qui souligne les mots importants.

doit faire éclater l'apparente fixité des distinctions hommes/femmes, et, en s'intéressant aux processus de détermination culturelle de la différence des sexes plus qu'aux causes originelles, montrer que cette différence est non seulement variable historiquement, mais à tout moment l'objet de débats, conflits, défis et le résultat de la répression d'autres possibilités de définition, donc le produit de relations de pouvoir inscrites dans le langage. Particulièrement attentive au langage, cette analyse du genre tend à devenir celle de la production du savoir sur la différence sexuelle, celle de la construction des significations subjectives et collectives « femmes/hommes » comme catégories d'identité.

Inspirée de Jacques Lacan – dont le langage est au centre de la théorie –, mais plus encore de Michel Foucault – dans sa conception du pouvoir et son projet d'analyse critique des discours – et de Jacques Derrida – dans sa méthode déconstructionniste d'analyse des textes[14] –, l'approche de Joan Scott est qualifiée par Louise Tilly de « littéraire et philosophique » (Tilly 1990, p. 158). Désormais les chemins divergent.

La *gender history* première manière[15] : richesse et limites

Ce sont les historiennes post-structuralistes – les plus connues sont Joan Scott aux États-Unis et Denise Riley en Grande-Bretagne – qui ont les premières souligné les clivages, qu'elles attribuent notamment au traitement de la question des différences au sein de la différence sexuelle, des différences entre femmes. La *gender history*, disent-elles, suppose que nous savons ce que sont un homme et une femme, que ceux-ci sont dans une opposition binaire fixe, qu'ils possèdent des identités cohérentes en corrélation directe avec les catégories sociales hommes-femmes et que les variations de ces identités sont dues à d'autres caractéristiques sociales instituées, comme la classe ou la race. Dans cette perspective, me semble-t-il, les notions d'expérience et d'identité des

14. Méthode théorisée dans *De la grammatologie* (Derrida 1967, traduction américaine 1976) et qui a beaucoup inspiré l'actuelle critique littéraire. Elle analyse comment les arguments sont structurés et présentés, comment le sens est porté à travers contraste et différenciation interne, comment les contraires d'une opposition binaire sont dans une interdépendance hiérarchique et tout à fait ambigus et instables.
15. J'utiliserai aussi par commodité dans ce paragraphe le qualificatif « classique ».

femmes, notions si chères à la *women's history*, gardent la même valeur – le rôle de l'histoire est de les mettre au jour – et des significations proches, même si le genre pluralise la catégorie « femmes » et produit un ensemble bigarré d'histoires et d'identités collectives. On reste dans le même cadre épistémologique à l'intérieur duquel je voudrais observer maintenant le caractère productif de la *gender history*.

De fait, tout autant philosophiques et politiques que disciplinaires – mais ses promotrices renieraient l'opposition[16] –, les critiques post-structuralistes m'apparaissent souvent trop sévères, accentuant les clivages et sous-estimant la fécondité des recherches historiques classiques sur le genre. Beaucoup de ses praticien(ne)s, particulièrement en Europe, intègrent des éléments de la définition du genre proposée par Joan Scott et adoptent une approche pluraliste. En témoigne la revue britannique *Gender & History* qui paraît au printemps 1989 avec un éditorial programmatique très ouvert. Le journal veut « éclairer les chemins dans lesquels les sociétés ont été formées par les relations de pouvoir entre femmes et hommes », « mettre au jour les expériences passées des femmes dans toute leur variété », porter « attention à la construction historique de la masculinité », « examiner tous les aspects du genre : à la maison et au travail, dans les espaces de voisinage et la diplomatie, dans le jeu et la guerre, dans les relations privées et les parlements », « alerter les lecteurs sur la multiplicité des langages (et métaphores) genrés à travers un large spectre d'époques et de cultures », développer le sens du genre qui, la formule est jolie et enthousiaste, « pousse au plus haut degré d'imagination historique »[17]. Cet éditorial est suivi par un article synthétique et comparatif de Gisela Bock qui brosse un rapide bilan d'un quart de siècle d'écriture de l'histoire des femmes et souligne que l'intérêt du genre est d'inviter les historiens à penser en termes de relations et d'articulation de l'ensemble des relations socio-culturelles (Bock 1989). Considérée comme une historienne classique, elle est pourtant l'auteure deux ans plus tard de « Challenging dichotomies » qui fait écho à certaines pages de Joan Scott, notamment sur le danger historique et politique des oppositions binaires et la nécessité de dépasser les trois dichotomies qui structurent depuis les années 1980 les études sur les femmes. Au lieu d'opposer sexe et genre, Gisela Bock propose en effet d'historiciser aussi le biologique ; au lieu d'opposer égalité et différence – dichotomie qui relève de l'idéologie

16. Comme l'écrit Louise Tilly (1990, p. 159), Joan Scott « intervient non seulement dans le débat sur la pratique des études sur les femmes (et sur l'histoire des femmes en particulier), mais aussi sur la politique féministe, sur l'épistémologie et sur l'ontologie ».
17. La revue est éditée chez Basil Blackwell ; la première directrice de publication est Jane Rendall (Université de York).

et à propos de laquelle Joan Scott avait fait remarquer que le contraire de « différent » est « identique » ou « similaire », en aucun cas « égal » (Scott 1988a) –, de reconnaître *et* déconstruire les deux termes, ainsi que ceux d'autonomie et d'intégration. Ce faisant – thèmes développés dans *Beyond Equality and Difference* (Bock et James 1992) –, elle affirme le rejet de hiérarchies mutuellement exclusives et revendique « l'égalité dans la différence » et « la différence dans l'égalité », comme le firent d'ailleurs dans le passé la plupart des mouvements féministes, même si cela n'a pas été suffisamment exploré (Bock 1991).

Productive, la *gender history* l'est d'abord parce qu'elle reconsidère des questions soulevées par l'histoire des femmes. Par exemple, au lieu d'une histoire du corps féminin, Thomas Laqueur tente, des Grecs à Freud, une histoire des savoirs et des représentations de la différence des sexes (1990 ; traduction française 1992). Il montre le passage, à la fin de l'époque moderne, d'une vision unisexuée de la différence sexuelle – la femme est simplement moins parfaite que l'homme dans un rapport d'inversion des organes – à une conception où domine l'altérité entre homme et femme, où l'inégalité peut se fonder biologiquement. Il montre aussi, et c'est tout l'intérêt du genre, l'écart entre la connaissance scientifique et les représentations sociales – le sexe fantasmé –, ainsi que la coexistence dans le temps des deux modèles, écart et coexistence qui interrogent les notions de causalité et d'évolution. Mais, comme d'autres travaux contemporains et antérieurs, souligne l'italienne Giana Pomata, cette étude appuie le « stéréotype » de la misogynie du discours médical sur les femmes, faute de s'être suffisamment penchée sur l'histoire du corps masculin. Or, dans la tradition galénique, il arrive aussi que le corps masculin soit perçu à travers le modèle du corps féminin, comme dans l'analogie qui lie les hémorroïdes à la menstruation, elle-même « considérée comme un paradigme de l'effort spontané et salutaire de la nature pour débarrasser le corps du sang superflu, exemple que le médecin imitait en usant de la saignée » (Pomata 1992, 1993a, p. 32). Plus récent, l'ouvrage de Gabrielle Houbre, qui a consulté sans exclusive textes normatifs et écrits autobiographiques et intégré dans son analyse un large corpus de lithographies sur le thème de l'amour et de l'initiation sexuelle, évite cette dissymétrie et tente, dans la confrontation des expériences et des rêves des deux sexes, une histoire de « l'éducation sentimentale à l'âge du romantisme » (1997).

En effet, deuxième point, la notion de genre implique qu'il n'y a pas de sexe que féminin et rend les hommes visibles comme être sexués. L'histoire au masculin a fait silence sur les autres mais elle a aussi, dans le neutre, refusé l'examen de la masculinité, de la position dominante comme des souffrances des hommes. C'est l'histoire des femmes qui a mis au jour les lieux et temps où les hommes se voient comme hommes et défendent leurs intérêts d'hommes ; elle a aussi peu à peu reconnu que les textes normatifs, tant étudiés au début, révèlent autant ou plus sur les mentalités masculines qu'ils ne cernent les vies des femmes. Ce que les anglophones appellent les *men's studies* n'a cependant pas partout le même développement. Fort présentes aux États-Unis et en Grande-Bretagne, à un moindre degré au Québec, leurs productions couvrent des rayons de librairies et bibliothèques, en histoire comme dans d'autres sciences humaines. Engagée en ce sens, le premier numéro de *Gender & History* consacre à quatre ouvrages un compte rendu thématique intitulé « Men made manifest : histories and masculinities », et la revue ouvre ensuite largement ses pages à des recherches sur la construction ou les modalités de la masculinité (Wiesner 1989 ; Roper 1991 ; Walters 1993). En histoire contemporaine, derrière Eric Hobsbawm qui a montré la masculinisation de la symbolique ouvrière dans le dernier tiers du XIXe siècle (1978), elle s'intéresse fréquemment à la classe ouvrière qui a construit son identité de travail et de militantisme – le communisme ne fera qu'accentuer le phénomène – sur le mode de la virilité et laissé les femmes en marge (Blewett 1993 ; Rose 1993b)...

Sur ce point, en revanche, la France fait encore figure de parent pauvre au début des années 1990. Au colloque de Saint-Maximin, Alain Corbin dénonçait « la dissymétrie historiographique qui risque de nous aveugler » et s'étonnait que les historiens du XIXe siècle, siècle guerrier, ne s'intéressent pas au simple soldat et n'étudient pas « le modèle dominant de la virilité et le théâtre sur lequel s'exacerbe la souffrance masculine » (1984, p. 151-152). Mais il a, semble-t-il, été peu entendu. Sur l'histoire des hommes et de la masculinité ne peuvent être cités que quelques livres, comme celui de Stéphane Audoin-Rouzeau (1986), qui déchiffre, à travers la presse des tranchées, la vie et les sentiments des soldats de la Grande Guerre, et des travaux isolés sur la paternité (Knibiehler 1987 ; Delumeau et Roche 1990) ou sur les crises identitaires masculines. Réaction au développement du féminisme et aux changements dans le statut des femmes, ces crises s'expriment généralement par la peur de l'indifférenciation sexuelle comme par la volonté de réaffirmer la supériorité des hommes. Particulièrement vive, celle qui se développe au début du XXe siècle a été étudiée à la fois par Jacques Le Rider pour la Vienne intellectuelle – autour des figures de Otto Weininger qui se suicide peu après la publication en 1903 de *Sexe et caractère*, et de Karl Kraus, pourfendeur de la pacifiste Bertha von Suttner puis « satiriste de la femme en guerre » (1982, 1990a, 1990b) – et par Annelise Maugue pour la France de la Belle Époque (1987, 1991). Cette dernière poursuit ses recherches dans la littérature romanesque de l'entre-deux-guerres, pour analyser les conséquences du conflit sur la représentation que les hommes se font d'eux-mêmes, des femmes et de l'univers politique; elle y entrevoit l'émergence « d'une nouvelle figure du politique », qui, par sa conception guerrière, permet de consolider le monopole masculin dans ce domaine (1996).

Si certaines féministes américaines voient dans les *men's studies* un danger pour les femmes et l'histoire des femmes, elles m'apparaissent plutôt comme une des voies prometteuses, par lesquelles nos rapports de sexe peuvent bouger et l'histoire traditionnelle être bousculée. Je ne peux que saluer l'initiative du CEFUP, qui, après un appel largement diffusé en France et au Québec, a ouvert en 1992 les colonnes de son bulletin aux réflexions menées par des hommes sur la construction sociale du masculin, l'inégalité des sexes et la relation hommes-femmes. Le CEFUP respectait ainsi sa tradition de mixité et manifestait, comme l'expriment en préambule Daniel Welzer-Lang et Marie-France Pichevin, « la volonté conjointe, dans le champ scientifique, de femmes féministes et d'hommes, qui pour certains se réclament du masculinisme, de réfléchir ensemble aux effets sur les hommes de la domination du genre masculin sur le genre féminin » (CEFUP / CREA[18] 1992, p. 8). Cette approche a été surtout développée en anthropologie, particulièrement par Daniel Welzer-Lang qui s'est intéressé à la violence exercée par les hommes dans le viol ou la vie conjugale (1988, 1991), a engagé, pour la comprendre, « des recherches comparatives sur les représentations et pratiques dites masculines et féminines » (1992, p. 127) – son livre sur la prostitution (1994) s'intitule significativement *Prostitution : les uns, les unes, les autres* –, avant de se pencher sur la violence subie par les hommes, notamment en prison (1996)...

Productrice de savoirs, la *gender history* l'est aussi et surtout, parce qu'elle reconsidère dans une perspective sexuée des événements et phénomènes historiques, contribuant ainsi à l'explication de problèmes généraux et à une réécriture de l'histoire. Dans l'article de *Genèses*, où elle défend la conception d'une histoire des femmes enracinée dans l'histoire sociale, Louise Tilly fait la distinction entre des travaux qui utilisent le genre dans « son acception sociologique » et restent encore largement descriptifs, et une « histoire sociale analytique qui étudie un passé marqué par le genre » et répond aux grandes questions générales comme « la formation des

18. [CREA : Centre de recherches et d'études anthropologiques de l'Université Lumière - Lyon 2.]

classes », « la naissance et le déclin de la proto-industrie, les conditions de variation de la division sexuelle du travail, la forme et les objets des politiques sociales » (1990, p. 161, 163). Mais à considérer les travaux recensés, la distinction me semble ténue ou résulter essentiellement d'une façon de présenter les résultats obtenus. Prenons quelques exemples français ou étrangers, parmi ceux que je connais. L'étude de Léonore Davidoff et Catherine Hall (1987) sur les hommes et les femmes de la classe moyenne anglaise de la première moitié du XIXe siècle montre, comme des travaux plus anciens que Louise Tilly qualifierait volontiers d'« histoire au féminin compensatoire », l'exclusion des femmes du monde des affaires et de la citoyenneté ou leur participation aux mouvements religieux de réforme, mais aussi leur rôle fondamental dans les processus de mobilité sociale, question historiographique de première importance[19]. De son côté, Ruth Milkman, insistant sur les stratégies patronales, montre l'existence, les variations et la persistance d'une forte ségrégation sexuelle dans deux industries fort différentes – l'industrie automobile et celle des matériels électriques –, des années 1930 aux années 1950, malgré la poussée de féminisation de la seconde guerre mondiale ; elle analyse ainsi la dynamique ou les processus de différenciation à l'œuvre dans toute phase d'industrialisation (1987)[20].

De fait, en France comme ailleurs, – je pense notamment aux pages de Mathilde Dubesset et Michelle Zancarini-Fournel (1993) sur la rubanerie stéphanoise[21] ou l'entreprise Casino, à celles de Bernadette Angleraud sur les boulangers lyonnais (1998)[22], à celles de Laura Lee

19. Louise Tilly cite aussi, comme traitant de multiples problèmes de l'histoire américaine, le livre de Mary P. Ryan : *Cradle of the Middle Class : The Family in Oneida County, 1790-1865* (1981).
20. Voir aussi la recension par R. Milkman de travaux américains récents d'histoire du travail féminin dans le numéro de *Signs* de l'hiver 1993 : « New research in women's labor history ».
21. Majoritairement féminine et organisée autour du système de la Fabrique, l'industrie rubanière stéphanoise associe usines, ateliers des fabricants et travail à domicile (pour la phase essentielle du tissage). Mathilde Dubesset et Michelle Zancarini-Fournel, attentives à la fois aux réalités et aux représentations – c'est le sous-titre de leur livre qui analyse, dans leurs composantes mixtes et non mixtes, les « parcours » des femmes à Saint-Étienne entre 1880 et 1950 – étudient la répartition générale des tâches (aux femmes les travaux de préparation et de finition, aux hommes la conception du ruban et en grande partie le tissage), avant de se focaliser sur les ateliers familiaux, lieux d'observation privilégiés des rapports de sexe (place des femmes dans les stratégies familiales, partage des tâches et des pouvoirs dans l'atelier) et des conséquences de la technologie ; ainsi, l'électrification des métiers au début du XXe siècle renforce pour un temps les ateliers familiaux et féminise le travail du tissage.
22. Le livre est la réécriture d'une thèse soutenue à l'Université Lyon 2 en 1993 (direction : Yves Lequin).

Downs, *Manufacturing Inequality* (1995), sur les entreprises métallurgiques françaises et britanniques de l'entre-deux-guerres, ou bien encore à l'ouvrage collectif américain d'Ava Baron intitulé *Work Engendered* (1991) –, l'histoire ouvrière du travail féminin et l'histoire des activités féminines tendent à être remplacées ou complétées par une histoire sexuée du travail et du mouvement ouvrier, qui montre comment les notions de masculin et de féminin ont façonné le développement du travail, de la classe ouvrière et de ses organisations, comment la différence sexuelle modèle les relations hiérarchiques dans l'entreprise, le parti ou le syndicat. Derrière Louise Tilly mais aussi Joan Scott, cette histoire prend en compte, dans son analyse du genre, les structures ou conditions matérielles ainsi que les représentations et les discours. Elle est sensible au partage des tâches et des espaces, aux représentations et à l'image des métiers qui façonnent les identités ouvrières et jouent un rôle important dans la définition même des qualifications, aux politiques syndicales bien souvent exclusives des intérêts spécifiques des femmes, aux formes et enjeux d'une législation de protection différente pour les hommes, les femmes et les enfants. Ce faisant, comme le souligne Laura Frader dans un ouvrage codirigé avec Sonya Rose (1996a) ou dans un bilan à l'usage des lecteurs français (1996b), l'historiographie du mouvement ouvrier repense « le paradigme de la prolétarisation » et celui de la séparation public-privé ; elle s'interroge aussi sur la signification de la citoyenneté pour la classe ouvrière ainsi que sur le rôle de l'État.

Au cœur d'enjeux contemporains, l'histoire de la protection sociale du travail, et plus généralement des États-providence, fait l'objet depuis le milieu des années 1980 de multiples recherches en histoire des femmes et du genre. Signalons pour le premier point les travaux de Jane Lewis sur la Grande-Bretagne (1983), ceux de la Canadienne Mary Lynn Stewart sur la France d'avant 1914 (1989)[23], le livre collectif dirigé par Ulla Wikander sur les pays du nord de l'Europe (1995), et en français la table ronde – devenue livre (1995) – organisée par Michelle Zancarini-Fournel et Leora Auslander à l'occasion du centenaire de la loi de 1892. Votée après quarante-cinq ans de tergiversations fort instructives (Zancarini-Fournel 1995), cette loi limite, moyennant de multiples dérogations et une application difficile, le travail en usine des femmes et des enfants, interdisant notamment le travail de nuit. En contradiction avec l'idéologie et le système libéral, en

23. Avec Elinor Accampo, auteure d'un livre sur Saint-Chamond au XIXᵉ siècle (1989), et Rachel Fuchs qui a mené des recherches sur les enfants abandonnés et les mères pauvres dans le Paris du XIXᵉ siècle (1984, 1992), elle a dirigé un livre collectif sur le réformisme et les réformes sociales de la Troisième République avant 1914 (Accampo *et al.* 1995).

contradiction aussi avec l'égalité juridique des individus, de nombreux États interviennent en effet dès le XIXe siècle dans les relations de travail qui concernent les enfants et les femmes. Longtemps présentée comme la nécessaire protection des plus faibles ou le fruit des luttes sociales, cette législation apparaît aussi comme la réponse apportée par l'ensemble du corps social au « problème » – identifié comme tel – que constitue le travail féminin à l'extérieur du foyer et comme un des moyens de maintenir la division sexuelle du travail et l'exclusion des femmes des métiers qualifiés. Sans nécessairement utiliser pour la France de la Troisième République, comme Mary Lynn Stewart, le terme de « patriarcat social », il est intéressant de souligner derrière cette historienne que, par-delà les oppositions politiques ou de classe, cette législation reçoit l'assentiment de la plupart des hommes et constitue un des éléments de l'intégration des ouvriers dans la République. Inscrite également dans une peur du déclin démographique et fondée sur le thème nationaliste de la « défense de la race », elle impose durablement « une conception de la féminité et de la catégorie travail », exclut les Françaises de « l'accès aux droits universels » mais les inclut « dans la nation par le biais du devoir maternel » (Zancarini-Fournel 1995, p. 89).

Cette problématique de l'inclusion et de l'exclusion, des droits et des devoirs, traverse les recherches bien souvent comparatives sur les États-providence. Observant la place des femmes à la fois comme destinataires et initiatrices – en matière de protection maternelle et infantile notamment – des politiques sociales, ainsi que le contenu sexué de ces politiques, l'histoire des femmes en réexamine l'émergence et le fonctionnement. Elle montre qu'ils ont transformé, au profit d'une logique des ayants droit du chef de famille, les propositions des mouvements de femmes, – on parle parfois de féminisme maternaliste –, qui réclamaient au début du siècle la reconnaissance de la maternité comme fonction sociale. Poursuivant les recherches collectives développées à l'Institut universitaire européen de Florence (Bock et Thane 1991 ; Bock 1992b)[24] et au Centre d'études européennes de l'université d'Harvard (Koven et Michel 1993), Anne Cova (1997) retrace avec minutie, débats parlementaires et textes féministes à l'appui, la genèse de la protection de la maternité en France de 1892 à 1939, tandis que Susan Pedersen compare les logiques et les processus politiques à l'origine des États-providence britannique et français avant la deuxième guerre mondiale. Contribution

24. De Pat Thane, on peut lire en français l'article sur le « genre et (la) protection sociale » paru dans *Genèses* en 1991.

stimulante aux « chantiers de la paix sociale » (Cohen et Baudouï 1995), son analyse oppose la stratégie « parentale » qui, soutenue par les natalistes et les catholiques sociaux, entend répartir en France le coût des enfants entre les familles, et le modèle, contesté par les féministes mais ancré dans les traditions britanniques et soutenu par les syndicats, de l'homme nourricier de la famille, du *male breadwinner* (Pedersen 1993). Faut-il alors parler de citoyenneté sociale ? Faut-il opposer citoyenneté sociale et citoyenneté politique ?

Je ne voudrais pas, dans ce bref panorama sur la relecture sexuée des phénomènes historiques, développer trop d'exemples. Je soulignerai seulement, pour reprendre les termes de l'introduction du volume XXe siècle de l'*Histoire des femmes*, que l'histoire politique n'échappe pas à la règle, que prendre en compte les femmes et la différence des sexes

> élargit la vision des politiques de guerre qui désignent l'ennemi au féminin et engendrent un État-père coercitif et protecteur envers les femmes ; [qu']elle fait réfléchir sur la nature du fascisme ou du nazisme, qui sont aussi de nouveaux systèmes sexués d'exploitation garantissant la stabilité des relations entre les sexes ; [qu']elle révèle les spécificités du vichysme ou du franquisme, régime national-catholique ; [...] ; [qu']elle peut aider à comprendre la faillite du modèle soviétique, marqué, dans le domaine des rapports de sexe comme ailleurs, par l'économisme et le volontarisme juridique. (Thébaud 1992a, p. 17)

Je citerai aussi, bien qu'à l'état encore de première approche, le thème transversal fort prometteur des femmes et de la ville, qui irrigue d'une interrogation sur les rapports de sexe les recherches sur le peuplement et l'habitat urbains, les sociabilités et les modes de vie citadins, les élites et les métiers de la ville[25] ; ainsi que les travaux, nombreux en France depuis le bicentenaire de la Révolution – j'y reviendrai –, sur la place des hommes et des femmes dans les démocraties représentatives. Que penser en effet de la distinction opérée par Pierre Rosanvallon dans son histoire du suffrage universel (1992), entre une conception universaliste de la démocratie, longtemps exclusive pour les femmes – en France

25. Il existe des travaux en Belgique et en France, animés notamment à Marseille par l'association Les femmes et la ville et à Bruxelles par le Groupe interdisciplinaire d'études sur les femmes (Knibiehler *et al.* 1993 ; *Les femmes et la ville. Un enjeu pour l'Europe* 1993 ; Gubin et Nandrin 1993). Rappelons aussi le travail de Catherine Pellissier sur la vie privée et les sociabilités lyonnaises (1996, 1997) ainsi que les pages de Jean-Paul Burdy : « Travaux et espaces des hommes et des femmes », troisième partie de son livre sur le quartier stéphanois du Soleil (1989). De son côté, la thèse d'Anne Pérotin-Dumont (1996) sur « la ville aux Iles » fait intervenir le genre pour comprendre la formation d'une société urbaine aux Antilles. [Elle a été publiée en 2000.]

notamment –, et une conception utilitariste plus ouverte au sexe féminin comme groupe particulier ? Comment expliquer l'accès des Françaises à la citoyenneté politique en 1944 et leur faible place depuis cinquante ans dans les institutions représentatives ? Faut-il parler de vote sexué quand la différence des sexes recouvre d'autres variables explicatives, comme le niveau culturel ou le fait d'avoir ou non une activité professionnelle ?

Productive, la *gender history* l'est encore parce que, comme toute histoire relationnelle qui ne se bouche pas les yeux, elle doit reconnaître l'existence d'autres types de relations socio-culturelles que le rapport entre les sexes ; parce que, comme toute histoire conceptuelle, elle doit se poser la question de la pertinence de sa catégorie d'analyse – le genre – et la confronter à d'autres préexistantes. Et d'abord à celle qui a dominé l'histoire sociale : la classe. Débat entre féminisme et marxisme sur le poids des causalités économiques, les interactions privé-public ou les priorités identitaires, débat anglo-américain à la fin des années 1970 d'où émergent les propos de Joan Kelly[26] et le livre collectif *Sex and Class in Women's History* (Newton *et al.* 1983), puis débat international, les rapports entre sexe et classe ont impulsé de multiples recherches, aux États-Unis et ailleurs. Ainsi, Ute Frevert, en s'intéressant aux identités masculines et féminines dans la bourgeoisie allemande du XIXe siècle et non simplement à la contribution passive – par la dot – ou active – par l'enfantement et l'éducation – des femmes à la réussite sociale, montre que celles-ci s'identifiaient peu à leur classe et impulsèrent largement ce que l'histoire sociale appelle « la féodalisation » de la bourgeoisie (Frevert 1991)[27]. De fait, le pouvoir, la richesse, le statut ne sont pas également partagés entre les sexes et n'ont pas les mêmes significations et incidences pour les hommes et les femmes. De fait, le sexe est un facteur de différenciation de groupes trop souvent considérés comme homogènes, comme la bourgeoisie ou la classe ouvrière.

Il a été dit et redit que, de même que le primat donné à l'infrastructure économique et aux classes sociales a bouleversé en son temps la conception de l'histoire, le primat de la variable sexe remet en question les modèles d'interprétation du passé. Mais ce qui pourrait être qualifié « d'impérialisme du genre » et conduire à « investir la différence entre

26. Notamment dans : « The doubled vision of feminist theory » (1979). Joan Kelly reconnaît aux systèmes de genre une existence indépendante et l'interaction réciproque des systèmes de genre et de classe mais Joan Scott lui reproche de demeurer dans un cadre marxiste et de trop mettre l'accent sur la causalité économique.

27. Pour plus de détails, voir les ouvrages de Ute Frevert parus en allemand en 1986 et 1988.

les sexes d'une force explicative universelle »[28], n'est pas une position dominante aujourd'hui dans la *gender history* classique. Comme l'écrit Gisela Bock, pour qui le genre n'est pas un principe universel mais une catégorie spécifique du contexte,

> ... même si cela a conduit à des découvertes historiques, je ne suggère pas de dire que les relations de sexe sont plus importantes que toute autre relation humaine. Je veux suggérer qu'elles sont aussi importantes, qu'elles contribuent à construire et affectent toute relation humaine, et inversement que toute relation humaine agit sur les rapports de sexe.[29] (1989, p. 21)

En conséquence, aucun groupe – pas plus un sexe qu'une classe – n'est homogène et l'histoire doit prêter attention autant aux relations sociales à l'intérieur du groupe qu'à celles développées avec l'extérieur. En conséquence, il ne s'agit pas de chercher quelle dimension est la plus fondamentale, mais plutôt de découvrir les interactions des différentes relations humaines – relations de classe, de sexe, de race, relations entre générations, nations, communautés familiales, religions, cultures... –, de tenter une histoire inclusive qui rende compte de la complexité des processus sociaux en articulant les différentes catégories d'analyse.

Sans déterminer l'antériorité de telle ou telle historiographie contemporaine, constatons que sur ce point l'histoire des femmes rejoint les préoccupations de l'histoire sociale qui pense en termes d'appartenances multiples et d'identités complexes. J'ajouterai cependant – et le rôle de l'histoire est de le mettre au jour – qu'il y a des moments ou des lieux où telle catégorie peut être déterminante. Dans un contexte donné en effet, un groupe ou un individu peut revendiquer, comme choix politique et identitaire, une appartenance prioritaire. Par exemple, l'institutrice Hélène Brion, qui, syndicaliste de la CGT et membre de la SFIO, tente de faire entendre la cause des femmes dans les organisations ouvrières, se considère avant tout comme féministe, car, explique-t-elle dans *La voie féministe* en 1917, « les femmes sont plus exploitées encore par la collectivité masculine en tant que femmes qu'elles ne le sont par le capital en tant que productrices » (Brion 1978, p. 53). Par exemple encore, la plupart des féministes françaises, membres d'organisations internationales attachées à la paix, pensent comme Jane Misme à l'automne 1914 que « tant que durera la guerre, les femmes de l'ennemi seront aussi l'ennemi »

28. Claire, la formule est de Roger Chartier, qui souligne au contraire, par ses travaux sur les pratiques d'écriture, qu'il n'y a pas « d'écriture féminine », de relation spécifique des femmes à l'écrit, mais « des usages sexuellement différenciés de modèles culturels *communs aux deux sexes* » (1993, p. 41).
29. Le verbe « agit » est la traduction rapide de « *contribute to and affect* ».

et assument fermement un choix patriotique (Thébaud 1990, p. 31 ; Bard 1995). Inversement, un groupe peut être, à son corps défendant, désigné comme tel par les puissants du moment, assigné à une identité de sexe – l'histoire des femmes y a été particulièrement sensible à ses débuts –, ou, de façon plus rigide et plus dramatique, à une identité de race.

Aux États-Unis, où, dans les polémiques sur la conceptualisation de la catégorie « femmes », le facteur de classe n'a acquis une réelle visibilité qu'à partir des débats sur le racisme[30], de nombreuses historiennes ont depuis le début des années 1980 souligné que l'appartenance ethnique, ou plutôt les constructions sociales et culturelles de race et d'ethnicité, brisait l'unité du sexe féminin et interdisait toute généralisation sur « les » femmes. Elles ont contesté le « modèle uniracial » de l'historiographie des années 1960 et 1970, qui, à la recherche d'une culture féminine définie par contraste avec celle des hommes, posait comme universelle l'expérience des femmes blanches des classes moyennes. Elles ont tenté d'aller « au-delà de la quête de sororité » – c'est le titre en 1985 d'un article historiographique de Nancy Hewitt dans *Social History* –, et de prêter attention aux différences. Sensibles aux conflits et rapports de pouvoir entre femmes comme aux liens entre hommes et femmes, elles ont développé l'histoire des femmes noires, celle des immigrantes et des diverses minorités – indiennes (*Native American Women*), chinoises, mexicaines… – puis proposé une approche multiculturelle dont *Unequal Sisters*, réédité en 1994, offre, en trente-six contributions, un panorama thématique et méthodologique (Ruiz et Dubois 1991, 1994). Reformulant les conclusions de l'histoire des femmes sur le travail, la famille ou la sexualité, cette approche invite, non sans difficultés sur sa mise en œuvre et débats sur ses effets politiques et théoriques – jusqu'où faut-il segmenter l'humain et reconnaître de la différence ? Pourquoi l'histoire juive trouve-t-elle rarement sa place dans la mosaïque multiculturelle[31] –, à surmonter le risque d'une histoire fragmentée, à explorer les franges interculturelles et les relations dialectiques entre les diverses catégories sociales construites comme le genre, la classe, la race, la culture, la génération… Ainsi, tout autant qu'un combat contre des modèles ethniques différents, l'américanisation des familles d'immigrés s'inscrit dans l'expansion des normes *middle class* de domesticité féminine.

Dès lors aux États-Unis, le tryptique *gender, class, race* – l'ordre peut varier – apparaît, du moins dans les intentions, comme un cadre

30. La remarque est d'Eleni Varikas (1993, p. 75).
31. La remarque est de Liliane Kandel (1996, p. 240) qui cite E. T. Beck (1991) et Paul Berman (1994).

d'analyse quasi obligé de toute recherche en histoire des femmes. Alors que les historiens de langue allemande du mouvement ouvrier lui ont consacré leur 28e congrès (Hauch 1993 ; Studer 1993), il laisse sceptique en France, où le multiculturalisme pénètre tardivement la réflexion sociologique (Wieviorka M. 1996). Pourtant, n'y aurait-il pas là une autre façon d'appréhender l'histoire sociale ou politique ? Comme le souligne par exemple Laura Frader dans son bilan historiographique sur le mouvement ouvrier français, s'interroger sur « les rapports entre les discours et les pratiques vis-à-vis des travailleurs immigrés et vis-à-vis des travailleuses [...] permettrait de mieux comprendre les enjeux discriminatoires au sein du syndicalisme lui-même » (1996, p. 235-236). De même, Nancy Green considère que la classe et l'ethnicité – conçue comme un processus – ne sont pas des catégories caduques de l'histoire sociale (1995) et propose, dans sa thèse d'histoire comparative sur l'industrie de la confection à Paris et New York (1998), des perspectives stimulantes sur lesquelles je reviendrai plus avant dans cet ouvrage.

En histoire européenne, au-delà de travaux surtout américains sur l'impérialisme ou les femmes esclaves (Ramusak et Burton 1994 ; Gautier 1985) et de la réflexion de Colette Guillaumin sur les deux naturalismes que sont le racisme et le sexisme ou sur les rapports d'appropriation que constituent l'esclavage et le « sexage » (1992), l'attention portée à la catégorie de race s'est plutôt concentrée sur l'analyse des régimes racistes et des persécutions raciales de la deuxième guerre mondiale et elle a posé d'autres questions à l'histoire des femmes. Dans ses recherches sur le national-socialisme, régime sexiste et raciste, Gisela Bock a tenté d'articuler sexe et race (1986, 1992a). Le racisme, explique-t-elle, ne peut être compris sans sa dimension sexuée qui est un de ses facteurs constitutifs : le langage raciste est obsédé par les sexes et la sexualité, les femmes juives et tsiganes sont les victimes désignées du génocide nazi, comme mères potentielles d'une génération future. Inversement, une analyse du sexisme qui incorpore celle du racisme, conduit à affirmer que la politique nazie envers les femmes n'est pas faite de pronatalisme et de culte de la maternité – là n'est pas du moins sa spécificité dans une Europe de l'entre-deux-guerres hantée par la question démographique –, mais d'antinatalisme, de culte de la virilité et d'extermination de masse des femmes. Ces conclusions s'inscrivent dans un double débat qui traverse le féminisme avec des accents particulièrement dramatiques, ce dernier ayant eu tendance, comme l'a souligné Liliane Kandel[32] dans un

32. Plus récemment (1997), Liliane Kandel a dirigé la publication du colloque en l'honneur de Rita Thalmann intitulé *Féminismes et nazisme.*

article des *Temps modernes*, à considérer « les femmes comme victimes – souvent seulement victimes et parfois seules victimes » (1990, p. 41). Le premier porte, depuis longtemps et bien avant la controverse suscitée par le livre de Daniel Goldhagen sur « les bourreaux volontaires de Hitler » (1997), sur la part et l'origine de la responsabilité des femmes allemandes dans les crimes nazis. Il oppose la thèse de l'innocence, voire de la victimisation par un patriarcat spécifique, de femmes astreintes à la maternité à celle – c'est par exemple la position de Claudia Koonz dans *Les mères-patries du IIIe Reich* (1989) – de la responsabilité globale des Allemandes qui auraient couvert les atrocités et collé au nazisme dans leur fonction de mères et d'épouses, ou à celle, plus nuancée, de l'implication d'une fraction des femmes attirées par l'idéologie ou les aspects modernisateurs du régime.

Le deuxième débat relève de l'éthique historique et se demande jusqu'où la dimension sexuée des phénomènes et des événements doit être appréhendée et notamment si la catégorie de sexe est légitime pour étudier le génocide ? Dans le numéro du cinquantenaire des *Temps modernes* (1996), Liliane Kandel exprime son malaise de féministe devant les dérives du radicalisme, dénonce les thèses sur « les femmes et l'Holocauste » de l'Américaine Joan Ringelheim (1990, 1993) qui, affirmant l'universalité de la domination de genre, réinterprète Auschwitz, nie la singularité du génocide, « tentative d'éradication d'un groupe humain dans son ensemble, tous sexes, âges ou statuts confondus » (Kandel 1996, p. 231), et cherche à comptabiliser « privilèges » masculins et excès de souffrance féminine. Mais si « le genre ne peut en aucun cas épuiser la lecture des situations, ni des personnes » (Kandel 1996, p. 245), s'il faut à juste titre s'interroger sur ses limites et les risques d'« une pensée empêchée » – c'est le titre de son article –, je ne partage pas le pessimisme de Liliane Kandel sur l'histoire des femmes. Celle-ci, me semble-t-il, sait penser les singularités et les ruptures et ne considère pas le genre comme une grille de lecture universelle. Elle tente aussi d'affronter la question posée – notamment lors du colloque *Women in the Holocaust* tenu à l'université hébraïque de Jérusalem en 1995[33] –, relativisant la différence des sexes et complexifiant tout à la fois son usage, attentive par exemple à la chronologie des persécutions raciales. Intervenante à ce colloque, Gisela Bock[34] souligne désormais que le racisme, plus que le sexisme, est

33. [Les actes de ce colloque ont été publiés en 1998 sous la direction de Dalia Ofer et Leonore Weitzman.]
34. Sur les questions posées, Gisela Bock et Annette Wieviorka sont intervenues dans le séminaire que j'ai organisé à Lyon de 1993 à 1997. Annette Wieviorka a souligné l'intérêt

au cœur du nazisme et que la différence des sexes ne permet de caractériser ni les acteurs ni les victimes de sa politique raciale (1993). Plus généralement, elle appelle à une reconceptualisation du genre et invite l'histoire des femmes et des rapports de sexe à n'être pas seulement une histoire de la différence sexuelle, mais aussi une histoire des similarités sexuelles et des relations entre différence et similarité.

Cette critique de la *gender history* est sans doute l'une des plus stimulantes, parmi les nombreuses réactions, d'ailleurs contradictoires, qu'elle a suscitées. Du côté de l'histoire générale d'abord, l'accusation fréquente de tout regarder à travers un prisme déformant ; cette accusation me semble injuste, même s'il est vrai que la perspective inclusive décrite ci-dessus n'est pas toujours mise en œuvre et que le genre est souvent privilégié, face à la faible reconnaissance de la dimension sexuée des phénomènes. Du côté de l'histoire des femmes ensuite – au sens de *women's history* –, la crainte exprimée par certaines historiennes de rendre de nouveau les femmes invisibles, de s'éloigner de la tâche fondamentale qu'est l'analyse de l'oppression des femmes. C'est par exemple la position de la médiéviste américaine Judith Benett, qui insiste, contre l'idée d'un âge d'or précapitaliste, sur la continuité dans le temps d'un statut féminin dévalorisé et affirme la priorité explicative du patriarcat qu'il convient, répond-elle aux critiques de la Britannique d'Oxford Bridget Hill, d'historiciser (Benett 1988, 1989, 1993 ; Hill 1993). C'était déjà, dans le premier numéro de la revue américaine *Journal of Women's History*, la réaction d'une pionnière de l'histoire des femmes, Loïs Banner, à l'article « Culture et pouvoir des femmes... », où elle voyait se diluer la domination masculine et même surgir « un modèle androcentrique d'étude basé sur la complexité croissante et l'attention au détail » (1989). De même, tout en affirmant sa complémentarité avec les revues existantes et son lien privilégié avec l'enseignement, la *Women's History Review*, qui naît en 1992 en Grande-Bretagne, entend, selon l'éditorial programmatique de sa fondatrice Jane Purvis, réactiver l'histoire des femmes et « ne pas laisser l'emphase sur les différences entre les femmes obscurcir les inégalités et les relations de pouvoir entre les sexes ». De son côté, plus sensible à la pluralité des approches et moins focalisée sur le concept de domination, Karen Offen, spécialiste de l'histoire des femmes et du féminisme français[35], comme ses collègues de l'Institut de recherche sur les femmes et

---

d'une approche sexuée de la condition des juifs en France, de la déportation politique et du système concentrationnaire mais son illégitimité pour le génocide.

35. Auteure de nombreux articles et de deux ouvrages de documents sur le sujet (1981, 1983 avec Susan Groag Bell), [elle a entrepris un ouvrage comparatif sur les féminismes

le genre de l'Université de Stanford[36], défend néanmoins le projet initial – tout à fait inachevé – de *herstory* et prône une histoire centrée sur les femmes comme acteurs historiques, une histoire qui mette au jour leur expérience à tous les niveaux d'activité et particulièrement là où elles ont été ou se sont définies comme femmes. « Histoire par les femmes, sur les femmes et pour les femmes comme femmes »[37], celle-ci doit être faite en profondeur et nécessite encore beaucoup de recherches avant que les relations de genre ne puissent être évaluées et une histoire de l'humanité écrite.

En France, où les pratiques sont restées multiples, l'approche masculin / féminin comme l'appelle Karen Offen est plutôt bien accueillie par les historiennes des femmes, soucieuses d'intégration à l'histoire générale, et les réticences d'historiennes-anthropologues comme Agnès Fine, qui y voient l'interdiction de travailler sur le féminin, ne donnent pas lieu alors à débat public. Par contre, et c'est le troisième type de critique formulée envers la *gender history*, Michèle Riot-Sarcey met en garde contre l'utilisation du concept de genre « en dehors de la confrontation » et, trop descriptif, le juge insuffisant pour permettre une réécriture de l'histoire qui restitue l'historicité des tensions entre hommes et femmes. Pour bousculer une histoire politique qui s'écrit le plus souvent dans le cadre donné par ceux qui ont imposé un rapport de force, et une histoire des femmes qui, en soulignant les spécificités du groupe, a tendance à redoubler les représentations d'une époque – les femmes représentatives sont des « femmes conformes aux représentations dont elles sont l'objet » souligne-t-elle dans un article de la *Revue de synthèse*, où elle explique plus longuement qu'en 1991 la démarche mise en œuvre dans ses travaux sur le XIXe siècle (1991, 1997) –, elle recherche les discontinuités historiques et confronte les discours et pratiques normatives avec « les propos dissonants des femmes et des hommes non représentatifs, mais dont le sens critique permet de mieux comprendre les enjeux du moment ». Restituant à l'histoire des représentations sa dimension politique – la représentation est une forme de pouvoir –, dévoilant les préjugés contemporains comme ceux du passé, elle propose « une histoire singulière » qui restitue, dans leurs parcours singuliers, « des sujets

---

européens de 1700 à 1950. L'ouvrage est publié en 2000 avec comme sous-titre *A Political History*].

36. The Institute for Research on Women and Gender (IRWG) publie un bulletin régulier qui rend compte de l'activité de ses membres.

37. La citation est de Karen Offen dans un article inédit prêté par l'auteure : « Toward a historiography of women's and gender history for Modern France. An outsider's insight ». [Elle a été reprise dans Offen 2003b.]

critiques de leur temps » : ainsi de Jeanne Deroin, Désirée Gay, Eugénie Niboyet au cœur du XIXe siècle (1994).

En effet, proche des pratiques italiennes de la *microstoria*, saluée aussi par l'Espagnole Isabel Morant[38], la reconstruction de biographies féminines permet d'éviter une définition a priori de « la » femme, de s'intéresser à l'appropriation subjective des idées et à la relation entre le « pensé » et le « vécu », de croiser histoire intellectuelle, politique et sociale. À contre-courant du retour à une philosophie du sujet, la *gender history*, trop séduite parfois par l'analyse des représentations, effacerait-elle les singularités « à partir desquelles s'était pourtant construite l'idée même d'une histoire des femmes », l'histoire de sujets qui « se constituent entre une identitée rejetée et une autre affirmée », dans un « écart producteur de communauté » ? (Rancière 1993, p. 54). Jacques Rancière le suggère dans sa lecture critique du volume XIXe siècle de l'*Histoire des femmes* (Fraisse et Perrot 1991), volume pourtant construit sur la tension entre la mise en tutelle des femmes et leurs possibilités d'accès à la liberté et à un statut de sujet[39].

Le *gender* à la française : l'*Histoire des femmes en Occident*

Loin de moi l'idée d'affirmer que les cinq volumes de l'*Histoire des femmes*, parus chez Plon et Laterza de 1990 à 1992 (Schmitt-Pantel 1991 ; Klapisch-Zuber 1991 ; Davis et Farge 1991 ; Fraisse et Perrot 1991 ; Thébaud 1992a), représentent toute l'histoire des femmes en France, encore moins, malgré leur dimension internationale dans les propos et l'écriture – 40 % d'auteurs non français –, toute l'histoire des femmes en Occident. Ils furent néanmoins une tentative de synthèse des travaux des vingt années

38. Dans une communication au séminaire de formation *Mujeres e historia* tenu à l'université internationale Menendez Pelayo de Valence en octobre 1994, intitulée « Las formas y el lugar de la historia de las mujeres en Europa y America (un analisis desde el sur) » (diffusion restreinte), Isabel Morant décrit un parcours espagnol très proche du parcours français.

39. Comme le suggère le titre de l'introduction générale « Ordres et libertés ». Le XIXe siècle apparaît ainsi comme un siècle-pivot dans l'histoire du genre, susceptible de plusieurs interprétations. Soulignons toutefois que la réévaluation opérée ici est globale et politique, et très différente de celle, antérieure, qui soulignait les aspects positifs de l'existence des deux sphères et d'un monde des femmes.

précédentes et un succès éditorial, tant en France qu'à l'étranger[40], succès inattendu qui reflète une demande sociale, tout au moins la curiosité et peut-être le plaisir de nombreuses femmes de découvrir qu'elles ont une histoire digne de travaux universitaires. Il y aurait, riche d'enseignements sur les façons nationales d'écrire l'histoire et sur l'état des rapports de sexe dans telle ou telle société, tout un travail comparatif à faire sur les modes de traduction de ces ouvrages – traduction simple, avec préface, avec ajout de chapitres nationaux – et sur leur réception par le public et la communauté historienne. Mon propos sera plus modeste : préciser les choix de la collection et montrer à travers quelques réactions étrangères qu'elle est perçue comme française, dire quelques mots du volume XXe siècle et de ma lecture sexuée de la Grande Guerre, enfin expliciter les critiques que l'ensemble a suscitées. Critiques spontanées ou sollicitées – la démarche n'est pas fréquente – lors d'un colloque organisé à la Sorbonne en novembre 1992 et publié l'année suivante sous le titre *Femmes et histoire*[41], elles tracent les contours des débats méthodologiques et théoriques qui traversent alors, par-delà le domaine considéré, la discipline historique en général.

Étonnant pour nos collègues étrangères, particulièrement américaines, et même scandaleux pour certaines, est le fait que, par-delà la mixité des auteurs – 20 % d'hommes –, cette entreprise n'ait pas bénéficié d'une totale autonomie féminine et soit codirigée par Georges Duby et Michelle Perrot. Elles ne savent pas toujours que l'initiative en est totalement masculine et revient à l'éditeur italien Laterza : sensible à l'air du temps et heureux traducteur de l'*Histoire de la vie privée*, il sollicita Georges Duby, codirecteur avec Philippe Ariès de cette série et médiéviste soucieux de la différence des sexes, auteur en 1981 du *Chevalier, la femme et le prêtre ;* ce dernier se tourna vers Michelle Perrot. Accepter la proposition fut considéré comme « la possibilité de faire connaître à un large public des travaux assez confidentiels », « l'occasion, voire le moyen, de sortir du "ghetto" toujours possible » (Perrot 1994) et cette attitude illustre la voie française de l'histoire des femmes, comme d'ailleurs celle

40. La série a été publiée en une dizaine de langues.

41. Les lectures critiques sont de Claude Mossé, Giana Pomata, Roger Chartier, Jacques Rancière, avec remarques de Pierre Bourdieu ; ces lectures ont été reprises dans un dossier des *Annales* de juillet-août 1993 sous le titre « Histoire des femmes, histoire sociale ». La présence et les remarques de Pierre Bourdieu, cité comme « grand témoin », ont suscité la réaction de Françoise Armengaud dans *Nouvelles questions féministes* (volume 14, n° 3, 1993, p. 83-86) ; il est notamment reproché à P. Bourdieu de s'approprier, sans en citer les auteures, les thèses des féministes qui ne sont pas « de la différence » (notamment Christine Delphy, Colette Guillaumin, Nicole-Claude Mathieu, Michèle Le Dœuff).

de la majorité du féminisme français, qui est plus la recherche de la confrontation et de l'intégration que de la sécession.

Bien français aussi apparaissent le choix de la longue durée – de l'Antiquité gréco-romaine à nos jours – et l'organisation de l'ensemble en cinq volumes qui reprennent les césures chronologiques classiques de l'histoire et des grands ouvrages précédents[42] comme l'*Histoire de la France rurale*, l'*Histoire de la France urbaine*, l'*Histoire de la vie privée*. Au risque de masquer, dans l'autonomie des périodes envisagées et la difficulté de les comparer, des continuités fondamentales, des discontinuités majeures, des événements décisifs. Bien que les vingt essais de *Becoming Visible* couvrent 5 000 ans d'histoire des femmes, en admettant dans le premier chapitre rédigé par l'anthropologue Eleanor Leacock (1987) l'existence de sociétés préhistoriques égalitaires, les fresques proposées par les historiennes américaines ou britanniques sont en général moins larges, même quand elles portent sur l'Europe. Paru en 1989, *Changing Lives*, il est vrai rédigé par la seule plume de Bonnie Smith et sans doute un cours remanié, couvre la période du XVIIIe siècle à nos jours, comme les mille pages de documents européens et américains présentés et commentés par Susan Bell et Karen Offen sous le titre *Women, the Family and Freedom* (1983).

Conformément à l'édition française qui a tenu à préciser en titre intérieur *Histoire des femmes en Occident*, j'écrivais dans l'introduction du volume XXe siècle :

> Ce livre, qui appelle de ses vœux des entreprises parallèles et complémentaires, n'est ni une histoire universelle, ni même dans son champ une histoire exhaustive. C'est seulement une histoire occidentale des femmes occidentales, plus encore une histoire des femmes blanches natives d'Occident. Il lui manque la dimension, encore peu étudiée sous cet angle, des rapports entre le monde et l'Occident, la mesure de la domination Nord-Sud qui passe, après l'ère de la colonisation, par l'impérialisme économique ou culturel et les migrations de population. (1992a, p. 22)

Le choix de l'Occident – Europe de l'Ouest et Amérique du Nord – n'est pas particulièrement familier aux historiens français qui produisent surtout des histoires hexagonales ; conforme à l'espace d'émergence et de production de l'histoire des femmes, il apparaissait cependant légitime, répondait à des conditions de faisabilité et invitait à une approche comparatiste, qui ne fut d'ailleurs pas toujours, faute de travaux ou par négligence, respectée, ou seulement au profit des plus grands pays : États-Unis, France, Allemagne, Grande-Bretagne, Italie. Mais ce choix

42. Antiquité, Moyen Âge, Temps modernes, XIXe siècle, XXe siècle.

contient aussi l'hypothèse, trop peu explicitée, qu'il existe un « Occident des rapports de sexe » et produit incidemment une catégorie abstraite et globalisante, celle des femmes occidentales. Pionnières de l'approche multiculturelle, les Américaines ont souligné que cette catégorie n'englobe trop souvent que les femmes blanches, hétérosexuelles des classes moyennes, et nous ont invitées à regarder d'un autre œil notre société française, à nous décentrer en Europe pour redéfinir le sens normatif de l'Occident, à « imaginer les femmes d'Occident dans une mer d'autres couleurs, d'autres religions, d'autres cultures »[43].

Plus sensibles encore aux différences, les post-structuralistes ont contesté la possibilité d'une histoire générale des femmes et de toute tentative de synthèse[44], tandis que Bonnie Smith, attentive à la fois à la nature problématique de l'histoire et aux opérations de pouvoir et d'exclusion dans la discipline, a exprimé la crainte que la collection n'érige un canon de référence obligée en histoire des femmes. Dans l'introduction rédigée quelque temps plus tard pour le livre de Patricia Ebrey sur les femmes chinoises de la période Sung (1993), elle met en garde contre toute prétention totalisante :

> C'est toujours important d'imaginer que notre connaissance va refaire le monde, mais en même temps de s'assurer que nos fantaisies méthodologiques sont exprimées comme des questions laissant un espace à d'autres actes d'interprétation et d'autres récits historiques.

Mais les historiennes françaises sont bien conscientes qu'il s'agit là d'*une* histoire des femmes et d'un moment dans un développement qui continue, pas d'une encyclopédie achevée ; pour les autres, le risque est d'autant plus minime que les thèmes abordés et la manière de les traiter sont très souvent perçus comme français.

Ainsi, tandis que les Québécoises font de longs comptes rendus descriptifs qui précisent les articulations et les principales conclusions des volumes[45], Britanniques et Américaines avertissent les lecteurs du « biais français » – l'expression est de l'éminent historien Lawrence Stone dans une critique fort sévère[46] – et l'édition américaine est précédée

43. [Communication inédite de Bonnie Smith en 1993.]
44. De la même façon, pour d'autres raisons peut-être, Alain Corbin (1993) se dit « frappé par l'actuelle impossibilité de la synthèse en histoire » et par le fait que « désormais les acquis des historiens semblent difficilement cumulables ». Il me semble tout de même que des synthèses partielles sont possibles et que l'*Histoire des femmes* a essayé d'être autre chose « qu'une série de regards successifs ».
45. Par exemple dans *Recherches féministes*, volume 4, n° 1, 1993, p. 119-133.
46. Intitulée « The use and abuse of "herstory" », cette critique est parue dans *The New Republic* du 2 mai 1994. De même, dans le numéro de l'été 1993 de *Gender & History*,

d'une préface en ce sens rédigée par Natalie Zemon Davis et Joan Scott[47]. Lawrence Stone trouve « hilarant » l'existence d'un chapitre sur le Québec dans le cinquième volume et surtout inexcusable le faible poids des auteurs anglo-saxons, alors que les État-Unis ont le domaine le plus large, le plus vivant, le plus organisé. Mais deux caractéristiques apparaissent plus fondamentales. D'une part, la prédominance accordée à des sujets « européens » comme le travail des femmes, la vie domestique, la famille, la religion, la politique étatique, au détriment de thèmes plus travaillés par l'historiographie américaine comme le colonialisme et l'ethnicité, ou les pratiques sexuelles et l'homosexualité, cette dernière omission étant jugée particulièrement grave[48]. D'autre part, l'éclectisme de la collection, qui traduirait la faiblesse de la réflexion théorique; ni l'ensemble, ni les volumes ne sont organisés autour d'un seul axe d'analyse, encore moins autour des questions qui préoccupent alors les historiennes américaines et que j'ai déjà évoquées : le couple égalité-différence, l'articulation *race, class, gender* ou la construction du genre et de la sexualité.

De fait, autant ou plus par choix que par ignorance, les approches utilisées dans l'*Histoire des femmes* sont plurielles, reflétant l'état du domaine en France et peut-être un certain attachement à une histoire empirique ou la crainte d'un théoricisme stérilisant. Si la réflexion y est bien présente, il n'y a pas dans la collection de ligne préétablie, seulement quelques convictions partagées et explicitées dans l'introduction générale : les femmes ont une histoire qu'il est légitime d'écrire; l'évolution de l'imaginaire sur les femmes et de la pensée de la différence des sexes est une question majeure qui ne doit pas faire oublier les réalités et les pratiques, comme la mise au jour de sujets actifs; les relations entre les sexes, « à tous les niveaux de la représentation, des savoirs, des pouvoirs et des pratiques quotidiennes », sont la dimension indispensable à l'écriture d'une histoire des femmes (Duby et Perrot 1991, p. 17). Ceci étant dit, il est vrai que les soixante-douze auteurs n'étaient pas tous au même point de réflexion sur le *gender*.

Siân Reynolds fait une critique des deux derniers volumes intitulée « French histories of women in western societies »; cette dernière critique est cependant plus positive et élogieuse que celle de L. Stone dont le grand titre est précédé de : « A team of scholars combine to get it wrong ».

47. Cette préface de deux pages s'intitule « A new kind of history » et précède le volume sur l'Antiquité (*A History of Women. From Ancient Goddesses to Christian Saints*). Tous les volumes de la collection parus aux États-Unis chez Harvard University Press comportent un sous-titre caractérisant la période.

48. Un seul chapitre sur ce sujet, celui d'une Américaine, souligne Lawrence Stone (Judith Walkowitz dans le volume 4).

Même s'il apparaît comme le plus « genré »[49], notamment dans sa tentative de relecture cohérente du premier XXe siècle, où les démocraties européennes comme les régimes totalitaires « nationalisent » les femmes pour répondre au double défi de la démocratisation et de la question démographique[50], le cinquième volume n'échappe pas au phénomène d'éclectisme, et pas seulement parce qu'il dut faire appel à d'autres disciplines. Il est aussi une histoire des représentations – celles de la garçonne, de la femme moderne ou de la femme libérée –, une histoire non triomphaliste – peut-être trop pessimiste[51] – des mutations de ce siècle où, dans les pays riches d'Occident, les femmes accèdent, longtemps après les hommes, à la modernité, et, avec les hommes, à une vie meilleure, moins vouée au travail et à la peine, une histoire enfin des révolutions symboliques produites par la création et la pensée du féminisme contemporain. Il s'interroge longuement sur les facteurs d'évolution, propose une géographie mouvante et une chronologie non linéaire des rapports de sexe, qui invite notamment à une réflexion sur la place de la guerre dans le siècle.

Je voudrais surtout évoquer ici la façon dont j'ai traité dans ce livre la Grande Guerre, étape importante dans une réflexion déjà ancienne fortement stimulée par la lecture des travaux étrangers – je citerai, en dehors des ouvrages d'histoire nationale, les actes d'un colloque tenu à l'Université d'Harvard *Behind the Lines : Gender and the Two World Wars* (Higonnet *et al.* 1987) –, l'incitation à une approche comparatiste et les développements de la *gender history*. Sans être alors très consciente de ses clivages, sans savoir exactement ce que recouvrait l'histoire culturelle et post-structuraliste, j'y ai utilisé de façon pluraliste toutes les approches qui me semblaient produire du sens pour comprendre, sous l'angle des femmes et des rapports de sexe, cet événement. D'abord, montrer en quoi il affecte les vies des femmes dans leur diversité nationale et sociale, élargissant mon propos antérieur sur la guerre des femmes et leurs expériences de guerre. Parallèlement, observer comment la guerre redéfinit dans la réalité et la symbolique le rapport masculin-féminin,

49. Siân Reynolds souligne que ma volonté de convaincre, dans l'introduction, de l'intérêt du *gender* s'adresse au public et historiens français, que les lecteurs anglophones y verront du « déjà vu ».

50. D'où le titre de la première partie : « La nationalisation des femmes ».

51. Dans une critique parue dans le *Journal of Women History* (volume 7, n°2, 1995), Karen Offen dénonce une utilisation trop « orthodoxe » du concept de genre (en quelque sorte « congelé ») qui éloigne d'une histoire centrée sur les femmes comme acteurs historiques, sur leurs réussites et acquis incontestables, et qui donne à l'ensemble un ton mélancolique de « mal de siècle ».

d'où l'attention portée aux situations des deux sexes[52] et à toutes les formes d'expression cuturelle qui donnent sens aux expériences des uns et des autres, où peuvent se lire des réactions au bouleversement sexuel engendré par l'événement. Enfin, m'interroger sur ce qu'on peut appeler la sexuation des politiques de guerre, « le *gender* [apparaissant] en effet comme un principe d'organisation, voire une arme de la guerre, sa construction ou sa déconstruction constituant un front de combat pour les États, les groupes ou les individus » (Thébaud 1992b, p. 34). Quelques exemples feront mieux comprendre les points deux et trois.

Il faut souligner, je crois, qu'hommes et femmes vivent une chronologie différente du conflit. Quand, persuadés de leur bon droit et d'une victoire rapide, les premiers courent à l'assaut de l'ennemi – par ailleurs souvent identifié comme féminin –, les femmes esseulées attendent pieusement, mises au chômage par la désorganisation de l'économie, prises en charge par l'État qui se substitue au mari mobilisé, invitées à servir dans des tâches bien féminines. Quand la guerre s'enlise et qu'ils s'enfoncent dans la boue des tranchées, victimes parfois de maladies « féminines » comme l'hystérie, elles accèdent à l'espace et aux responsabilités publiques pour faire marcher la machine de guerre, et les journaux des soldats comme la littérature disent leur peur d'être dépossédés ou trompés, le sentiment d'un sacrifice des hommes et d'une embellie pour les femmes. Pourtant, comme le suggère l'image de la double hélice proposée dans *Behind the Lines* par Margaret et Patrice Higonnet, il y eut constante subordination, réelle ou médiatisée par le langage, des rôles féminins aux rôles masculins. Enfin, quand sonne l'heure des armistices, les femmes sont brutalement démobilisées et bien mal récompensées, et les hommes aspirent à une impossible restauration, malgré le triomphe d'une pensée sociale et politique qui rétablit pour longtemps une ligne de partage ferme entre le masculin et le féminin. La Grande Guerre – comme tous les conflits du siècle, y compris les guerres de libération nationale (Amrane 1991 et 1994) – a modifié certains comportements individuels mais bien peu les rapports entre les sexes.

Autre exemple : la mobilisation féminine, particulièrement dans des secteurs considérés comme masculins – les usines de guerre – suscite de nombreuses réactions où dominent la méfiance ouvrière et la peur de la « masculinisation » des femmes – le mot est d'époque –, la peur de la confusion des sexes. Mais, alors que je souriais autrefois de fréquentes et

52. Comme le montrent quelques titres ou sous titres du chapitre : « Mobilisation des hommes, mobilisation des femmes », « mort des hommes, douleur des femmes », « guerre des hommes, paix des femmes ? »

curieuses métaphores – faire de la métallurgie comme du tricot, enfiler des obus comme des perles... – et des descriptions attendrissantes – les munitionnettes ont su garder toute leur grâce –, j'y vois désormais un moyen de servir les exigences de rationalisation et de déqualifiation du travail dans la métallurgie ainsi qu'une forme de conjuration langagière qui affirme le caractère temporaire de la situation et l'immuabilité de la frontière des sexes. De même, au lieu de faire appel à des compétences, les campagnes officielles de mobilisation jouent sur les relations familiales – sauver son poilu – et usent de la rhétorique du sacrifice, qui est par définition exceptionnel[53]. Inversement, les féministes, qui veulent faire de l'expérience de guerre un tremplin vers l'égalité professionnelle et politique, utilisent les expressions viriles de « deuxième front », « combattantes de l'arrière », « appel de la Patrie » : au lieu de souligner leur chauvinisme – première réaction –, on peut voir dans ce combat sur le langage et les représentations, une volonté de faire bouger la définition des sexes et d'obtenir l'intégration des femmes dans la nation. Comme le soulignent Miriam Cooke et Angela Woollacott dans l'introduction de l'ouvrage collectif américain *Gendering War Talk* qui explore l'articulation en langage et images des expériences masculines et féminines de conflits du XXe siècle dans divers parties du monde, « la guerre est devenu un terrain où le genre est négocié » (1993, p. XI). Plus généralement, me semble-t-il – et j'ai proposé des pistes de recherche en ce sens pour comprendre les difficultés de la rencontre entre les Françaises et la citoyenneté à la Libération (Thébaud 1996) –, toute analyse d'une période de mutation des rapports de sexe doit envisager, dans sa dynamique et ses conflits, la façon dont les hommes et les femmes donnent sens à ces expériences nouvelles et reconstruisent subjectivement les transformations. Mais cette perspective culturelle d'analyse des discours n'a de sens pour moi que liée aux réalités sociales et politiques qu'elle contribue à révéler, dont elle montre la rigidité ou les détournements...

Si le volume consacré au XXe siècle de l'*Histoire des femmes* n'a pas bénéficié d'une lecture critique lors du colloque *Femmes et histoire* organisé en 1992 par Georges Duby, Michelle Perrot et les directrices des cinq tomes, les remarques alors formulées valent pour l'ensemble du domaine de recherches. Par-delà des critiques déjà explicitées dans

53. Très étudiée aux États-Unis pour la deuxième guerre mondiale, la campagne de mobilisation des femmes met en scène une nouvelle héroïne nationale *Rosie the Riveter*, la ménagère devenue riveteuse : là aussi, avec ce personnage éclatant de féminité, il ne s'agit pas seulement de convaincre les femmes de la facilité du travail, mais aussi hommes et femmes de l'immuabilité de la division sexuelle (Rupp 1978). Voir aussi l'ouvrage de Ruth Roach Pierson sur les Canadiennes (1986).

le chapitre précédent sur la *gender history*, ces remarques ouvrent un débat, à l'évidence difficile, entre histoire sociale et histoire culturelle, ou plutôt, comme l'écrivait Bernard Lepetit en ouverture du dossier correspondant des *Annales*, sur « la définition de l'histoire sociale et la place qu'il convient d'y accorder aux représentations » (Lepetit 1993, p. 997). Elles montrent que l'histoire des femmes n'est pas un isolat intellectuel ou une spécialité étrange, mais qu'elle est, bien au contraire, au cœur des interrogations historiographiques contemporaines sur les rapports entre pratiques sociales et représentations, sur ce qu'est le réel et plus généralement sur les systèmes d'interprétation. Elles font écho aux propos d'Alain Corbin qui peu de temps auparavant, s'étonnait dans le numéro de la *Revue d'histoire moderne et contemporaine* consacrée à l'histoire culturelle, que la question « radicale », « qui consiste à savoir s'il peut être envisagé une autre histoire que celle qui se fonde résolument sur l'étude des représentations, voire qui se confond avec elle », « ne suscite pas davantage de réunions scientifiques et n'entretienne pas en permanence la réflexion collective des historiens » (Corbin 1992, p. 118)[54]. C'est peut-être ce qui leur valut droit de cité dans les *Annales*, où Bernard Lepetit faisait encore remarquer que « l'opposition des systèmes interprétatifs a rarement été aussi clairement exprimée ».

En effet, bien qu'elles portent essentiellement et presque toutes sur la place excessive accordée aux discours et images, ou sur le mauvais usage des représentations, les critiques formulées ne se cumulent ni ne se répondent vraiment, inscrite chacune dans une articulation particulière entre réel et représentation. Claude Mossé craint « qu'à trop parler du féminin on perde de vue les femmes dans leur réalité concrète » ou qu'on masque leurs « différences de statut, de fortune, d'activités » – ce que Bernard Lepetit appelait fort justement « l'effet d'unification »[55] –, et elle énumère les paramètres à étudier – statut, naissance, richesse, insertion dans le monde de l'échange – pour véritablement insérer l'histoire des femmes dans une histoire globale des sociétés anciennes où l'esclavage est un fait social de première importance (Mossé 1993, p. 21). Ferme

54. Dans « De l'histoire des représentations à l'histoire sans nom » (1993), Alain Corbin suggère, me semble-t-il, une explication à cette discrétion, soulignant que « l'intrusion de l'histoire des représentations bouleverse la recherche historique », parce qu'elle introduit de « nouvelles découpes en diagonale » qui transgressent les limites des domaines traditionnelllement reconnus et conduisent « à s'interroger sur l'existence même de centres de recherches ou d'emplois de chercheurs spécialisés ». N'en est-il pas de même de l'histoire des femmes ?

55. Une femme esclave était-elle d'abord une femme ou d'abord une esclave ? demande à juste titre Claude Mossé.

tenante d'une histoire sociale des femmes qui établisse des « faits » et « étende les limites de notre mémoire du passé » comme le souhaitait Virginia Woolf, Giana Pomata va plus loin encore dans la critique du genre, « pure sottise » qui revivifie l'histoire du discours masculin sur les femmes et ne livre que des stéréotypes ; elle propose de rechercher dans les archives la « véritable influence des textes sur la vie des femmes » et d'étudier en particulier « le rôle (jusqu'ici négligé) du droit dans la construction sociale des sexes » (Pomata 1993, p. 26, 30, 29, 33, 34). De même, Jacques Rancière dénonce la « vogue actuelle de l'analyse des "représentations" et de la "lecture" des images », qui fonctionnent comme « métaphores de la science » et remplacent la recherche « des modes de subjectivation », qui empêchent de penser ce qui change et de faire l'histoire réelle des formes d'un re-partage entre les sexes, « des formes et des chances d'apparition des sujets sur une scène de communauté » (Rancière 1993, p. 57, 58, 61).

L'*Histoire des femmes* a-t-elle abusé de « ce mauvais ciment des "représentations" qui tient l'édifice et lui donne son caractère achevé » (Rancière 1993, p. 61) ? La critique est rude mais la question mérite d'être posée. Non pour se justifier mais pour tenter d'expliquer une tendance et nourrir le débat, les auteures peuvent répondre, d'une part que les sources masculines prédominent – notamment pour les siècles plus lointains –, d'autre part que les historiennes des femmes ont conscience du poids du symbolique dans la constitution des rapports de sexe ainsi que de la longue durée des systèmes de valeur qui fondent la domination masculine. Elles peuvent dire aussi que d'autres leur reprochent de n'être pas allées assez loin dans la déconstruction des discours, que ces critiques, comme la série, apparaissent finalement bien françaises ou européennes. Même celle de Roger Chartier qui se situe dans une toute autre perspective.

Sensible par ses travaux sur les pratiques de lecture et d'écriture au caractère culturel de la différence des sexes, et familier de la notion de violence symbolique qui développée par Pierre Bourdieu incite à travailler sur les usages du consentement, Roger Chartier pose comme exemplaire la contribution de Joan Scott, où est analysée la construction discursive de la répartition du travail selon les sexes à l'âge de la révolution industrielle. Pour lui, « loin d'éloigner du "réel" et de n'indiquer que les figures de l'imaginaire masculin, les représentations de l'infériorité féminine, inlassablement répétées et montrées, s'inscrivent dans les pensées et les corps des uns et des autres », organisent la réalité et le quotidien (Chartier 1993, p. 42). Puisque la différence sexuelle est toujours construite par les discours qui la fondent et la légitiment, la tâche de l'histoire est « d'identifier, pour chaque configuration historique, les mécanismes qui énoncent et représentent comme une "donnée naturelle" la division sociale des rôles et des fonctions », mais elle est aussi d'analyser la relation entre pratiques discursives et systèmes non discursifs (1993, p. 43). Là comme ailleurs, Roger Chartier met en garde contre les tentations du *linguistic turn* qui « finit par oublier qu'il existe des positions ou des intérêts sociaux extérieurs aux discours » et il entend lier « construction discursive du social et construction sociale des discours » (1993, p. 44).

Nous sommes une fois encore renvoyés outre-Atlantique, où le débat sur le tournant linguistique et le post-structuralisme est fort animé depuis le début des années 1990. Pour établir les conditions d'un dialogue avec l'historiographie américaine, je voudrais en envisager les éléments dans le domaine de l'histoire des femmes, avant de clore cette troisième partie sur les tendances de la décennie en France.

Le débat américain autour du *linguistic turn* et du *gender* post-structuraliste

Il y a quelque paradoxe – ou plutôt un phénomène classique d'appropriation sélective et de réélaboration – à ce que le courant intellectuel du post-modernisme (à l'origine une tendance architecturale) et du post-structuralisme soit si mal connu en France et ses termes à peine utilisés, alors qu'il est attribué à l'influence notable – mais non unique – de philosophes français comme Lyotard, Foucault, Derrida ou Lacan[56]. Critique de la culture moderne, ce courant qui signe la mort des grands récits de légitimation fondés sur une temporalité linéaire et l'idée de progrès – le marxisme et le féminisme en sont de bons exemples –, comme la perte de confiance en l'idée d'une totalité sociale, qui met l'emphase sur la variabilité et la volatilité des significations, qui défie la supposi-

56. Seul Jean-François Lyotard utilise le mot post-moderne et le prend comme titre et thème de ses livres, par exemple dans *La condition post-moderne* (Paris, Éditions de Minuit, 1979) ou *Le post-moderne expliqué aux enfants* (Paris, Galilée, 1988), alors que Jacques Derrida préfère le terme de déconstruction. De même aux États-Unis, l'intitulé *French Feminism* ne correspond pas à la réalité socio-politique du féminisme français et se réfère à la pensée d'auteures comme Hélène Cixous, Luce Irigaray ou Julia Kristeva (voir sur ce point Varikas 1993 ; Moses 1996).

tion d'un sujet doté d'une totale autonomie et d'une identité fixée, qui affirme le caractère discursif de toute pratique, a beaucoup bousculé la discipline historique attachée aux causalités et aux acteurs. Il y a impulsé ce qui est souvent appelé « tournant linguistique », évolution générale et controversée de l'histoire sociale vers une histoire culturelle qui renvoie nettement aux États-Unis – en France sa définition reste très variable[57] – à une histoire plus théorique et marquée par l'analyse linguistique et la critique littéraire. Particulièrement dynamique aux États-Unis, cette dernière discipline cherche à replacer les textes littéraires dans leur contexte et à les relier aux autres écrits culturels qui les informent – ce qu'elle appelle « nouvel historicisme » –, ou bien à dévoiler les oppositions hiérarchiques artificielles de la culture occidentale – ce qu'elle appelle derrière Jacques Derrida « déconstruction » ; ce faisant, elle a proposé un mode d'analyse du culturel qui ne peut laisser indifférents les historiens.

Née parmi les historiens américains spécialistes de l'Europe et plus particulièrement de la France de l'époque moderne et de la Révolution – issu d'un colloque tenu à l'Université de Berkeley et publié par Lynn Hunt en 1989, *The New Cultural History*[58] est dédié à Natalie Zemon Davis[59] –, « la nouvelle histoire culturelle » est définie avec quelque grandiloquence par un de ses praticiens, Herman Lebovics[60], comme « la version actuelle d'un projet de libération né de la crise du marxisme occidental des années 1960 » (1995a, p. 116). Attentive aux approches d'autres disciplines, soucieuse d'« étudier de manière universelle le droit à la différence », de « désontologiser les catégories sociales » et de « traquer les systèmes de contrôle invisibles » (Lebovics 1995a, p. 121), elle pense l'expérience historique à travers ses productions culturelles,

57. [Voir à ce sujet les synthèses récentes (2004) de Pascal Ory et de Philippe Poirrier.]
58. Ce livre propose, avant quatre applications empiriques (par Thomas Laqueur et Roger Chartier notamment), des « modèles » pour l'histoire culturelle : l'histoire de la culture de Michel Foucault, le travail de Natalie Zemon Davis sur la France du XVIe siècle, l'approche anthropologique de Clifford Geertz et « le défi littéraire » de Hayden White et Dominick La Capra.
59. Plusieurs fois citée dans cet ouvrage comme pionnière de l'histoire des femmes et co-directrice, avec Arlette Farge, du volume 3 de l'*Histoire des femmes*, Natalie Zemon Davis est spécialiste de l'histoire sociale et culturelle de la France et de l'Europe du XVIe siècle. Ses principaux ouvrages ont été traduits en français : *Les cultures du peuple : rituels, savoirs et résistance au XVIe siècle* (1979) ; *Le retour de Martin Guerre* (1982) ; *Pour sauver sa vie : récits de pardon au XVIe siècle* (1988b) ; [*Juive, catholique, protestante : trois femmes en marge au XVIIe siècle* (1997). Deux autres ouvrages ont paru en 2003 et 2004.]
60. Herman Lebovics est l'auteur d'un livre traduit en français sur la création et les effets d'une définition étroite de la francité dans la première moitié du XXe siècle : *La vraie France* (1995b).

aborde l'histoire comme un texte et utilise l'analyse du langage au sens le plus large du terme. Mais elle est aujourd'hui traversée de multiples débats et oppose, selon Herman Lebovics, les historiens attachés à la tradition philosophique de l'École de Francfort – dans laquelle il se range –, à ceux, parmi lesquels de « nombreuses féministes », qui prennent leurs outils théoriques en France et font ressortir les aspects oppressifs de ce qui était autrefois décrit comme le progrès. Les « féministes » concernées ne se reconnaîtront pas nécessairement dans cette classification ; elle a néanmoins le mérite de souligner que le féminisme américain, confronté à la reproduction des discriminations et à l'éclatement du mouvement, et plus particulièrement l'histoire des femmes, ont joué dans cette évolution intellectuelle un rôle fondamental, parfois reconnu, le plus souvent ignoré comme le déplore Joan Scott. Et ceci, parce que l'histoire des femmes était à la recherche d'une théorie pour asseoir sa légitimité et parce que la démarche interdisciplinaire pratiquée dans les *women's studies* favorise l'abstraction, langage commun entre les disciplines[61].

La bibliographie de langue anglaise sur le tournant linguistique et les effets – revendiqués ou critiqués – du post-modernisme en histoire ou dans le féminisme est vaste, alimentée par la parution de nombreux ouvrages collectifs et par de continuels débats dans les revues américaines, débats récurrents qui clarifient les positions mais multiplient aussi les clivages et les appellations de nature à laisser perplexe un lecteur français. Sans prétendre à aucune exhaustivité de lecture, je rappellerai le colloque interdisciplinaire publié en 1986 par la théoricienne de cinéma Teresa de Lauretis et intitulé *Feminist Studies, Critical Studies*[62], le débat exprimé dans la revue *Signs* en 1987-1988 entre post-structuralime et « féminisme culturel », ainsi que le numéro de *Feminist Studies* du printemps 1988 consacré à « la déconstruction ». Parmi les parutions des années 1990, je citerai *The Postmodern Turn. New Perspectives on Social Theory*, ouvrage collectif dirigé par Steven Seidman (1994) et dans lequel Judith Butler[63], philosophe de formation et éditrice avec Joan Scott

61. La remarque est de Leora Auslander et Michelle Zancarini-Fournel dans l'introduction de leur ouvrage sur la protection sociale (1995, p. 11).

62. Cet ouvrage comprend deux communications d'historiennes engagées de longue date en histoire des femmes : Linda Gordon et Carroll Smith-Rosenberg.

63. Judith Butler est l'auteure d'un livre qui a fait date en 1990 : *Gender Trouble. Feminism and the Subversion of Identity* [traduction française en 2005]. Le livre de Seidman inclut, dans sa dernière partie sur les illustrations empiriques de la théorie sociale post-moderne, l'article de Joan Scott déjà cité sur « les usages de la théorie post-structuraliste pour le féminisme », article paru dans le numéro *Déconstruction* de *Feminist Studies*

de *Feminists Theorize the Political* (1992), réexamine les fondements du féminisme ; ou bien le débat lancé en 1993 dans la revue *Contention* par Ruth Bloch qui, à la recherche d'une théorie de la culture de genre, reproche au « post-structuralisme radical » de définir « le symbolisme de genre » comme le produit de relations de pouvoir, d'en ignorer l'autonomie causale et de privilégier le conflit sur le lien[64] ; enfin l'échange paru dans *The Journal of Contemporary History* en 1995 et marqué de totale incompréhension entre l'historien social britannique Arthur Marwick[65], qui réfute comme métaphysique l'approche post-moderne, et Hayden White, auteur en 1973 de *Metahistory. The Historical Imagination in 19th Century Europe*[66] et figure de référence du tournant linguistique.

En France et en français, l'origine et la signification du post-modernisme, comme ses implications épistémologiques et politiques sur le féminisme, sont analysées avec clarté et esprit critique à la fois par la philosophe Françoise Collin et l'historienne Eleni Varikas. La première insiste sur le rôle décisif de l'enseignement de Jacques Derrida dans les universités américaines, situe ce courant, aux côtés de l'universalisme et du différencialisme[67], parmi les trois grandes théories philosophiques contemporaines de la différence des sexes et souligne que, « privilégiant la catégorie du féminin indépendamment des appartenances sexuelles effectives », il « semble oublier la réalité socio-politique incontournable des femmes » (Collin 1995, p. 21 ; 1993). Bonne connaisseuse des contextes socio-culturels français et américain, la seconde tente d'« établir *les enjeux d'un dialogue* intercontinental sur les options théoriques qui traversent la réflexion féministe actuelle » et souligne les risques des présupposés scientistes du post-modernisme et ceux d'une « pensée affirmative » qui répudie l'espérance et hypothèque toute « critique vraiment transformatrice de la réalité sociale » (Varikas 1993, p. 64, 80).

(1988) et, sous le titre de « The Sears case », dans son ouvrage *Gender and the Politics of History* (1988b).

64. La réponse est de Barbara Lasslett (1993).

65. Arthur Marwick est notamment l'auteur de *The Deluge : British Society and the First World War* (1965) ; *Women at War* (1977) ; *War and Social Change in the Twentieth Century : A comparative Study of Britain, France, Germany, Russia and the United States* (1979) ; plus récemment de *The Nature of History* (troisième édition 1990) et de *Class : Image and Reality in Britain, France and the USA since 1930* (deuxième édition 1990).

66. Vingt ans après *Metahistory*, la revue internationale éditée à Milan *Storia della storiografia* revient sur la signification et les enjeux de l'ouvrage (1993).

67. Sur l'analyse de ces deux courants, voir la contribution de Françoise Collin au volume 5 de l'*Histoire des femmes* (1992a).

Manifestes, ces divergences d'appréciation franco-américaines se retrouvent chez les historiens. Le lecteur français peut lire avec profit dans *Genèses* (1992) l'article historiographique de Geoff Eley qui explique, avec une sympathie non dissimulée, les incertitudes d'une génération d'Anglo-Américains et le passage, par la critique littéraire notamment féministe et le post-marxisme britannique[68], d'une « histoire sociale amorphe et expansive des années 1970 » au tournant linguistique. Puis se reporter au paragraphe correspondant de *Sur la « crise » de l'histoire*, où Gérard Noiriel explore, en historien critique, l'archéologie et la diffusion du *linguistic turn* qui, de débat interne à l'histoire intellectuelle américaine – critique littéraire des textes ou étude des pratiques culturelles –, devient rapidement, dans la concurrence que se livrent les universitaires, une machine de guerre contre les historiens sociaux. Comme ailleurs dans son ouvrage, Gérard Noiriel déplore là l'introduction dans la discipline historique des querelles philosophiques insolubles sur les fondements de la connaissance, qui conduit – le propos est féroce – « à une surenchère permanente sur le *new*, le *post* et le *rethinking* », avant de s'aventurer avec circonspection sur le terrain de « l'histoire féministe » décrite, pour les mêmes raisons, comme très conflictuelle (Noiriel 1996, p. 144). En « propos[ant] une théorie du *gender* fondée sur la philosophie "post-structuraliste" » et en négligeant « un travail d'explicitation » et de communication, Joan Scott « choisit-[elle] délibérément de se placer en dehors des compétences "normales" de sa communauté professionnelle », aggrave-t-elle les divisions internes du mouvement féministe et du champ de l'histoire des femmes (Noiriel 1996, p. 147-148) ?

Dans les pages qui suivent, je voudrais, ces préliminaires exposés, recentrer la question sur mon objet, tenter de rendre compte de ce qui se joue en histoire des femmes et, conformément à l'esprit de cet ouvrage, aller au-delà de la polémique. Parce qu'elle a travaillé sur des phénomènes et des périodes que je connais relativement bien, parce qu'elle essaie de faire comprendre son évolution intellectuelle et que, figure de proue du *gender* post-structuraliste, elle suscite un large débat contradictoire, je citerai longuement cette historienne américaine. Mais je dirai auparavant quelques mots du travail de Lynn Hunt, une spécialiste de la Révolution française beaucoup plus optimiste dans ses interprétations que Joan Scott qui dénonce la paradoxale incarnation de l'universel révolutionnaire dans la particularité de l'homme blanc (1989), ou Joan Landes qui a souligné l'exclusion des femmes de la vie politique (1988)

68. Représenté par exemple par Gareth Stedman Jones, auteur de *Languages of Class : Studies of English Working Class History* (1983).

ou bien encore Carole Pateman qui a distingué pour cette période la contestation du droit paternel et le renforcement du droit patriarcal sur l'épouse (1988). Plus sensible à l'ambivalence[69] de l'événement, Lynn Hunt pense que « l'association de l'individualisme avec des personnes de sexe mâle [...] était historiquement contingente » et que la Révolution a rendu « possible l'émergence d'un courant féministe, c'est-à-dire d'un questionnement continu sur les femmes » (1995, p. 224-225). Tel est du moins l'épilogue de son ouvrage traduit en français – et utilement préfacé par Jacques Revel –, où, signe de l'inventivité de l'histoire culturelle, elle rend intelligible l'événement passé au crible de sa production culturelle (romans, pamphlets, tableaux, caricatures), à travers le concept freudien de « roman familial », et montre la prégnance des modèles familiaux dans l'imaginaire des révolutionnaires; après avoir, dans des travaux antérieurs, analysé la sexuation du répertoire iconographique et de la culture politique révolutionnaire (1984), puis la signification de la littérature politico-pornographique contre la reine (1991a). Comme toutes les périodes de mutation entre les sexes, la Révolution engendre en effet chez les contemporains une peur de l'indifférenciation sexuelle, peur dévoilée par l'analyse de ses productions symboliques; elle tente aussi de réaffirmer, notamment en recourant à des images de la famille et au moment même où elle est contestée, la division sexuelle du monde et de la société...

Lorsqu'elle tente de faire comprendre son parcours intellectuel – par exemple dans l'introduction de son livre *Gender and the Politics of History* (1988b) – et d'expliquer pourquoi, à la recherche d'une forme de conceptualisation, elle s'est tournée, par la fréquentation d'autres disciplines – critique littéraire, philosophie –, vers la théorie post-structuraliste, Joan Scott souligne que le déplacement fondamental vint en posant la question suivante : comment les hiérarchies de genre sont-elles construites, légitimées, maintenues, défiées ? Prêter attention aux fondements conceptuels de la différence et de la domination devenait le seul moyen de rendre clairs l'histoire des relations entre les sexes et bien des problèmes d'histoire générale, même si cela minait la prétention historienne à une synthèse narrative – ce qui est arrivé aux hommes et aux femmes et comment ils ont réagi. Issue de l'histoire sociale avec une

69. C'est le terme employé par Geneviève Fraisse et Michelle Perrot dans l'introduction de la première partie (« La rupture politique et le nouvel ordre du discours ») du volume 4 de l'*Histoire des femmes* (1991, p. 23). Sur l'historiographie de la Révolution française, voir l'article critique de Karen Offen (1990) et en français le livre de Catherine Marand-Fouquet (1989). [Voir aussi la quatrième partie de cet ouvrage.]

thèse sur les verriers de Carmaux (1974)[70], incitée dans les années 1970 à enseigner et pratiquer l'histoire des femmes par la demande étudiante – déjà cité, son premier livre mettait en évidence les liens étroits entre le travail féminin et la famille (Scott et Tilly 1978) –, elle a constaté que les différences économiques ou l'appartenance à des classes distinctes étaient impuissantes à rendre compte de la différence sexuelle et de sa production constante d'inégalité, et que l'histoire des femmes n'était pas celle d'un projet linéaire et cumulatif. Elle s'est alors dans un premier temps attachée à une critique de l'histoire ouvrière classique, notamment du monument – novateur en son temps – de Edward P. Thompson *The Making of the English Working Class* (Scott 1987b, 1988b)[71] et à une reformulation de la question du travail féminin à travers l'étude des discours de l'enquête statistique, des syndicats ouvriers ou de l'économie politique. Il ne s'agit plus, suggère-t-elle, de perpétuer les termes du discours du XIXe siècle en traitant les ouvrières comme marginales dans les processus d'urbanisation, d'industrialisation ou de formation de la classe ouvrière – « L'ouvrière ! mot impie, sordide », écrivait Jules Simon derrière Michelet (1860) –, mais bien au contraire de comprendre le fonctionnement de ces processus à travers la genèse de la marginalisation des ouvrières (Scott 1984, 1986b, 1988b)[72]. Comme elle le souligne dans « La travailleuse », contribution synthétique au quatrième volume de l'*Histoire des femmes*, la répartition du travail par sexe à l'âge de la révolution industrielle n'est pas le résultat des conditions objectives du développement industriel mais le produit de discours contemporains qui enracinent dans une différence de nature les oppositions foyer-travail, production-reproduction ; ce faisant, ces discours constituent un facteur du développement dont ils façonnent les formes, ainsi qu'une justification du statut subalterne des femmes sur le marché du travail (Scott 1991a).

Sensible aux représentations symboliques et à leurs effets – la définition d'un métier, d'une qualification est bien affaire de langage –, cette démarche, dans laquelle les détracteurs de Joan Scott devraient voir au moins un renouvellement de la critique des sources – par l'analyse des

70. Thèse publiée aux États-Unis et traduite tardivement en France : *Les verriers de Carmaux. La naissance d'un syndicalisme* (1982).

71. Livre pionnier d'histoire sociale, publié en 1963 et traduit tardivement en français (Seuil, 1988), *La formation de la classe ouvrière anglaise* tournait le dos à une histoire mécaniste des avant-gardes au profit de l'étude des vies et des valeurs des ouvriers. La critique de Joan Scott, incluse dans son recueil d'articles de 1988 (deuxième partie : « Gender and Class »), a été faite dès 1983 dans une communication au colloque de l'American Historical Association.

72. Ces trois articles sont repris dans la troisième partie (« Gender in History ») du recueil *Gender and the Politics of History* (1988b).

catégories sexuées qui les structurent – et une invitation à une histoire moins positiviste, a inspiré, sous la bannière du *work engendered* ou du *engendering work*[73], de nombreuses recherches américaines sur le travail et plus encore le mouvement ouvrier. Ava Baron, par exemple, a montré comment les discours sur la masculinité ont guidé les pratiques syndicales des typographes américains au début du siècle (1991). De son côté, phénomènes déjà mis en évidence par l'histoire ouvrière du travail féminin, mais analysés plus comme une anomalie et un frein à l'émancipation des ouvrières que comme un élément constitutif du développement économique et social, Sonya Rose a souligné que la rhétorique des syndicats ouvriers anglais, développée au XIXe siècle jusque dans les bassins de forte activité féminine comme le Lancashire, plaçait les femmes en marge du travail industriel et en dehors de la politique du mouvement ouvrier, y compris lors des grèves dont l'énonciation virile contraint les femmes à des formes d'expression moins organisées (1991a, 1991b). Même Laura Downs, qui s'est opposée publiquement à Joan Scott en 1993[74], accorde, pour comprendre la nouvelle division sexuelle du travail issue de la Grande Guerre, une grande place, aux côtés des changements technologiques, aux discours sexués des industriels de la métallurgie qui définissent désormais comme féminines les tâches parcellisées nécessitant dextérité et aptitude aux travaux monotones (1995). Il y a là, me semble-t-il, par-delà des clivages théoriques, des convergences dans les manières de faire que je souligne une nouvelle fois.

Mais il est vrai aussi que le post-structuralisme, qui pose toutes les catégories d'analyse – l'histoire en utilise de multiples : classe, race, genre, expérience, action et bien d'autres – comme contextualisées, contestées et contingentes, va plus loin et propose d'analyser le genre comme des processus littéraires et philosophiques. Au lieu de prouver l'opposition binaire masculin / féminin, il se demande en effet comment s'est établie cette opposition ; au lieu de supposer une identité préexistante « femmes », il s'intéresse aux processus de sa construction ; au lieu d'attribuer un sens inhérent aux catégories « hommes » et « femmes », il analyse comment ce sens se construit et s'affirme, comment les sujets sont constitués comme différents. Cette analyse considère la signification comme son objet propre et examine les pratiques et les contextes – d'où la récurrence du terme « historiciser » – dans lesquels se produisent les signifiés de la différence sexuelle. Dit autrement,

73. *Work Engendered* est le titre d'un ouvrage collectif dirigé par Ava Baron (1991), *engendering work* est une expression de Laura Frader (1996a).
74. Les termes du débat seront précisés plus loin.

elle considère « l'émergence des concepts et des identités comme des événements historiques qui ont besoin d'être expliqués », en prêtant attention aux conflits et contradictions des systèmes de discours ainsi qu'aux significations multiples qu'ils déploient (Scott 1991c, p. 792). Ce faisant, elle n'introduit pas de déterminisme linguistique ni ne prive les sujets de capacité d'action, mais elle relativise l'identité « femmes » et la coupe de sa base en une expérience essentialisée et conçue comme un mélange – « sanctifié » par le féminisme, selon le mot ironique de Denise Riley dans *« Am I that Name ? » Feminism and the Category of « Women » in History* (1988, p. 100) – d'attribué, d'imposé et de vécu.

Si l'histoire des femmes a produit une « rupture épistémologique », elle est là, dans cette problématisation de l'« expérience » qui est un fondement non interrogé de l'explication historique : après l'histoire sociale qui prétendait lire l'expérience dans le statut social des individus, la *women's history*, soucieuse de promouvoir les femmes comme acteurs historiques et de s'appuyer sur leurs modes d'expression, a revendiqué leur expérience comme autre, situé leur résistance en dehors de sa pratique discursive et « naturalisé » ainsi la différence des sexes, au risque de reproduire les systèmes idéologiques et sociaux et de masquer la domination. Pour les post-structuralistes au contraire – et Joan Scott s'explique longuement dans un article de *Critical Inquiry* intitulé « The evidence of experience » (1991c) –, l'expérience ne peut être supposée « authentique », ni être l'origine de l'explication historique. Médiatisée par le langage, elle est au moins toujours une interprétation et quelque chose qui a besoin d'être interprétée, en insistant à la fois sur les processus de production d'identité, la nature discursive de l'expérience et la « politique » conflictuelle et contingente de sa construction...

Consciente de la difficulté d'écrire une histoire des femmes de forme cohérente sans une notion fixe et partagée de ce qu'elles sont, Joan Scott souligne néanmoins que le post-structuralisme offre « des interprétations dynamiques du genre qui insistent sur la controverse, la contradiction idéologique et les complexités des relations changeantes de pouvoir », et surtout qu'il répond à de vrais problèmes historiographiques et politiques (1991b). Évoquons par exemple l'ouvrage d'une de ses anciennes étudiantes, Mary Louise Roberts, qui répond de façon stimulante à la question fort débattue des effets de la Grande Guerre sur les rapports de sexe et la société en France. *Civilisation Without Sexes : Reconstructing Gender in Postwar France* ne prétend pas mesurer le changement réel, ni savoir comment les femmes incorporent à leur identité les représentations contradictoires du féminin. Il examine le débat sur l'identité féminine comme prisme discursif pour comprendre l'impact de la guerre, observant « l'économie culturelle » de la société française bouleversée par le conflit. Ce faisant, il identifie, à travers l'étude de journaux, romans, ouvrages didactiques, images de mode ou discussions parlementaires, trois modèles différents et concurrents : celui de la femme moderne qui cristallise les peurs du changement, le modèle antagoniste et rassurant de la mère, celui enfin de la femme seule qui permet de négocier le changement, de réconcilier l'ancien idéal domestique avec l'organisation sociale changeante, de – l'expression est jolie et éclaire sur la France de l'entre-deux-guerres et de Vichy – « regarder en arrière vers le futur » (Roberts 1994, p. 217). Cette « reconstruction du genre », conclut l'auteure qui attribue cette fonction cathartique à *La garçonne* de Victor Margueritte, fait plus que normaliser la vie des femmes, elle apaise les anxiétés sexuelles et culturelles – anxiétés bien réelles – sur les effets de la guerre ; elle permet de « faire la paix », comme titre l'étude fort proche de Susan Kingsley Kent sur la Grande-Bretagne, étude plus centrée cependant sur le déclin du féminisme ou plutôt la coupure entre le courant égalitariste fidèle aux anciens idéaux et un *new feminism* marqué par la violence de guerre et convaincu de la nécessaire complémentarité entre les sexes (1993).

De son côté, Joan Scott travaille depuis le début des années 1990 sur le féminisme français et le discours politique républicain, plus précisément sur la lutte des femmes pour l'égalité politique et sur les rapports complexes entre universalisme et féminisme. Intitulée « Les femmes qui n'ont que des paradoxes à offrir. Féministes françaises 1789-1945 », sa contribution à l'ouvrage des historiens suisses Hans Jost, Monique Pavillon et François Valloton sur la citoyenneté (1994) est devenue un livre prochainement disponible en français (1998a). Sa lecture – comme celle de son article sur « l'universalisme dans l'histoire du féminisme » (1998b) ou de l'ouvrage de Natalie Davis sur trois portraits de femmes (1997) –, peut permettre aux lecteurs français de confronter les historiographies et de mieux entrevoir les enjeux d'approches différentes.

Pour comprendre l'échec toujours renouvelé de la lutte politique des femmes et dépasser le récit linéaire des luttes féministes comme la querelle des classifications, Joan Scott propose d'étudier le féminisme « comme interne à son contexte historique discursif » (1994, p. 13), celui de la politique démocratique qui, dès l'origine – la Révolution française – et compte tenu de la répartition contemporaine des pouvoirs, assimile l'individu à l'être masculin, pour résoudre, en expliquant la différence en termes de différence sexuelle, la tension entre les deux définitions existantes de l'individu : le prototype abstrait et la personne distincte. Ainsi, « le féminisme expose les contradictions constitutives de l'individualisme (qui énoncent des principes universels et excluent les femmes des droits politiques) en même temps qu'il est produit par lui», et l'histoire du féminisme est, comme le dit d'elle-même Olympe de Gouges, «l'histoire de femmes qui n'ont que des paradoxes à offrir», de *femmes* qui réclament les droits de *l'homme*, de femmes contraintes à accepter et refuser à la fois la différence sexuelle (1994, p. 12). Condition constitutive du féminisme, par laquelle il obtient son effet subversif, cette tension interne se perpétue d'une génération à l'autre, alors même que bougent les significations d'universalisme et de féminisme ainsi que leur rapport d'interdépendance; et ce jusqu'à nos jours, malgré l'obtention par les Françaises de la citoyenneté politique en 1944, où, explique l'historienne, les deux termes – homme et citoyen – ont cessé de se définir l'un l'autre, sans que soit entrepris une réelle critique de l'universalisme. Attentive aux sources et au fonctionnement du paradoxe féministe, éloignée de la démarche biographique comme du récit de l'histoire politique qui décrit un système pluraliste et perfectible, cette histoire du féminisme pourra apparaître comme particulièrement désincarnée et indifférente aux subjectivités féminines, injuste aussi parfois envers l'historiographie antérieure qui n'a pas ignoré le paradoxe. Elle est pour Joan Scott «l'histoire féministe elle-même», «critique de la pratique historique conventionnelle et de l'idéologie (libérale) qu'elle appuie» et composante «du projet sur lequel elle écrit» (1994, p. 26). Non sans débat d'historiennes et de militantes.

Même si l'histoire post-structuraliste en général – et Joan Scott en particulier – entend montrer non seulement comment fonctionne le langage dans la construction de l'identité sociale, mais aussi comment les idées se convertissent, à travers le langage, en réalités sociales, ce qui est en jeu, ce qui est perçu comme en jeu, sont le statut du social et du réel, la place dévolue aux déterminations spécifiquement sociales. Cette question oppose ceux qui affirment la transparence des faits – on trouve des faits dans les archives – et ceux qui soutiennent que toute réalité est interprétée et construite, que le monde est un texte; opposition qui prend des formes particulières en histoire des femmes. Incontestablement, le *gender* post-structuraliste a déplacé les questions et l'intérêt de l'histoire des femmes, des faits et déterminations matérielles, thèmes travaillés par Joan Scott dans les années 1970, vers l'analyse du langage et de la production sociale de signifiés. Sa collaboratrice d'alors, Louise Tilly, a réagi avec mesure, mais en soulignant son désaccord et son incompréhension envers une méthode – elle parle plus volontiers de déconstruction – qui surestimerait la contrainte sociale, porterait une attention insuffisante au contexte (Joan Scott dit le contraire mais en insistant sur le contexte discursif), et mettrait « radicalement en question l'existence d'un monde réel et la possibilité de le connaître et de l'expliquer ». Comme Gérard Noiriel à l'encontre des historiens-épistémologues, elle reproche à sa collègue de sortir de sa discipline et d'intervenir « aussi sur la politique féministe, sur l'épistémologie et sur l'ontologie » (Tilly 1990, p. 160, 159)[75].

Louise Tilly reçut dans cette circonstance – paru en anglais dans *Social Science History*, son article fut suivi de commentaires et d'une réponse de sa part (1989) – le soutien de Judith Benett et celui de Gay Gullickson qui dénonça la déconstruction comme outil inaccessible à la plupart des historiennes des femmes, et ses résultats comme incompréhensibles en dehors d'un petit cercle de spécialistes. Les opposantes ont ensuite donné au débat un tour plus polémique, le situant résolument sur le plan politique et l'inscrivant dans des dichotomies féministe / non féministe ou théorie / politique, la théorie étant considérée comme abstraite, élitiste et masculiniste, la politique comme concrète, pratique et féministe. Tandis que Joan Scott répond que les deux termes ne peuvent être séparés et que des inconditionnelles voient dans le post-structuralisme « la » théorie par excellence, certaines historiennes comme Linda Gordon lui reprochent sa trop grande insistance sur le pluralisme qui ne permet plus d'identifier ni le patriarcat ni l'ennemi de classe et détruit tout concept collectif de « femmes »[76]. D'autres critiquent sa représentation abstraite des différences au détriment du monde réel et de l'expérience commune des femmes. C'est le cas, par exemple, de Laura Downs qui, défendant une approche plus empirique d'articulation des discours et des pratiques sociales, d'unification de l'histoire des femmes et du genre, ouvre un échange dévastateur avec un article qui sonne comme un manifeste féministe : « If "woman" is just an empty category, then why am I afraid to walk alone at night? Identity politics meets the postmodern subject »[77] (1993b). C'est le cas aussi d'une historienne de l'Allemagne de Weimar, Kathleen Canning, qui insiste sur l'expérience corporelle des femmes (1994). D'autres encore parlent d'élitisme, de terrorisme

75. Eleni Varikas a écrit un article intéressant sur le débat Tilly-Scott : « Genre, expérience et subjectivité. À propos du désaccord Tilly-Scott », publié dans une revue italienne *Passato e Presente* (1991).

76. Le numéro de *Signs* de l'été 1990 a publié des comptes rendus réciproques et des échanges de vue entre Linda Gordon et Joan Scott. Le livre de L. Gordon s'intitule : *Heroes of Their Own Lives : The Politics and History of Family Violence, Boston 1880-1960* (1988).

77. « Si "femme" est seulement une catégorie vide, pourquoi ai-je peur de me promener seule la nuit ? Les politiques d'identité rencontrent le sujet post-moderne ». Cet article de la revue *Comparative Studies in Society and History* est suivi de la réponse de Joan Scott (« The tip of the volcano ») et de la réponse de Laura Downs à Joan Scott.

intellectuel, de soumission aux « gourous » français. Ces échanges peu amènes laissent toutefois un espace aux positions intermédiaires d'ouverture qui ne dédaignent pas d'utiliser empiriquement les apports du tournant linguistique[78], et à la confrontation plus sereine des défis de l'histoire des femmes et de ses contributions à l'épistémologie de l'histoire[79].

Comment savons-nous ce que nous savons ? Comment pensons-nous savoir quelque chose ? Comment écrivons-nous ce que nous pensons savoir ? Quel est le rôle du statut personnel de l'auteur ? « Épines au flanc » de la discipline historique selon l'expression d'Arlette Farge (1995, p. 290), ces questions, soulevées en France par ceux que Gérard Noiriel appelle « les historiens-épistémologues des années 1970 » (la génération Veyne - de Certeau), comme par Jacques Rancière ensuite, font retour en histoire des femmes par l'intermédiaire du débat américain que je viens d'évoquer. S'il reflète incontestablement des enjeux propres au paysage intellectuel des États-Unis où notamment, comme le souligne Eleni Varikas, « la course à la théorie constitue la règle d'or de la réussite » (1993, p. 62), ce débat me paraît stimulant et ne peut être esquivé. D'une part, le *gender* post-structuraliste, quelque peu désenchanteur par les limites qu'il semble poser à l'ambition historique, est à mes yeux novateur par les approches qu'il suscite dans le traitement du langage et utile par sa fonction critique des catégories historiques usuelles[80]. D'autre part et plus généralement, l'historiographie américaine a la vertu de nous rappeler l'intérêt – et les risques – de l'interdisciplinarité, d'ébranler nos certitudes positivistes, et de nous inviter à interroger la différence, à faire entrer dans nos recherches françaises, plus que de coutume, l'étude systématique de la différence et des différences. D'ouvrir aussi des thématiques neuves, parmi lesquelles par exemple « le sexe des choses » – titre d'un livre collectif dirigé par Victoria de Grazia et Ellen Furlough (1996)[81] –, ou le genre du goût et de la consommation exploré par Leora

78. Cette position est exprimée par exemple dans un dialogue du *Journal of Women's History* (vol. 5, n° 1 printemps 1993) avec introduction de Sonya Rose (« Gender history / women's history : is feminist scholarship losing its critical edge ? ») et commentaires de Kathleen Canning, Anna Clark, Mariana Valverde et Marcia Sawyer. J'ai déjà cité, dans cette mouvance, le livre collectif dirigé par Laura Frader et Sonya Rose (1996).

79. Par exemple dans le livre collectif édité par Ann-Louise Shapiro : *Feminists Revision History* (1994).

80. Débat peu soulevé en France dans la communauté historienne ; un peu plus dans d'autres disciplines lorsqu'elles affirment par exemple que le sexe ne doit pas être considéré comme une variable simple à deux valeurs, ou qu'il faut travailler sur les frontières et les transgressions des catégories du sens commun ; ou encore dans le féminisme lorsqu'il affirme : « Le genre précède le sexe… »

81. Ellen Furlough a déchiffré l'histoire du mouvement des coopératives de consommation en France (1991).

Auslander à propos du mobilier (1996). Dirigé et introduit par Joan Scott qui répond aux critiques et explique les chemins de l'histoire des femmes, *Feminism & History*, qui réédite vingt contributions majeures sur sept catégories de l'histoire – femmes, genre, race, classe, sexualité, féminisme, histoire –, témoigne de cette vitalité (1996).

Mais inversement, je ne peux pas non plus être indifférente à la réaction de Joan Hoff, réaction qu'elle attribue à ses deux ans de séjour hors des États-Unis, à Dublin. Dans un article de la *Women's History Review* dont le titre est un plagiat cinglant – « Gender as a postmodern category of paralysis » –, elle tente d'expliquer l'audience du post-structuralisme dans l'histoire des femmes aux États-Unis comme un phénomène de génération. Elle y dénonce les trois aspects négatifs du post-modernisme, hostile à l'histoire et ses méthodes, sexiste – c'est, dit-elle, l'idéologie patriarcale de la fin du XXe siècle –, et politiquement paralysant. Et elle exprime la crainte que cette théorie n'isole d'une part l'histoire des femmes du mouvement des femmes et des enseignantes qui essaient d'en utiliser les acquis dans leurs cours, d'autre part et « plus fâcheusement », les historiennes américaines de leurs collègues de l'Est et du tiers monde qui commencent seulement à écrire sur leur passé et ne peuvent « se payer le luxe de la théorie » (1994). Malgré ses outrances – la revue reçut de nombreuses réactions, majoritairement favorables, mais aussi hostiles à l'anti-intellectualisme du propos –, cet article eut le mérite, comme le souligne Jane Purvis qui ouvre ses colonnes en 1996 à des réponses argumentées (Kent, Ramazanoglu, Hoff), de faire pénétrer en Grande-Bretagne le débat sur le post-structuralisme et de stimuler l'histoire des femmes. Peut-être mon propos aura-t-il le même effet en France, où la situation de l'histoire des femmes apparaît à la veille du XXIe siècle fort paradoxale.

Retour en France : richesse et paradoxes de l'histoire des femmes

Au terme de ce parcours de près de trois décennies, je ne ferai que quelques remarques rapides sur la situation de l'histoire des femmes en France à la fin des années 1990, marquée, me semble-t-il, de plusieurs paradoxes.

Le paradoxe le plus apparent oppose la richesse des développements historiographiques à la fermeture des institutions universitaires et de recherche qui s'exprime fortement par un refus de reconnaître l'existence de ce champ disciplinaire et d'en faciliter le développement. Pourtant, recherches et publications se sont poursuivies et comblent en partie des thèmes ou des périodes jusque-là peu explorées. Signalons notamment l'investissement de l'histoire du temps présent qui s'affirme avec la parution du premier numéro de *Clio HFS* sur « résistances et libérations » ; avec aussi l'analyse, derrière celle des combats de plusieurs décennies pour une sexualité « sans procréation », « sans âge », « sans violence » et « sans normes » (Mossuz-Lavau 1987 et 1991), de « la révolution maternelle qui les accompagne et modifie, au fil de trois générations contrastées – celle des mères du baby-boom, celle des filles du refus, celle « du désir » – les relations entre maternité et citoyenneté (Knibiehler 1997) ; avec, plus encore, la soutenance de trois thèses sur l'après-1945. Qu'elles portent sur les femmes de la vie politique française de la Libération aux années 1970 (Guéraiche) ou sur les associations féminines catholiques, communistes ou féministes (Loiseau 1996 ; Chaperon), ces thèses[82] mettent au jour le militantisme des femmes qui a tissé l'histoire politique, ouvrière et sexuée de ces décennies, en renouvellent la perception et s'interrogent, chacune à leur manière, sur les continuités et les ruptures ainsi que sur les phénomènes générationnels. Elles témoignent aussi du poids dans l'historiographie des années 1990 de la question de la place des femmes dans l'espace public, question qui alimente le débat sur la singularité française, interpelle une histoire politique en plein renouvellement et en propose, comme le fait l'historienne britannique Siân Reynolds[83] pour un entre-deux-guerres trop familier, une relecture stimulante (1996). Après la réédition complétée en 1995 de *Muse de la raison*, texte pionnier de Geneviève Fraisse, et la publication par Éliane Viennot du colloque sur « la démocratie "à la française" » (1996), la seule année 1997 compte au moins sept parutions sur ce thème (Corbin *et al.* ; Dermenjian et Haicault ; Fauré ; Le Bras-Chopart et Mossuz-Lavau ; Pisano et Veauvy ; Perrot 1997a, 1997b).

Trois autres thématiques sont également particulièrement travaillées. D'une part, la question de la valeur et de la richesse des femmes, qui a suscité dans les années 1980 plusieurs travaux collectifs d'histoire et d'anthropologie (GRIEF 1982 ; Weiner 1983 ; CEFUP 1986 ; Ravis-

82. [L'édition 2007 a supprimé les références aux thèses, pour n'indiquer que les livres qui en sont issus. Dans les trois cas cités, les thèses on été respectivement soutenues en 1992, 1993 et 1996. Sur l'histoire du temps présent, voir Zancarini-Fournel 2003a.]
83. Siân Reynolds fut l'éditrice en 1989 d'un ouvrage collectif et comparatif sur le genre et le pouvoir en Europe depuis 1789.

Giordani 1987), est reprise[84] et infléchie parfois vers l'étude de leur rôle économique. D'autre part, le facteur religieux, longtemps point aveugle d'une histoire au féminin, particulièrement pour la période contemporaine[85], suscite de multiples recherches, dont le deuxième numéro de *Clio HFS* souligne la richesse et la diversité. Alors que Nicole Edelman a consacré sa thèse devenue livre à la quête des femmes somnambules, médiums et spirites au XIXe siècle (1995), Claude Langlois, qui a décrit autrefois l'univers des congrégations féminines et montré la féminisation du catholicisme au XIXe siècle (1984) – le dimorphisme sexuel de la pratique religieuse perdure d'ailleurs au XXe siècle (1995) –, élargit désormais, dans le cadre de la chaire d'Histoire et sociologie du catholicisme contemporain de l'École pratique des hautes études, l'articulation entre histoire religieuse et histoire des femmes. Il s'intéresse, après Jacques Maître (1995), à la figure de Thérèse de Lisieux, propose de relire le phénomène marial dans toutes ses manifestations et d'en préciser les inflexions chronologiques (1997), reprend le dossier, récemment étudié pour le XXe siècle par Martine Sévegrand qui évoque les dramatiques dilemmes des couples catholiques (1995, 1996), de la sexualité féminine et du contrôle des naissances[86].

De fait, la sexualité devient en France un objet d'étude historique, appréhendé au travers des comportements intimes des couples (Sohn 1996a, 1996b) et des violences sexuelles qui manifestent un « usage politique de la cruauté (Nahoum-Grappe 1996, Héritier 1996b) et ramènent « les femmes [...] à leur condition d'êtres asservis aux hommes (Martin J.-C. 1997, p. 109) : harcèlement sexuel au travail (Louis 1994), tontes de la Libération (Virgili[87] 1995a, 1995b), profanations sexuelles commises sur le corps des femmes pendant la période révolutionnaire (Martin J.-C. 1996a, 1996b, 1997), viols de Françaises par des soldats allemands pendant l'invasion de 1914[88] (Audoin-Rouzeau 1995). Inscrit dans une prometteuse perspective d'histoire culturelle de la première guerre

84. Par exemple lors d'une journée d'études organisée à l'Université Paris 7 sur « la richesse des femmes » et publiée dans le numéro 7 de *Clio HFS*.
85. La remarque est moins vraie pour l'histoire du Moyen Âge et des Temps modernes. Ainsi Jean Delumeau a dirigé au Collège de France tout un ensemble de recherches sur le rôle des femmes dans la transmission de la foi (1992). L'histoire contemporaine des femmes a toutefois montré la force des associations catholiques comme la Ligue patriotiques des Françaises (Sarti 1988) et celle des mouvements d'action sociale (Fayet-Scribe 1990a).
86. [Son livre sur « le crime d'Onan » est publié en 2005.]
87. Fabrice Virgili écrit une thèse d'histoire sur ce phénomène. [La thèse, soutenue, est devenue livre en 2000.]
88. Cette question est abordée aussi par deux historiennes américaines : Ruth Harris (1993) et Judith Wishnia (1995).

mondiale que Stéphane Audoin-Rouzeau appelle de ses vœux, au début des années 1990, *L'enfant de l'ennemi* est moins un livre sur le viol de guerre et ses victimes que sur les fantasmes et débats autour du devenir des enfants du viol, mais il n'aurait sans doute pu voir le jour sans les recherches antérieures en histoire des femmes et études féministes, en France comme à l'étranger. L'auteur ne reconnaît pas cette filiation et éprouve le besoin de se démarquer en introduction d'« un certain féminisme américain » et d'une historiographie américaine « de plus en plus conditionnée par les appartenances identitaires » : en ce sens, il illustre le premier paradoxe de l'histoire des femmes en France.

Le deuxième paradoxe oppose les réticences françaises et la relative ouverture des institutions internationales ou européennes. Pour la première fois, « le rapport masculin-féminin » – étudié dans les grandes mutations historiques et introduit par un rapport méthodologique de Yolande Cohen – constituait un des trois thèmes majeurs du 18e congrès international des sciences historiques tenu à Montréal l'été 1995 ; tandis que la Fédération internationale pour la recherche en histoire des femmes y organisait, sans aucune contribution de la France (ex-pays colonisateur), deux journées de travail sur « femmes, colonialismes, impérialismes et nationalismes à travers les âges »[89]. De même, la question des femmes et du genre est une des thématiques développées dans les conférences européennes d'histoire sociale que promeut depuis 1996 l'Institut international d'histoire sociale d'Amsterdam.

Cette constatation doit toutefois être nuancée, tout d'abord par le lancement en 1995 d'une revue d'histoire des femmes qui place la France dans un courant européen de développement et de légitimation de ce champ de recherche. Aux côtés des récentes revues britanniques (*Gender & History et Women's History Review*), autrichienne (*L'homme. Zeitschrift für Feministiche Geschichtswissenschaft*), espagnole (*Arenal*) et belge (la plus interdisciplinaire *Sextant*), *Clio, histoire, femmes et sociétés*[90] marque, par son titre et ses exigences académiques – nous[91]

89. [Les actes ont été publiés en 1998 par Ruth R. Pierson et Nupur Chaudhuri.]
90. Revue semestrielle comportant toujours un gros dossier thématique, *Clio, histoire, femmes et sociétés* publie à l'automne 1997 son sixième numéro *Femmes d'Afrique* (sous la direction de Catherine Coquery-Vidrovitch et Françoise Thébaud), après *Résistances et libérations, France 1940-1945* (Françoise Thébaud), *Femmes et religions* (Agnès Fine et Claudine Leduc), *Métiers, corporations, syndicalismes* (Michelle Zancarini-Fournel), *Le temps des jeunes filles* (Gabrielle Houbre), *Guerres civiles* (Catherine Marand-Fouquet).
91. Le « nous »signifie au moins l'auteure de ces lignes qui a pris l'initiative de cette revue acceptée par les Presses universitaires du Mirail et les huit autres membres du comité de rédaction : Christine Bard, Agnès Fine, Gabrielle Houbre, Christiane Klapisch-Zuber,

ne voulons plus seulement être des Pénélope –, la maturité de l'histoire des femmes et sa volonté d'insertion et de dialogue avec la discipline historique. D'autre part, dans le cadre de la préparation de la quatrième Conférence mondiale sur les femmes – celle de Pékin –, et malgré quelques tensions entre la mission officielle de coordination et l'Association nationale des études féministes[92], la communauté scientifique française a été mobilisée en mars 1995 autour d'un colloque international et pluridisciplinaire de l'ampleur de celui de Toulouse sur les trois thèmes d'égalité, d'identité et de différence. Publié très rapidement par le collectif Ephesia[93], *La place des femmes : les enjeux de l'identité et de l'égalité au regard des sciences sociales* montre la richesse et les avancées conceptuelles des recherches sur les rapports de sexe, ainsi que leur « fonction irremplaçable [...] pour fonder l'action politique en faveur des femmes » (Ferrand et Commaille 1995, p. 636). En histoire comme dans d'autres disciplines, la notion de *gender* – rencontre sexuée et différence sexuelle en perpétuelle reconstruction – s'est affirmée et précisée. Elle est par exemple mise en œuvre systématiquement par Delphine Gardey dans une thèse sur le monde des employés de bureau de 1890 à 1930, pour articuler les trois processus de féminisation, mécanisation et rationalisation de ce « monde en mutation » et cerner l'identité de ce goupe social (1996)[94]. Elle côtoie, avec Gabrielle Houbre, les rivages délicats d'une histoire culturelle de « l'éducation sentimentale des filles et des garçons à l'âge du romantisme » (1997).

Cependant – et c'est le troisième paradoxe que je voudrais souligner –, cette diffusion du *gender* s'accompagne de deux mouvements divergents qui, intégrant la dimension du genre, ne doivent pas être considérés comme des retours en arrière : le rappel de la domination masculine et l'attention au féminin, voire au corps des femmes. Derrière

---

Claudine Leduc, Catherine Marand-Fouquet, Florence Rochefort et Michelle Zancarini-Fournel, directrice de publication avec Françoise Thébaud. Mais ce « nous » signifie sans doute aussi une grande partie des chercheur(e)s en histoire des femmes.

92. Contestant notamment la note *Études et recherches sur les femmes en France* publiée en annexe du rapport pour l'ONU *Les femmes en France : 1985-1995* (La Documentation française 1994), l'ANEF présente son propre bilan en annexe du livre du collectif Ephesia (ANEF 1995).

93. Ephesia est le pseudonyme collectif du conseil scientifique de l'ouvrage : Marianne Berthod-Wurmser, Michel Bozon, Jacques Commaille, Monique Dental, Annie Fouquet, Marie-Claude Hurtig, Luce Irigaray, Annie Labourie-Racapé, Camille Lacoste-Dujardin, Jacqueline Laufer, Nadine Lefaucheur, Thérèse Locoh, Margaret Maruani, Janine Mossuz-Lavau, Michelle Perrot, Françoise Picq, Olivier Schwartz, François de Singly, Jean-Marie Sztalryd.

94. [La thèse est devenue livre en 2001.]

les anthropologues qui, comme Françoise Héritier (1996a) font de la différence hiérarchisée des sexes le principe organisateur des sociétés et des structures cognitives, mais avec une attention aux changements et aux conjonctures, l'histoire des femmes s'intéresse particulièrement aujourd'hui aux « crispations de pouvoir », aux « déplacements frontaliers de l'inégalité, [aux] incessantes décompositions et recompositions des partages entre les deux sexes » (Perrot 1995, p. 51), ainsi que, comme les sociologues, « aux mécanismes reproducteurs de discrimination » (Ferrand et Commaille 1995, p. 641). Elle rappelle aussi le risque historiographique, voire « l'indécence » – le terme est de Geneviève Fraisse dans un commentaire du livre d'Alain Boureau sur la « fabrication » du mythe du droit de cuissage[95] – de « traiter des représentations sans les sujets et sans le réel », de « se détourner de la réalité d'oppression et d'inégalité des femmes » (Fraisse 1996b, p. 259-260) et propose au contraire de réfléchir ensemble au mythe, au droit et à la réalité pour penser la relation entre les sexes. Ne faut-il pas comprendre ainsi l'émergence de l'histoire de l'antiféminisme[96] qui, pour ne pas être seulement l'étude – amorcée dès les années 1970 – de textes normatifs ou de discours réactionnaires, doit s'appuyer sur cette articulation de la norme, des pratiques et des discours. Est alors explorée, à la recherche d'une chronologie, l'économie culturelle d'une société qui confronte, dans de multiples configurations, réactions et représentations hostiles ou favorables aux mutations des rapports de sexe. De son côté, Francine Muel-Dreyfus met en perspective les discours de Vichy sur « l'éternel féminin » par un travail de sociogenèse des représentations sociales : elle analyse leurs usages sociaux et politiques, souligne la violence de la stigmatisation des femmes et montre que l'affirmation d'une inégalité sexuelle inscrite dans la biologie constitue le paradigme et le socle de tous les rapports hiérarchiques dans un ordre social pensé comme naturel (1995). Ces recherches sur les violences exercées contre les femmes et sur la dimension sexuée de la violence ne dispense cependant pas d'une réflexion sur la violence réelle et imaginée des femmes, réflexion à laquelle invite l'essai collectif dirigé par Cécile Dauphin et Arlette Farge (1997)...

95. Déjà cité, le livre d'Alain Boureau est une démonstration sans failles mais il contient aussi une introduction et une conclusion plus polémiques sur l'histoire des femmes (1995).

96. Christine Bard organise depuis 1996 à l'université d'Angers des journées d'études sur ce thème, pour comprendre « la genèse de l'antiféminisme moderne » et ses formes successives. [Elles ont conduit, en 1999, à la publication d'un livre qui observe le phénomène depuis la fin du XIXe siècle.]

« Les femmes ne sont pas des hommes comme les autres » : enquête sociologique sur l'identité sexuelle dans la France des années 1990, le livre de la politologue Janine Mossuz-Lavau et de la gynécologue Anne de Kervasdoué montre que, parallèlement au rapprochement intellectuel entre les courants universaliste et différencialiste du féminisme – la différence ne s'oppose pas à l'égalité mais à l'identité –, les Françaises d'aujourd'hui dénoncent les différences subies et discriminatoires mais revendiquent à la fois l'égalité et des différences fondées sur la « capacité procréatrice des femmes qui structure une manière d'être au monde particulière » (1997, p. 285). Cet ouvrage n'est pas une recherche historique mais, comme l'essai de Véronique Nahoum-Grappe sur « le féminin » (1996) ou le livre déjà cité d'Yvonne Knibiehler qui scrute le point de vue des femmes sur « la révolution maternelle » des dernières décennies, il invite à explorer encore les figures du féminin et les composantes d'une éventuelle différence de culture entre hommes et femmes, sans toutefois réduire au sexe et au corps les fondements de l'identité individuelle ou collective des femmes. Dans l'histoire de la jeunesse qui trouve également une nouvelle dynamique, « le temps des jeunes filles » révèle aussi bien des spécificités (Knibiehler *et al.* 1983 ; *Clio HFS* 1996 ; Thiercé 1996).

Ces paradoxes français, la diversité croissante des perspectives comme la confrontation avec les historiographies étrangères sont en France moins source de clivages qu'incitation à faire le point – tant sur le plan méthodologique et théorique qu'institutionnel –, objet du colloque *L'histoire sans les femmes est-elle possible ? Réflexion épistémologique et pluralité des approches* organisé, quatorze ans après celui de Saint-Maximin, à l'Université de Rouen fin novembre 1997[97]. Ils invitent aussi à prêter attention à l'originalité de démarches qui embrassent, pour aller au-delà, des traditions différentes. À cet égard me paraît exemplaire la thèse de Nancy Green[98], diplômée de l'université de Chicago et membre

97. L'idée du colloque est issue d'une discussion entre Anne-Marie Sohn et Françoise Thébaud, tenue après la journée « masculin-féminin » du Congrès international des sciences historiques de Montréal, journée qui avait souligné des différences entre les historiographies française et américaine. Organisé par Anne-Marie Sohn à l'Université de Rouen, le colloque est conçu par un comité scientifique qui rassemble autour d'Anne-Marie Sohn et Françoise Thélamon, enseignantes dans cette université, Evelyne Diebolt, Nicole Edelman, Gabrielle Houbre, Michelle Perrot, Michèle Riot-Sarcey, Yannick Ripa, Pauline Schmitt-Pantel, Françoise Thébaud, Eleni Varikas et Michelle Zancarini-Fournel. [Le colloque est devenu livre en 1998.]
98. [La thèse est devenue livre en 1998.]

de l'École des hautes études en sciences sociales, qui analyse sur le long terme l'industrie parisienne et new yorkaise du vêtement où s'affairent femmes et immigrés de vagues successives. *La mode en production : la confection et les immigrés, Paris - New York, 1880-1980* propose de repérer « un nouveau territoire méthodologique » – celui d'une histoire comparée à multiples facettes, sensible aux niveaux d'analyse de la comparaison comme au repérage des similitudes et des différences dans l'espace et le temps – et d'aller « vers un structuralisme post-structurel » qui décèle une structure et retrouve ses variantes. Comme l'écrit joliment son auteure :

> D'où qu'ils provinssent, les ouvriers du vêtement pestaient de la même manière lorsque l'aiguille se brisait ou que le fil se cassait, quoiqu'en des langues différentes ; selon le moment, nous insisterons sur la bobine de fil ou sur le facteur linguistique.

Comment mieux achever ce parcours dans la richesse et les méandres du *gender* ?

Conclusion de la première édition

Il n'est pas facile, ni même peut-être souhaitable, de conclure ce parcours historiographique de plus de vingt-cinq ans d'histoire des femmes en France. Comment clore, en effet, une aventure inachevée qui se poursuit aujourd'hui ? Cependant, portées à la fois par les réflexions sur les pratiques historiennes que suscite la lecture stimulante du livre de Gérard Noiriel sur la « crise » de l'histoire (1996) et par le questionnement initial sur d'éventuelles caractéristiques nationales de l'histoire des femmes, ces pages finales voudraient dégager quelques perspectives et souligner l'esprit dans lequel a été écrit ce texte.

Participante de l'aventure décrite, j'ai conscience d'avoir pu dépasser la neutralité du compte rendu bibliographique, d'avoir pu privilégier certains travaux au détriment d'autres. Sans doute serai-je soupçonnée, selon les formules suggestives de cet auteur, d'avoir établi un bilan-palmarès et d'avoir fait entendre ma musique (Noiriel 1996, p. 327, 142). Sans doute cet ouvrage suscitera-t-il de multiples critiques contradictoires à mon égard et envers le champ considéré. Pourtant, loin de toute polémique, il voudrait plutôt être le point de départ d'une controverse sereine[1], d'un débat intellectuel sur la place de l'histoire des femmes dans l'histoire française, sur ses apports à la discipline historique ainsi que sur ses manières de faire et d'interpréter. Aussi, la meilleure « conclusion » possible me paraît-elle être de dégager les termes de ce débat et d'y prendre position, en partant des deux lectures qui peuvent être faites de ce travail.

Premier usage possible : un usage interne au champ disciplinaire de l'histoire des femmes. Du colloque de Saint-Maximin qui constitua

1. Comme Gérard Noiriel (p. 43), il me paraît important de clairement distinguer polémique et controverse ; cette dernière « oppose des individus qui parlent le même langage et partagent le même système de normes, alors qu'une polémique oppose des individus dont les critères de jugement relèvent d'univers qui sont étrangers l'un à l'autre ».

en 1983 – rappelons-le – un important moment de réflexion collective, Arlette Farge disait :

> Il ne s'agit ici ni de juger, ni de regretter, ni de distribuer d'étranges *satisfecit*; mais bien plutôt de prendre enfin le temps. Le temps de regarder en arrière, de traverser en sens inverse les chemins empruntés. Le temps aussi d'établir des repères pour que la réflexion s'amplifie et qu'elle gagne du terrain. (1984, p. 19-20)

Plus de dix ans plus tard, j'ai voulu aussi prendre le temps du regard rétrospectif, le temps d'abord d'une habilitation qui ne soit pas seulement une mise en perspective de mes recherches antérieures, puis le temps d'un livre nourri aux interrogations les plus récentes de la discipline historique et de la profession d'historien. De cette pause solitaire, menée parallèlement au lancement plus collectif de la revue *Clio HFS*, est sorti cet ouvrage quelque peu hybride, à la fois mémoire, bilan et instrument de travail. Aux étudiants et étudiantes engagés dans la recherche en histoire des femmes, comme au public lecteur, il voudrait donner quelques clefs de compréhension des travaux antérieurs et des enjeux actuels, aux apprentis-historiens l'envie de poursuivre l'aventure, aux collègues concerné(e)s celle de discuter cet état des lieux et de l'élargir, afin qu'effectivement « la réflexion s'amplifie et qu'elle gagne du terrain ». Trois points me semblent matière à débat.

Tout lecteur attentif aux évolutions intellectuelles pourra considérer les divers modes d'approche et interprétations décrits dans cet ouvrage comme autant d'étapes chronologiques vers le mieux-faire : une histoire identitaire des femmes portée par le mouvement de libération des femmes, une histoire de l'oppression ou de la révolte féminine, une histoire de l'autonomie des femmes et de la culture féminine, une histoire qui revisite au féminin les événements historiques, une histoire d'actrices en quête d'intégration, une histoire de la différence sexuelle ou des relations entre les hommes et les femmes, une histoire attentive à cerner la construction sociale du masculin et du féminin, une histoire des différences et des processus de différenciation soucieuse d'articuler des identités multiples. Certes, le chemin de l'histoire des femmes est long, marqué de tournants conceptuels majeurs, de la question initiale « Les femmes ont-elles une histoire ? » à celle posée aujourd'hui : « Une histoire sans les femmes est-elle possible ? » Certes, l'histoire des femmes s'est progressivement démarquée du militantisme de ses origines, dans un mouvement d'objectivation qui garantisse sa scientificité au même titre que toute autre spécialisation disciplinaire. Certes, l'attention portée au genre facilite l'insertion de l'histoire des femmes dans l'histoire générale, de même que le déplacement de l'interrogation du pourquoi au comment, des causes aux processus, l'intègre dans un large courant historiographique actuel. Mais il faut se garder, me semble-t-il, de tout dogmatisme et refuser de labelliser une « bonne » manière d'écrire l'histoire des femmes. Tenter un bilan historiographique conduit nécessairement à privilégier des tendances dominantes au détriment de courants antérieurs ou parallèles et donc à simplifier le paysage. Or, aujourd'hui plus encore qu'hier, les modes d'approche s'enchevêtrent et peuvent, les uns ou les autres, trouver leur justification sur tel ou tel sujet, ou, mieux encore, être associés.

Je prendrai deux exemples pour illustrer cette position qui peut paraître trop conciliante. L'histoire des professions libérales et des grands corps de l'État est encore mal connue, tant sur leurs façons de traverser les grands événements du siècle que sur la place accordée aux femmes[2]. Comblant avec bonheur un vide historiographique, l'article d'Anne Boigeol sur « la difficile mise en œuvre de l'égalité des sexes dans l'accès à la magistrature » (1996) rappelle à certains égards les travaux déjà anciens sur les attitudes du mouvement ouvrier envers le travail féminin. L'auteure étudie l'avant et le contexte de la loi du 11 avril 1946 qui ouvre discrètement la magistrature au deuxième sexe, puis les résistances des magistrats qui invoquent l'inaptitude des femmes à la fonction avant de dénoncer, à partir des années 1970, les dangers de l'invasion féminine. Mais l'étude est aussi une histoire sexuée de la profession de magistrat qui prend en compte l'image et les *habitus* du métier ainsi que les stratégies – de défense ou de conquête – des hommes et des femmes[3]. De même, les recherches qui débutent en cette fin des années 1990 en France sur la place des femmes dans la profession d'historien[4] répondent sans doute au souci de mettre au jour la préhistoire de l'histoire des femmes, voire à une quête identitaire autour de figures pionnières ; elles permettront surtout de mieux comprendre les pratiques du métier ainsi que les enjeux de la discipline historique.

Cette position conciliante est-elle le signe de la faiblesse théorique et institutionnelle de l'histoire des femmes en France ou constitue-t-elle une caractéristique à défendre comme telle ? Plus généralement, l'histoire des femmes en France présente-t-elle quelques caractères originaux ?

2. Signalons cependant la parution en 1997 (Paris, Fayard) de l'ouvrage de Robert Badinter : *Un antisémitisme ordinaire. Vichy et les avocats juifs (1940-1944)* et de celui de Marc Olivier Baruch : *Servir l'État français. L'administration en France de 1940 à 1944*, Paris, Fayard. [Et plus récemment Rennes 2007.]

3. Pour les stratégies développées par les femmes, voir aussi Boigeol 1993.

4. Isabelle Ernot s'est engagée avec beaucoup d'enthousiasme dans ces recherches. [Voir Ernot 2004 et 2007, ainsi que la note 25 (p. 41-42) actualisée de la première partie.]

La question mérite d'être posée, même si chacun a toujours tendance à accentuer l'originalité de ce qu'il connaît le mieux, même si les caractères dégagés dépendent du point de comparaison. Privilégiée, la comparaison avec l'historiographie américaine – fortement marquée par la recherche d'une culture féminine puis par le post-modernisme – fait ressortir des différences qui sont plus ténues avec les historiographies européennes. Mode quelque peu irritante, le thème de la singularité française nous est cependant renvoyé par le regard étranger, notamment à propos de la production qui a passé le plus de frontières, la série *Histoire des femmes*. Il peut nous permettre aussi, en dehors de toute complaisance, de développer un regard critique et dynamique sur nos productions et nos manières de faire. Il serait d'ailleurs particulièrement intéressant que cet ouvrage soit lu et commenté à l'étranger et que s'instaure, par-delà les frontières, un dialogue constructif qui permette à chacun, tant sur le plan théorique qu'institutionnel, de comprendre ses forces et ses faiblesses.

L'histoire des femmes en France a privilégié certains thèmes de recherche liés à des courants historiographiques dominants : le travail et la famille notamment. Elle a, depuis le début des années 1990, commencé à combler des lacunes dans des domaines longtemps négligés comme la sexualité, la question des femmes dans la cité ou l'histoire des femmes du temps présent. Par contre, à la différence de l'historiographie américaine, elle s'est peu intéressée à la construction sociale de la sexualité[5], aux rapports coloniaux et plus généralement aux croisements de la différence des sexes avec les catégories sociales et les diversités ethniques. Plus empirique, elle a cependant toujours su réfléchir sur elle-même et évoluer, participant aujourd'hui, si l'on veut bien l'entendre, aux interrogations sur ce qu'est et ce que fait l'histoire, notamment sur la signification et la place à accorder à l'histoire des représentations. Sans manier aisément le terme, pas plus que les « ismes » de préfixe « post », elle a largement assimilé les perspectives ouvertes par le *gender*, jusque dans ses problématiques complexes de l'analyse sexuée des pratiques et de la déconstruction des discours. Par les sociologues, la perspective multiculturaliste commence à pénétrer en France.

Si l'empirisme, et notamment la recherche et le travail sur archives, sont la pierre angulaire de la discipline, en histoire des femmes comme dans toute autre spécialisation, la France ne peut pas, me semble-t-il, ignorer le large débat qui existe sur les mérites respectifs de la *women's*

5. *Women's History Review* a consacré un numéro spécial à ce thème : *Women's Sexualities. Contest and Control*, Penny Summerfield and Penny Tinkler éd. (1992).

history[6] et des diverses formes de *gender history*. Recoupant les discussions sur le tournant linguistique ou sur l'opposition entre l'histoire sociale et l'histoire culturelle, posant d'incontournables questions épistémologiques, ce débat est particulièrement développé aux États-Unis et s'est rapidement diffusé dans de nombreux pays (Europe, Australie, Amérique latine), jusque dans les jeunes démocraties d'Europe de l'Est. Le fait qu'il mobilise bien souvent « les éternelles querelles de la philosophie » sur les fondements de la connaissance et risque de diviser la communauté historienne, comme le déplorent à la fois Gérard Noiriel et Joan Hoff précédemment cités[7], est largement compensé par son rôle de stimulation et de renouvellement des recherches empiriques. Aussi me paraît-il souhaitable de le faire connaître, en développant dans les revues françaises des rubriques du style *comment and reply* des anglophones (commentaires de l'article d'un auteur et réponse de celui-ci aux remarques qui lui ont été formulées) ; ou mieux encore – parce que moins abstrait et permettant aux lecteurs de juger sur pièces – en accolant et confrontant, sur une même question historiographique, des modes d'approche différents : ainsi, dans un numéro du *Mouvement social* de 1996, l'article de Steven Zdatny, fervent défenseur de l'histoire sociale, sur « la mode à la garçonne », est suivi de la réponse de Mary Louise Roberts qui montre l'intérêt d'une approche d'histoire culturelle de « la mode de l'après-guerre »[8]. Plus généralement, l'histoire des femmes en France, largement éclectique sans que cet éclectisme n'ait jusqu'ici engendré de clivages majeurs et de polémiques virulentes, doit poursuivre dans cette voie, atout majeur de développement, et cultiver les vertus du dialogue. C'est la tâche que s'est notamment assignée la nouvelle revue *Clio HFS*, « lieu d'expression et de débat [pour] toutes les recherches qui prennent en compte la dimension sexuée de l'histoire », « lieu de réflexion méthodologique et épistémologique sur la pratique de l'histoire et lieu d'échanges entre les disciplines » (*Clio HFS* 1, p. 5, 7).

Troisième point en débat : la question du statut intellectuel de l'histoire des femmes qui recoupe celle de ses liens avec le féminisme et celle de l'interdisciplinarité. Le mouvement des femmes et les questions qu'il pose à la société française – pensons par exemple à la revendication de la

6. J'utilise le terme anglais pour signifier l'histoire des femmes première manière.
7. Voir la troisième partie ; l'expression « éternelles querelles de la philosophie » est de Gérard Noiriel (1996, p. 147).
8. Lectrice pour le *Mouvement social* de l'article de S. Zdatny, qui, dans une longue introduction théorique, critiquait vertement l'histoire culturelle et l'approche de Mary Louise Roberts, j'ai suggéré à la revue de proposer aux lecteurs tous les éléments du débat.

parité en politique et au développement d'une histoire qui, en analysant les rapports entre femmes et pouvoirs, interroge les catégories usuelles du politique – continuent d'impulser les recherches de ce champ disciplinaire, au même titre que les transformations et les difficultés de l'Europe communautaire suscitent l'émergence d'une histoire européenne encore balbutiante. Il s'agit là d'une dialectique présent-passé propre à tout domaine historique et reconnue en général par la communauté des historiens. S'interroger sur la place des femmes dans les sociétés passées ou sur les rapports entre les sexes répond sans doute à une de ces « sommations du présent » qu'évoquait Jean Chesneaux dans les années 1970 et à laquelle était particulièrement sensible Georges Duby[9]. Mais signe de maturité, cette relation présent-passé joue plus aujourd'hui sur les thématiques des recherches que sur leurs modes d'approche ou leurs interprétations, largement irrigués par les débats historiographiques qui ont été décrits dans ce livre et qui traversent l'ensemble de la discipline historique. De même, l'ambition quelque peu démesurée et séparatiste d'une rupture épistémologique induite par la recherche « femmes », plusieurs fois affirmée depuis vingt-cinq ans, a fait place à des conceptions plus nuancées qui admettent majoritairement que, si rupture il y a, elle est « dans le voir, pas dans le connaître »[10]. Aussi me paraît-il souhaitable et même nécessaire de revendiquer aujourd'hui, pour l'histoire des femmes, l'autonomie relative de tout champ intellectuel par rapport au mouvement social.

Incontestablement, si l'on se rappelle la classification proposée par Rose-Marie Lagrave, mon propos est légitimiste : œuvrer – comme l'ont fait, avant moi et avec succès pour leur propre objet d'étude, les historiens du mouvement ouvrier des années 1950 et 1960 – pour la légitimation de l'histoire des femmes, et proposer une manière de la faire qui respecte les règles du métier. À mes amies féministes qui m'accuseront peut-être encore de « trahison » ou de « récupération », je répondrai que l'histoire est mon métier, qu'elle participe, comme discours enseigné et diffusé, à la production du savoir sur la différence des sexes (savoir qui légitime bien souvent la subordination des femmes) et que la pratique féministe du métier me paraît être dans la recherche d'une intégration de l'histoire des femmes à la discipline, intégration qui modifie le regard et garantisse qu'elle soit enseignée à l'Université, qu'elle atteigne le public, et que ses

9. Le numéro 5 de *Clio HFS* a demandé à Michelle Perrot de rendre hommage à l'historien membre de son comité scientifique. [Elle a ensuite (1998) consacré un numéro à « Georges Duby et l'histoire des femmes ».]
10. J'ai déjà cité cette heureuse expression de Rose-Marie Lagrave.

apports passent dans l'enseignement primaire et secondaire. Pour cela nous avons besoin de moyens d'expression, et notamment d'une revue qui nous rende visibles dans et hors de l'Université. Née en 1995, *Clio HFS* est la seule revue francophone d'histoire des femmes, aux côtés de deux revues pluridisciplinaires plus anciennes : *Sextant*[11] publiée par le Groupe interdisciplinaire d'études sur les femmes de l'Université libre de Bruxelles et *Recherches féministes*[12] publié par le Groupe de recherche multidisciplinaire féministe de l'Université Laval de Québec.

Sans doute imposé par la rigidité des cursus universitaires en France, ce choix disciplinaire, au détriment d'une conception plus ouverte de *women's studies*, me paraît nécessaire pour se faire comprendre et pénétrer les formes habituelles du savoir. Il ne signifie pas pour autant fermeture aux autres disciplines car l'histoire, et plus particulièrement l'histoire des femmes, met en œuvre de nombreux savoirs et a été bien souvent renouvelée par l'importation de concepts venus d'ailleurs puis adaptés à son mode de raisonnement[13]. Tant sur le plan théorique que sur le plan institutionnel, l'histoire des femmes a beaucoup à apprendre des philosophes, des anthropologues et des sociologues qui s'intéressent à la différence des sexes et aux rapports sociaux de sexe. Sans reprendre des points développés dans ce livre, je ne ferai que citer ici deux tentatives fécondes : le travail de Geneviève Fraisse qui veut ouvrir la philosophie à une réflexion sur la différence des sexes[14] et la création en 1995 par des sociologues du travail féminin d'un groupement de recherche qui poursuit leur réflexion sur la division sexuelle du travail. Intitulé MAGE, comme les cahiers du même nom[15], peut-être réussira-t-il à familiariser les sciences sociales françaises au concept et au terme de genre. Peut-être le terme générique d'« histoire des femmes » que j'utilise encore en cette fin des années 1990 – clair, mobilisateur, il induit cependant un soupçon de particularisme – pourra-t-il prochainement ne signifier qu'une étape ou qu'un des modes d'approche de l'aventure intellectuelle ici décrite; peut-être faudrait-il désormais acclimater progressivement, en histoire aussi, l'expression « genre »...

11. Le premier numéro date de 1993.
12. Le premier numéro date de 1988.
13. Dans une conférence prononcée en octobre 1996 au centre Pierre-Léon de Lyon, Michelle Perrot évoquait le cas d'Ernest Labrousse qui a renouvelé l'histoire en y apportant les concepts de l'économie.
14. Geneviève Fraisse, *La différence des sexes*, 1996. [Voir ses ouvrages postérieurs.]
15. *Les cahiers du MAGE* publient quatre fois par an les actes de rencontres européennes organisées par le GDR MAGE (sous la direction de Margaret Maruani) sur le thème général des différences de sexe sur le marché du travail. [Ils ont été remplacés en 1999 par *Travail, genre et sociétés* qui affiche plus explicitement le terme « genre ».]

Intégration disciplinaire et dialogue interdisciplinaire, telle me semble donc être la position à tenir. Cette attitude légitimiste se fonde sur la possibilité d'un dialogue avec l'histoire générale et d'une reconnaissance de l'histoire des femmes comme une de ses composantes.

Cet ouvrage voudrait en effet être lu aussi, en dehors de l'histoire des femmes, par les historiens français d'autres spécialités, et les inviter à débattre de son intérêt intellectuel et de la place qui lui est faite dans la discipline et les institutions. En écrivant le récit de l'émergence, des développements et des débats de l'histoire des femmes en France, en évoquant ses principales productions et leur apport historiographique, j'ai voulu montrer qu'elle a constitué et constitue une aventure intellectuelle digne d'intérêt, que sa démarche est bien une démarche historienne, que ses questions intéressent l'ensemble de la discipline. Je me suis efforcée de lui faire perdre son étrangeté inquiétante, de lui donner, pour reprendre les termes de Daniel Roche sur son champ de recherches, « sens et valeur sur le marché des idées » (1988, p. 9), de permettre, par quiconque le souhaite, l'appropriation de ses problématiques. En situant l'histoire des femmes dans un courant de recherches plus largement développé à l'étranger, j'ai essayé de dégager des convergences et des spécificités et voulu suggérer que la France ne peut, à long terme, se situer en marge. En développant le cas des États-Unis, j'ai voulu souligner le dynamisme incontestable de l'historiographie de ce pays pour tenter de désamorcer son actuelle diabolisation, qui suscite en France la peur de dérives et de tensions insupportables et gêne l'appréciation sereine des recherches tant américaines que françaises. L'historiographie et les pratiques universitaires américaines sont plus complexes et plus diversifiées que la caricature qui en est souvent donnée ; elles répondent à des traditions culturelles et politiques nationales qui sont fort différentes des nôtres, marquées notamment par l'idéal d'universalisme et la peur des particularismes, le prestige et la cohésion d'une discipline historique liée à l'affirmation de l'idée nationale et du pouvoir républicain. Observons les unes et les autres en historien et laissons-les stimuler le dialogue et l'esprit critique. Remarquons aussi que la vivacité des controverses américaines, qui semble une caractéristique de la vie intellectuelle de ce pays, laisse souvent les intellectuels français circonspects mais ne disqualifie pas en général le domaine considéré et les questions posées ; l'histoire des femmes ne doit pas faire exception.

Ce faisant, j'accepte et même je souhaite que l'histoire des femmes soit soumise, en toute connaissance de cause, au jugement collectif de la communauté des historiens, jugement bien préférable à l'indifférence ou au scepticisme et qui ne peut que nuancer les a priori – histoire militante et non scientifique, spécialité close sur elle-même – trop souvent entendus. Dans son chapitre intitulé « La formation d'une discipline scientifique », Gérard Noiriel rappelle que, pour Marc Bloch comme pour les historiens méthodistes qui ont défini les règles professionnelles toujours en vigueur aujourd'hui, une connaissance « peut être considérée comme "vraie" quand elle est acceptée comme telle par l'ensemble des spécialistes » et que l'importance d'un problème historique résulte de l'accord des historiens concernés pour privilégier l'étude de ce problème (1996, p. 24) ; le recrutement par ses pairs n'étant que la face institutionnelle de cette définition de la vérité et de la légitimité. Mais, en s'appuyant toujours sur le célèbre ouvrage de Marc Bloch rédigé peu avant sa mort, *L'apologie pour l'histoire*, Gérard Noiriel rappelle aussi que les historiens ont un rôle social et travaillent en phase avec les préoccupations qui dominent la société de leur temps. Face à cette double exigence, l'histoire des femmes en France se trouve aujourd'hui dans une situation paradoxale. D'un côté, les relations entre les hommes et les femmes sont au cœur des interrogations sociales et le public lecteur, masculin comme féminin, manifeste beaucoup d'intérêt pour des travaux historiques ou sociologiques qui permettent d'en comprendre le fonctionnement et remplissent, au moins partiellement, la fonction d'expertise savante dont on parle tant pour d'autres domaines de l'histoire[16]. De l'autre, l'histoire des femmes n'est pas encore, sauf exception, véritablement reconnue comme une des dimensions de l'histoire et a une très faible place dans les institutions de recherche et d'enseignement. Pourtant, comme l'histoire ouvrière dans les années 1950, elle a su, me semble-t-il – et cet ouvrage est là pour le montrer –, transformer en objets de recherche scientifique ces préoccupations du présent.

Ce paradoxe s'explique en grande partie par les résistances inscrites dans les traditions culturelles françaises et par le caractère difficilement classable d'une histoire des femmes transversale aux catégories usuelles de la discipline ; or ces catégories (histoire politique, sociale, culturelle...) sont considérées bien souvent, malgré leur détermination historique, comme naturelles ou seules possibles. Mais la situation paradoxale de l'histoire des femmes résulte aussi du fait qu'elle a totalement négligé la troisième dimension du métier d'historien mise au jour par Gérard Noiriel derrière Max Weber : l'exercice du pouvoir qui, bien que non dit, permet seul, au-delà des activités de savoir et de mémoire, la

16. À propos de l'histoire de la collaboration notamment. Voir sur ce point : François Bédarida, « Praxis historienne et responsabilité » (1994) et « Les responsabilités de l'historien "expert" » (1995b).

structuration et la légitimation d'une discipline universitaire. Alors qu'en constant renouvellement, l'histoire est faite et enseignée par des historiens qui ont gagné puis oublié leur combat de légitimité – l'enseignement universitaire et la recherche devraient d'ailleurs, comme le suggèrent Jean-Maurice Bizière et Pierre Vayssière (1995), accorder une plus grande place à l'histoire de la discipline et de la profession –, l'histoire des femmes dans son ensemble n'a pas compris que, comme l'écrivait André Burguière à propos des *Annales*, « tout projet scientifique est inséparable d'un projet de pouvoir » (1979, p. 1353)[17]. Certes, née dans les années 1970, elle n'a pas bénéficié, comme l'histoire économique et sociale dans les deux décennies précédentes, d'une conjoncture favorable d'expansion institutionnelle, bien au contraire. Portée, pour la majorité de ses chercheur(e)s, par l'enthousiasme de faire du neuf et une grande spontanéité, elle a sans doute aussi manqué des occasions de se faire entendre, et peu utilisé les atouts d'une demande sociale et d'un développement international. Elle risque d'être particulièrement pénalisée en période de contraction des crédits et des postes, la féminisation bien réelle de l'enseignement supérieur n'ayant pas nécessairement d'incidence, du moins immédiate, sur son développement.

Je ne voudrais pas m'étendre trop longuement sur les causes de cette « négligence » qui relèvent plus du débat interne que du dialogue avec l'histoire générale et dont certaines ont déjà été mentionnées : la crainte, aujourd'hui surmontée[18], de créer un « ghetto » intellectuel, les difficultés que les femmes entretiennent, de par leur histoire et leur statut social, avec l'exercice du pouvoir, les réticences du féminisme français envers toute forme d'institutionnalisation et son inaptitude à poser la question du pouvoir (Picq 1993, 1998), mais aussi sans doute les conflits de pouvoir et d'intérêt entre groupes ou personnes, particulièrement, me semble-t-il, entre les « intégrées » à un titre ou à un autre dans les institutions et les exclues par choix ou par nécessité. Collectivement, l'histoire des femmes ne s'est pas véritablement imposée et plus d'une de ses actrices – il s'agissait au début essentiellement de femmes – a été laissée au bord du chemin : de cela aussi, il faudra un jour faire l'histoire et débattre, le plus sereinement possible, pour aller de l'avant. Pour l'heure, je soulignerai seulement que cette explication de la faiblesse de l'histoire des femmes en France est rarement avancée par l'ensemble des historiens

17. Reprise par Gérard Noiriel (1996, p. 262), la citation d'André Burguière est issue d'un des articles publiés par les *Annales* pour son cinquantième anniversaire : « Histoire d'une histoire : la naissance des *Annales* » (1979).
18. En témoignent par exemple la publication de la série *Histoire des femmes* puis le lancement de la revue *Clio, histoire, femmes et sociétés*.

au profit d'arguments invoquant soit sa non-scientificité – « ce n'est pas de l'histoire » –, soit son caractère désuet : « La problématique de la différence sexuelle est maintenant utilisée par tous, en dehors de toute référence explicite au féminisme. » Plus rare, ce dernier argument ne me semble pas correspondre à la réalité historiographique; il est en outre particulièrement insidieux dans la mesure où il invoque l'objectif final de l'histoire des femmes (prise en compte du paramètre sexué par l'histoire générale) pour décréter une bonne manière de la faire et dénier à ce domaine de recherche, qui n'a pas encore eu les moyens de produire tous ses effets, le droit d'exister. L'histoire des femmes montre au contraire, me semble-t-il, qu'elle a encore de nombreuses potentialités à développer et qu'elle peut continuer à enrichir de multiples manières l'histoire générale.

J'insisterai aussi sur les conséquences négatives de cette mise à l'écart de et par l'institution : le risque d'asphyxie et plus encore l'inégalité des chances offertes aux apprentis-historiens. Faut-il dire aux étudiants et aux étudiantes que leur avenir ne dépend pas seulement de leur travail et de leur capacité à mettre en œuvre les règles du métier, qu'il y a de « bons » et de « mauvais » sujets de recherche, qu'il y a des questions historiques à ne pas se poser ? Comment peuvent-ils comprendre ces distinctions si, comme l'écrit Catherine Coquery-Vidrovitch dans l'en-tête de son livre *Les Africaines* (1994), « pour les nouvelles générations l'histoire des femmes fait partie de l'histoire du monde » ? Ne faut-il pas plutôt, comme le suggère Gérard Noiriel pour l'ensemble de la discipline, œuvrer pour « la démocratisation des activités de jugement », pour l'émergence d'« une société historienne plus juste et plus égalitaire », moyen de « contribuer le plus efficacement à l'enrichissement du savoir historique » (1996, p. 326-327) ? Peut-être l'histoire des femmes – c'est du moins un projet stimulant qui mérite aussi débat – a-t-elle un rôle particulier à jouer dans ce processus, en proposant non seulement de nouvelles manières de penser mais aussi de fonctionner.

Comme pour Fernand Braudel, qui ne pensait pas dans les années 1960 – mais peut-on lui reprocher ? – à l'histoire des femmes, « toutes les portes me paraissent bonnes pour franchir le seuil multiple de l'histoire » (1969, p. 191)[19]. En 1992, pour clore l'introduction du volume consacré au XXe siècle de la série *Storia delle donne*, j'écrivais que

> l'histoire des femmes n'est pas le point de vue des points de vue qui prétendrait à toute la vue. Mais à l'heure où l'histoire, bousculée par l'actualité,

19. Extraite de *Écrits sur l'histoire*, la citation est reprise par G. Noiriel (1996, p. 94), dont le livre est ainsi une merveilleuse invitation à lire ou relire ces textes fondateurs.

> s'interroge sur son identité disciplinaire et ses principes d'intelligibilité du réel, elle peut être une des voies pour enrichir les modèles historiques, seul moyen de rendre compte de la complexité des processus sociaux. (Thébaud 1992a, p. 23)

Je souscris toujours à cette affirmation et espère avoir convaincu au fil de ces pages. Laissons l'histoire des femmes infiltrer les formes habituelles du savoir et laissons-la, en même temps, exprimer toutes ses potentialités. L'enjeu en est sans doute la production et la transmission d'une culture mixte, choix majeurs de société à l'aube du XXIe siècle. Une histoire sans les femmes – les femmes et le genre comme objets d'histoire pour les historiens des deux sexes, mais aussi les femmes historiennes – est-elle aujourd'hui possible ?

QUATRIÈME PARTIE

Le temps du genre et de la reconnaissance ?

En 1998, *Écrire l'histoire des femmes* s'achevait sur une question impertinente – « une histoire sans les femmes est-elle aujourd'hui possible ? » –, invitation à infléchir les pratiques du métier pour les uns et à poursuivre l'aventure pour les autres. Incontestablement, l'aventure s'est poursuivie, comme l'attestent la diffusion actuelle du terme « genre » et le nombre important d'ouvrages publiés en France et ailleurs. Il est alors apparu nécessaire de continuer l'enquête et d'en présenter les résultats dans une quatrième partie de taille similaire aux trois précédentes. Quelles sont donc, tant sur le plan historiographique qu'institutionnel, les caractéristiques du développement de l'histoire des femmes et du genre depuis la fin des années 1990 ? Des inflexions seront ici notées, et des interprétations proposées, mais il devient toujours plus difficile de cerner les contours de ce domaine de recherche et les points d'interrogation qui marquent trois des quatre sous-titres suivants ne sont pas qu'effets de style. Aujourd'hui plus encore qu'hier, le lecteur est aussi invité à l'indulgence, particulièrement à propos des publications étrangères et de l'état des lieux ici ou là ; les références citées concernent là encore essentiellement l'histoire des XIXe et XXe siècles et, sans doute plus qu'auparavant, l'historiographie française[1]. Le propos ne pouvait cependant pas ignorer la dimension internationale du phénomène, par laquelle s'ouvrent ces pages nouvelles.

1. Le choix n'a pas été fait d'une bibliographie complémentaire. Il est apparu plus logique d'insérer les références citées dans la bibliographie existante.

Une légitimité internationale : le temps d'une histoire globale ?

La première édition de cet ouvrage avait évoqué la richesse de l'histoire des femmes aux États-Unis et dans plusieurs pays d'Europe et tenté de mettre en perspective pour un lecteur français les débats de l'historiographie américaine. Cette dimension comparatiste – tout comme le souci de faire médiation et d'amorcer un dialogue international – a en général été saluée par la critique française et étrangère. Mais les limites de l'essai – inhérentes à l'exercice ou conséquence de pratiques académiques françaises ? – ont aussi été relevées. Rebondissant sur la question, posée dans l'introduction, de l'existence de façons nationales d'écrire l'histoire des femmes, Karen Offen, historienne américaine spécialiste d'histoire française et d'histoire des féminismes européens (Offen 2000), a souligné qu'*Écrire l'histoire des femmes* restait à ses yeux, malgré tout son intérêt, un récit « national » et « francophone », oubliant notamment nombre de contributions étrangères à l'histoire des femmes françaises (Offen 2003b). Dite avec amitié, la remarque suggère à juste titre que comparer est plus souvent en France juxtaposer sur un même thème plusieurs aires géographiques que se laisser interpeller en histoire française par des approches différentes et laisser place, sur ce point, aux *outsiders*[2]. Elle montre également que le dialogue international est difficile, exigeant un respect réciproque, de nombreuses lectures en langues étrangères et la connaissance des contextes nationaux de production historique.

Formée aux États-Unis et enseignant depuis longtemps en France, Rebecca Rogers, qui a récemment relu les deux historiographies à l'aune du « sexe de l'espace » (Rogers 2000[3]), le confirme dans le parcours qu'elle propose de quarante ans d'appropriations réciproques. Elle observe que l'enthousiasme des premières collaborations s'est heurté au manque de

2. Réalisé à l'occasion du cinquième anniversaire de la revue, le bilan des douze premiers numéros de *Clio HFS* a souligné l'ouverture internationale (53 % d'articles sur d'autres pays que la France et 35 % d'auteurs étrangers), malgré la faible représentation de l'Asie ou de l'Océanie. Mais la question de la place accordée aux historiens étrangers qui travaillent sur la France n'a pas été posée.

3. Rebecca Rogers y envisage les usages différenciés de la dichotomie sphère privée / sphère publique, ses remises en cause récentes et les convergences actuelles sur l'étude des pratiques sexuées de l'espace de la cité.

moyens des Françaises, puis aux divergences théoriques, et que, malgré les efforts de quelques-unes en France, « le dialogue autour de l'histoire du genre a besoin [aujourd'hui] d'un nouveau souffle », notamment de la part d'Américaines tournées vers des horizons plus vastes (Rogers 2004a). Ainsi, les historiennes françaises ont parfois l'impression de n'être pas lues ou citées par leurs collègues étrangères, y compris par les spécialistes d'histoire française. Et si je me réjouis de la parution récente d'ouvrages qui mettent en perpective plus de trente ans d'histoire des femmes et du genre au Royaume-Uni et aux États-Unis, je constate que *Gender and the Historian* (Alberti 2002)[4] ne semble pas connaître son équivalent français et que *Writing Gender History* (Downs 2004) ne le mentionne qu'une seule fois de façon anecdotique, sans présenter son propos d'ensemble ni tenter des comparaisons sur les mises en récit de cette aventure intellectuelle, l'une appuyée sur l'expérience française au miroir des débats américains, l'autre sur la confrontation des expériences britannique et américaine[5].

Cela étant dit, la dimension internationale de l'histoire des femmes et du genre est, aujourd'hui comme hier, un gage de légitimité et d'échanges fructueux. Née aux États-Unis puis dans les pays d'Europe occidentale dont la France, l'histoire des femmes s'est en effet rapidement diffusée : amorcée dans les années 1980, comme en témoigne le premier état des lieux publié en 1991 par la jeune Fédération internationale pour la recherche en histoire des femmes (Offen *et al.* 1991 ; Offen 2003a)[6], son internationalisation s'est accélérée depuis une dizaine d'années sous l'effet conjugué de l'internationalisation du féminisme, de la mondialisation culturelle et de la démocratisation (même relative) de certains États. Significatif à cet égard est le développement ou l'émergence de l'histoire des femmes en Chine où apparaît timidement une histoire non communiste de la libération des femmes, au Maroc qui développe des liens avec la France et l'Europe du Sud (Veauvy *et al.* 2004) ainsi

4. J. Alberti ne mentionne que l'ouvrage collectif *Histoire des femmes en Occident* et l'article des *Annales* (Dauphin *et al.* 1986), traduits en anglais. L'*Histoire des femmes en Occident* lui semble offrir un pont entre la *women's history* et la *gender history*, ce que j'ai appelée en 1998 « le *gender* à la française ».
5. Avec quelques remarques toutefois sur la France. Sur l'historiographie britannique, voir en français Downs 2003.
6. Offen 2003a esquisse l'histoire de la Fédération internationale (en anglais : International Federation for Research in Women's History, IFRWH), qui est une commission interne du Comité international des sciences historiques. L'accès à son site et à ses *newsletters* est possible par le site de l'Association pour le développement de l'histoire des femmes et du genre / Mnémosyne, qui en est la section française (www.mnemosyne.asso.fr).

qu'avec ses voisins du Maghreb (Laguerche 2000)[7], ou bien encore et tout particulièrement, dans les pays de l'Europe de l'Est.

En Russie par exemple, où l'ouverture des archives communistes permet un examen sans complaisance du thème de la liberté et de l'égalité des femmes pendant l'ère soviétique, elle participe à l'affirmation d'une histoire sociale qui tente de dépasser l'opposition entre une histoire « vue d'en bas » et une approche « totalitaire » privilégiant les pouvoirs et la violence de l'État (Aïvazova 1998 ; Korovushkina 1999 ; Goldman 2000)[8]. En Pologne, une histoire des femmes à dominante sociale a trouvé place dans la prestigieuse revue *Acta Poloniae Historica* et donné lieu à la publication d'une série de sept ouvrages collectifs abordant les questions des rôles sociaux, de la culture, de l'éducation, de la politique, du quotidien et du travail, une des maîtresses d'œuvre de ces recherches ayant récemment rassemblé ses articles en français-anglais-allemand sur le changement social et la place des femmes entre 1870 et 1939 (Zarnowska 2004). De son côté, la Hongrie, particulièrement dynamique et ouverte sur le monde anglophone, semble jouer un rôle fédérateur de diffusion des approches américaines, notamment par la Central European University de Budapest fondée après 1989 par un mécène américain d'origine hongroise (le financier George Soros). Désormais, des départements ou centres de *gender studies* existent dans plusieurs lieux et des recherches sont publiées en hongrois ou anglais, notamment le travail d'Andrea Petö sur les associations de femmes avant 1951 (Petö 2003). Proposé par cette historienne, un bilan récent sur l'ensemble de l'Europe de l'Est souligne à la fois les difficultés rencontrées – poids des traditions universitaires, force du positivisme dans la discipline historique, confusion sur le concept de *gender*, insuffisance des traductions – et le chemin déjà parcouru, marqué notamment par la publication de monographies et une coopération fructueuse pour la production de matériaux scolaires et la mise en œuvre d'un vaste projet d'enquêtes orales auprès des femmes de neuf pays (Petö 2004).

Malgré son ambition comparative, l'*Histoire des femmes en Occident* avait privilégié les États-Unis (éventuellement le Canada) et

7. Voir aussi *Histoire des femmes au Maghreb : réponses à l'exclusion*, Faculté des lettres de Kénitra, série colloques et séminaires n° 5, 1999. Le n° 9 de *Clio HFS* a pour titre *Femmes du Maghreb*.

8. Les références citées sont des articles synthétiques ou historiographiques. Il existe de nombreux travaux récents de chercheurs et chercheuses russes ou étrangers. En français, il est éclairant de consulter le numéro spécial du *Mouvement social* (n° 196, juillet-septembre 2001), *Le social en proie à l'État soviétique*, sous la direction de Jean-Paul Depretto.

les « grands » pays d'Europe (France, Allemagne, Grande-Bretagne et, à un moindre degré, Italie et Espagne). Traduite en une dizaine de langues – de l'espagnol au coréen – et parfois avec des chapitres ajoutés, elle a pu jouer le rôle de relais d'un domaine mal connu mais aussi, notamment en Europe, de stimulant à la recherche et à la publication pour des historiographies en plein essor. Depuis lors, l'Italie a notamment publié plusieurs ouvrages thématiques de la série *Storia delle donne in Italia* (Scaraffia et Zari 1994 ; Groppi 1995 ; De Giorgio et Klapisch-Zuber 1996 ; D'Amelia 1997) et lancé en 2002 *Genesis* qui est la revue de la Société italienne des historiennes. En Espagne, l'Université de Grenade, qui édite depuis 1994 *Arenal-Revista de historia de las mujeres*, a publié une bibliographie et un état des lieux institutionnels des années 1990. Les publications sont nombreuses sur des thèmes très divers comme la maternité, la citoyenneté, la violence, la guerre (Nash et Tavera 2003) ou les âges de la vie (Pérez Canto et Ortega López 2002)[9]. Elles ont permis de vastes entreprises collectives d'histoire générale des femmes espagnoles (Garrido Gonzàles 1997 ; Martinez *et al.* 2000) et débouchent aujourd'hui sur une *Historia de las mujeres en Espana y América latina* en quatre volumes (Morant 2005-2006). Elles ont conduit aussi à des regards réflexifs sur l'ensemble du domaine (*Afers* 1999[10] ; Del Val Valdivieso *et al.* 2004). Ce regard réflexif a été confronté à d'autres historiographies de l'Europe du Sud (Portugal, Grèce et France[11]) lors d'un colloque organisé au Portugal en 1999 où ont été également présentées une dizaine de recherches récentes sur l'enseignement féminin, la prostitution, le travail des femmes, et les associations féminines et féministes portugaises. Le titre en était *Écrire l'histoire des femmes en Europe du Sud* (Bock et Cova 2003), écho d'*Écrire l'histoire des femmes* (en France) et signe d'un paysage en expansion.

Ce dynamisme se retrouve dans d'autres pays d'Europe, et d'abord dans les pays scandinaves, pionniers en la matière mais parfois délaissés à cause de la barrière linguistique : il faut rappeler à cet égard la parution ancienne (1992-1993) d'une histoire en plusieurs volumes des femmes scandinaves sous la direction d'Ida Blom et le rôle fédérateur de cette

9. Il est impossible de donner une bibliographie exhaustive des ouvrages publiés hors de France. Sont cités les ouvrages consultés et particulièrement les synthèses et ouvrages-bilans.

10. Cette revue catalane a publié le texte de Françoise Thébaud qui conclut *L'histoire sans les femmes est-elle possible ?* (Sohn et Thélamon 1998).

11. Contributions de Françoise Thébaud (2003a) et de Michelle Zancarini-Fournel (2003a). Le Portugal dispose aussi depuis 1999 d'une revue semestrielle interdisciplinaire : *Faces de Eva. Estudos sobre a Mulher.*

historienne norvégienne (Sogner et Hagemann 2000). De même, l'avance du Royaume-Uni ne s'est pas démentie, tant au niveau des recherches publiées que dans les formes d'irrigation du monde académique : ouverture récente de la Women's Library – englobant l'ancienne Fawcett Library, lieu d'archives, de documentation et d'exposition – et activités multiples du Women's History Network ouvert à la fois sur le vaste monde anglophone et sur des relais régionaux actifs – Écosse, Pays de Galles, Irlande du Nord[12]. Mais l'Europe de l'histoire des femmes et du genre, dotée d'un réseau de revues[13], qui apprennent à se connaître et à échanger leurs expériences (*Clio HFS* 2002 ; Palazzi et Porciani 2004), comprend aujourd'hui, outre l'Europe du Sud et de l'Est déjà citée, des « petits » pays dont la production est devenue bien visible : l'Autriche qui dispose depuis 1990 de la revue *L'homme. Zeitschrift für Feministische Geschichtswissenschaft* ; l'Irlande où les recherches se développent (*Women's History Review* 1997) ; la Suisse qui finance des programmes de recherche sur le genre et publie des thèses récentes (Ballmer-Cao 2000 ; Praz 2005) ; et plus encore la Belgique qui a fondé en 1995, peu après la revue *Sextant*, le Centre d'archives pour l'histoire des femmes et publie aussi des thèses récentes (Piette 2000). Dans ce contexte, la dimension comparative à une large échelle européenne est la trame de travaux récents – sur le féminisme notamment (Offen 2000, Pelatschek et Pietrow-Enkers 2004) – et Gisela Bock a relevé le défi de la collection The Making of Europe, en proposant d'observer la querelle des sexes comme un débat européen au fil des siècles (Bock 2000). Aujourd'hui, l'approche européenne est au cœur de l'ouvrage collectif proposé aux étudiants par la maison Routledge, *The Routledge History of Women in Europe since 1700* (Simonton 2005).

Ainsi, l'Europe fournit encore la majorité des adhérents – 32 sections nationales et onze membres correspondants – de la Fédération internationale pour la recherche en histoire des femmes mais celle-ci regroupe désormais l'ensemble des continents, l'Asie, l'Amérique du Sud, l'Océanie, l'Afrique ayant au moins deux représentants – le Nigeria

12. Ce réseau tient un colloque annuel. Celui de 2001, semble-t-il inédit, s'intitulait *Recreating the Past : Women, Gender and the Rewriting of History* ; il a souligné l'ambition de l'histoire des femmes – réécrire l'histoire – ainsi que son caractère international. Les chercheuses des universités écossaises publient aujourd'hui *Gender in Scottish History*, renouvelant l'histoire régionale traditionnellement marquée par la question politique et nationale (Abrams *et al.* 2006). Elles viennent aussi d'achever un dictionnaire biographique des femmes écossaises (Ewan *et al.* 2006).

13. De nombreuses revues étrangères sont désormais disponibles dans le fonds Aspasie de l'IUFM de Lyon(www.lyon.iufm.fr/aspasie/). Dans cette nouvelle partie ne sont référencés que les articles et numéros spéciaux repérés et lus.

et l'Afrique du Sud pour ce dernier. Citons par exemple le Japon, qui a traduit l'*Histoire des femmes en Occident* et dont les nombreuses publications sont répertoriées dans une *Bibliographie des études sur l'histoire des femmes au Japon* mise à jour tous les quatre ans[14]; et le Brésil, où les recherches, appuyées sur des revues interdisciplinaires comme *Estudos Feministas* ou *Gênero*, se sont beaucoup développées[15] et qui a publié, après la traduction en portugais de l'*Histoire des femmes en Occident*, une imposante *Historia das Mulheres no Brasil* (Del Priore 1997). De même est parue en 2000 une *Historia de las mujeres en la Argentina*, dont les deux tomes – Argentine coloniale et XIXe siècle, XXe siècle – proposent chacun trois parties intitulées : « Enfermements et sujétions », « Corps et sexualité », « Résistances et luttes » (Gil Lozano *et al.* 2000).

Inédite, cette situation invite à s'ouvrir à d'autres historiographies, à élargir les comparaisons et à interroger à cette aune nos catégories et approches. Mais peut-on pour autant écrire une histoire « globale » des femmes et du genre ? Thème d'une des trois sessions principales du 19e congrès international des sciences historiques tenu à Oslo en août 2000, l'histoire globale est une préoccupation actuelle du monde académique anglophone qui l'inscrit dans des perspectives post-coloniales et de mondialisation économique et culturelle. L'adjectif – qui apparaît souvent dans les expressions « perspective globale », « contexte global », « phénomène global » – semble très utilisé aux États-Unis où des historiennes et quelques historiens (Searns 2000) travaillent à inclure la dimension de genre dans l'histoire globale et à relire avec ce regard inclusif l'histoire des femmes et du genre. Ainsi, après avoir rassemblé quatorze contributions sous le titre *Global Feminisms since 1945*, Bonnie Smith a-t-elle été sollicitée par le Comité des historiennes de l'American Historical Association pour diriger les trois volumes, à fonction d'abord pédagogique, de *Women's History in a Global Perspective* (Smith 2000, 2004-2005). Cette dimension était aussi très présente lors des deux dernières Berkshire Conferences – rencontres scientifiques qui rassemblent régulièrement depuis 1973 des centaines de communications

14. Voir par exemple Haruko *et al.* 1999.

15. Parmi les travaux qui obligent à un décentrement, citons par exemple Scheibe Wolff 1999. Utilisée de façon récurrente, l'expression « par exemple » voudrait souligner les limites imposées à ce texte d'actualisation. Il est en effet impossible de rendre compte de tous les travaux étrangers qui me sont connus – et qui ne sont de surcroît qu'une infime parcelle de ce qui est produit. Que les collègues et amies – au Brésil, Joana Maria Pedro, Maria Izalda Santos de Matos, Rachel Soihet, et ailleurs, bien d'autres – n'y voient que nécessité et non indifférence...

en histoire des femmes et du genre[16] – comme dans le programme du dernier colloque de la Fédération internationale tenu à Sydney en juillet 2005[17]. Elle est enfin au cœur du projet de musée international des femmes qui se construit à San Francisco, projet soutenu par la réflexion et l'engagement de nombreuses chercheuses comme Karen Offen[18].

Au-delà de la volonté de ne pas examiner le passé d'un point de vue unique, la diversité des approches définit cependant une globalité à plusieurs facettes : prêter attention à « toutes les régions du monde », donnant ainsi la plus large dimension à la notion de différence culturelle ; multiplier et croiser les comparaisons entre « les expériences des femmes des différents continents, régions et nations » ; s'intéresser aux processus et phénomènes qui opèrent au-delà des frontières nationales ou régionales, comme les migrations, les échanges culturels ou les internationales féministes (Rupp 1997) ; enfin, et peut-être plus encore, être attentif aux interactions et aux formes d'hybridation des politiques et des cultures. Ce faisant, l'histoire dite « globale » est moins la version modernisée d'une « histoire mondiale de la femme » encline à juxtaposer des aires civilisationnelles (Grimal 1965-1967), qu'une invitation à penser autrement les différences, les hiérarchies, les circulations et les hybridations. Une fois de plus, les États-Unis, maintes fois cités dans la première édition de cet ouvrage, ouvrent une voie stimulante, particulièrement pour une historiographie française très franco-centrée ; avec cependant le risque, toujours présent, de construire un nouveau canon qui remplacerait la trilogie *gender, class, race* évoquée dans l'ouvrage de 1998, ou celui de masquer des rapports inégaux entre historiographies.

Dans ce rapide tour du monde, le lecteur attentif aura sans doute remarqué l'emploi récurrent de l'expression « histoire des femmes et du genre », alors que le texte de 1998 considérait la locution « histoire des femmes » comme générique et capable de rendre compte de l'ensemble de l'aventure intellectuelle, du projet de donner un passé aux femmes – *becoming visible* – aux apports du *gender*. Il pointait cependant déjà les premiers usages français de « genre ».

16. Les titres des 12e (2002) et 13e (2005) Berkshire Conferences sont respectivement : *Local Knowledge - Global Knowledge* et *Sin Fronteras : Women's Histories, Global Conversations*. L'auteure de ces pages a assisté à la dernière conférence et participé à la table ronde « Gendering trans / national historiographies : similarities and differences in comparison » (textes parus en mars 2007, *Journal of Women's History*, vol. 19, n° 1).
17. Dans le cadre du 20e congrès international des sciences historiques (Sydney, juillet 2005), la Fédération internationale pour la recherche en histoire des femmes a organisé un colloque intitulé *Women's History Revisited : Historiographical Reflections on Women and Gender in a Global Context* (actes à paraître).
18. Voir le site du musée (International Museum of Women) : www.imow.org

Le temps du genre ?

Ce sous-titre, qui fait écho à la troisième partie de l'ouvrage intitulée « Le temps du *gender* », recouvre deux réalités dont la seconde qui concerne la France sera plus développée. D'une part, les polémiques du début des années 1990 autour du *gender*, particulièrement virulentes aux États-Unis, semblent s'être apaisées en même temps que la diffusion – ou la dilution ? – de ses problématiques ; ou du moins, en même temps que la reconnaissance de voies d'approche différentes et complémentaires. D'autre part, les historiennes et historiens français ont adopté le terme et déclinent aujourd'hui les multiples usages du concept, dont la signification première peut être rappelée par les termes de Joan Scott dans la préface à l'édition française de *Only Paradoxes to Offer* : « [...] le genre est l'organisation sociale de la différence sexuelle. Il ne reflète pas la réalité biologique première, mais il construit le sens de cette réalité » (Scott 1998a, p. 15).

Inscrites sous le vocable de *women's history* ou de *gender history*, trois publications récentes, qui embrassent un parcours historiographique ou dressent un état des lieux actuel, illustrent et expliquent à la fois le premier point. Déjà cité, *Gender and the Historian* (Alberti 2002) se termine par un chapitre intitulé « La formation d'une communauté historique, 1993-1999 ». Johanna Alberti y rappelle les arguments – et les propos parfois peu amènes – des post-structuralistes et de leurs détracteurs, résumant notamment les articles de *Women's History Review* et de *Signs* présentés dans la première édition de cet ouvrage ; mais elle souligne que la diversité des formes d'écriture signe la richesse du champ de recherche et elle privilégie les positions intermédiaires, comme les ouvrages qui utilisent, de façon à la fois positive et critique, les apports du tournant linguistique. De façon significative, elle clôt son parcours de trente ans (1969-1999) en convoquant, par la présentation de leur recueil d'articles, des figures de la génération pionnière : la Britannique Leonore Davidoff, dont l'histoire sociale s'ouvre *in fine* aux systèmes de classification (1995), et l'Américaine Gerda Lerner, qui lègue la boîte à outils d'une histoire sociale et politique perçue comme libératrice (1997), mais à qui a été dédié deux ans auparavant un ouvrage collectif qui place le savoir et le pouvoir au centre d'une analyse de genre (Kerber *et al.* 1995).

Qualifiée de *mother* de l'histoire des femmes aux États-Unis (histoire des femmes américaines), la même Gerda Lerner est sollicitée en

2004 par l'éditrice du *Journal of Women's History*[19] pour clore un cycle sur l'histoire des femmes dans le nouveau millénaire et développer le dialogue entre générations. Conformément à une pratique fréquente dans les revues anglophones, son bilan du « passé, présent et futur » est commenté et critiqué par quatre jeunes chercheuses, auxquelles elle répond de façon synthétique. Observant la production récente à partir des bibliographies du *Journal of American History* et des prix décernés, Gerda Lerner souligne le dynamisme et l'inventivité méthodologique et conceptuelle des chercheuses d'aujourd'hui, mais elle regrette aussi l'abandon de l'analyse en termes de classes sociales, tout comme la priorité accordée au XXe siècle, qui laisse dans l'inconnu de larges pans d'histoire antérieure. Constatant un déplacement – moins net cependant dans les travaux sur la communauté noire (*African American*, selon le terme employé) – des thématiques sociales, politiques et organisationnelles vers les questions de représentation, de culture et d'identité, elle se demande si l'histoire ainsi écrite n'est pas – opposition difficilement traduisible – plus *women-focused* que *women-centered* : ne perd-elle pas de vue la capacité des femmes à agir sur leur propre vie, cette fameuse *agency*, objet de tant de débats depuis trente ans ? (Lerner 2004)

Consciente du travail et des apports des générations précédentes, Kathi Kern ne partage cependant pas ce constat « alarmiste » et ne ressent pas le besoin d'un « paradigme unifié » de l'histoire des femmes et du genre. Elle défend au contraire l'éclectisme méthodologique et l'intérêt de l'analyse culturelle, qui ne s'est pas développée aux dépens de l'appréhension des réalités matérielles – toujours structurées par les discours et les représentations –, ni pour nier les marges de liberté des acteurs, mais pour comprendre « la communauté partagée de discours » et esquisser « la texture émotionnelle » de tout événement ou phénomène (Kern 2004) : belles formules pour exprimer autrement le nécessaire travail d'historicisation des matériaux de l'historien et l'ambition d'une histoire complexe qui évite l'anachronisme. On retrouve ainsi, en filigrane, les débats sur le tournant linguistique et post-structuraliste, débats longuement présentés dans la première édition de cet ouvrage. Mais les échanges se font sans agressivité, avec la volonté de rechercher des points de convergence – articuler social et culturel, placer la question des différences entre femmes, et de la différence en général, au centre de l'analyse – et celle d'avancer, par de multiples voies, vers un

19. Il s'agit alors de Leila Rupp connue pour ses travaux sur la propagande à l'adresse des femmes pendant la deuxième guerre mondiale (1978) et sur les internationales féministes (1997). L'équipe éditoriale de *Journal of Women's History* change tous les huit ans.

but commun. Par ailleurs sont notés de part et d'autre le faible intérêt actuel pour la théorie et le caractère dépassé des affrontements sur les catégories.

Deuxième volume d'une collection britannique qui entend réfléchir sur l'écriture de l'histoire et la nature d'une discipline fortement bousculée depuis une vingtaine d'années, l'ouvrage de Laura Lee Downs *Writing Gender History* (2004) semble confirmer l'analyse. Directement impliquée dans la polémique du début des années 1990 contre Joan Scott et le post-structuralisme (Downs 1993b), Laura Downs présente avec réflexivité et nuance le tournant induit par l'article si souvent cité « Gender : a useful category of historical analysis » (Scott 1986a), les débats qui ont suivi et leurs implications dans les pratiques historiques. Hostile à ce qu'elle appelle une « posture radicalement constructiviste » qui ne permettrait pas de rendre compte du changement en histoire, elle propose de considérer les processus discursifs et les expériences sociales comme constitutifs les uns des autres, et d'articuler histoire sociale et culturelle. Considérés comme représentatifs « d'historiographies post-poststructuralistes »[20], les ouvrages présentés dans les trois derniers chapitres, qui concernent notamment l'histoire coloniale et celle de la citoyenneté (voir *infra*), montrent l'inventivité des approches de genre et les usages désormais multiples – et non exclusifs – du concept. Est-ce à dire que l'analyse proposée en 1998 – un phénomène d'exacerbation des oppositions aux États-Unis – et le point de vue exprimé sur la possibilité de positions médianes et l'intérêt du débat pour les historiens, étaient en avance sur le cours des choses ? Ils étaient sans doute plutôt « français », marqués par une discipline qui garde en France ses distances par rapport aux débats philosophiques[21] et à la *French theory* (Lacan, Derrida, Foucault), et qui, comme le souligne Laura Downs, a su depuis longtemps, par l'histoire des mentalités, mêler approches sociales et culturelles.

Si cet apaisement des conflits peut faciliter le dialogue franco-américain, le décalage entre les deux pays reste néanmoins marqué, comme le montre paradoxalement l'appropriation du terme « genre » au moment même où *gender* pose de plus en plus question outre-Atlantique. Pionnière du *gender* aux États-Unis, traduite et lue dans de nombreux pays, Joan Scott a fait paraître depuis longtemps l'étude de cas que Joan Hoff lui réclamait pour tester l'approche post-structuraliste,

20. Les expressions citées sont extraites des pages 100 et 101. Laura Downs est cependant sévère avec l'ouvrage de Mary Louise Roberts (1994) présenté dans la première édition de cet ouvrage.

21. Les historiens français n'ont par exemple pas posé la question de l'antihumanisme ou non du post-structuralisme.

étude traduite en France sous le titre *La citoyenne paradoxale* (Scott 1998a). Suivie aujourd'hui d'un ouvrage sur la parité (Scott 2005), celle-ci propose une lecture « non téléologique » d'un féminisme inscrit dans l'histoire du républicanisme français qui, dès l'origine et compte tenu de la répartition contemporaine des pouvoirs, fait prévaloir l'universalisme de la différence sexuelle sur celui des droits naturels et contraint les militantes au paradoxe de réclamer l'égalité au nom de la différence. Mais la spécificité du propos, soulignée par la plupart des critiques[22], est plus encore dans l'analyse savante de configurations historiques du paradoxe, incarnées dans quatre figures, dont le combat ne peut être compris qu'à travers l'étude des langages et des débats disponibles en leur temps, qu'ils soient philosophiques, scientifiques ou politiques – avec l'avantage de mettre en évidence, hors de tout anachronisme, variabilité et conflits de signification, au risque d'oublier qu'existent d'autres facettes des féminismes et que « l'histoire excède le langage »[23]. Peu d'écho a par contre été donné aux reproches que Joan Scott adresse depuis plusieurs années à un usage routinier et banalisé du mot *gender* qui perd ainsi à ses yeux tout caractère critique ; l'historienne dénonce aussi, dans le contexte américain de retour en force d'une pensée biologisante, les effets pervers de la distinction entre le genre social et le sexe, distinction qui accrédite l'anhistoricité du sexe biologique et sa bicatégorisation (Scott 1999, p. xi et 2001).

Ces critiques pertinentes ne doivent pas conduire à abandonner le terme en France – au moment même où il commence à être utilisé – et la recommandation récente de la commission de terminologie, qui déconseille l'utilisation de « genre », apparaît tout à fait déplacée[24]. Certes, on ne peut écarter les effets de mode ou de transfert de la sphère politique à la sphère intellectuelle[25]. On ne peut ignorer non plus que le succès du terme peut être dû à son caractère abstrait – et à la volonté d'écarter tout soupçon de militantisme – et qu'il est parfois employé à tort comme synonyme de femmes ou de sexe. Mais sa diffusion actuelle, qui tend à

22. Notamment Cécile Dauphin et Éric Fassin dans les *Annales HSC* (janvier-février 1999), Philippe-Jean Catinchi dans *Le Monde* (6 mars 1998), Mathilde Dubesset dans *Travail, genre et sociétés* (n° 2, novembre 1999), Françoise Thébaud dans *Clio HFS* (n° 12, 2000).

23. La citation est d'Éric Fassin, *Annales HSC*, janvier-février 1999, p. 145.

24. Commission générale de terminologie et de néologie, « Recommandation sur les équivalents français du mot *gender* », *Journal officiel* n° 169 du 22 juillet 2005.

25. Les politiques internationales et européennes actuelles promeuvent le *gender mainstreaming*, pratique traduite en français par « démarche intégrée de l'égalité des chances » et, de plus en plus, par « prise en compte des effets de genre ».

éclipser, en histoire comme dans d'autres disciplines, les expressions plus classiques de différence des sexes, relations entre hommes et femmes, masculin-féminin ou rapports sociaux de sexe, constitue un phénomène culturel non négligeable et bienvenu. Il marque en effet une prise de conscience de la dimension sexuée des phénomènes et des sociétés, ainsi que des enjeux d'une dénaturalisation de la différence des sexes : « la » femme n'existe pas, sauf dans l'imaginaire des hommes et… des femmes. Il traduit aussi l'acquisition d'une certaine légitimité intellectuelle des approches de genre, forgées dans le débat depuis deux décennies. À l'encontre des craintes de la commission de terminologie, l'intérêt du concept – globalisant – de genre, et du terme – polysémique – qui le désigne, est justement dans ces caractéristiques. Comme l'écrit Margaret Maruani dans un ouvrage qui rassemble les « savoirs capitalisés » de toutes les disciplines concernées, « les *gender studies* à la française sont traversées de débats, de controverses et de polémiques qui gagnent à être connus – qui font avancer la connaissance » (2005, p. 8). Il ne saurait être question cependant de reprendre ce qui a été longuement développé dans les pages publiées en 1998. Comme je l'ai fait dans deux articles récents (Thébaud 2004c, 2005b), je me contenterai de quelques remarques synthétiques, et peut-être éclairantes, en termes d'usages et de déplacements.

Quelques mots d'abord de l'usage du terme, dont le refus marquait pour Michèle Riot-Sarcey, qui l'a précocement défendu, les réticences de l'historiographie française, notamment politique, à « penser l'historicité des rapports de pouvoir » (2000)[26], mais répondait d'abord, chez les historiennes des femmes sensibles depuis longtemps aux implications du concept de *gender*, à la crainte de n'être pas comprises. Amorcée timidement à la fin des années 1990 – notamment par les historiennes les plus jeunes ou par les francophones suisses ou belges –, la francisation de *gender* s'impose plus nettement avec le nouveau siècle. La revue *Clio HFS* l'introduit en 1999 dans un titre qui joue sur les sens du mot (*Femmes travesties : un « mauvais » genre*) et de façon plus explicite un an plus tard dans *Le genre de la nation.* Section française de la Fédération internationale pour la recherche en histoire des femmes, Mnémosyne, fondée en 2000, se déclare Association pour le développement de l'histoire des femmes et du genre. Le laboratoire d'histoire de l'Université Rennes 2 réunit en septembre 2002

26. La citation est extraite de l'introduction courte (non titrée et non référencée dans la bibliographie) de Michèle Riot-Sarcey à la première partie « Le genre » de l'ouvrage *Quand les femmes s'en mêlent…* (Bard *et al.* 2004).

le premier colloque d'historiens qui affiche le terme sans ambiguïtés – *Le genre face aux mutations du Moyen Âge à nos jours* (Capdevila *et al.* 2003) –, tandis que *Vingtième siècle - Revue d'histoire* publie, la même année, un numéro spécial intitulé *Histoire des femmes, histoire des genres, Le mouvement social* préférant de son côté titrer *Féminin et masculin.* Cette tendance s'est confirmée depuis lors, avec la tenue de plusieurs colloques interdisciplinaires organisés par le MAGE ou le RING[27] (Laufer *et al.* 2001, 2003; Fougeyrollas *et al.* 2003), avec la publication de numéros de revues et d'ouvrages qui tentent de faire le point sur l'état des savoirs et l'objet des débats (*Cahiers du genre* 2003; Maruani 2005), ou bien encore celle de livres collectifs d'histoire qui relisent un domaine à la lumière du genre, l'histoire des intellectuels par exemple (Racine et Trebitsch 2004). Ainsi aujourd'hui, la réflexion interdisciplinaire semble retrouver la place importante qu'elle tenait au début des études sur les femmes, et qu'avait amorcée, à propos de la distinction entre sexe et genre, le colloque publié en 1991 par Marie-Claude Hurtig, Michèle Kail et Hélène Rouch et réédité en 2002 avec un utile avant-propos. Historiens, sociologues, politologues ou philosophes peuvent difficilement ignorer le genre – le mot du moins – comme le confirment encore les titres de deux ouvrages récents : *Penser le sexe et le genre* (Varikas 2006) et *L'emprise du genre : masculinité, féminité, inégalité* (Löwy 2006).

« Une histoire du genre est-elle possible ? » – c'est-à-dire comment l'écrire – demande Pauline Schmitt Pantel, vingt ans après *Une histoire des femmes est-elle possible ?* Concluant une journée d'étude tenue à la Sorbonne sur Genre et histoire, elle souligne qu'« un certain flou continue à régner entre [...] les genres en tant que catégories sexuées, le genre en tant que construction culturelle de la division des sexes et en tant qu'expression des relations de domination entre les sexes » (2005, p. 346). Certes, la question de la centralité (ou non) de la domination hommes / femmes, celle du poids des structures (et donc de la capacité ou non d'agir) et celle du constructionnisme divisent encore les historiennes et historiens du genre, mais je préfère évoquer la multiplicité stimulante des usages qui sont autant de déplacements opérés en histoire des femmes et en histoire générale. Les cinq premiers déplacements, déjà exposés en 1998 pour montrer l'intérêt de « la *gender history* première manière » et du « *gender* post-structuraliste », ne sont rappelés que pour

27. MAGE : groupe de recherche Marché du travail et genre; RING : Réseau inter-universitaire et interdisciplinaire national sur le genre, domicilié à l'Université Paris 7 puis Paris 8, et regroupant plusieurs universités et des individus isolés.

mémoire ou pour évoquer les débats historiographiques d'aujourd'hui, tandis que le ou les deux derniers usages, à peine esquissés ou entrevus alors, font l'objet de plus longs développements. Sauf exception, qui illustre le propos, les ouvrages récents qui mettent en pratique ces diverses approches seront présentés plus loin, à propos des thèmes de recherche.

Le premier usage, sans doute le plus fréquent, opère un déplacement *des femmes au genre*, de l'histoire du groupe social des femmes à une histoire comparée des hommes et des femmes. L'utilisation du genre ouvre ainsi la porte à une histoire des relations réelles et symboliques entre les hommes et les femmes, histoire qui replace plus fermement les femmes du passé dans leurs contextes historiques et analysent dans ces contextes la construction des rôles (masculins et féminins) et des identités sexuées, ainsi que les systèmes de représentations qui leur sont associés. Mais si l'expression, sans doute trop structurale, de « système de genre » semble aujourd'hui moins fréquente qu'hier, demeure la question de savoir si l'histoire du genre est seulement une histoire des pouvoirs et des hiérarchies. Certaines historiennes comme Arlette Farge, qui a travaillé avec le groupe d'histoire des femmes de l'École des hautes études en sciences sociales sur les violences exercées « sur » et « par » les femmes (Dauphin et Farge 1997) ou bien encore sur la séduction, critiquent des analyses considérées comme trop simplistes et invitent à travailler sur les marges de liberté, « l'ambiguïté du désir et le nuancier infini de la rencontre entre hommes et femmes », rencontre qui n'est pas marquée seulement par la domination (Dauphin et Farge 2001, p. 8). Les historiennes anthropologues, notamment celles dont les recherches portent sur l'anthropologie du symbolique, soulignent aussi, avec Agnès Fine répondant à l'article des *Annales* de 1986, que « la problématique du pouvoir n'épuise pas la question du rapport entre les sexes » ; tout aussi importante leur apparaît une recherche sur les territoires du masculin et du féminin, recherche qui, sans conforter l'idée de complémentarités harmonieuses, « dévoile le sens des aspects inconscients de nos propres pratiques d'êtres sexués » (Fine 2002, p. 161, 163).

Longuement développé en 1998, le deuxième usage, qui opère un déplacement *du neutre au genre*, interpelle l'histoire générale et toute forme d'écriture de l'histoire. Il propose une relecture sexuée des événements et phénomènes historiques, qui contribue à l'explication de problèmes classiques en histoire sociale, politique ou culturelle. Ainsi, une analyse de genre de la laïcité – analyse attentive aux rôles prescrits aux hommes et aux femmes comme aux normes de masculinité et de féminité – permet de mieux comprendre les processus de laïcisation des sociétés et les relations complexes entre les religions, les partis politiques et les États[28]. Et, de même que l'Américaine Carole Pateman (1988) avait explicité « le contrat sexuel » de la Révolution française – entre exclusion et inclusion des femmes –, Florence Rochefort (2005) met au jour « le pacte de genre » négocié dans les années 1930 entre radicaux et catholiques sociaux à propos de la loi sur la capacité civile de la femme mariée : limiter l'égalité civile des époux par la notion de chef de famille construit les équilibres sociaux et politiques du « pacte laïc » de la Troisième République.

Plus généralement, et l'on peut parler là d'un troisième usage particulièrement stimulant, s'interroger sur « le genre de… » – la protection sociale, la citoyenneté, la nation, l'immigration ou la naturalisation[29] – permet d'analyser les enjeux de signification de la division entre masculin et féminin et de mieux comprendre la construction des rapports sociaux hiérarchiques. Par exemple, les travaux sur le genre de l'histoire montrent la disqualification progressive au XIXe siècle des femmes amateurs au profit des hommes professionnels ainsi que les enjeux de l'écriture de l'histoire des femmes (Smith 1998 ; Ernot 2004, 2007) ; ils expliquent pourquoi la discipline historique est encore aujourd'hui, particulièrement en France, investie d'identité masculine et… rétive au genre. Derrière Joan Scott qui a beaucoup écrit sur cette approche, ou derrière Michèle Riot-Sarcey en France, il s'agit moins de mettre l'accent sur les parties (les hommes et les femmes) que sur *le principe de partition* et ses significations, en analysant comment se construit, dans des configurations historiques données et changeantes, le savoir culturel sur la différence des sexes et quels sont ses effets de pouvoir. D'une part, la définition dominante du masculin et du féminin, comme celle des rapports de sexe, est à tout moment le résultat de la confrontation et de l'échec d'autres possibilités de définition – on peut penser là à l'invitation de Roger Chartier à travailler « sur les luttes de représentation, dont l'enjeu est l'ordonnancement de la structure sociale elle-même » (Chartier 1989, 1998, p. 79). D'autre part, le pouvoir se dit dans le langage du genre – par exemple en féminisant l'ennemi ou le groupe socialement dévalorisé.

28. Ce fut l'objet du colloque *Genre, laïcité(s), religions, 1905-2005* organisé par Florence Rochefort et Michelle Zancarini-Fournel en mai 2005 (actes à paraître).
29. Citons, par exemple, le n° 12 de *Clio HFS* (*Le genre de la nation*) ou la thèse en cours de Linda Guerry sur le genre de l'immigration et de la naturalisation à partir du cas marseillais (thèse Université d'Avignon, sous la direction de Françoise Thébaud). Introduire les femmes immigrées et le genre est un des moyens, comme l'a souligné Nancy Green (2002), de « repenser les migrations ».

Ces trois usages, comme les suivants, ne sont pas ou n'apparaissent plus nécessairement exclusifs l'un de l'autre; ils se mêlent ou se complètent pour appréhender un même objet – la justice par exemple (Bard *et al.* 2002)[30] ou bien encore le sport (Terret *et al.* 2005)[31] – et faire effectivement du genre « une catégorie utile d'analyse historique ». Passer *du neutre au masculin,* puis *aux genres* au pluriel, décline en effet un quatrième usage qui a ouvert le vaste chantier d'une histoire des hommes et des masculinités : on ne naît pas homme, on le devient dans des contextes historiques donnés et les rôles masculins, comme les perceptions du masculin, sont des constructions sociales et culturelles. Très présent dans le monde anglophone[32] qui dispose depuis 1998 de la revue interdisciplinaire *Men and Masculinities,* revue fondée par le sociologue américain Michael Kimmel dont Daniel Welzer-Lang tente de faire connaître les travaux (Welzer-Lang 2000), ce domaine de recherches est plus récent en France, où n'ont pas été traduits les ouvrages pionniers de Robert Nye (1992) ou John Tosh (1991, 1999). Après avoir pris comme point d'observation des situations paroxystiques de souffrance et de violence – la guerre ou le service militaire (Roynette 2000) –, cette histoire commence à s'intéresser aux situations plus ordinaires – les collèges, le sport, le militantisme, les relations intimes, la paternité[33] – et publie ses premiers essais stimulants (Mosse 1997; Rauch 2000, 2004). Elle débouche aujourd'hui, par exemple avec Luc Capdevila (2002; Capdevila *et al.* 2003), sur le projet, complexe

30. Pour le titre du livre, *Femmes et justice pénale* a été préféré à « Justice et différences des sexes » (titre du colloque tenu en 2001) et le terme « genre » a été évité.

31. Plusieurs centres de recherche français sur le sport ont développé un axe « Femmes et genre ». Avant d'organiser en 2005 un vaste colloque intitulé *Sport et genre*, Thierry Terret a coédité avec Pierre Arnaud une *Histoire du sport féminin* en deux volumes (1996). Citons aussi les deux ouvrages d'Annick Davisse et Catherine Louveau sur l*a part des femmes* (1997) et *la différence des sexes* (1998). La revue *Clio HFS* a mis en valeur ces convergences d'approche dans son numéro 23 (2006).

32. Laura Downs évoque à ce propos une « industrie en pleine expansion » dans les années 1990 (Downs 2004, p. 78). Citons aussi les recherches des Allemandes Ute Frevert (2004) et Karen Hagemann (2002).

33. Voir les contributions rassemblées autour du thème Masculin du n° 198 du *Mouvement social* (janvier-mars 2002), sous la direction d'Anne-Marie Sohn qui invite au « nouveau défi » de « traiter à égalité féminin et masculin », comme elle le tente dans son histoire des jeunes des années 1960 (Sohn 2001). Sur les liens entre sport et masculinités, voir Terret et Liotard 2005. Sur la paternité, déjà abordée sur le long terme par Yvonne Knibiehler (1987) et par Jean Delumeau et Daniel Roche (1990), on retiendra la thèse devenue livre de l'Américaine Kristen Stromberg Childers qui observe comment l'État intervient en France au XXe siècle pour définir et redéfinir la paternité et qui analyse les effets contradictoires des idéologies et des politiques sur la place et les droits des pères de famille (Childers 2003).

mais stimulant, d'une histoire des identités sociales et sexuées, à travers l'historicisation des identités, l'analyse des formes de confrontation des individus aux modèles identitaires dominants, ou l'observation des crises d'identité dans des moments de rupture. Ces pistes d'une « histoire des genres » valorisent, pour les femmes comme pour les hommes, la recherche et la consultation des sources du moi (correspondances[34], journaux intimes, autobiographies) et invitent, tendance actuelle de l'historiographie qui redonne place aux acteurs, à questionner le sens que les individus donnent à leurs pratiques comme les modes d'expression du vécu.

Quant au cinquième usage, il opère un déplacement *du groupe à ses composantes et différences internes* et invite, aujourd'hui plus encore qu'hier, à confronter le genre à d'autres catégories d'analyse et d'interprétation, pour en évaluer la pertinence dans telle ou telle conjoncture, pour mesurer l'hétérogénéité du groupe des femmes ou de celui des hommes, pour comprendre les identités multiples des individus (et des groupes) et leurs configurations changeantes[35]. Parmi ces catégories, les plus classiques à la discipline historique sont la classe sociale et l'appartenance nationale ou religieuse, mais elles ne doivent pas laisser dans l'ombre le groupe d'âge, l'orientation sexuelle ou la race. Malgré un passé national marqué par la colonisation et l'immigration, l'histoire des femmes, comme l'ensemble de la discipline, avait, en France jusqu'à ces dernières années, peu pris en compte cette dimension[36] (voir *infra*) et devrait sans doute, pour dépasser les difficultés de l'idéal universaliste, réfléchir à ce que les Américains appellent la race sans ethnicité, soit une culture et une histoire, et non une couleur de la peau. À cet égard, Céline Bessière, jeune sociologue qui travaille aujourd'hui sur les exploitations familiales viticoles de la région de Cognac, fait œuvre pédagogique dans son essai historiographique sur les femmes du sud des États-Unis autour de la guerre de Sécession : elle montre l'émergence puis le développement d'une *southern women's history* qui tente d'imbriquer les rapports de genre, de race et de classe, pour dégager des configurations historiques

34. Par exemple Gauthier M.-V. 1999.
35. Signalons par exemple les journées d'étude organisées par l'association EFiGiES (association de jeunes chercheuses et chercheurs en Études féministes, genre et sexualités) et le RING (réseau interuniversitaire sur le genre) : « Le genre au croisement d'autres rapports de pouvoir » (12-13 mai 2005, à l'IRESCO).
36. Citée dans la première édition de cet ouvrage, la thèse de Nancy Green qui réside en France est devenue livre. L'ouvrage observe sur le long terme l'industrie parisienne et new-yorkaise du vêtement où s'affairent femmes et immigrés de vagues successives, présente « un Paris multicolore » et analyse les identités sociales, sexuelles et ethniques dans la confection parisienne (Green 1998).

concrètes de relations de pouvoir (Bessière 2003). De même, le facteur âge, longtemps négligé sauf en histoire de l'éducation, intervient dans les travaux les plus récents qui, s'intéressant à l'éducation sentimentale des filles et des garçons, à l'enfance abandonnée ou « inadaptée » (D. Murat 2003, 2004), aux mouvements de jeunesse ou aux colonies de vacances (Sohn 2001; Cheroutre 2002; Downs 2002b), introduisent les âges de la vie en histoire des femmes et la différence des sexes et des classes dans une histoire de l'enfance (Becchi et Julia 1998), de l'adolescence (Thiercé 2000; Maynes *et al.* 2005) ou de la vieillesse. Ainsi, les femmes âgées sortent de l'ombre et le genre de la vieillesse devient une approche éclairante (Feller 1997, 2005; Cribier et Feller 2005).

Les deux derniers usages, paradoxalement les moins travaillés en France, tirent le fil du genre comme construction culturelle et sociale, construction qui implique d'une part *de possibles distorsions entre sexe anatomique, genre social et sexualités*, et qui invite d'autre part à s'intéresser à la *distinction entre sexe et genre*, comme à l'histoire du terme et de ses usages. La prégnance dans la culture occidentale d'une norme de correspondance sexe-genre (et de l'idée du caractère explicatif du sexe biologique), ainsi que celle de l'hétéronormativité ont conduit à négliger pendant longtemps, en histoire comme dans maintes disciplines – la psychologie faisant exception avec sa notion de degrés de féminin et de masculin –, les questions de l'androgynie et du travestissement (et plus généralement des pratiques transgenres), comme celles des sexualités hors norme. Sur ces deux points, le paysage intellectuel commence cependant à changer. Pionnière dans l'étude des relations amoureuses entre femmes, Marie-Jo Bonnet a poursuivi des travaux sur la symbolique du couple de femmes dans l'art, puis sur le statut et l'apport des femmes à l'art (Bonnet 2000, 2004), tandis que sont devenues plus visibles ce que les Américains appellent les études gays et lesbiennes[37], visibilité marquée notamment par la publication du *Dictionnaire des cultures gays et lesbiennes* (Eribon 2003) et du *Dictionnaire de l'homophobie* (Tin 2003). En histoire, il faut évoquer l'ouvrage comparatiste de Florence Tamagne (2000), qui étudie, dans trois pays aux modèles différents (Allemagne, Royaume-Uni et France), le statut, les mouvements, les identités et la perception des homosexuel(le)s dans des années de libération puis de reflux et de répression (1919-1939)[38], mais aussi la traduction (2003) du

37. Déjà anciennes aux États-Unis. Parmi les pionnières des *lesbian studies*, citons Lillian Faderman dont les travaux soulignent la contribution des lesbiennes à l'histoire américaine (Faderman 1999).
38. Ce travail est à la fois la mise au jour d'une histoire méconnue (et d'acteurs méconnus) et un mode de lecture des sociétés de l'entre-deux-guerres. Comme Mary Louise Roberts

livre de l'historien américain George Chauncey qui observe à la même époque les facettes et les transformations de la culture gay à New York, une culture moins tolérée au cours du second tiers du XXe siècle que du premier[39]. On citera également la thèse remarquée de Laure Murat qui propose une histoire culturelle du « troisième sexe » au XIXe siècle (2006), ainsi que les recherches de Régis Révenin sur les homosexualités masculines entre 1870 et 1968[40]. Ainsi, l'histoire des femmes et l'histoire générale, bousculées par les études gays et lesbiennes qui placent les catégories de la sexualité au centre de l'analyse, accordent désormais une plus grande attention à l'histoire des sexualités (voir *infra*).

De même, sur l'androgynie ou le travestissement existent des travaux récents qui concernent surtout la fin du Moyen Âge et la période moderne : la thèse inédite de Frédérique Villemur sur les figures de l'androgyne à la Renaissance ; l'ouvrage de Sylvie Steinberg qui, joliment intitulé *La confusion des sexes*, met en scène plus de 300 personnes – surtout des femmes – qui, malgré l'interdiction légale et pour diverses raisons, ont pris l'habit de l'autre sexe entre la Renaissance et la Révolution (Steinberg 2001) ; ou bien encore le colloque *Travestissement féminin et liberté(s), Moyen Âge - XXe siècle*, organisé en 2005 par l'angliciste Guyonne Leduc et publié depuis lors (2006). Comment interpréter le phénomène qui renvoie à une conception hiérarchique de la différence des sexes – prendre l'habit du dominant, tendre vers le parfait selon la conception ancienne de l'ordre des choses – mais qui joue aussi des normes de genre ? Dans le numéro 10 (1999) de *Clio HFS* qui, coordonné par Christine Bard et Nicole Pellegrin, repère dans le passé des subversions d'« un mauvais genre », Marie-Hélène Bourcier propose trois modèles d'interprétation du travestisme : le modèle médical des sexologues, le modèle féministe d'émancipation et le modèle *queer*[41] de la performativité qui parle de pratiques transgenres et insiste sur la fluidité du genre, hors de toute identité fixe[42]. L'ouvrage pionnier de ce courant théorique et politique, qui subvertit les identités liées au

---

(1994) et Christine Bard (1998), F. Tamagne montre que la lesbienne catalyse les angoisses nées de l'émancipation féminine et incarne « la femme nouvelle » menaçante.

39. George Chauncey doit prochainement publier ses recherches sur la période 1940-1970.

40. Régis Révenin est l'auteur d'un premier travail publié sur la période 1870-1918 (2005).

41. Ce terme qui signifie « bizarre » était une injure à l'égard des homosexuels, qui l'ont repris pour en faire une expression porte-drapeau. Rappelons qu'un siècle plus tôt « féminisme » fut aussi le résultat d'un processus d'appropriation-retournement d'un terme péjoratif (Offen 1987).

42. Voir aussi, sur la pensée et la politique *queer*, Bourcier 2005.

genre et à la sexualité – invitant notamment à penser et agir en dehors du binarisme masculin-féminin et de l'hétérosexualité – est celui de la philosophe américaine Judith Butler (*Gender Trouble. Feminism and the Subversion of Identity*), qui, paru aux États-Unis en 1990, a connu un large écho dans ce pays et à l'étranger, avec une réédition complétée en 1999 et seize traductions. Préfacée par Éric Fassin, qui joue là encore le rôle de passeur des questionnements américains (Fassin 2004, 2005)[43], suggérée sans doute par la politisation actuelle des questions sexuelles (Fabre et Fassin 2003), la récente traduction française (2005) fait entrer au cœur d'une réflexion qui pense ensemble les normes de genre et de sexualité, qui remet en cause le partage « naturalisé » entre sexe biologique et genre social, et repose la question d'une politique féministe qui ne soit pas fondée sur l'identité féminine. Pour Judith Butler, le sexe, comme le genre, est une construction sociale élaborée au travers de pratiques discursives et non discursives. Être féminine, c'est *représenter* la féminité, non pas comme un jeu esthétique mais, a-t-elle précisé en réponse aux critiques qui l'ont accusée de nier la matérialité des corps, comme le résultat d'une assignation normative, qui reste cependant « une pratique d'improvisation dans une scène de contrainte »[44] ; pour la philosophe en effet, l'individu garde une capacité d'agir et les pratiques minoritaires de sexualité ou de genre troublent la norme. Intervention dans les combats d'aujourd'hui, cette pensée, que vient préciser la traduction consécutive de *Undoing Gender* (Butler 2006), a aussi de quoi stimuler l'historiographie du genre, des sexualités et des féminismes, malgré les résistances françaises aux *gender, cultural, queer studies* (*Cahiers du genre* 2005). Elle a inspiré le sociologue Alain Touraine qui en fait le point de départ d'une réflexion sur la place des femmes sur la scène de la modernité (2006). Il serait toutefois réducteur – notamment pour les approches historiques – de définir les *gender studies* comme « les nouvelles études américaines sur la sexualité », comme on le voit écrit ici ou là[45].

Tirer le fil de l'histoire des termes et de leurs usages – ceux qui désignent des comportements sexuels ou de genre, mais aussi le terme même de genre – semble être un des chemins possibles d'une enquête à poursuivre, comme l'a fait par exemple Sylvie Chaperon à propos du féminisme, seul moyen d'étudier les associations féminines des années

43. Voir aussi, sur les débats des féministes de langue anglaise, l'analyse éclairante d'Irène Jami (2003).

44. Cité par Éric Fassin (2005, p.15).

45. La citation est extraite du *Monde* 2 du 18 mars 2002 où Frédéric Joignot présente Judith Butler.

1945-1970 et de sortir des classifications élaborées pour des périodes antérieures ou postérieures (Chaperon 2000[46]). De fait, le terme français « genre » est plus ancien que la traduction contemporaine de *gender* (Offen 2006). Comme l'ont montré des travaux de modernistes (Steinberg 2001), certains auteurs de traités de médecine et de physiognomonie des XVIe et XVIIe siècles distinguent le sexe, organe de la reproduction, et le genre (masculin et féminin) qui englobe les autres différences corporelles et les différences morales, distinction sexe / genre qui ne recouvre pas la distinction contemporaine d'un sexe biologique et d'un sexe social. De fait, durant la période moderne, ce sont à la fois les définitions du genre et celles du sexe qui ont varié et les ambiguïtés du vocabulaire sont source d'enseignements sur leur caractère historiquement construit. Déjà partiellement explorée – tournant du XVIIIe siècle mis en évidence par Thomas Laqueur (1992), moment stollérien étudié par Pierre-Henri Castel (2003)[47] –, l'histoire de la distinction sexe / genre a encore beaucoup à nous apprendre, quitte à remettre en cause ou à relativiser les usages actuels de la catégorie d'analyse.

À cet égard, la nouvelle histoire des sciences, qui privilégie l'étude des pratiques scientifiques et de l'articulation de ces pratiques avec les mondes sociaux et politiques, se révèle particulièrement stimulante, observant les interactions complexes entre la production des connaissances (en anthropologie, sexologie, psychiatrie, psychologie, biologie, physiologie et médecine) ou les modes d'intervention sur les corps d'une part, et, d'autre part, l'existence de convictions partagées d'une pensée binaire de la différence des sexes. Collectifs et interdisciplinaires, des ouvrages récents ont analysé la fabrication du féminin et du masculin par les sciences des XIXe et XXe siècles, sorte d'« invention du naturel » ou de naturalisation de la domination masculine. Ils ont esquissé les étapes récentes de la dissociation entre sexe et genre, dissociation bousculée par la découverte des hormones et leur utilisation ultérieure comme médicaments (contre les anomalies du sexe de naissance ou les stérilités, pour soigner les troubles identitaires des transsexuels), puis de nouveau par les nouvelles techniques de reproduction. Ils ont aussi souligné

46. Il s'agit du livre issu de la thèse citée dans la première édition de cet ouvrage.

47. Cité dans la première édition de cet ouvrage, Thomas Laqueur a montré qu'à partir du XVIIIe siècle, la femme n'est plus dans le discours savant un homme imparfait, mais un être radicalement autre (dans un modèle à deux sexes qui remplace celui d'un genre unique) : la médecine des Lumières sexualise le corps humain et ancre le culturel dans le biologique. Psychiatre et psychanalyste américain, Robert Stoller utilise dans les années 1960 le terme de *gender* pour témoigner de la diffraction constatée chez certains patients entre corps et identité.

que, malgré la découverte de la complexité du sexe biologique et son impossible bicatégorisation – qu'elle ait été recherchée dans l'anatomie, les hormones, les chromosomes ou les gènes –, les pratiques scientifiques d'une société, qui ne peut concevoir des individus autrement que comme des hommes ou des femmes à part entière, ont tenté d'effacer toute forme d'ambiguïté sexuelle, par exemple dans le traitement de l'intersexualité ou la détermination du sexe des sportifs (Gardey et Löwy 2000 ; *Cahiers du genre* 2003)[48].

Le genre précède le sexe, dans la mesure où les différences entres les corps sont perçues à travers le prisme d'une culture qui hiérarchise et divise. Cette affirmation apparaît plus clairement aujourd'hui que lors de ses premières formulations en France, notamment par Christine Delphy (1991), dont les diverses contributions ont été récemment rassemblées dans deux ouvrages, le deuxième étant sous-titré *Penser le genre* (Delphy 1998 et 2001). De même est mieux comprise, si ce n'est admise, l'idée qu'au-delà de la reproduction sexuée, le système binaire des sexes et des genres est le résultat de constructions sociales et culturelles. Mais dans ce qui reste, au-delà de la nécessaire déconstruction de cette opposition, *Une histoire entre biologie et culture* (sous-titre du numéro des *Cahiers du genre* cité ci-dessus), semble surgir aujourd'hui, du moins en France, la nécessité d'une nouvelle réflexion sur la matérialité du corps dont « le statut et la place dans le jeu à deux du sexe et du genre se révèlent problématiques » (Rouch *et al.* 2005, p. 10). Présente dans la plupart des disciplines, informée par les débats qui viennent d'être présentés, stimulée par les évolutions sociales d'aujourd'hui, l'attention actuelle au corps n'est pas un simple retour aux questionnements des années 1970 ou du début des années 1980, questionnements centrés d'abord sur l'expérience vécue (Zancarini-Fournel 2005b). En histoire, elle est notamment mise en œuvre par Georges Vigarello qui, après avoir proposé en 2004 une histoire de long terme de la beauté – histoire des codes esthétiques, des manières de les énoncer et de les regarder ; histoire des moyens d'embellissement –, s'est associé avec Alain Corbin et Jean-Jacques Courtine pour tenter une difficile histoire du corps de la Renaissance à nos jours, qui observe dans leurs configurations changeantes les représentations du corps de l'autre, les ressorts du désir masculin et féminin, les normes et les pratiques corporelles (Corbin *et al.* 2005, 2006).

Work in progress, l'histoire du genre est sans doute, pour reprendre les termes de Laura Downs (2004, p. 182), la « fille plus ambitieuse » de l'histoire des femmes, qu'il serait cependant dommage – et injuste – de

48. Sur la question du sexe des sportives, voir Louveau et Bohuon 2005.

disqualifier aujourd'hui, en invoquant l'archaïsme d'une approche trop positiviste ou les naïvetés induites par un lien trop fort avec le militantisme. Celle-ci, qui s'est d'ailleurs complexifiée, a encore beaucoup à nous apprendre et à nous faire comprendre du passé, tant les silences de l'histoire restent à cet égard assourdissants, tant domine encore un récit androcentrique du passé. La génération pionnière – celle de Michelle Perrot ou d'Yvonne Knibiehler en France, celle de Gerda Lerner aux États-Unis, celle de Sheila Rowbotham au Royaume-Uni – le souligne aujourd'hui[49] et j'y souscris tout à fait, comme Karen Offen par exemple : faisons, selon les thèmes et les sujets, et de l'histoire des femmes et de l'histoire du genre, l'une ou l'autre, ou les deux, pour plus d'intelligibilité. De fait, la plupart des recherches actuelles mêlent les deux approches, justifiant la locution « histoire des femmes et du genre » qui désigne aujourd'hui le domaine de recherche. Mais le doute qui étreint certaines ne peut être évacué : ainsi, le groupe d'histoire des femmes de l'École des hautes études en sciences sociales, dont plusieurs articles ou livres ont scandé l'aventure intellectuelle décrite dans cet ouvrage, dit son malaise d'une « distorsion entre le "réel" et l'insuffisance des outils d'analyse [...], d'une absence par rapport aux enjeux actuels du domaine social et politique », malaise exprimé aussi par Arlette Farge dans ses entretiens avec Jean-Christophe Marti (2005). Dans un « arrêt sur image », le groupe propose à sept voix une critique du vocabulaire et des notions utilisés et souligne que « le concept de genre a ses limites : devenu stéréotypal, il n'est pas assez politique et largement intemporel » (Cottias *et al.* 2004 p. 231 et 233, 2005). Plus optimiste, Pauline Schmitt Pantel se félicite au contraire de ce que l'histoire des femmes et du genre « a su renouveler ses questionnements, peut-être parce qu'elle reste, plus que d'autres [...], adossée au mouvement social », mais elle invite aussi à rester « attentif à ce que la notion de genre conserve sa valeur heuristique et militante » (2005, p. 347-348). Peut-on encore appliquer à ce domaine de recherche les qualifications généreuses utilisées par Alain Corbin dans la préface de la première édition de cet ouvrage : « carrefour, confluence de toutes les interrogations actuelles, laboratoire de novations » ? Les pages précédentes incitent à répondre par l'affirmative, mais en même temps la dilution de ses problématiques, la diversification toujours plus grande des thématiques historiques et la complexité grandissante du présent,

49. Tout en invitant à user du genre, Michelle Perrot a rappelé qu'il ne fallait pas abandonner « l'histoire dite "des femmes" toute simple « (*Vingtième siècle - Revue d'histoire* 2002, p. 176) ; Gerda Lerner est plus explicite encore, invitant les jeunes chercheuses à remplir tous les blancs de la carte de l'histoire des femmes américaines (Lerner 2004, p. 24).

que traduit par exemple la fragmentation actuelle du féminisme[50], lui enlèvent sans doute une partie de sa puissance suggestive. Quoi qu'il en soit, le point suivant propose de décliner les novations d'une autre façon, en entrant plus avant dans les recherches empiriques des dernières années.

Nouvelles approches, nouveaux objets

J'emprunte ce sous-titre, en l'amputant du premier volet, au manifeste de « l'histoire nouvelle » *Faire de l'histoire*, publié en trois volumes en 1974 (Le Goff et Nora). En effet, les « nouveaux problèmes » ont été déclinés dans les pages précédentes qui ont évoqué les usages diversifiés du genre et les débats qu'ils ont soulevés, parmi lesquels il faut cependant rappeler l'interrogation récurrente autour de la domination (masculine) et de la capacité d'action des femmes. L'histoire des femmes et du genre est ainsi marquée par une tension permanente entre une analyse pessimiste, qui souligne le poids des structures, voire, comme une part de l'anthropologie, l'universalité d'une « valence différentielle des sexes » (Héritier 1996a[51]), et une analyse plus optimiste, peut-être dominante aujourd'hui, qui les relativise et laisse place à l'action et aux stratégies des individus, l'*agency* des recherches anglo-américaines mise en avant dans la dernière fresque de Sheila Rowbotham (1997). Mais les chronologies saccadées ou les dichotomies en usage dans les années 1970 entre une majorité de femmes victimes et une minorité de rebelles, entre domination des hommes et oppression des femmes, entre égalité et différence ont fait place à des travaux beaucoup plus nuancés et des approches plus complexes. L'histoire des femmes travaille aujourd'hui sur les marges de liberté, les formes de micro-résistance, l'ambiguïté des relations, le « nuancier infini de la rencontre entre hommes et femmes », les moments de consensus. Elle s'interroge, comme Pierre Bourdieu qui souligne l'existence d'une violence symbolique et de l'incorporation de la

50. Comme l'ont montré les travaux historiques (Gubin *et al.* 2004), les féminismes se sont toujours déclinés au pluriel et ont été traversés de tensions internes mais le paysage actuel semble plus complexe encore, comme le montrent les entretiens réalisés par Christelle Taraud en 2005 (Taraud 2005).

51. Françoise Héritier a nuancé cette analyse dans le deuxième tome de *Masculin-Féminin*, sous-titré *Dissoudre la hiérarchie* (2002).

domination, ou comme d'autres auteurs qui insistent sur les formes de régulation sociale, sur la question difficile du consentement. Elle n'évite plus les figures ou les postures considérées comme négatives, telles la violence exercée par des femmes (Dauphin et Farge 1997), l'engagement nationaliste, la collaboration, la participation aux guerres civiles. Elle interroge la notion de mutation, en envisageant, dans sa dynamique et ses conflits, la façon dont les hommes et les femmes donnent sens aux expériences nouvelles et reconstruisent objectivement et subjectivement les transformations (Capdevila *et al.* 2003), en observant d'autre part les lents processus de transformation et « les faibles intensités du réel » (Arlette Farge) tout autant que les moments de rupture. Il y a bien, en France comme ailleurs, renouvellement des approches et mise au jour de nouveaux objets et la bibliographie ici présentée sera, par nécessité, à dominante francophone. Elle concernera aussi prioritairement les XIXe et XXe siècles, mentionnant toutefois le beau livre d'histoire et d'anthropologie, *Ève et Pandora* (Schmitt 2002), qui présente les deux grandes figures mythiques de la femme et les compare à d'autres mythes qui ont pensé comme un fait d'origine la différence des sexes, ou bien encore le numéro conjoint d'*EspacesTemps* et de *Clio HFS* consacré à l'helléniste Nicole Loraux.

Comme le montrent les recherches collectives menées par le groupe de recherches Femmes-Méditerranée, le réexamen d'anciennes grilles de lecture peut être fécond : ainsi, réfléchir sur la visibilité sociale n'est plus seulement rendre visibles les femmes du passé, c'est aussi s'interroger sur les procédés et les acteurs de « l'invisibilisation », sur les conditions d'accès à la visibilité et sur ses conséquences politiques, sociales et culturelles (Dermenjian *et al.* 2000). De même, observer « le panthéon des femmes » ouvre, par l'analyse des processus d'héroïsation, des significations genrées de l'héroïsme et du travail de la postérité, sur une meilleure compréhension des relations entre hommes et femmes à un moment donné (Dermenjian *et al.* 2004).

Des thèmes classiques de l'histoire des femmes et du genre – la maternité, le travail, les luttes syndicales et politiques, la ville, l'éducation, les féminismes, l'investissement associatif – ont aussi été revisités, pour élargir les connaissances, développer une nouvelle approche ou offrir des synthèses historiographiques nationales ou internationales (Simonton 1998 ; Schweitzer 2002 ; Riot-Sarcey 2002 ; Gubin *et al.* 2004), tandis que des thèses évoquées dans la première édition de cet ouvrage sont devenues livres (Guéraiche 1999 ; Chaperon 2000 ; Diebolt 2001 ; Downs 2002a ; Gardey 2001). Thématique chère à l'histoire au féminin, l'histoire de la maternité s'est diversifiée depuis la parution, citée dans la première édition de cet ouvrage, de *La révolution maternelle depuis 1945*[52]. Des historiennes démographes ont repris, d'une autre manière, la question de la médicalisation de l'accouchement (Beauvalet-Boutouyrie 1999) et de la profession de sage-femme, ou celle de l'emprise de l'État sur les mères – à travers des institutions sociales ou le corps des inspecteurs de l'Assistance publique par exemple (De Luca et Rollet 1999 ; De Luca 2002) –, questions qui sont aujourd'hui au cœur des recherches sur l'Afrique subsaharienne (Barthélémy 2004 ; Hugon 2004). De leur côté, Marianne Caron-Leulliez et Jocelyne George (2004) ont tenté de comprendre les multiples facettes de « la révolution oubliée » qu'a été l'accouchement sans douleur, importé d'URSS dans les années 1950. Mais, comme l'a souligné un des derniers numéros de la revue *Clio HFS*, d'autres travaux ont privilégié des approches plus centrées sur le pouvoir des mères ou la mobilisation, réelle ou symbolique, de la maternité en politique, tandis que les évolutions sociales contemporaines ont conduit à de nouveaux débats sur la parenté (Fine et Neyrinck 2000 ; Iacub 2004 ; Godelier 2004). À noter également des recherches convergentes sur des expériences historiques étrangères : formes diverses de la protection maternelle et infantile en Belgique (Masuy-Stroobant et Humblet 2004), modalités et effets de la médicalisation de la maternité au Québec entre 1910 et 1970 (Baillargeon 2004), révolution du statut de l'enfant – *De l'enfant utile à l'enfant précieux* – dans la Suisse des années 1860-1930. Dans ce dernier ouvrage qui compare quatre villages du canton protestant de Vaud et du canton catholique de Fribourg, Anne Praz (2005) renouvelle l'approche de la transition démographique en observant les partages entre les sexes dans les discours et les pratiques, notamment de scolarisation.

En ce qui concerne le travail, sur lequel les sociologues du MAGE ont produit des analyses stimulantes pour les historiens[53], ont été poursuivies les approches en termes de trajectoires professionnelles et de division sexuée des tâches et des emplois[54]. Celle-ci est de plus en plus appréhendée dans sa construction dynamique – à travers notamment

52. Publié en 1997, l'ouvrage est d'Yvonne Knibiehler, qualifiée à juste titre de « pionnière de l'histoire des mères » dans les études récemment réunies en son hommage (Bernos et Bitton 2004). Yvonne Knibiehler s'est beaucoup engagée ces dernières années pour réconcilier dans la société française maternité, travail et citoyenneté (voir par exemple Knibiehler 2001) et préside la Société d'histoire de la naissance qui rassemble professionnels de la santé et historiens (femmes et hommes).

53. Comme le montre la revue *Travail, genre et sociétés* qui a succédé en 1999 aux *Cahiers du Mage*.

54. La première édition de cet ouvrage a malencontreusement omis de signaler les recherches de Catherine Omnès sur les ouvrières parisiennes (1997).

les conventions collectives, la législation sociale ou les imaginaires sociaux – ou comme un mode de lecture globale de l'inégalité sociale, par exemple dans un ouvrage suisse récent (Christe *et al.* 2005). Le travail – ou plutôt les identités individuelles et collectives de quatre générations d'ouvrières et d'ouvriers de l'industrie troyenne – est aussi au cœur de la monographie d'Helen Chenut qui intègre, dans un projet d'histoire totale observant « la fabrique du genre », la production, la politique, la consommation, la vie privée et la culture (Chenut 2005), tandis que Joceline Chabot présente l'expérience originale – entre conservatisme et modernité – du syndicalisme féminin chrétien de la première moitié du XXe siècle (Chabot 2003)[55]. Il est toutefois à noter un déplacement des recherches vers d'autres lieux que l'usine. Négligée depuis les travaux pionniers des années 1970, la condition ancillaire vient d'être étudiée en profondeur pour la Belgique du XIXe siècle et la thèse d'histoire sociale de Valérie Piette (2000) a été complétée, pour d'autres pays et d'autres périodes, par un numéro de la revue belge *Sextant*. De même, l'ouvrage de Linda Clark (2000) sur l'accès des femmes à l'administration publique française depuis 1830 complète amplement la trame élaborée précédemment par Guy Thuillier (1988), tandis que le monde des bureaux – y compris le tertiaire de l'entreprise – a été l'objet des recherches de Delphine Gardey (1999 et 2001) qui s'est intéressée à la fois aux identités sociales, aux formes organisationnelles et aux techniques de travail. L'infirmière et l'institutrice ont été revisitées pour le Québec par Yolande Cohen d'une part (2000), Andrée Dufour et Micheline Dumont d'autre part (2004), tandis qu'un numéro récent (2003) d'*Histoire de l'éducation* consacré aux enseignantes – *Formations, identités, représentations* – offre des aperçus internationaux. Un bilan historiographique y souligne que la variété et la quantité des travaux développant une approche femmes et genre – particulièrement nombreux en anglais – ont transformé l'histoire de ce groupe professionnel, désormais étudié aussi en contexte colonial français (Barthélémy 2004). Mais, figures interrogées aujourd'hui par l'histoire des femmes et par l'histoire des intellectuels (*Mil neuf cent* 1998 ; *Sextant* 2000 ; *Clio HFS* 2001 ; Racine et Trebitsch 2004), les intellectuelles sont pour l'heure plus abordées sous l'angle de leurs engagements dans les débats de leur époque, qu'au travers de l'accès aux professions intellectuelles (Rennes 2007), même si l'activisme à cet

55. Signalons deux thèses en cours sur le genre du syndicalisme (culture syndicale et identités militantes, syndicalisme au féminin, politiques et pratiques sexuées des organisations syndicales) : Slava Liszek observe sous ces angles la CGT de 1945 à 1968 ; Pascale Le Brouster, la CFDT des décennies 1960 et 1970 (Université Paris 7, sous la direction de Françoise Thébaud).

égard des associations de femmes diplômées des universités – une fédération internationale et des associations nationales nées dans les années 1920 – est partiellement mis au jour dans plusieurs pays et que la thèse de Loukia Efthymiou (2002) fait mieux comprendre le métier d'enseignante du secondaire et les identités des femmes professeurs de la première moitié du XXe siècle. Parmi ces professeurs, Colette Audry (1906-1990), qui traversa le siècle avec des engagements multiples à gauche et l'écriture d'une œuvre littéraire, méritait une biographie intellectuelle (Liatard 2007), tout comme la chartiste Édith Thomas (1909-1970), écrivaine et résistante (Kaufmann 2007). Quant aux femmes des champs, elles restent, plus encore que celles de la boutique ou de l'artisanat, largement méconnues, du moins en France (Sainclivier 2005 ; Hubscher 2005) ; de même que le genre des activités agricoles, objet de recherches ethnologiques plus qu'historiques.

Lieu de la modernité, lieu d'une éventuelle émancipation des femmes mais aussi de pratiques sexuées de l'espace ou de figures de la pauvreté – comme le rappelle la synthèse de Rachel Fuchs sur le XIXe siècle européen (2005) –, la ville a été plus étudiée que les campagnes par l'histoire des femmes et du genre. Des travaux récents se dégagent deux directions. D'une part, plusieurs projets collectifs ont tenté de réparer les oublis de la mémoire et de l'histoire des villes, brossant notamment les portraits – individuels ou collectifs – des femmes qui ont fait l'histoire de Marseille (Dray-Bensousan *et al.* 1999) ou de Genève (Deuber Ziegler et Tikhonov 2005), mais aussi, à des échelles plus modestes, de Lyon ou Rennes[56]. D'autre part, une approche interdisciplinaire sur « le genre des territoires » matériels ou imaginaires (Bard 2004) ouvre, malgré l'indifférence de la majorité des géographes français à ce questionnement, des pistes multiples sur l'analyse des relations sociales entre hommes et femmes, qui vivent « ensemble-séparés », selon les termes du sociologue américain Erving Goffman dont *L'arrangement des sexes* n'a été traduit en français qu'en 2002 (Zaidman 2002) : malgré l'idéal démocratique de mixité, rien n'est moins évident que le mélange des sexes et des genres.

56. Colette Cosnier et Dominique Irvoas-Dantec, *Parcours de femmes à Rennes*, Rennes, Apogée, 2001 (à partir des demeures qu'ont occupées des femmes ayant marqué l'histoire de la ville) ; Bernadette Angleraud, Marie-Christine Bôle du Chaumont, Jean Etèvenaux, Catherine Pellissier, *Lyonnaises d'hier et d'aujourd'hui*, Lyon, Éditions Bellier, 2005. Signalons aussi l'ouvrage coordonné par Marc Guillaume, *Paris. Aux noms des femmes*, Paris, Descartes & Cie, 2005 (40 femmes d'aujourd'hui se promènent dans les rues qui portent des noms de femmes – une centaine sur 6 000, dont 35 attribués depuis 1974 – et évoquent le personnage).

Impulsée sans doute par sa remise en cause dans les sociétés d'aujourd'hui, l'histoire de la mixité – théorie pédagogique et utopie sociale, pratique d'enseignement et politique scolaire – apparaît comme un des questionnements actuels en histoire de l'éducation, tant en France où elle a été généralisée tardivement que dans d'autres pays occidentaux (Zancarini-Fournel 2003b; *Clio HFS* 2003; Rogers 2004b). Ce faisant, elle tend à déplacer les recherches vers le siècle dernier, mais les périodes antérieures restent aussi très étudiées (Leduc 1997), notamment le XIXe siècle français sur lequel les archives des congrégations sont très riches (Curtis 2000; Hurel 2001). Dotée d'une double culture historiographique et académique, Rebecca Rogers propose à cet égard un regard neuf sur l'éducation des jeunes bourgeoises dans les congrégations religieuses et les pensionnats laïcs avant les lycées républicains[57] : diversification de la demande scolaire, émergence d'un réseau hiérarchisé d'établissements, formation d'une culture scolaire spécifique d'un modèle français, exportation de ce modèle dans les colonies et certains pays anglophones (2005a). Contribution à l'écriture d'une histoire coloniale qui n'oublie ni les femmes ni le genre, ses recherches actuelles portent sur l'œuvre scolaire de Mme Allix-Luce en Algérie – création en 1845, dans le but d'encourager « la fusion des races », d'une école pour jeunes filles musulmanes – et sur sa réception au-delà des frontières, dans les cercles du pouvoir et les milieux féministes internationaux. De son côté, Jean-Noël Luc a poursuivi ses recherches sur la préscolarisation, proposant un aperçu comparatif en Europe (*Histoire de l'éducation* 2000), ou esquissant, à partir de correspondances et d'un journal intime, un beau portrait d'Émilie Mallet qui, avant Marie Pape-Carpentier (Cosnier 2003) ou Pauline Kergomard (Kergomard 2000), peut être considérée comme la pionnière de l'école maternelle française (Luc 2000)[58].

En France comme ailleurs, mais moins qu'aux États-Unis ou au Royaume-Uni où sont parus récemment de nombreux ouvrages sur des militantes des XIXe et XXe siècles (comme Elizabeth Cady Stanton, Eleanor Roosevelt, Emmeline ou Sylvia Pankhurst, Nelly Roussel, Simone de Beauvoir...), l'histoire des femmes participe à l'attrait actuel

57. À l'occasion du bicentenaire de la création des lycées napoléoniens a été organisé un colloque qui a pris en compte la différence des sexes (Caspard *et al.* 2005).

58. La question des origines est toujours un enjeu en histoire, comme le montre le sous-titre combatif utilisé par Colette Cosnier en 2003 pour évoquer Marie Pape-Carpentier (1815-1878), *La véritable fondatrice de l'école maternelle*, mais elle permet surtout de préciser les généalogies. Émilie Mallet (1794-1856) ouvre la première salle d'asile à Paris en 1826, tandis que Pauline Kergomard (1838-1925) œuvre plus tard dans le cadre républicain.

– ou retrouvé – pour les biographies, devenues terrain d'expérimentation pour les historiens (Dosse 2005)[59]. S'y côtoient des parcours d'engagement – comme dans les notices des dictionnaires biographiques qui accordent une place de plus en plus grande aux femmes[60] –, des biographies intellectuelles comme celles déjà citées de Colette Audry et Édith Thomas, ou bien encore celle de Clémence Royer, « philosophe et femme de sciences », rééditée à l'occasion du centième anniversaire de sa mort (Fraisse 2002), et des « récits de séquences biographiques » d'un itinéraire singulier, telle l'aventure quasi romanesque de Marie Isabelle, « modiste, dresseuse de chevaux, femmes d'affaires, etc. » dans la société du Second Empire (Houbre 2003). S'y construit une réflexion sur l'écriture biographique, marquée notamment aux États-Unis par la parution de *The New Biography* (Margadant 2000) et, en France, par l'avant-propos de *Vidal, le tueur de femmes*, où Philippe Artières et Dominique Kalifa proposent de monter des discours, comme on monte des images au cinéma, pour « restituer la multiplicité des voix et des points de vue qui constituent le réel » (2001, p. 11). Cette réflexion concerne en particulier l'usage historien des archives de soi (correspondances, journaux intimes, autobiographies, témoignages oraux), qui ne sont pas seulement des sources documentaires mais aussi des objets d'histoire qui informent sur les pratiques culturelles d'écriture, sur le travail de la mémoire, sur les processus de mise en scène ou d'autoconstruction de soi (*Sociétés et représentations* 2002 ; Dauphin 2000)[61].

59. Il est sans doute significatif que les deux premiers prix décernés à des étudiants de maîtrise par l'Association pour le développement de l'histoire des femmes et du genre / Mnémosyne concernent des biographies : voir Renoult 2004 et Weis 2005. Voir aussi Maréchal 2003.

60. C'est le cas du *Dictionnaire biographique du mouvement ouvrier* (dit Maitron) qui publie aujourd'hui le deuxième tome sur la période 1940-1968. C'est le cas aussi du *Dictionnaire biographique du monde religieux dans la France contemporaine* qui annonce un volume *Femmes* dirigé par Bruno Dumons et Anne Cova. L'ouvrage d'Évelyne Diebolt (2001) ainsi que le site Femmes et associations offrent de nombreuses biographies de militantes associatives.

61. La première édition de cet ouvrage avait évoqué le travail de Philippe Lejeune, fondateur en 1992 de l'Association pour l'autobiographie, qui a rassemblé depuis lors plus de 2000 textes (médiathèque d'Ambérieu-en-Bugey, voir Lejeune 1998) ; ces textes sont la source principale de la thèse d'Anne-Claire Rebreyend sur une histoire de l'intime au XXe siècle (2006). En 1998 a aussi été présenté le lien consubstantiel entre histoire des femmes et histoire orale, pratique sur laquelle on dispose aujourd'hui de la somme de Florence Descamps (2001). Parmi les publications de correspondances, signalons la correspondance entre George Sand et Armand Barbès (*Sand-Barbès : correspondance d'une amitié républicaine, 1848-1870*, Paris, Le Capucin, 1991, édition établie par Michelle Perrot) et la correspondance croisée d'Alfred et Lucie Dreyfus, qui révèle le rôle méconnu que Lucie a tenu dans l'Affaire et auprès de son mari : *« Écris-moi souvent, écris-moi*

À cet égard, comme a tenté de le montrer le numéro 11 de *Clio HFS* (2000), l'histoire des pratiques culturelles – l'écriture, mais aussi la lecture ou le dire – peut se nourrir avec profit des travaux d'anthropologie, de sociologie ou d'études littéraires qui analysent les manifestations du genre à l'œuvre dans ces pratiques : que signifie lire au féminin (Fabre 2000) ? L'épistolaire est-il un genre féminin (Planté 1998) ? Pourquoi et comment les femmes ont-elles fait de l'écriture domestique – une des formes des écritures ordinaires ou quotidiennes explorées par Daniel Fabre (1993, 1997) – leur terrain privilégié (Fine 2000) ?

Ainsi, plus encore que dans les années 1990, l'histoire des femmes et du genre participe au développement de l'histoire culturelle, qui utilise à la fois des approches anthropologiques et politiques, s'interrogeant notamment sur les « rapports sociaux de sexe dans le champ culturel », titre d'un séminaire animé par l'historienne du cinéma Geneviève Sellier[62] et la moderniste Éliane Viennot (Krakovitch et Sellier 2001 ; Krakovitch *et al.* 2001 ; Sellier et Viennot 2004). L'analyse sexuée de la production, de la réception et des usages des produits culturels – notamment celle des images genrées véhiculées par les médias[63] –, rejoint les préoccupations plus anciennes des chercheurs et chercheuses anglophones sur la consommation, la mode, le divertissement ou la beauté[64], de façon à promouvoir une approche conjointe de la culture

longuement... » *: Correspondance de l'île du Diable*, édition établie par Vincent Duclert, avant-propos de Michelle Perrot, Paris, Éditions Mille et une nuits, 2005. De son côté, Rémy Cazals (2003) a utilisé la correspondance de guerre conservée par Marie-Louise Puech (thèse en cours de Nicole Dabernat sur cette militante pacifiste et féministe) pour reconstituer le réseau de solidarités qui a protégé des intellectuelles étrangères dans la France de Vichy.

62. Coécrit avec Noël Burch, *La drôle de guerre des sexes du cinéma français* a été cité dans la première édition de cet ouvrage. Plus récemment, G. Sellier (2005) s'est intéressée au cinéma de la Nouvelle vague.

63. En France, l'ouverture récente des archives de l'Institut national de l'audiovisuel (après la loi du 20 juin 1992 sur le dépôt légal) et la réflexion méthodologique engagée depuis plusieurs années offrent aux chercheurs un champ d'investigation nouveau. La réflexion sur les images télévisées a été engagée notamment par Marie-Françoise Lévy, qui a codirigé avec Monique Ageron de l'INA l'édition de *Images du temps présent à la télévision, 1949-1964* (50 vidéocassettes) et publié : « Famille et télévision » (1995) ; « Les femmes du temps présent à la télévision : la mutation des identités (1960-1975) » (2000) ; *La télévision dans la République, 1945-1964*, Bruxelles, Complexe, 1999. Signalons que Ménie Grégoire a déposé sa documentation sonore, et l'immense courrier reçu, aux archives départementales de l'Indre-et-Loire. L'association Archives du féminisme a organisé en 2004 une journée d'étude consacrée aux sources audiovisuelles pour l'histoire du féminisme.

64. L'éditeur Berg a par exemple ouvert une collection Leisure, Consomption & Culture dirigée par Rudy Koshar. Citons notamment Burman 1999, Stewart 2001, Daunton et Hilton 2001.

d'élite, de la culture de masse et de la culture matérielle. De même, l'étude, sous l'angle du genre, des langages du politique dans les sociétés d'hier et d'aujourd'hui (*Mots. Les langages du politique* 2005) – Hubertine Auclert appelait par exemple en 1889 à un « Quatre-vingt-neuf féminin » –, comme celle des politiques actuelles de la langue (Houdebine-Gravaud 1998 ; Baudino 2001), conduit à une meilleure compréhension de l'espace public et des stratégies individuelles de présentation de soi. Ceci est également vrai de l'analyse des controverses, par exemple celle qui a porté sous la Troisième République sur l'accès des femmes aux professions de prestige (Rennes 2007).

Plus encore qu'en 1998, il est en effet possible aussi de souligner que l'axe principal des recherches s'est déplacé de l'exploration de la sphère privée (nouvel objet d'histoire dans les années 1970 et 1980) vers l'analyse de l'appropriation par les femmes de la sphère publique (par l'exercice des droits politiques et par l'engagement associatif), de leur accès à la citoyenneté[65], des usages sexués de l'espace public, du genre des politiques ou de la symbolique nationale, Maurice Agulhon ayant achevé sa trilogie sur *Marianne* (2001). Les travaux sont trop nombreux, en France comme à l'étranger, en histoire (Veauvy 2004) comme en sciences politiques (Ballmer-Cao *et al.* 2000), pour opérer des choix de citations. Permis par l'approche de genre, stimulés sans doute par l'ouvrage souvent cité de Benedict Anderson sur les nations comme « communautés imaginées » (1983, 1991) et suscités peut-être par l'actualité politique internationale, les questionnements les plus récents semblent porter sur la nature de l'État et sur celle de la nation, sur la compréhension des nationalismes – au XIXe siècle ou dans les conflits contemporains[66] – et sur les processus de construction des États-nations, avec l'hypothèse stimulante d'une masculinisation de l'État et d'une féminisation de la nation aux XIXe et XXe siècles (Blom *et al.* 2000 ; *Clio HFS* 2000). Cependant, l'usage dichotomique des sphères (privé / public) a laissé place à des analyses qui soulignent les formes diverses et conflictuelles de leur imbrication (Rogers 2000 ; Dubesset 2000).

L'histoire du féminisme en est un bon exemple, même s'il n'est plus possible – là encore – de présenter l'ensemble des recherches qui la

65. Citée dans la première édition de cet ouvrage, la thèse pionnière de William Guéraiche sur les Françaises et la vie politique de la Libération aux années 1970 est devenue livre en 1999.

66. Auteure d'une thèse récemment publiée sur les combats pour la paix des femmes israéliennes et palestiniennes de 1948 à 1998, Valérie Pouzol (2006) anime actuellement, avec Fabrice Virgili, un séminaire sur les rapports entre genre et nationalismes dans les conflits contemporains (UMR IRICE).

concernent, tant les productions ont été nombreuses ces dernières années, marquées par un regain d'intérêt pour les luttes de femmes et les théories féministes, notamment au moment de dates anniversaires : 200 ans (1997) après la mort de Mary Wollstonecraft ; 50 ans (1999) après la parution du *Deuxième sexe* de Simone de Beauvoir, dont sont alors envisagés la philosophie, l'actualité, le mode d'écriture ou la réception contemporaine et postérieure (Delphy et Chaperon 2002 ; Galster 2004a, 2004b) ; 100 ans (2003) après la fondation par Emmeline Pankhurst de la Women's Social and Political Union. C'est particulièrement vrai aux États-Unis et au Royaume-Uni où paraissent *readers* et encyclopédies critiques (Code 1999), où sont réédités de nombreux textes originaux, où a été fondée en 2000 la revue *Feminist Theory*. En histoire, la question du suffragisme et de l'acquisition des droits politiques par les femmes y tient une place importante, comme le montre l'épais numéro récent (2005) de *Women's History Review* qui, consacré aux suffragettes, ouvre ses colonnes à une quinzaine d'historien(ne)s connu(e)s pour leurs travaux sur ce thème : notamment June Purvis, Sandra Holton ou Barbara Caine[67]. Dans une historiographie qui a toujours réfléchi sur son mode d'écriture (Studer et Thébaud 2004), les approches se sont aussi beaucoup diversifiées : par exemple, la « lecture déconstructive » de Joan Scott, qui étudie le paradoxe récurrent du féminisme français (se battre pour l'universalisme en faisant appel à la différence sexuelle), n'est pas celle, plus classique, de Karen Offen qui propose, dans une perspective comparatiste et de long terme, une histoire contextualisée des défis à l'hégémonie masculine et des réactions antiféministes en Europe de 1700 à 1950 (Scott 1998a, Offen 2000). L'histoire du féminisme s'est en effet enrichie de la dimension comparative qui ébranle l'idée d'universalité et insère les mouvements dans leurs cultures politiques nationales respectives (Cohen et Thébaud 1998), de l'analyse des internationales féministes (Rupp 1997) et des échanges culturels transnationaux, ainsi que de l'étude de la réception du mouvement qui conduit à se pencher sur les hommes féministes (John et Eustance 1999) et, en Allemagne et en France, sur les diverses formes de l'antiféminisme (Planert 1996 ; Bard 1999 ; Rennes 2007). En France, le travail déjà cité de Sylvie Chaperon sur les années 1945-1970, qui a complété les études sur les périodes antérieures et suivi l'émergence d'un nouveau féminisme sensible à l'oppression dans la sphère privée, a proposé de façon heuristique de « tenir ensemble les deux bouts de la chaîne qui va du féminin au féminisme ». L'étude thématique ou monographique du monde trop invisible

67. Voir aussi *Women's History Review* 2002c et 2003.

des associations, à laquelle se sont consacrées depuis longtemps Évelyne Diebolt (2001, 2004b), Geneviève Dermenjian ou Dominique Loiseau, a en effet renouvelé l'histoire du militantisme des femmes, mis en évidence le rôle des épouses et des ménagères dans la sphère publique, reposé la question d'une culture et de pratiques féminines et questionné l'impact de la structure associative sur la société civile et l'État. Longtemps hostiles au féminisme et opposées au travail des femmes, mais puissantes et actrices dans le champ social et politique, les associations catholiques ne sont plus délaissées (Cova 2000, Dumons 2006)[68], de même que les enjeux de pouvoir entre groupes féministes à un moment donné font l'objet de plus d'attention[69]. Mais historiennes et historiens, qui ont commencé à travailler « sur les années 68 » (Dreyfus-Armand *et al.* 2000), pourraient sans doute désormais investir plus avant l'étude des mouvements dits de la deuxième et de la troisième vague – décennies 1970 et suivantes –, acteurs négligés d'une histoire du temps présent qui a plus volontiers travaillé depuis une dizaine d'années sur la deuxième guerre mondiale, la citoyenneté sociale et politique des femmes ou les médias (Zancarini-Fournel 2003a). Sur ces mouvements féministes du très contemporain sont parus de nombreux essais, des mémoires, des recueils d'affiches ou de photographies, des travaux de sociologie[70], un dictionnaire critique (Hirata *et al.* 2000, 2004), des ouvrages fondés sur l'enquête orale[71], et seulement quelques articles historiques[72]. Un regard

68. Signalons aussi que Mathilde Dubesset achève un ouvrage sur les formes d'engagement des chrétiennes dans l'Église et la cité au XXe siècle.
69. C'est par exemple un des axes de recherche de la thèse en cours de Catherine Jacques sur les mouvements féministes en Belgique dans les années 1920 et 1930.
70. Citons la thèse de Sandrine Garcia, restée inédite : *Le féminisme, une révolution symbolique ?*, EHESS 1993, sous la direction de Pierre Bourdieu.
71. Signalons notamment la vaste enquête de Xavière Gauthier pour promouvoir une histoire sociale et politique de la contraception et de l'avortement : *Naissance d'une liberté. Contraception, avortement : le grand combat des femmes au XXe siècle*, Paris, Robert Laffont, 2002, et *Paroles d'avortées : quand l'avortement était clandestin*, Paris, La Martinière, 2004. De même est paru pour le cinquantenaire du Planning familial *Liberté, sexualités, féminisme. 50 ans de combat du Planning pour les droits des femmes*, ouvrage conçu et rédigé par Isabelle Friedmann, Paris, La Découverte, 2006.
72. Par exemple sur le Mouvement pour la liberté de l'avortement et de la contraception (MLAC) ou sur le féminisme d'État des années du ministère Roudy des Droits de la femme : Michelle Zancarini-Fournel, « Histoire(s) de MLAC », *Clio HFS*, n° 18, 2003 ; Françoise Thébaud, « Promouvoir les droits des femmes : ambitions, difficultés et résultats », *François Mitterrand – Les années du changement (1981-1984)*, sous la direction de Serge Berstein, Pierre Milza et Jean-Louis Bianco, Paris, Perrin, 2001, p. 567-600. Bibia Pavard, qui est intervenue à la journée d'étude du 8 mars 2006 consacrée à l'histoire du Planning familial (Bard et Mossuz-Lavau 2007), prépare à l'IEP de Paris une thèse intitulée *Contraception, avortement et société française, 1955-1982 : histoire d'un changement culturel et politique.*

réflexif et synthétique a cependant été tenté par un collectif de six historiennes et vingt-sept auteur(e)s, regard qui analyse le XXe siècle comme le siècle des féminismes – et pas seulement des communismes ou des fascismes –, propose une histoire comparatiste des mouvements dans l'espace et le temps, mesure leur portée critique et politique et ouvre sur des aires non occidentales (Gubin *et al.* 2004).

Sociologue et éditrice en 1997 d'une imposante *Encyclopédie politique et historique des femmes*[73], Christine Fauré avait alors reproché à l'histoire des femmes d'avoir privilégié les « actes intemporels » du cycle de vie, escamoté les événements, les révolutions et les conflits et oublié les actions protestataires des femmes ; bref, d'avoir soustrait ces dernières à l'histoire. La critique paraissait injustifiée, particulièrement pour l'étude des deux derniers siècles couverts par l'encyclopédie. Elle l'est plus encore aujourd'hui où l'ensemble de la discipline historique a revalorisé le temps court de l'événement et la place de l'individu en histoire. Genre et mutation, genre et événement : les suggestions que je faisais dans la première édition de cet ouvrage pour analyser les périodes de changement des rapports de sexe – terme des années 1990 – ont été systématisées dans les recherches collectives du groupe de recherche de l'Université Rennes 2, observant « les ajustements de genre face aux mutations » – réorganisation des rapports de pouvoir entre les sexes, des identités sexuées et des imaginaires sociaux sur le masculin et le féminin (Capdevila *et al.* 2003) – ou les dynamiques de genre en « histoire des crises et des conflits » (Bergère et Capdevila 2006). Parmi les événements particulièrement étudiés, j'évoquerai ici la Révolution française et les guerres du XXe siècle, qui ont donné lieu à de nouvelles interprétations.

Spécialistes de la période, Jacques Guilhaumou et Martine Lapied ont récemment mis en perspective l'historiographie de la Révolution française, autour d'une dialectique entre « récit d'exclusion » et « récit d'ouverture » (2005). Citées dans la première édition de cet ouvrage, les Américaines Joan Landes (1988), Carole Pateman (notion de « contrat sexuel », 1988) et Lynn Hunt (construction d'une « communauté des frères », 1995) avaient défendu la thèse d'une défaite historique des femmes, marquée par leur exclusion des droits et du savoir politiques ou par le sort contemporain et posthume fait à des militantes comme Olympe de Gouges[74]. Mais récit d'exclusion et récit d'ouverture ont

73. Citée dans la première édition de cet ouvrage ; voir notamment, en ouverture, le « prospectus ».

74. Olivier Blanc a complété en 2003 la biographie qu'il avait fait paraître en 1989.

cheminé de concert, notamment en France où les recherches de Dominique Godineau, Geneviève Fraisse, Christine Fauré et d'autres ont aussi souligné, dès les années 1980[75] mais plus encore ensuite, que les femmes ont répondu à l'exclusion – une exclusion plus fabriquée que théorisée –, participé aux événements révolutionnaires et bénéficié de droits civils égalitaires. Présentés lors de colloques récents – l'un à Aix-en-Provence (Lapied et Peyrard 2003) où s'expriment notamment Dominique Godineau (2003a) et Lynn Hunt (2003), et un autre à la Sorbonne portant sur la prise de parole publique des femmes[76] –, les derniers travaux soulignent qu'en province comme à Paris, et dès 1789, les femmes de tous les camps sont presque partout présentes sur la scène politique et que le modèle opposant sphère privée et sphère publique doit être nuancé. Les archives révèlent en effet des modes d'intervention très divers et, pour certaines femmes, des destinées bouleversées : ainsi, que la sécularisation ait été subie ou volontaire, deux tiers des religieuses du diocèse de Poitiers encore vivantes sous l'Empire n'ont pas alors repris le chemin du couvent (Murphy 2005). Les historiennes américaines participent aussi à cette réévaluation nuancée : après Carla Hesse qui a mis au jour un nombre croissant d'auteures publiées pendant et après la Révolution (2001), Susan Desan montre comment des femmes utilisent les lois civiles pour construire une politique domestique – en faveur des enfants naturels notamment – et agir sur « la sensibilité masculine » (2004)[77]. Se pose ainsi en termes renouvelés la question souvent débattue de l'évaluation respective, à l'aune des libertés et des pouvoirs des femmes, du XIXe siècle et des siècles modernes, sur lesquels les publications sont aussi nombreuses : citons l'analyse par Fanny Cosandey (2000) du statut paradoxal de la reine – à la fois sujette et souveraine, exclue du pouvoir et au cœur de l'État –, la biographie de la reine Margot écrite par Éliane Viennot (2005) qui édite depuis quelques années des textes de femmes politiques et de femmes de lettres de cette période mal connue (2004), et le travail de Madeleine Ferrières (2004) qui, concernant les milieux populaires, montre la place centrale des femmes dans l'économie souterraine construite autour du mont-de-piété d'Avignon et donc leur

75. Voir notamment le colloque organisé et publié par Marie-France Brive (Brive, 1989, 1990, 1991).
76. À paraître sous la direction de Christine Fauré et A. Geffroy.
77. On peut citer aussi la thèse encore inédite de Laura Talamante : *Les Marseillaises. Women and Political Change during the French Revolution* (sous la direction de Lynn Hunt).

participation à l'administration des biens du couple[78]. Éliane Viennot propose aujourd'hui (2006, 2007) les résultats d'une enquête de long terme sur les rapports entre les femmes et le pouvoir en France, pour en préciser les modalités diverses et comprendre la construction de phénomènes d'exclusion. Le débat n'est pas clos…

La Révolution a-t-elle fait de la famille une catégorie politique ? Préfacé par Mona Ozouf, l'ouvrage d'Anne Verjus, *Le cens de la famille. Les femmes et le vote, 1789-1848* (2002), a suscité un intéressant débat. L'analyse des écrits politiques, des débats parlementaires et des lois électorales permet à l'historienne d'affirmer qu'avant l'instauration du suffrage universel masculin en 1848, les femmes ne sont pas exclues de la citoyenneté mais appartiennent à la communauté réelle des citoyens en tant que membres de la famille, la capacité censitaire à devenir électeur étant par exemple évaluée à partir des contributions de ses membres, femmes et hommes. Mais la mise au jour novatrice d'une pensée politique contemporaine familialiste – pensée dominante de l'époque – ne doit pas faire oublier les voix minoritaires de celles et ceux – « sujets critiques de leur temps » dirait Michèle Riot-Sarcey – qui dénoncent l'exclusion politique des individues femmes et imaginent d'autres rapports sociaux et familiaux entre les sexes. De son côté, l'Américaine Jennifer Heuer (2005) examine les liens entre citoyenneté politique et nationalité, ainsi que les tensions entre famille et nation entre 1789 et 1830.

Face au retour de la guerre en Europe dans les années 1990 et à la réalité des conflits contemporains qui soulignent l'exacerbation des nationalismes et touchent durement les populations civiles, les historiens ont beaucoup questionné le phénomène de la guerre et les formes qu'elle a prises, l'approche comparative étant sollicitée en histoire des femmes (*Guerres mondiales et conflits contemporains* 2000 ; Nash et Tavera 2003) comme en histoire sociale et culturelle. En France comme ailleurs, la violence de guerre est devenue un questionnement central pour rendre compte des deux guerres mondiales (Audoin-Rouzeau *et al.* 2002), mais aussi des guerres coloniales, notamment de la guerre d'Algérie étudiée par Raphaëlle Branche à travers la question de la torture et celle des viols (2001, 2002). De même, longtemps angles morts de l'histoire, le phénomène massif des tontes de la Libération (Virgili

78. Nous renvoyons au site de la SIEFAR (Société internationale pour l'étude des femmes de l'Ancien Régime) pour de nombreuses informations bibliographiques sur les femmes de l'Ancien Régime. Citons toutefois des travaux rencontrés : l'ouvrage de Danielle Haase-Dubosc (1999) sur l'imaginaire et la pratique de l'enlèvement au XVIIe siècle ou le colloque international sur les lectrices d'Ancien Régime (2002).

2000) ou celui des viols commis par les *GI's* (Lilly 2003[79]) ont été mis au jour, ainsi que toutes les formes, y compris violentes et punitives, de sorties de guerre (Capdevila 1999, Bergère 2004). La violence est aussi un des objets de la nouvelle histoire culturelle de la Grande Guerre, qui, autour de Stéphane Audoin-Rouzeau, Annette et Jean-Jacques Becker (2000, 2004), propose d'écrire une histoire non aseptisée du conflit et de cerner la culture de guerre dont la violence serait la matrice des seuils de brutalité franchis entre 1914 et 1918 et dans les décennies suivantes. Nourrie des travaux de George Mosse sur « la brutalisation » des relations sociales et politiques (1999), stimulante mais contestée – notamment sur la thèse d'un consentement massif des populations à la guerre (Prost et Winter 2004) –, cette approche semble moins conflictuelle chez nos voisins européens et moins coupée des recherches en histoire des femmes et du genre, avec lesquelles elle partage maintes thématiques. Citons par exemple les travaux de Susan Graysel (1999), Margaret Darrow (2000) ou Nicoletta Gullace (2002), cette dernière explorant les ressorts culturels de la loi de 1918 accordant un droit de vote partiel aux femmes britanniques. Mais l'histoire des femmes peut aussi souligner que le consentement majoritaire des élites féministes patriotes ne signifie pas celui de l'ensemble des femmes (Thébaud 2004d).

L'histoire des femmes et du genre a beaucoup travaillé ces dernières années sur la deuxième guerre, pour comprendre des expériences individuelles et collectives très différentes d'un pays à l'autre, tant dans le poids des épreuves et des deuils que dans l'importance de la mobilisation féminine au travail et dans les forces armées (Thébaud 1998). Pourtant férue d'histoire de la mémoire, l'historiographie française a, beaucoup moins que l'italienne, la britannique, l'allemande et l'espagnole (cette dernière sur la guerre civile), sollicité la mémoire orale des femmes[80] pour tenter de restituer les expériences subjectives de guerre dans leur diversité et appréhender le travail de la mémoire (Diamond 1999, Summerfield 1998), remarque qui s'applique aussi à l'étude des écrits

79. Les recherches de ce criminologue américain n'ont été pour l'heure publiées qu'en français. Une version en anglais est annoncée en 2007.

80. Comme cela a été rappelé dans une note précédente, la première édition de cet ouvrage avait souligné le lien très fort qui existait au début entre histoire orale et histoire des femmes et avait présenté le travail de l'Institut d'histoire du temps présent (IHTP) à cet égard. Dans un article à paraître (« Histoire des femmes, sources orales et "tournant mémoriel" : histoire d'un évitement »), Michelle Zancarini-Fournel tente d'expliquer pourquoi ce lien a été rompu et pourquoi l'histoire des femmes n'a pas pris le tournant de l'histoire de la mémoire : manque de soutien institutionnel pour le recueil de sources, peur de faire une histoire militante, doutes sur l'existence d'une mémoire collective, évitement des subjectivités.

féminins de la Grande Guerre (Higonnet 1999, Le Jeune 2005[81]). Elle s'est plus intéressée à la place des femmes dans la Résistance et au genre de l'Occupation et de la Libération (*Modern & Contemporary France* 1999), cette dernière apparaissant marquée par une véritable quête de masculinité et par la construction sociale d'un « éternel masculin » autour des figures du travailleur, du guerrier et du père nourricier (Virgili 2000 ; Capdevila 1998, 2002). Amorcée par des travaux anglophones (Melman 1998) et développée en France par Luc Capdevila et d'autres, l'histoire subtile des identités de genre a en effet permis de reposer la question récurrente des effets de la guerre sur les rapports de sexe. Fonction de l'échelle d'observation (l'individu, le groupe social, la collectivité) et de l'angle d'approche, la réponse n'est pas simple et doit prendre en compte les différences entre les individu(e)s. Elle reste aussi toujours à nuancer, même si les recherches récentes ont mis en avant les souffrances des hommes au combat et les vacillements de l'identité virile dans ces périodes de bouleversements. Ainsi, l'ouvrage collectif issu d'un séminaire tenu à l'Institut d'histoire du temps présent sur « identités de genre et guerres au XXe siècle » (Capdevila, Rouquet *et al.*, 2003) défend la thèse d'un « changement en profondeur » des relations entre les hommes et les femmes par la guerre, mais l'analyse de détail introduit de fortes nuances à cette affirmation et conclut de façon prudente. Il invite toutefois à creuser le sillon prometteur des identités, qui apparaît, à certains égards et notamment sous l'angle des masculinités, comme un nouvel objet d'histoire, qui sollicite les écrits personnels (correspondances, journaux intimes, mémoires).

De « nouveaux objets » sont en effet repérables en France depuis 1998 : outre les identités et les masculinités déjà évoquées, citons particulièrement les sexualités, le colonialisme et la (les) colonisation(s), la laïcité, la consommation, ou bien encore les savoirs et les sciences. Les uns comme les autres sont pris en charge à la fois par l'histoire des femmes et du genre et par l'histoire générale qui développe ainsi de nouveaux champs d'étude, champs stimulés par des travaux étrangers antérieurs et sensibles, plus que de coutume, à la dimension du genre. Les uns comme les autres – les sexualités tout particulièrement – reposent, mais de façon plus sereine qu'autrefois, la question des rapports entre histoire des discours et histoire des pratiques et des expériences, entre histoire culturelle et histoire sociale. Ainsi, la traduction française de

81. Ce colloque interdisciplinaire organisé par le Centre de recherche sur les identités nationales et l'interculturalité (CRINI) de l'Université de Nantes (*Paroles de femmes dans la guerre*) a donné la parole à beaucoup de collègues étrangères.

l'ouvrage de Thomas Laqueur *Le sexe en solitaire* (2005) est précédée d'une introduction qui précise ce qu'est et n'est pas une histoire culturelle de la sexualité ; l'auteur y résume son propos qui est d'expliquer la naissance de la masturbation moderne, « en tant que question de morale sexuelle sérieuse », entre 1712 et 1714.

La parution récente des thèses de Jean-Yves Le Naour (2002) et Cyril Olivier (2005), qui abordent la Grande Guerre et le régime de Vichy à travers la question de la sexualité des Français[82], souligne le développement de cette thématique depuis la première édition de cet ouvrage qui en avait pointé l'émergence à travers les travaux d'Anne-Marie Sohn, Martine Sévegrand, Jean-Clément Martin ou ceux de Janine Mossuz-Lavau dont le livre *Les lois de l'amour* a été récemment actualisé pour intégrer les débats et législations des années 1990. Rédigé par Anne-Claire Rebreyend (2005), qui a fait de l'intime des « individus ordinaires » au XXe siècle – sexualités et sentiments amoureux – l'objet d'une thèse récente (2006)[83], un bilan de la recherche publié par le numéro de *Clio HFS* consacré aux utopies sexuelles en précise les contours, à l'aune de la vaste production anglo-américaine centrée sur l'approche « constructionniste » des catégories de l'homosexualité[84]. Au-delà de l'appropriation – facilitée par un mouvement actuel de traductions (Chauncey 2003 ; Giddens 2004 ; Halperin 2004 ; Laqueur 2005) – de problématiques développées ailleurs et souvent inspirées de Michel Foucault, l'historiographie française, d'abord produite par les antiquisants, médiévistes et modernistes – citons la récente *Histoire du plaisir* de Robert Muchembled (2005) –, se fraie un chemin avec des études concernant les hommes et les femmes, ainsi que l'ensemble des pratiques sexuelles. Comme en témoigne la naissance en 2003 d'EFiGiES – association de jeunes chercheuses et chercheurs en Études féministes, genre et sexualités –, la thématique n'est plus négligée et peut s'afficher, tandis que des historiens plus confirmés la prennent aussi comme objet d'étude. Ainsi, Sylvie Chaperon achève une histoire de la sexologie déjà abordée dans plusieurs articles (2002, 2004) et Claude Langlois montre que le discours

82. Le nazisme a aussi été récemment envisagé sous l'angle de la sexualité (Herzog 2004 et 2005).
83. Les sources principales sont des autobiographies et des correspondances. Le thème de l'intime a été abordé par le sociologue anglais Anthony Giddens récemment traduit en français (2004) et en France par Florence Montreynaud qui a suivi un siècle de liens amoureux (1997).
84. Citons les principaux historiens constructivistes engagés depuis les années 1980 dans une controverse contre l'approche « essentialiste » de John Boswell : David Halperin, Jonathan Katz, George Chauncey ou Jeffrey Weeks.

catholique sur la limitation des naissances devient de plus en plus rigoureux à partir de 1851, consacrant pour longtemps la victoire de la perspective doctrinale dans le refus d'une gestion moderne de la sexualité dans le mariage (2005). De son côté, Annick Tillier (2001) a mis au jour les multiples facettes de l'infanticide au XIXe siècle : attitudes des communautés villageoises devant les grossesses illégitimes, réactions des autorités laïques et religieuses, stratégies et souffrances des femmes qui recourent à cet acte. Citons encore l'ouvrage d'Yvonne Knibiehler (2002), les travaux de Fabienne Casta-Rosaz qui achève une thèse sur le flirt et vient de publier une histoire synthétique de la sexualité en Occident (2004), ou la vaste enquête de Xavière Gauthier sur les combats pour la liberté de la contraception et de l'avortement (2002, 2004). De fait, à la faveur de dates anniversaires – 30 ans après la loi Veil ou 50 ans après la naissance de la Maternité heureuse / Planning familial – la révolution sexuelle du dernier tiers du XXe siècle suscite toujours publications et recherches nouvelles[85]. Par contre, le travail sur le corps des femmes – éducation physique et sexuelle, offres et usages de soins corporels, influence des médias de masse – a été plus étudié par des chercheuses étrangères que françaises – la Canadienne Mary Lynn Stewart par exemple (2001). Sur ce point, il y a sans doute encore des pistes à explorer.

Lors du 18e congrès des sciences historiques tenu à Montréal en 1995, les journées d'étude de la Fédération internationale pour la recherche en histoire des femmes étaient consacrées aux colonialismes, impérialismes et nationalismes, soulignant ainsi la place centrale des femmes et du genre dans les études coloniales en plein développement depuis les années 1980. Mais il n'y eut pas alors de communication française. Le décalage chronologique et quantitatif entre l'historiographie de langue anglaise longuement présentée par Laura Downs (2004[86]) et les recherches françaises est en effet plus grand encore à propos des questions coloniales que des sexualités. Là aussi cependant, des travaux récents placent les femmes et le genre au cœur d'une analyse complexe du projet impérial et des sociétés coloniales : Christelle Taraud a

85. Ainsi ont été publiés, respectivement en 2005 et 2006, le discours de Simone Veil à la Chambre des députés (discours prononcé le 26 novembre 1974) et l'ouvrage déjà cité sur le planning familial réalisé par Isabelle Friedmann à partir d'enquêtes orales. Organisé par l'association Archives du féminisme et le Centre d'histoire de Sciences Po, le colloque tenu le 8 mars 2006 sur l'histoire du planning familial vient d'être publié (Bard et Mossuz-Lavau 2007).
86. Laura Downs présente l'analyse détaillée de deux ouvrages paradigmatiques (Sinha 1995, Wildenthal 2001), qu'elle ouvre par une citation du *reader* de Frances Gouda et Julia Clancy-Smith (1998).

étudié la prostitution au Maghreb entre 1830 et 1962 (2003a), ainsi que l'orientalisme des photographies de femmes qui reconstruisent les réalités locales à l'usage d'un imaginaire européen (2003b) ; Pascale Barthélémy s'est interrogée sur les carrières, les destins et les identités de l'« élite féminine auxiliaire » formée dans les écoles d'institutrices et de sages-femmes d'Afrique-Occidentale française (2004) ; Anne Hugon, qui travaille actuellement sur la médicalisation de la maternité au Ghana au XXe siècle, a rassemblé les contributions d'un atelier coorganisé avec la revue *Clio HFS*[87] sur l'histoire des femmes en situation coloniale et le genre de la colonisation (2004). Leurs approches et conclusions rejoignent celles des ouvrages anglophones qui concernent prioritairement les colonies anglaises, néerlandaises ou allemandes. Soulignant que les femmes sont présentes et actives des deux côtés de la barrière coloniale : militantes d'associations colonisatrices et expatriées de gré ou de force, dont la diversité sociale, culturelle et générationnelle doit être mise en valeur ; colonisées aux passés multiples que ne touchent pas de façon homogène les politiques de la métropole. Observant l'importance que ces dernières accordent au contrôle de la sexualité et de la reproduction, ou réfléchissant, comme l'a fait Emmanuelle Saada pour l'Indochine (2003), sur les catégories juridiques de la nationalité et de la citoyenneté que suscitent les formes de métissage. Mettant au jour les métaphores genrées et familiales qui structurent la compréhension européenne des relations coloniales entre pays « virils » et peuples « efféminés », entre métropole protectrice et populations qui doivent être guidées comme des enfants vers la « civilisation ». Comme l'a montré Elsa Dorlin dans son beau travail d'histoire et de philosophie des sciences sur la généalogie de la nation française (2006), les études coloniales nécessitent de penser l'articulation entre questions raciales (sexualisées) et questions sexuelles (racialisées), comme entre pouvoirs et savoirs, une « science impériale », étudiée par Emmanuelle Sibeud pour l'Afrique (2002), se construisant dans les dernières décennies du XIXe siècle et les premières du XXe siècle. Stimulées par les recherches de jeunes chercheurs et chercheuses dans d'autres disciplines, des travaux d'histoire des femmes et du genre sur l'impact de l'esclavage et de la colonisation sur les institutions, les représentations et les politiques publiques des sociétés postcoloniales vont sans doute émerger[88].

87. *Clio HFS* avait consacré auparavant un numéro aux femmes d'Afrique (1997) et un autre aux femmes du Maghreb (1999).

88. Signalons toutefois, à la croisée de l'histoire, de la démographie et de la sociologie des politiques publiques, les recherches d'Arlette Gautier. Le très intéressant ouvrage dirigé par Patrick Weil et Stéphane Dufoix (*L'esclavage, la colonisation et après...*,

À la fois liés à la colonisation et indépendants de celle-ci – migrations provinciales, intra-européennes ou lointaines, échanges universitaires, exils politiques –, les phénomènes de migration et de naturalisation sont aussi en train de devenir en France un thème majeur de l'histoire générale – travaux de Marie-Claude Blanc-Chaléard, Nancy Green, Gérard Noiriel, Paul-André Rosental, Philippe Rygiel, Patrick Weil notamment – et de l'histoire des femmes et du genre. Organisé par le Centre d'histoire du XXe siècle de l'Université Paris 1 et l'École normale supérieure, un colloque récent intitulé *Histoire, genre, migration* en a montré les multiples potentialités et a souligné là encore le poids des travaux étrangers qui ont fourni plus des deux tiers des communications[89]. De même, les journées d'étude *Genre, laïcité(s), religions 1905-2005*[90] témoignent de nouvelles rencontres fructueuses entre histoire des femmes et du genre, histoire religieuse, histoire culturelle et politique. Comme l'a montré Caroline Ford à travers quatre études de cas (2005), la construction en France d'une culture républicaine laïque se forge dans l'opposition à la féminisation de la religion au XIXe siècle, une féminisation qui, perçue comme un danger, conduit les Républicains à limiter les droits des femmes et à adopter des politiques de laïcisation qui rencontrent l'opposition de puissantes ligues de femmes catholiques (Dumons 2006). En 1905 puis tout au long du XXe siècle, en France comme ailleurs, les religions et les laïcités ont un genre et la question des droits des femmes et des mutations des rapports de sexe ne peut être séparée de l'analyse des relations entre les religions et les États. Disons quelques mots aussi de l'histoire de la consommation qui se développe en France – autour de Marie Chessel notamment[91] – et qui englobe des approches de genre, des travaux américains sur la France ayant depuis longtemps lié ce phénomène à la construction des identités de genre, comme à la construction de la nation et de l'État (après Furlough et Auslander déjà cités, Tierston 2001). Mais ce rapide tour d'horizon des nouveaux objets voudrait s'arrêter plus longuement sur les savoirs, les sciences et les techniques.

L'accès des filles et des femmes au savoir fait depuis longtemps l'objet d'études qui avaient cependant négligé le monde des universités dont

France, États-Unis, Grande-Bretagne, Paris, PUF, 2005) parle peu des femmes et n'a pas d'approche de genre.

89. Rappelons le travail déjà cité de Linda Guerry qui porte sur le genre de l'immigration et de la naturalisation à Marseille dans l'entre-deux-guerres. Linda Guerry est aussi l'auteure d'articles récents (2006).

90. Ouvrage à paraître aux Presses universitaires du Mirail sous la direction de Florence Rochefort.

91. Coorganisatrice en 2004 d'un colloque publié (Chatriot *et al.* 2004).

la formation conduit aux professions libérales et intellectuelles. Les étudiantes, les rares enseignantes du supérieur et les politiques universitaires sont désormais mieux connues, notamment pour l'Angleterre (Dyhouse 1995), la Suisse (Tikhonov 2003 et 2004), la France (Charle 1994 et 1999) ou la Belgique, où l'Université libre de Bruxelles fut une pépinière de militantes pour l'émancipation des femmes (Gubin et Piette 2004). En sciences humaines – ce fut l'objet d'un colloque international récemment publié (Carroy *et al.* 2005) –, des femmes ont pu faire carrière et devenir de grands noms, telles Maria Montessori ou Ellen Key, mais elles furent plus nombreuses à être auxiliaires ou collaboratrices, inspiratrices ou objets d'observation, tandis que d'autres produisaient des savoirs en marge et concurrents, comme les historiennes des femmes étudiées par Isabelle Ernot (2004) ou par Alice Primi pour le Second Empire (2002). En effet, portant sur les pratiques scientifiques et les contenus des savoirs des XIXe et XXe siècles, le deuxième volet des recherches récentes a montré que l'activité scientifique n'est pas neutre, qu'elle construit du masculin et du féminin – depuis l'usage de métaphores genrées jusqu'aux affirmations sur les corps –, et que ces savoirs sont mobilisés pour caractériser « la nature » de la différence des sexes : *L'invention du naturel* ont joliment titré Delphine Gardey et Ilana Löwy (2000). À cette fabrication du féminin et du masculin a aussi contribué une préhistoire occidentale étudiée par Claudine Cohen (2003) : longtemps réputée comme « archéologiquement invisible », la femme préhistorique fut livrée aux fantasmes et aux lieux communs, objet de constructions successives ancrées dans les sociétés des XIXe et XXe siècles, sujet d'une lutte de représentations pour l'anthropologie préhistorique féministe américaine – et plus largement anglophone – qui, dans les années 1970, place l'activité féminine de collecte au cœur du processus d'hominisation et tente aujourd'hui, avec plus de nuances, de mettre en évidence des rôles sexués et des rapports sociaux. De son côté, Nicole Edelman (2003) souligne aussi que le discours sur l'hystérie est un instrument de la différenciation sexuée et montre la fragilité des évidences scientifiques en contextualisant « les métamorphoses de l'hystérique » sur plus d'un siècle : au début du XIXe siècle, l'hystérique est perçue comme une femme gouvernée par son sexe, érotique et rebelle, dont la maladie cède à la masturbation et se résout dans le mariage ; à partir des années 1840-1850 se manifeste une volonté de désexualiser l'hystérie, désormais attribuée à une atteinte du système génital féminin (ovaires) ou du système nerveux central, des médecins construisant pendant une cinquantaine d'années le modèle d'une femme sans désir et sans besoin sexuel, « une sorte de catégorie femme-épouse-mère » ; au début du XXe siècle, la maladie devient psychique, questionnant l'individu tout entier et ouvrant la voie à la psychanalyse.

Genre et savoir fut le titre de la 10e rencontre des historiennes suisses, publiée deux ans plus tard (Bosshart-Pfluger *et al.* 2004) ; *Science, recherche et genre*, celui du colloque présenté en 2005 dans *Travail, genre et sociétés* et publié dans son intégralité l'année suivante. Les approches les plus récentes tentent en effet d'articuler la question de l'exclusion des femmes de l'accès aux savoirs scientifiques et celle de la construction des pratiques, des objets et des savoirs scientifiques. Elles reposent d'une autre façon la question de l'objectivité et de la subjectivité du chercheur, comme celle des liens entre militantisme et recherche (Löwy 2000). Il faut souligner à cet égard le travail de Delphine Gardey qui, chercheuse au CRHST[92], a beaucoup œuvré depuis dix ans pour mettre à la disposition des chercheurs français le travail critique réalisé dans le champ international des études des sciences (Gardey et Löwy 2000 ; Gardey 2006) et suggérer des pistes pour croiser ces acquis avec des questionnements de genre. La même démarche a été proposée pour l'étude des techniques qui, pas plus que les savoirs, ne sont neutres : elles participent de la culture masculine, fabriquent des identités de genre, contribuent à produire et reproduire des rôles masculins et féminins (Gardey 1999 ; Chabaud-Richter et Gardey 2002).

L'histoire des femmes et du genre, dont cet ouvrage présente l'historiographie, est aussi un savoir qu'il serait intéressant d'étudier, à l'échelle nationale et internationale, sous ces angles d'histoire et de sociologie des sciences. Quelle est l'histoire individuelle, relationnelle et générationnelle des individu(e)s et des groupes qui l'ont portée depuis trente ans, mais aussi, nous le savons maintenant (Ernot 2004), dans les décennies antérieures ? Quelles furent, dans des contextes successifs, ses conditions de production : postes, groupes de recherches, revues, financement notamment ? Comment, à différents moments, a été gérée la double question de la subjectivité et de la mixité des chercheurs ? Comment l'histoire des femmes, puis celle du genre, ont-elles été reçues par le monde éditorial, le public lecteur ou les institutions de recherche et d'enseignement : y a-t-il eu notamment, et comment, transmission scolaire ? Quels effets ont-elles eus sur l'histoire générale et sur les rapports sociaux de sexe ? Il y a là de multiples pistes de recherche et, pour la France à ce jour, quelques études fragmentaires : Cécile Dauphin (2001) a présenté l'expérience de

92. Centre de recherche en histoire des sciences et des techniques, Cité des sciences et de l'industrie. Depuis septembre 2006, Delphine Gardey enseigne la sociologie à l'Université Paris 8.

Pénélope, première revue française d'histoire des femmes dont les archives ont été déposées à la bibliothèque Marguerite-Durand[93]; j'ai moi-même ébauché l'histoire du CEFUP (Centre d'études féminines de l'Université de Provence) à travers sa revue, esquissé une histoire comparative de *Pénélope* et de *Clio HFS* et relu l'aventure intellectuelle de l'histoire des femmes à l'aune des concepts et des centres d'intérêt de l'histoire des intellectuels – engagement, génération, sociabilité, lieux et supports de la vie intellectuelle (Thébaud 2004a, b, e). De son côté, Delphine Gardey (2005) a de manière plus large envisagé « les sciences et la recherche au risque du genre ». Ces éléments peuvent aussi contribuer à une reconnaissance actuelle des études sur les femmes et le genre.

Le temps de la reconnaissance ?

En 1998, Alain Corbin évoquait dans sa préface l'attitude de rejet intellectuel d'un grand nombre d'historiens et les barrières dressées par l'institution universitaire; il soulignait aussi la promesse de fécondité que possède la marginalité et la cruauté des situations individuelles. Huit ans plus tard, cet état des lieux a-t-il changé ? La réponse doit être nuancée, procéder par étapes et évoquer des degrés divers d'optimisme ou de pessimisme.

Tout d'abord, les spécialistes français ne peuvent que regarder avec admiration et envie la situation qui prévaut aux États-Unis – et à un moindre degré dans d'autres pays anglophones – quant à l'insertion dans le monde académique. Publiées en 1999 à l'occasion du trentième anniversaire du Coordinating Committee on Women in the Historical Profession (CCWHP), vingt voix d'historiennes américaines ont raconté leur engagement pour promouvoir l'histoire des femmes et améliorer la situation des femmes dans la profession d'historien (Boris et Chaudury). Cet engagement, qui a pris la forme d'un long et difficile processus de lobbying, d'infiltration par le bas (jusqu'à la présidence de l'American Historical Association) et de structuration d'un réseau national et international, fut globalement victorieux. L'histoire des femmes et du genre est désormais totalement reconnue aux États-Unis et, après des recrutements sur postes fléchés dans les années 1980 et 1990, intégrée dans

93. Évelyne Diebolt a entrepris une enquête orale sur l'aventure de *Pénélope*.

la plupart des programmes d'enseignement d'histoire ou dans ceux de *women's studies* (Boxer 1998 et 2001), tandis qu'une communauté vivante permet une recherche dans et hors institution. Historienne connue par ses travaux antérieurs, Ellen Carol Dubois vient de signer avec Lynn Dumenil (2005) un superbe manuel illustré d'histoire des femmes américaines, que la critique loue pour ses qualités pédagogiques – « les étudiants vont être captivés » ! De même, la plupart des colloques, des revues et des ouvrages d'histoire générale anglophones intègrent depuis longtemps cette dimension de l'histoire qui irrigue et transforme le récit du passé, y compris lorsqu'ils traitent d'histoire française : ainsi du livre de Charles Sowerwine (2001) sur la France depuis 1870, ou de *French Historical Studies* qui publie dans son numéro de printemps 2004 un forum pédagogique sur l'intégration des femmes et du genre dans les cours d'histoire de la France. La reconnaissance et l'intégration de ce domaine de recherche se manifestent enfin par la publication d'ouvrages dans des collections généralistes, celui de Susan Foley par exemple dans les European Studies de Palgrave Macmillan (2004), ou celui de Laura Downs déjà cité dans la série Writing History dirigée par Stefan Berger, Heiko Feldner et Kevin Passmore. Dans leur préface, ces éditeurs soulignent « l'immense richesse d'un champ qui reste à la pointe de l'écriture historique », après être passé « des marges au centre ».

Ce « modèle » d'intégration et de transmission dans l'enseignement supérieur est-il transposable en France, s'est demandé Rebecca Rogers, lors du colloque organisé en mars 2005 par l'Association pour le développement de l'histoire des femmes et du genre / Mnémosyne[94]. Certes, les spécificités américaines sont fortes, tant au niveau du système universitaire – diversité des établissements et des cursus, moins grande disciplinarisation des études, attention à la demande étudiante et aux recherches en cours, rôle joué par les *women's colleges*, absence de lien étroit entre

94. Tenu à l'IUFM de Lyon, le colloque avait pour titre : *L'histoire des femmes et du genre : enseignements et transmissions des savoirs* (communications disponibles sur le site : www.mnemosyne.asso.fr). Bonne connaisseuse des deux systèmes d'enseignement, Rebecca Rogers enseigne en France après cinq années passées à l'Université d'Iowa, où l'histoire des femmes et du genre était au cœur des recherches et des enseignements d'un quart des collègues du département d'histoire. Enseignante à Bâle et auteure d'une toute récente introduction à l'histoire des genres (2005b, en allemand), Claudia Opitz a présenté avec un certain pessimisme la situation en Europe (2005a, en français). La Suisse pourtant crée actuellement des chaires sur le genre et ses réseaux – le LIEGE par exemple – y sont particulièrement dynamiques ; la revue *Nouvelles questions féministes* possède désormais un comité de rédaction franco-suisse, dirigé par Christine Delphy (CNRS) et Patricia Roux (Université de Lausanne). Il est vrai aussi que des historiennes allemandes citées dans cet ouvrage – Ute Frevert et Karen Hagemann – sont parties enseigner aux États-Unis, pour développer leurs recherches ou faute de poste.

le secondaire et le supérieur – que de l'organisation et de la culture de la corporation des historiens, regroupés dans l'influente American Historical Association et animés d'une véritable « course à la nouveauté ». Mais les stratégies mises en œuvre – constitution de réseaux, investissement institutionnel, attention à la pluridisciplinarité – peuvent être utilisables dans d'autres contextes, souligne encore Rebecca Rogers (2005b). J'ajouterai que l'argument souvent utilisé de la marginalité – voire de l'inutilité – de l'histoire des femmes et du genre pour former un enseignant du secondaire résiste mal à l'intérêt manifesté par un certain nombre de ces enseignant(e)s pour une approche qui répond à des questions vives de société, comme l'a montré l'affluence aux Rendez-vous de l'histoire de Blois consacrés en 2004 à cette thématique. La situation française peut en effet toujours être décrite comme paradoxale, marquée à la fois par la résistance des institutions de recherche et d'enseignement, l'importance des recherches et des publications et une forte demande sociale du public lecteur et auditeur[95], des associations de la société civile, d'une partie des enseignants du secondaire et des étudiant(e)s qui répondent présents si l'offre leur est faite. Cependant, des éléments nouveaux sont intervenus depuis la première édition de cet ouvrage, Christine Bard qualifiant même la période 1995-2002 « d'embellie » (2003).

Le point le plus notable est sans doute l'existence d'une relève de chercheurs d'âges et de sexes différents, la mixité étant devenue ou redevenue une réalité, même si les historiens restent minoritaires. Parfois dotées d'allocations de recherche pendant leurs études, quelques diplômées en histoire des femmes ont obtenu un poste dans la décennie 1990 à la faveur de recrutements consécutifs à la croissance du nombre d'étudiants et soutiennent depuis quelques années des habilitations à diriger des recherches, portant à une dizaine en histoire contemporaine les universitaires pouvant encadrer des thèses. Malgré une nouvelle raréfaction de postes et des difficultés attendues d'insertion professionnelle, des plus jeunes, qui se meuvent avec facilité sur la toile et dans l'espace européen voire international, préparent et soutiennent des

95. Citons par exemple le succès des rééditions de l'ouvrage de Florence Montreynaud – *Le XX**e siècle des femmes* – et de l'*Histoire des femmes en Occident* (2002, soit dix ans après la première édition ; seul le volume 5, *Le XXe siècle*, a été complété par Françoise Thébaud) ; ou bien encore la collection Combats de femmes dirigée chez Autrement par Évelyne Morin-Rotureau, déléguée départementale aux droits des femmes (Sarthe), qui organise des cyles de conférences très suivis. Michelle Perrot, qui anime depuis une dizaine d'années « Les lundis de l'histoire » sur France Culture, a réalisé en mars 2005 un cycle « Mon histoire des femmes » dont les auditeurs ont souhaité la publication – livre et CD (Perrot 2006). Tout un travail de recherche serait à faire sur la place (et les formes) de l'histoire des femmes dans les médias audiovisuels.

doctorats en histoire et autres disciplines, se rassemblant depuis 2003 dans l'association EFiGiES qui propose listes de diffusion, groupes de travail, ateliers de discussion et action de sensibilisation[96]. Par ailleurs, des signes de reconnaissance intellectuelle sont manifestes : ouverture des revues généralistes d'histoire qui publient plus régulièrement des articles et des comptes rendus d'ouvrages en histoire des femmes et du genre, ou qui organisent occasionnellement un numéro spécial[97] ; bonne réception nationale et internationale de la revue *Clio HFS* et consultation fréquente de son site sur revues.org ; insertion dans les manuels d'historiographie récents de chapitres sur ce domaine de recherches ; présence dans certains dictionnaires critiques de la dernière génération d'entrées sur les femmes, les rapports de sexe ou le féminisme ; mise au concours – celui pour le recrutement de professeurs de lycées professionnels puis celui de l'agrégation de sciences sociales – d'une question d'histoire des femmes ; publication, qui atteste un développement – réel ou attendu – dans l'enseignement, des cinq premiers manuels universitaires en histoire moderne et contemporaine (Ripa 1999 ; Bard 2001 ; Godineau 2003 ; Beauvalet-Boutouyrie 2003 ; Zancarini-Fournel 2005a) ; sans oublier l'intérêt actuel manifesté par les archivistes dont l'aide est fondamentale pour la conservation des traces et la publication de guides des sources (Tillier 2004 pour la BNF).

Une troisième nouveauté réside dans l'importance des lieux associatifs qui, nés en 2000 pour trois d'entre eux, bien après l'ANEF (Association nationale des études féministes) mais avant EFiGiES, remplissent des fonctions complémentaires, structurent le domaine de recherche et en assurent la visibilité. Ainsi, l'Association pour le développement de l'histoire des femmes et du genre / Mnémosyne organise des journées d'étude et des colloques, décerne chaque année un prix de master[98] – petit frère du prestigieux Joan Kelly Price de l'American Historical Association – et tente de favoriser l'insertion professionnelle des chercheurs et chercheuses concernés ; soucieuse de transmission à tous les degrés de l'enseignement, elle a conçu une brochure sur les ressources

96. Association de jeunes chercheuses et chercheurs en Études féministes, genre et sexualités, déjà citée à propos des recherches actuelles sur les sexualités. Voir son site : http://efigies.free.fr. Plusieurs de ses membres ont participé ou codirigé le numéro 10 de *Terrains et travaux. Revue de sciences sociales* (ENS de Cachan), numéro intitulé *Dynamiques du genre.*

97. Plusieurs ont été cités dans les pages précédentes. Mentionnons aussi les 50 pages de comptes rendus parus dans les *Annales HSS* de janvier-février 1999.

98. Les trois premiers prix ont été attribués à Anne Renoult (2004), Cédric Weis (2005) et Hélène Jacquemin (publication à paraître).

disponibles à cet effet, organisé le colloque déjà cité, publié en 2005-2006 un épais dossier dans *Historiens & Géographes* – revue des professeurs de l'enseignement secondaire – et prépare actuellement un manuel pour lycéens qui intègre les femmes et le genre. De son côté, l'interdisciplinaire Société internationale pour l'étude des femmes de l'Ancien Régime (SIEFAR) réalise, à côté des fonctions traditionnelles de mise en réseau et d'organisation de rencontres, une importante tâche de réédition de textes anciens et propose en ligne un dictionnaire des femmes de l'Ancienne France composé de notices modernes et d'entrées reprises d'ouvrages antérieurs. Quant à Archives du féminisme, elle œuvre à différents niveaux pour la conservation et la mise à disposition des chercheurs des archives des mouvements de femmes : elle a notamment suscité la création d'un Centre d'archives du féminisme à l'Université d'Angers qui complète les fonds de la bibliothèque Marguerite-Durand, a pris l'initiative d'un musée virtuel du genre très utile aux enseignants et étudiants – MUSEA –, et vient de publier un guide des sources à l'échelle nationale (Bard *et al.*, 2006). Existe aussi le RING (Réseau interuniversitaire et interdisciplinaire national sur le genre), plus institutionnel et créé en 2001[99]. Paysage trop éclaté ? Peut-être. En tout cas, ces structures, qui disposent toujours d'un soutien du Service des droits des femmes, ont bénéficié d'aides financières, notamment au début des années 2000 où le succès de la revendication de parité en politique, ainsi que les politiques européennes en faveur des études de genre et de la parité dans les sciences, ont créé de nouveau un climat favorable et incité les institutions françaises d'éducation et de recherche à faire quelque chose : création d'une mission pour la parité au CNRS et d'une mission à l'égalité des chances dans l'enseignement supérieur, enquêtes sur la formation des maîtres ou la place des femmes à l'université, recensement des enseignements sur les femmes et le genre, rapport au Conseil économique et social sur la place des femmes dans l'histoire enseignée (Wieviorka 2004). De ces initiatives, une des plus durables (2000-2006) est issue de la signature en février 2000, à l'initiative de Francine Demichel, d'une convention pour la promotion de l'égalité des chances entre les filles et les garçons, les femmes et les hommes dans le système éducatif : choix de l'IUFM de Lyon comme établissement-pilote pour sa mise en œuvre, mise en place de modules de formation pour les

99. Pour une approche plus complète de l'histoire de ces associations ou réseaux, de leurs structures, de leurs membres et de leurs activités, voir les sites : www.mnemosyne.asso.fr ; www.siefar.org ; http://bu.univ-angers.fr/ARCHFEM/index.htm ; http://musea.univ-angers.fr ; www.univ-paris8.fr/RING

futurs enseignants et création à Lyon, grâce au Fonds social européen, d'un centre de documentation en plusieurs langues sur l'histoire des femmes et le genre en éducation (centre dénommé Aspasie[100]).

Est-ce à dire que, sans trop de heurts et « à la française » en quelque sorte, l'histoire des femmes et du genre a été progressivement intégrée à la discipline, à la profession et aux institutions de recherche et d'enseignement, et qu'elle détient désormais en France la place qu'elle mérite ? Sans nier que le paysage ait évolué, je ne serai pas, pour plusieurs raisons, aussi optimiste. Tout d'abord, sa légitimité intellectuelle ne semble pas encore totalement assurée. Elle est toujours perçue par certains comme spécialisée, voire particulariste et, comme l'ont écrit Jacqueline Laufer, Catherine Marry et Margaret Maruani, « la nécessité d'une lecture sexuée du monde social reste à conquérir » (2001, p. 23). Elle rencontre encore de fortes résistances marquées d'indifférence, de scepticisme ou d'hostilité – une hostilité teintée d'antiféminisme et d'antiaméricanisme – et les stratégies mises en œuvre pour la contourner ou la disqualifier sont multiples : l'ignorer et requalifier autrement une approche qui s'y apparente[101] ; se démarquer publiquement et critiquer, sans les connaître, avec force sous-entendus, la *gender history* ou « l'histoire féministe » ; rejeter la spécificité au nom de l'intégration[102], alors que les deux sont nécessaires et que l'intégration est loin d'être achevée. Par ailleurs, la reconnaissance intellectuelle n'est pas toujours suivie d'une reconnaissance institutionnelle qui permet à un domaine de recherche de se développer et de pénétrer les formes habituelles du savoir : sur ce plan, tout semble toujours à recommencer. Le CNRS, qui commence à croiser la réflexion sur la place des femmes dans les carrières scientifiques et l'approche de genre dans les disciplines, semble plus ouvert que l'Université et a demandé à Delphine Gardey un rapport sur « les enjeux des recherches sur le genre et le sexe » (2004)[103], mais il n'y a pas en histoire l'équivalent du MAGE[104], seulement une présence dans des équipes pluridisciplinaires ou un axe de recherche

100. Voir son site : www.lyon.iufm.fr/aspasie

101. Ainsi, chez Scarlett Beauvalet-Boutouyrie très distante envers l'histoire des femmes, l'histoire de l'accouchement à l'hopital (1999) est placée sous le signe d'« une histoire sociale de la médecine ».

102. L'expression a été utilisée par Siân Reynolds au colloque de Lyon à propos d'historiens écossais (2005).

103. Signe cependant de résistances encore fortes, un poste de chargé de recherche (CR2) en sociologie du genre n'a pas été pourvu en 2005 par la commission de recrutement de la discipline ; il est reparu en histoire du genre en 2006 et n'a pas non plus été pourvu…

104. Devenu Groupe de recherche européen en 2003. Son équipe a beaucoup œuvré ces dernières années pour dresser un état des savoirs de genre en sciences sociales (Laufer *et al.* 2001, 2003 ; Maruani 2005).

dans un laboratoire d'histoire autour de quelques personnes[105]. De façon générale, la discipline historique paraît plus fermée que d'autres, comme la sociologie ou les sciences de l'éducation, voire les sciences politiques. Dans les universités et les IUFM, qui disposent pour l'ensemble de la France de seulement cinq postes spécifiques d'histoire des femmes et du genre[106], des enseignements ne sont assurés que dans quelques pôles[107] et la majorité des étudiants français effectuent un cursus sans entrevoir ces problématiques et ce savoir. Enfin, l'attention actuelle au sexe du chercheur et la sensibilité paritaire – nécessaires dans les sciences « dures » – ne doit pas masquer le sort réservé aux études sur les femmes et le genre. Depuis trente à quarante ans, le monde des historiens français a relativement bien absorbé, sauf dans le langage des fonctions, le choc de la féminisation, le sexe du chercheur devenant un facteur de moins en moins discriminant, en tout cas moins discriminant qu'aux États-Unis et dans maints pays d'Europe. En France, les résistances portent d'abord sur l'inclusion du domaine de recherches (et de ses promotrices ainsi sursélectionnées) dans les institutions de recherche et d'enseignement, et donc sur la production et plus encore la transmission d'une culture mixte (Thébaud 2003a). Publié au *Journal officiel* du 22 juillet 2005, l'avis de la commission générale de terminologie et de néologie[108] semble confirmer le constat : l'emploi du mot « genre » pour traduire *gender* y est déconseillé et les définitions de ce terme, considéré comme un néologisme, sont très en retrait de la richesse de ses usages et de ses potentialités. Dans ce contexte, la revendication actuelle d'allocations de recherche et de postes fléchés accompagne une réflexion commune pour mieux intégrer l'histoire des femmes et du genre, et plus généralement les études de genre, dans les parcours du LMD (licence, master, doctorat).

De fait, la rentrée universitaire 2006 a vu à la fois la naissance de quelques masters spécialisés[109] – ou de modules sur le genre dans des

105. Par exemple, la présence d'historien(ne)s dans l'équipe Simone-SAGESSE (Savoirs, genre et rapports sociaux de sexe, Université de Toulouse - Le Mirail / CNRS) ou l'axe Genre et société du LARHRA (Laboratoire de recherche historique Rhône-Alpes).

106. Trois postes de maîtres de conférences : Toulouse, Paris 8, Paris 7 ; deux postes de professeur : Paris 8 et IUFM de Lyon. Djamila Amrane ayant été promue professeure, puis ayant quitté ses fonctions, le fléchage du poste de Toulouse a disparu.

107. Les pôles de l'histoire des femmes sont traditionnellement Paris 7 - Jussieu, Paris 8, l'EHESS, les Universités de Provence et de Toulouse - Le Mirail. Mais des cours se tiennent aussi à Paris 1, Rennes 2, Strasbourg 2, Rouen, Lyon 2 et l'IUFM de Lyon, Grenoble 2 et l'IEP de Grenoble, Angers, Avignon, l'ENS LSH (et peut-être ailleurs).

108. Placée auprès du Premier ministre, cette commission a été créée en 1996 pour « favoriser l'enrichissement de la langue française » et améliorer sa diffusion (décret n° 96-602 du 3 juillet 1996 relatif à l'enrichissement de la langue française).

109. Citons notamment le master « Genres, politique et sexualité » de l'École des hautes études en sciences sociales (mention sociologie) ou le master « Genre(s), pensées de la

diplômes habilités –, et l'inauguration à Paris de l'institut Émilie Du Châtelet. Financé par la région Île-de-France, qui a labellisé les problématiques du genre comme « domaines d'intérêt majeur », cet institut pour le développement et la diffusion des recherches sur les femmes, le sexe et le genre, que préside Françoise Barret-Ducrocq, annonce peut-être, dans le cadre des politiques de décentralisation et d'investissement des régions dans l'enseignement supérieur et la recherche, de nouvelles formes d'institutionnalisation. En tout cas, les actions prévues – et notamment l'attribution d'allocations de recherche déjà expérimentée – constituent un soutien indéniable au développement de ce domaine de recherche et à la diffusion de ses résultats dans l'ensemble de la société...[110]

---

différence, rapports de sexe » de l'Université Paris 8, qui, interdisciplinaire, se substitue au DEA d'études féminines fondé en 1974. Signalons aussi la mise en place, à l'initiative de l'Université de Vienne en Autriche, d'un master européen d'histoire des femmes et du genre auquel coopère l'équipe Genre et sociétés du LARHRA. Carola Sachse, qui a publié en 2002 une passionnante histoire de la journée du travail domestique en Allemagne (1939-1994), en assure la coordination.

110. Des informations sont disponibles sur le site : www.mnhm.fr/iec

Conclusion

JE NE TERMINERAI PAS L'ÉDITION ACTUELLE de cet ouvrage par une conclusion longue et engagée, à l'image de celle rédigée en 1998. Alain Corbin l'avait alors qualifiée de « plaidoyer aux accents émouvants » et avait considéré avec empathie et scepticisme son « appel irénique à l'intégration ». À l'évidence, les évolutions sont et seront plus complexes et plus contradictoires. Avec à la fois nostalgie et soulagement, je prends congé des vastes synthèses historiographiques, qui constituent un réel et passionnant travail d'histoire culturelle mais qui se révèlent à la longue trop exigeantes pour une seule personne[1]. Et je retourne avec plaisir à l'étude de thématiques plus concrètes, autre façon de poursuivre, avec d'autres, l'aventure inachevée de l'histoire des femmes et du genre. L'ensemble des pages précédentes a tenté d'en montrer la richesse et la diversité, et de dégager quelques enjeux pour l'avenir. Derrière Georges Duby, protagoniste de cette aventure, je pourrais écrire, comme mots de cette fin provisoire : « Je m'arrête ici. L'histoire continue »[2].

1. Cependant, la publication de textes fondamentaux de cette aventure me paraît utile et intéressante.
2. Georges Duby, *L'histoire continue*, Paris, Odile Jacob, 1991 (derniers mots du dernier chapitre intitulé « Projets »).

Bibliographie*

ABRAMS Lynn, 2002, *The Making of Modern Woman : Europe 1789-1918*, Londres, Pearson Education.

ABRAMS Lynn, GORDON Eleanor, SIMONTON Deborah éd., 2006, *Gender in Scottish History*, Edinburg University Press.

ACCAMPO Elinor A., 1989, *Industrialization, Family, and Class Relations : Saint-Chamond, 1815-1914*, Berkeley, University of California Press.

—— 2006, *Blessed Motherhood, Bitter Fruit. Nelly Roussel and the Politics of Female Pain in Third Republic France*, Baltimore, Johns Hopkins University Press.

ACCAMPO Elinor A., FUCHS Rachel G. et STEWART Mary Lynn éd., 1995, *Gender and the Politics of Social Reform in France, 1870-1914*, Baltimore, Johns Hopkins University Press.

ADLER Laure, 1979, *À l'aube du féminisme : les premières journalistes (1830-1850)*, Paris, Payot (livre issu d'une thèse de troisième cycle).

—— 1983, *Secrets d'alcôve. Histoire du couple de 1830 à 1930*, Paris, Payot.

—— 1990, *La vie quotidienne dans les maisons closes 1830-1930*, Paris, Hachette.

Afers. Fulls de recerca i pensament, 1999, *Les dones i la història*, vol. XIV, n° 33 / 34.

AFFER (association Femmes, féminisme et recherches), 1984, *Femmes, féminisme et recherches*, actes du colloque tenu à Toulouse les 17-19 décembre 1982.

AGULHON Maurice, 1979, *Marianne au combat, l'imagerie et la symbolique républicaines (1789-1880)*, Paris, Flammarion.

—— 1989, *Marianne au pouvoir, l'imagerie et la symbolique républicaines (1880-1914)*, Paris, Flammarion.

—— 2001, *Les métamorphoses de Marianne. L'imagerie et la symbolique républicaine de 1914 à nos jours*, Paris, Flammarion.

* Cette bibliographie réunit les ouvrages recensés dans la première édition d'*Écrire l'histoire des femmes*, et ceux évoqués dans la quatrième partie de la présente édition. Les thèses ne sont plus mentionnées (sauf celles qui n'ont pas été publiées). De même n'apparaissent plus les directions de numéros de revue.

AÏVAZOVA Svetlana, 1998, « La liberté et l'égalité des femmes dans les pays socialistes d'Europe de l'Est, 1960-1980 », Christine Fauré éd., *Encyclopédie politique et historique des femmes*, Paris, PUF, p. 701-728.

ALBERTI Johanna, 2002, *Gender and the Historian*, Longman, Pearson Education.

ALBISTUR Maïté, 1982, *Catalogue des archives Marie-Louise Bouglé*, thèse de troisième cycle sous la direction de Michelle Perrot (Université Paris 7).

ALBISTUR Maïté et ARMOGATHE Daniel, 1977, *Histoire du féminisme français : du Moyen Âge à nos jours*, 2 tomes, Paris, Éditions des Femmes.

—— 1978, *Le grief des femmes. Anthologie de textes féministes*, vol. 1 : *Du Moyen Âge à 1848*, vol. 2 : *Du Second Empire à nos jours*, Paris, Éditions Hier & Demain.

AMRANE Djamila, 1991, *Les femmes algériennes dans la guerre*, Paris, Plon.

—— 1994, *Des femmes dans la guerre d'Algérie. Entretiens*, Paris, Karthala.

ANDERSON Benedict, 1991 [1983], *Imagined Communities : Reflections on the Origin and Spread of Nationalism*, Londres / New York, Verso.

ANDERSON Bonnie S. et ZINSSER Judith P., 2000, *Women in Europe from Prehistory to the Present*, édition révisée, New York / Oxford, Oxford University Press, 2 volumes.

ANEF, 1995, « Études féministes et études sur les femmes en France », Ephesia éd., *La place des femmes. Les enjeux de l'identité et de l'égalité au regard des sciences sociales*, Paris, La Découverte, p. 689-710.

ANGLERAUD Bernadette, 1998, *Les boulangers lyonnais aux XIXe et XXe siècles*, Paris, Christian (livre issu d'une thèse de doctorat).

Annales de démographie historique, 1981, *Démographie historique et condition féminine*, numéro spécial.

Annales ESC, 1972, *Famille et société*, n° 4-5. —— 1989, *Histoire et sciences sociales : un tournant critique*, n° 6, novembre-décembre.

ARIÈS Philippe et DUBY Georges éd., 1986-1987, *Histoire de la vie privée*, Paris, Seuil, 5 volumes.

ARIÈS Philippe, 1973 [1960], *L'enfant et la vie familiale sous l'Ancien Régime*, Paris, Seuil.

ARNAUD Pierre et TERRET Thierry éd., 1996, *Histoire du sport féminin*, tome 1 : *Histoire et identité*, tome 2 : *Sport masculin-sport féminin : éducation et société*, Paris, L'Harmattan.

ARNAUD-DUC Nicole, 1991, « Les contradictions du droit », Geneviève Fraisse et Michelle Perrot éd., *Histoire des femmes en Occident*, vol. 4 : *Le XIXe siècle*, Paris, Plon, p. 87-120.

ARON Jean-Paul éd., 1980, *Misérable et glorieuse, la femme du XIXe siècle*, Paris, Fayard.

ARON-SCHNAPPER Dominique, Sophie DESWARTE, Danièle HANET *et al.*, 1980, *Histoire orale ou archives orales ?* Paris, Association pour l'étude de la Sécurité sociale (rapport d'activité).

ARTIÈRES Philippe et KALIFA Dominique, 2001, *Vidal, le tueur de femmes. Une biographie sociale*, Paris, Perrin.

Association pour le développement de l'histoire des femmes et du genre / Mnémosyne, 2002, bulletin n° 1, dossier « Profession : historienne ? ».

—— 2003, bulletin n° 2, dossier « Le temps de l'action. Les dynamiques associatives dans le développement de l'histoire des femmes et du genre ».

—— 2004a, bulletin n° 3, dossier « Histoire des femmes et du genre en Europe : l'aire germanophone ».

—— 2004b, *Pas d'histoire sans elles. Ressources pour la recherche et l'enseignement en histoire des femmes et du genre*, brochure coproduite avec le Centre régional de documentation pédagogique de l'académie d'Orléans-Tours.

—— 2006, bulletin n° 4, dossier « La bande dessinée : un nouveau chantier pour l'histoire des femmes et du genre ».

AUBERT Nicole, ENRIQUEZ Eugène et DE GAULEJAC Vincent éd., 1986, *Le sexe du pouvoir. Femmes, hommes et pouvoirs dans les organisations*, Paris, Desclée de Brouwer.

AUDOIN-ROUZEAU Stéphane, 1986, *14-18 : les combattants des tranchées*, Paris, Armand Colin (livre issu d'une thèse de troisième cycle).

—— 1993, *La guerre des enfants, 1914-1918*, Paris, Armand Colin.

—— 1995, *L'enfant de l'ennemi, 1914-1918*, Paris, Aubier.

AUDOIN-ROUZEAU Stéphane et BECKER Annette, 2000, *14-18, retrouver la guerre*, Paris, Gallimard.

AUDOIN-ROUZEAU Stéphane, BECKER Annette, INGRAO Christian *et al.* éd., 2002, *La violence de guerre, 1914-1945. Approches comparées des deux conflits mondiaux*, Bruxelles, Complexe.

AUDOIN-ROUZEAU Stéphane et BECKER Jean-Jacques éd., 2004, *Encylopédie de la Grande Guerre 1914-1918. Histoire et culture*, Paris, Bayard.

AUSLANDER Leora, 1996, *Taste and Power. Furnishing Modern France*, Berkeley, University of California Press.

AUSLANDER Leora et ZANCARINI-FOURNEL Michelle éd., 1995, *Différence des sexes et protection sociale*, Saint-Denis, Presses universitaires de Vincennes.

AUZIAS Claire et HOUEL Annick, 1982, *La grève des ovalistes*, Paris, Payot.

AUZIAS Claire, CHENUT Hélène et VOLDMAN Danièle, 1982, « Histoire orale et histoire des femmes : lieux de la recherche et état des travaux (France, Italie, États-Unis, Grande-Bretagne) », *Bulletin de l'Institut d'histoire du temps présent*, supplément n° 3, *Histoire orale et histoire des femmes*, p. 58-87.

AVDELA Efi, 2006, *Le genre entre classe et nation : essai d'historiographie grecque*, Paris, Syllepse.

BACHRACH Susan, 1987, « La féminisation des PTT au tournant du siècle », *Le mouvement social*, n° 140, juillet-septembre, p. 69-87.

BAILLARGEON Denyse, 1993, « Histoire orale et histoire des femmes : itinéraires et points de rencontre », *Recherches féministes*, vol. 6, n° 1, p. 5-68.

—— 1995, « Des voies/x parallèles. L'histoire des femmes au Québec et au Canada anglais (1970-1995) », *Sextant*, n° 4, p. 133-168.

—— 2004, *Un Québec en mal d'enfants. La médicalisation de la maternité, 1910-1970*, Montréal, Remue-ménage.

BALLMER-CAO Thanh-Huyen, 2000, *Changement social et rapports entre hommes et femmes. La question de l'égalité en Suisse*, Lausanne, Payot.

BALLMER-CAO Thanh-Huyen, MOTTIER Véronique et SGIER Léa éd., 2000, *Genre et politique. Débats et perspectives*, Paris, Gallimard (Folio).

BANNER Lois W., 1989, « A reply to "Culture et Pouvoir" from the perspective of United States women's history », *Journal of Women's History*, vol. 1, n° 1, p. 101-107.

BARD Christine, 1992 (éd.), *Madeleine Pelletier. Logique et infortunes d'un combat pour l'égalité*, Paris, Côté-Femmes.

—— 1993, « L'apôtre sociale et l'ange du foyer : les femmes et la CFTC à travers le *Nord social* (1920-1936) », *Le mouvement social*, n° 165, p. 23-41.

—— 1995, *Les filles de Marianne. Histoire des féminismes 1914-1940*, Paris, Fayard (livre issu d'une thèse de doctorat).

—— 1998, *Les garçonnes. Modes et fantasmes des années folles*, Paris, Flammarion.

—— 1999 (éd.), *Un siècle d'antiféminisme*, Paris, Fayard.

—— 2001, *Les femmes dans la société française au XXe siècle*, Paris, Armand Colin.

—— 2003, « Jalons pour une histoire des études féministes en France (1970-2002) », *Nouvelles questions féministes*, vol. 22, n° 1, p. 14-30.

—— 2004 (éd.), *Le genre des territoires : féminin, masculin, neutre*, Presses de l'Université d'Angers.

—— 2006, « Les usages politiques de l'histoire des femmes », Claire Andrieu, Marie-Claire Lavabre et Danielle Tartakowski éd., *Politiques du passé. Usages politiques du passé dans la France contemporaine*, Aix-en-Provence, Presses universitaires de Provence, p. 71-82.

BARD Christine et MOSSUZ-LAVAU Janine éd., 2007, *Le planning familial. Histoire et mémoire (1956-2006)*, Presses universitaires de Rennes.

BARD Christine, BAUDELOT Christian, MOSSUZ-LAVAU Janine éd., 2004, *Quand les femmes s'en mêlent. Genre et pouvoir*, Paris, La Martinière.

BARD Christine, CHAUVAUD Frédéric, PERROT Michelle *et al.* éd., 2002, *Femmes et justice pénale, XIXe-XXe siècles*, Presses universitaires de Rennes.

BARD Christine, METZ Annie et NEVEU Valérie éd., 2006, *Guide des sources de l'histoire du féminisme*, Presses universitaires de Rennes.

BARON Ava éd., 1991, *Work Engendered. Toward a New History of American Labor*, Ithaca, Cornell University Press. Voir notamment l'article issu de son travail de thèse « An "other" side of gender antagonism at work : men, boys, and the remasculinization of printers'work, 1830-1920 », p. 47-69.

BARRÈRE-MAURISSON Marie-Agnès éd., 1984, *Le sexe du travail : structures familiales et système productif*, Presses universitaires de Grenoble.
BARRET-DUCROCQ Françoise, 1989, *L'amour sous Victoria*, Paris, Plon.
—— 1991, *Pauvreté, charité et morale*, Paris, PUF.
BARTHÉLÉMY Pascale, 2004, *Femmes, Africaines et diplômées : une élite auxiliaire à l'époque coloniale. Sages-femmes et institutrices en Afrique occidentale française (1918-1957)*, thèse de doctorat, sous la direction de Catherine Coquery-Vidrovitch (Université Paris 7).
BASCH Françoise, 1979, *Les femmes victoriennes : roman et société*, Paris, Payot.
—— 1990, *Rebelles américaines au XIXe siècle : mariage, amour libre et politique*, Paris, Méridiens Klincksieck.
BAUDINO Claudie, 2001, *Politique de la langue et différence sexuelle. La politisation du genre des noms de métiers*, Paris, L'Harmattan.
BEARD Mary, 1985 [1946], *Woman as a Force in History*, New York, Octogon Books.
BEAUVALET-BOUTOUYRIE Scarlett, 1999, *Naître à l'hôpital au XIXe siècle*, Paris, Belin.
—— 2001, *Être veuve sous l'Ancien Régime*, Paris, Belin.
—— 2003, *Les femmes à l'époque moderne, XVIe-XVIIIe siècle*, Paris, Belin.
BECCHI Egle et JULIA Dominique éd., 1998, *Histoire de l'enfance en Occident*, Paris, Seuil, 2 volumes.
BECK Evelyn Torton, 1991, « The politics of Jewish invisibility in women's studies », Johnella E. Butler et John C. Walter éd., *Transforming the Curriculum : Ethnic Studies and Women's Studies*, Albany, State University of New York Press.
BÉDARIDA François, 1994, « Praxis historienne et responsabilité », *Diogène*, n° 168, octobre-décembre, p. 3-8.
—— 1995a (éd.), *L'Histoire et le métier d'historien en France, 1945-1995*, Paris, Éditions de la Maison des sciences de l'homme.
—— 1995b, « Les responsabilités de l'historien "expert" », Jean Boutier et Dominique Julia éd., *Passés recomposés. Champs et chantiers de l'Histoire*, Paris, Autrement (Mutations, n° 150-151), p. 136-144.
BELL Susan et OFFEN Karen éd., 1983, *Women, The Family and Freedom. The Debate in Documents*, vol. 1 : *1750-1880*, vol. 2 : *1880-1950*, Stanford University Press.
BENETT Judith, 1988, « "History that stands still" : women's work in the European past », *Feminist Studies*, vol. 14, n° 2, p. 269-283.
—— 1989, « Feminism and History », *Gender & History*, vol. 1, n° 3, p. 251-272.
—— 1993, « Women's history : a study in change and continuity », *Women's History Review*, vol. 2, n° 2, p. 173-184.
BERG Maxine, 1996, *A Woman in History : Eileen Power 1889-1940*, Cambridge University Press.

BERGÈRE Marc, 2004, *Une société en épuration. Le Maine-et-Loire de la Libération au début des années 50*, Presses universitaires de Rennes.

BERGÈRE Marc et CAPDEVILA Luc éd., 2006, *Genre et événement. Du masculin et du féminin en histoire des crises et des conflits*, Presses universitaires de Rennes.

BERMAN Paul, 1994, *Blacks and Jews : Alliances and Arguments*, New York, Delacorte.

BERNOS Marcel et BITTON Michèle éd., 2004, *Femmes, familles, filiations. Société et Histoire*, Aix-en-Provence, Publications de l'Université de Provence.

BERTIN Célia, 1993, *Femmes sous l'occupation*, Paris, Stock.

BERTINOTTI Dominique, 1985, « Carrières féminines et carrières masculines dans l'administration des Postes et Télégraphes à la fin du XIXe siècle », *Annales ESC*, n° 3, mai-juin, p. 626-640.

BESSIÈRE Céline, 2003, « Race, classe, genre. Parcours dans l'historiographie américaine des femmes du Sud autour de la guerre de Sécession », *Clio HFS*, n° 17, p. 231-258.

BIDELMAN Patrick Kay, 1975, *The Feminist Movement in France : the Formative Years 1858-1889*, PhD, University of Michigan.

BIEF (*Bulletin d'information des études féminines*), 1981, *Les femmes et la recherche*, n° 7-8, novembre. —— 1982, *Quand la recherche se cherche*, n° 11, décembre. —— 1985, *Sexes et catégories*, n° 17, décembre.

BIZIÈRES Jean-Maurice et VAYSSIÈRE Pierre, 1995, *Histoire et historiens, Antiquité, Moyen Âge, France moderne et contemporaine*, Paris, Hachette.

BLACK Naomi, 1989, *Social Feminism*, Ithaca, Cornell University Press.

BLANC Olivier, 1989, *Une femme de liberté, Olympe de Gouges*, Paris, Syros.

—— 1993, « Itinéraire politique et bibliographique d'Olympe de Gouges », préface de la réédition des *Écrits politiques* d'Olympe de Gouges, Paris, Côté-Femmes, p. 7-34.

—— 2003, *Marie-Olympe de Gouges, une humaniste à la fin du XVIIIe siècle*, Paris, Éditions René Vienet.

BLEWETT Mary, 1993, « Deference and defiance : labor politics and the meanings of masculinity in mid-19th century New England textile industry », *Gender & History*, vol. 5, n° 3.

BLOCH Ruth H., 1993, « A culturalist critique of trends in feminist theory », *Contention*, vol. 2, n° 3, p. 79-106.

BLOM Ida, HAGEMANN Karen et HALL Catherine éd., 2000, *Gendered Nations : Nationalisms and Gender order in the Long Nineteenth Century*, Oxford / New York, Berg.

BLUM Françoise, Colette CHAMBELLAND et Michel DREYFUS, 1984, *Mouvements de femmes (1919-1940). Guide des sources documentaires*, numéro spécial de *Vie sociale*, n° 11-12.

BLUNDEN Katherine, 1982, *Le travail et la vertu. Femmes au foyer : une mystification de la Révolution industrielle*, Paris, Payot.

BOCK Gisela, 1986, *Zwangssterilisation im Nationalsozialismus. Studien zur Rassenpolitik und Frauenpolitik*, Opladen, Westdeutschen Verlag.

—— 1989, « Women's history and gender history : aspects of an international debate », *Gender & History*, vol. 1, n° 1, p. 7-30.

—— 1991, « Challenging dichotomies : perspectives on women's history », Karen Offen, Ruth Roach Pierson et Jane Rendall éd., *Writing Women's History : International Perspectives*, Londres, MacMillan, p. 1-25.

—— 1992a, « Le nazisme. Politiques sexuées et vies des femmes en Allemagne », Françoise Thébaud éd., *Histoire des femmes en Occident*, vol. 5 : *Le* XX*e siècle*, Paris, Plon, p. 143-167.

—— 1992b, « Pauvreté féminine, droits des mères et États-providence », Françoise Thébaud éd., *Histoire des femmes en Occident*, vol. 5 : *Le* XX*e siècle*, Paris, Plon, p. 380-409.

—— 1993, « Gleichheit und Differenz in der nationalsozialistichen Rassenpolitik », *Geschichte und Gesellschaft*, vol. 9, p. 277-310.

—— 2000, *Frauen in der Europäischen Geschichte, vom Mittelalter bis zum Gegenwart*, Munich, Beck (traductions en plusieurs langues dont l'anglais : *Women in European History*, Oxford, Blackwell Publishers, 2002 ; réédition complétée en 2005).

—— 2005 (éd.), *Genozid und Geschlecht. Jüdische Frauen im nationalsozialistichen Lagersystem*, Francfort / Main, Campus.

BOCK Gisela et COVA Anne éd., 2003, *Écrire l'histoire des femmes en Europe du Sud* XIX*e*-XX*e siècles - Writing Women's History in Southern Europe 19th-20th Centuries*, Oeiras (Portugal), Celta Editora.

BOCK Gisela et JAMES Susan éd., 1992, *Beyond Equality and Difference : Citizenship, Feminist Politics and Female Subjectivity*, Londres - New York, Routledge.

BOCK Gisela et THANE Pat éd., 1991, *Maternity & Gender Policies : Women and the Rise of the European Welfare States 1880s-1950s*, Londres - New York, Routledge.

BOIGEOL Anne, 1993, « La magistrature au féminin : entre spécificité et banalisation », *Droits et société*, n° 25, p. 489-523.

—— 1996, « Les femmes et les cours. La difficile mise en œuvre de l'égalité des sexes dans l'accès à la magistrature », *Genèses*, n° 22, mars, p. 107-129.

BOLTANSKI Luc, 2004, *La condition fœtale. Une sociologie de l'engendrement et de l'avortement*, Paris, Gallimard.

BONELLO Christian, 1984, *Discours médical sur l'homosexualité en France au* XIX*e siècle*, thèse de troisième cycle sous la direction de Michelle Perrot (Université Paris 7).

BONNET Marie-Jo, 1974, *Recherches sur les romans écrits par des femmes (1950-1973)*, maîtrise (Université Paris 7).

—— 1981, *Un choix sans équivoque. Recherches historiques sur les relations amoureuses entre les femmes* XVI*e*-XX*e siècles*, Paris, Denoël (livre issu d'une thèse de troisième cycle).

—— 1995, *Les relations entre les femmes*, édition revue et corrigée, Paris, Odile Jacob.

—— 2000, *Les deux amies. Essai sur le couple de femmes dans l'art*, Paris, Éditions Blanche.

—— 2004, *Les femmes dans l'art : qu'est-ce que les femmes ont apporté à l'art*, Paris, La Martinière.

BORIS Eileen et CHAUDHURY Nupur éd., 1999, *Voices of Women Historians : the Personal, the Political, the Professional*, Bloomington, Indiana University Press.

BOSSHART-PFLUGER Catherine, GRISARD Dominique, SPATI Christina éd., 2004, *Geschlecht and Wissen - Genre et Savoir - Gender and Knowledge*, Zurich, Kronos.

BOUCHARDEAU Huguette, 1977, *Pas d'histoire, les femmes... 50 ans d'histoire des femmes, 1918-1968*, Paris, Syros.

BOUILLOT Corinne et PASTEUR Paul éd., 2005, *Femmes, féminismes et socialismes dans l'espace germanophone après 1945*, Paris, Belin.

BOURCIER Marie-Hélène, 1999, « Des "femmes travesties" aux pratiques transgenres : repenser et queeriser le travestissement », *Clio HFS*, n° 10, p. 117-136.

—— 2005, *Sexpolitiques. Queer Zones 2*, Paris, La Fabrique.

BOURDIEU Pierre, 1990, « La domination masculine », *Actes de la recherche en sciences sociales, Masculin/féminin 2*, n° 84, septembre, p. 3-31.

—— 1995, « La violence symbolique », Michel de Manassein éd., *De l'égalité des sexes*, Paris, Centre national de documentation pédagogique, p. 83-87.

—— 1998, *La domination masculine*, Paris, Seuil (Liber).

BOUREAU Alain, 1989, « Propositions pour une histoire restreinte des mentalités », *Annales ESC*, n° 6, p. 1491-1504.

—— 1995, *Le droit de cuissage : la fabrication d'un mythe XIIIe-XXe siècle*, Paris, Albin Michel.

BOUTIER Jean et JULIA Dominique éd., 1995, *Passés recomposés. Champs et chantiers de l'histoire*, Paris, Autrement (Mutations, n° 150-151).

BOXER Marilyn Jacoby, 1998, *When Women Ask the Questions : Creating Women's Studies in America*, Baltimore, The Johns Hopkins University Press.

—— 2001, « Les Women's Studies aux États-Unis : trente ans de succès et de contestation », *Clio HFS*, n° 13, p. 211-238.

—— 2007, « Rethinking the socialist construction and international career of the concept of "bourgeois feminism" », *American Historical Review*, vol. 112, n° 1, p. 131-197.

BRANCHE Raphaëlle, 2001, *La torture et l'armée pendant la guerre d'Algérie (1954-1962)*, Paris, Gallimard.

—— 2002, « Les viols pendant la guerre d'Algérie », *Vingtième siècle - Revue d'histoire*, n° 75, juillet-septembre, p. 123-132.

BRAUDEL Fernand, 1969, *Écrits sur l'histoire*, Paris, Flammarion.

BRIDENTHAL Renate et KOONZ Claudia éd., 1977, *Becoming Visible. Women in European History*, Boston, Houghton Mifflin Company.

BRIDENTHAL Renate, KOONZ Claudia et STUARD Susan éd., 1987, *Becoming Visible. Women in European History*, Boston, Houghton Mifflin Company (réédition remaniée : sur vingt chapitres, quatorze sontnouveaux, cinq révisés, et un est republié en l'état, à cause de la disparition de Joan Kelly, à la mémoire duquel l'ouvrage est dédié).

BRIDENTHAL Renate, RAPP Rayna et ROSS Ellen, 1979, « Examining family history », *Feminist Studies*, vol. 5.

BRION Hélène, 1978 [1917], *La voix féministe*, préface, notes et commentaires de Huguette Bouchardeau, Paris, Syros (Mémoire des femmes).

BRIVE Marie-France, 1989 (éd.), *Les femmes et la Révolution française*, vol. 1 : *Modes d'action et d'expression. Nouveaux droits - Nouveaux devoirs*, Toulouse, Presses universitaires du Mirail.

—— 1990 (éd.), *Les femmes et la Révolution française*, vol. 2 : *L'individuel et le social. Apparitions et représentations*, Toulouse, Presses universitaires du Mirail.

—— 1991 (éd.), *Les femmes et la Révolution française*, vol. 3 : *L'effet 89*, Toulouse, Presses universitaires du Mirail.

—— 1995, « Les résistantes et la Résistance », *Clio HFS*, n° 1, p. 57- 66.

BROSSAT Alain, 1992, *Les tondues : un carnaval moche*, Paris, Manya.

—— 1994 (éd.), *Michel Foucault, les jeux de la vérité et du pouvoir*, Presses universitaires de Nancy.

BRUIT-ZAIDMAN Louise, HOUBRE Gabrielle, KLAPISCH-ZUBER Christiane *et al.* éd., 2001, *Le corps des jeunes filles de l'Antiquité à nos jours*, Paris, Perrin.

BULGER Raymonde, 1992, *Lettres à Julie-Victoire Daubié (1824-1874). La première bachelière de France et son temps*, New York - Paris - Berne, Peter Lang.

Bulletin de la société de l'histoire du protestantisme français, 2000, *Femmes protestantes, XIXe-XXe siècles*, n° 146 / 1.

Bulletin du centre Pierre-Léon, 1993, *Julie Daubié*, n° 2-3, novembre.

BURCH Noël et SELLIER Geneviève, 1995, « Fantasmes du temps de la Libération », *Clio HFS*, n° 1, p. 187-194.

—— 1996, *La drôle de guerre des sexes du cinéma français 1930-1956*, Paris, Nathan.

BURDY Jean-Paul, 1989, *Le Soleil noir, un quartier de Saint-Étienne : 1840-1940*, Presses universitaires de Lyon.

BURDY Jean-Paul, DUBESSET Mathilde et ZANCARINI-FOURNEL Michelle, 1987, « Rôles, travaux et métiers de femmes dans une ville industrielle : Saint Étienne, 1900-1950 », *Le mouvement social*, n° 140, p. 27-53.

BURGUIÈRE André, 1979, « Histoire d'une histoire : la naissance des *Annales* », *Annales ESC*, novembre-décembre, n° 6, p. 1344-1359.

—— 1986 (éd.), *Dictionnaire des sciences historiques*, Paris, PUF.

BURGUIÈRE André, KLAPISCH-ZUBER Christiane, SEGALEN Martine *et al.* éd., 1986, *Histoire de la famille*, vol. 1 : *Mondes lointains, mondes anciens*, vol. 2 : *Le choc des modernités*, Paris, Armand Colin.

BURKHARD Fred Bud, 1993, « Henriette Valet's *Madame 60 bis* : French social realities and literary politics in the 1930s », *French Historical Studies*, vol. 18, n° 2, p. 503-523.

BURMAN Barbara éd., 1999, *The Culture of Sewing : Gender, Consomption and Home Dressmaking*, Oxford - New York, Berg.

BUSSY GENEVOIS Danièle, 1988, *Presse féminine et républicanisme en Espagne 1931-1936*, thèse de doctorat d'État sous la direction de J. Pérez (Université de Bordeaux 3).

—— 1990, « Les Espagnoles ou le pacifisme de l'entre-trois-guerres », Rita Thalmann éd., *La tentation nationaliste*, Paris, Deuxtemps Tierce, p. 115-135.

—— 1992, « Femmes d'Espagne, de la République au franquisme », Françoise Thébaud éd., *Histoire des femmes*, vol. 5 : *Le XXe siècle*, Paris, Plon, p. 169-183.

—— 1994, « Le corps du délit », Brigitte Magnien éd., *Violence ordinaire, violence imaginaire en Espagne*, Saint-Denis, Presses universitaires de Vincennes.

—— 2002 (éd.), *Les Espagnoles dans l'histoire. Une sociabilité démocratique (XIXe-XXe siècles)*, Saint-Denis, Presses universitaires de Vincennes.

BUTLER Judith, 1990, *Gender Trouble : Feminism and the Subversion of Identity*, Londres / New York, Routledge.

—— 2005, *Trouble dans le genre. Pour un féminisme de la subversion*, traduction de l'ouvrage américain publié en 1990 et réédité en 1999, Paris, La Découverte.

—— 2006, *Défaire le genre*, Paris, Éditions Amsterdam.

CACOUAULT Marlaine, 1987, « Prof, c'est bien... pour une femme », *Le mouvement social*, n° 140, juillet-septembre, p. 107-119.

Cahiers d'histoire du temps présent, 1998, *Femme et société*, n° 4.

Cahiers d'histoire. Revue d'histoire critique, 2001, *Sexualité et dominations*, n° 84.

Cahiers de l'AMIEC, 1988, *Pour une histoire des soins et des professions soignantes*, n° 10.

Cahiers du CEDREF, 1989, *Silence, émancipation des femmes entre privé et public*, n° 1. —— 1990, *Femmes / Sujets des discours*, n° 2. —— 1993, *Sexisme et exclusions*, n° 3, actes du colloque du CEDREF, 9 juin 1992. —— 1995, *Continuités et discontinuités du féminisme*, n° 4 / 5. —— 1997, *Politique et recherches féministes, regards croisés : Brésil, Québec, France*, n° 6. —— 1999, *Gayle Rubin, L'économie politique du sexe : transactions sur les femmes et les systèmes sexe / genre*, n° 7. —— 2000, *Femmes en migrations, aperçus de recherche*, n° 8-9.

Cahiers du GEDISST, 1992, *Rapports sociaux de sexe : une journée de discussion*, n° 3. —— 1994, *Division du travail. Rapports sociaux de sexe et de pouvoir**, n° 11. —— 1995, *Division du travail. Rapports sociaux de sexe et de pouvoir ***, n° 4.

Cahiers du genre, 2003, *La distinction entre sexe et genre. Une histoire entre biologie et culture*, n° 34. —— 2005, *Politiques de la représentation et de l'identité. Recherches en gender, cultural, queer studies*, n° 38. —— 2005, *Féminisme(s). Penser la pluralité*, n° 39.

CANNING Kathleen, 1994, « Feminist history after the linguistic turn : historicising discourse and experience », *Signs*, vol. 19, n° 2, p. 368-404.

CAPDEVILA Luc, 1995, « La "collaboration sentimentale" : antipatriotisme ou sexualité hors-normes ? (Lorient, mai 1945) », *Les cahiers de l'IHTP*, n° 31, *Identités féminines et violences politiques (1936-1946)*, octobre, p.67-82.

—— 1999, *Les Bretons au lendemain de l'Occupation. Imaginaire et comportement d'une sortie de guerre, 1944-1945*, Presses universitaires de Rennes.

—— 1998, « Le mythe du guerrier et la construction sociale d'un "éternel masculin" après la guerre », *Revue française de psychanalyse*, t. 62, n° 2, p. 607-623.

—— 2002, « L'identité masculine et les fatigues de la guerre (1914-1945) », *Vingtième siècle - Revue d'histoire*, n° 75, p. 97-108.

CAPDEVILA Luc, CASSAGNES Sophie, COCAUD Martine *et al.* éd., 2003, *Le genre face aux mutations. Masculin et féminin, du Moyen âge à nos jours*, Presses universitaires de Rennes.

CAPDEVILA Luc, ROUQUET François, VIRGILI Fabrice *et al.*, 2003, *Hommes et femmes dans la France en guerre (1914-1945)*, Paris, Payot.

CARON-LEULLIEZ Marianne et GEORGE Jocelyne, 2004, *L'accouchement sans douleur. Histoire d'une révolution oubliée*, Paris, Éditions de l'Atelier.

CARROLL Berenice A. éd., 1976, *Liberating Women's History : Theoretical and Critical Essays*, Urbana-Chicago-Londres, University of Illinois Press (voir notamment son article « Mary Beard's *Woman as a Force In History* : a critique »).

CARROY Jacqueline, EDELMAN Nicole, OHAYON Annick *et al.*, 2005, *Les femmes dans les sciences de l'homme (XIXe-XXe siècles). Inspiratrices, collaboratrices ou créatrices ?*, Paris, Éditions Seli Arslan.

CASPARD Pierre, LUC Jean-Noël, SAVOIE Philippe éd., 2005, *Lycées, lycéens, lycéennes. Deux siècles d'histoire*, Lyon, INRP.

CASTA-ROSAZ Fabienne, 2004, *Histoire de la sexualité en Occident*, Paris, La Martinière.

CASTEL Pierre-Henri, 2003, *La métamorphose impensable. Essai sur le transsexualisme et l'identité personnelle*, Paris, Gallimard.

CASTRO Ginette, 1984, *Radioscopie du féminisme américain*, Paris, Presses de la Fondation nationale des sciences politiques.

—— 1994, « De l'histoire des femmes à l'histoire des genres », Jean Heffer et François Weil éd., *Chantiers d'histoire américaine*, Paris, Belin, p. 309-339.

CAUSARANO Pietro, GALIMI Valeri, GUEDJ François *et al.* éd., 2004, *Le XXe siècle des guerres*, Paris, Éditions de l'Atelier.

CAZALS Rémy, 2003, *Lettres de réfugiées. Le réseau de Borieblanque. Des étrangères dans la France de Vichy*, Paris, Tallandier.

CEDREF (Centre d'études, de documentation, de recherche pour les enseignements féministes), 2001 (éd.), *Vingt-cinq ans d'études féministes. L'expérience Jussieu*, Paris, Publications de l'Université Paris 7 - Denis Diderot.

CEFUP (Centre d'études féminines de l'Université de Provence), 1986, *Les femmes et l'argent*, actes du colloque tenu en novembre 1985 à l'Université de Provence sous la direction de Christiane Souriau.

CEFUP / CREA (Centre d'études féminines de l'université de Provence et Centre de recherches et d'études anthropologiques de l'université Lyon 2), 1992, *Des hommes et du masculin*, Presses universitaires de Lyon.

CHABAUD-RYCHTER Danielle et GARDEY Delphine éd., 2002, *L'engendrement des choses. Des hommes, des femmes et des techniques*, Paris, Éditions des archives contemporaines.

CHABOT Isabelle, HAYEZ Jérome et LETT Didier éd., 2006, *La famille, les femmes et le quotidien, XIVe-XVIIIe siècles. Textes offerts à Christiane Klapisch-Zuber*, Paris, Pubications de la Sorbonne.

CHABOT Joceline, 2003, *Les débuts du syndicalisme féminin chrétien en France 1899-1944*, Presses universitaires de Lyon.

CHAPERON Sylvie, 2000, *Les années Beauvoir, 1945-1970*, Paris, Fayard (livre issu d'une thèse de doctorat soutenue en 1996).

—— 2001, « Histoire contemporaine des sexualités : ébauche d'un bilan historiographique », *Cahiers d'histoire. Revue d'histoire critique*, n° 84, p. 5-22.

—— 2002, « Kinsey en France : les sexualités masculines et féminines en débat », *Le mouvement social*, n° 198, p. 91-110.

—— 2004, « Contester normes et savoirs sur la sexualité (France-Angleterre, 1880-1980), Éliane Gubin, Catherine Jacques, Florence Rochefort *et al.* éd., *Le siècle des féminismes*, Paris, Éditions de l'Atelier, p. 333-346.

CHARLE Christophe, 1985a, *Le personnel de l'enseignement supérieur en France aux XIXe et XXe siècles*, en collaboration avec Régine Ferré, Paris, CNRS Éditions.

—— 1985b et 1986, *Les professeurs de la faculté des lettres de Paris, dictionnaire biographique*, vol. 1 : *1809-1908*, vol. 2 : *1909-1939*, Paris, INRP / CNRS.

—— 1988, *Les professeurs du Collège de France, dictionnaire biographique (1901-1939)*, en collaboration avec Éva Telkes, Paris, INRP / CNRS.

—— 1993 (éd.), *Histoire sociale, histoire globale ?*, Paris, Éditions de la Maison des sciences de l'homme.

—— 1994, *La République des universitaires 1870-1940*, Paris, Seuil.

—— 1999, « La féminisation de l'enseignement supérieur de 1946 à 1992 », Vincent Duclert, Rémi Fabre et Patrick Fridenson éd., *Avenirs et avant-gardes en France aux XIXe et XXe siècles. Hommage à Madeleine Rebérioux*, Paris, La Découverte.

CHARTIER Roger, 1989, « Le monde comme représentation », *Annales ESC*, novembre-décembre, n° 6, p. 1505-1520.

—— 1991 (éd.), *La correspondance. Les usages de la lettre au XIXe siècle*, Paris, Fayard.

—— 1993, « L'*Histoire des femmes*, XVIe-XVIIIe siècle. Différences entre les sexes et violence symbolique », Georges Duby et Michelle Perrot éd., *Femmes et histoire*, Paris, Plon, p. 40-47.

—— 1998, *Au bord de la falaise. L'histoire entre certitudes et inquiétude*, recueil d'articles, Paris, Albin Michel.

CHATRIOT Alain, CHESSEL Marie-Emmanuelle et HILTON Matthew éd., 2004, *Au nom du consommateur. Consommation et politique en Europe et aux États-Unis au XXe siècle*, Paris, La Découverte.

CHAUNCEY George, 2003, *Gay New York, 1890-1940*, Paris, Fayard (traduction, par Didier Eribon, de *Gay New York. Gender, Urban Culture, and the Making of the Gay Male World, 1890-1940*, New York, Basic Books, 1994).

CHENUT Helen Harden, 2005, *The Fabric of Gender : Working-Class Culture in Third Republic France*, University Park, The Pennsylvania State University Press.

CHEROUTRE Marie-Thérèse, 2002, *Le scoutisme au féminin, 1923-1998*, Paris, Cerf.

CHESNEAUX Jean, 1976, *Du passé, faisons table rase*, Paris, Maspero.

CHILDERS Kristen Stromberg, 2003, *Fathers, Families, and the State in France, 1914-1945*, Ithaca - New York, Cornell University Press.

CHRISTE Sabine, NATCHKOVA Nora, SCHICK Manon *et al.*, 2005, *Au foyer de l'inégalité. La division sexuelle du travail en Suisse pendant la crise des années trente et la deuxième guerre mondiale*, Lausanne, Éditions Antipodes.

CLARK Linda L., 1984, *Schooling the Daughters of Marianne : Textbooks and the Socialization of girls in French Primary School*, Albany, State University of New York Press.

—— 2000, *The Rise of Professional Women in France : Gender and Public Administration since 1830*, Cambridge University Press.

CLAVERY Élisabeth et LAMAISON Pierre, 1982, *L'impossible mariage. Violence et parenté en Gévaudan (XVIIe-XIXe siècles)*, Paris, Hachette.

CLEF (Centre lyonnais d'études féministes), 1984, *Les femmes et la question du travail*, Presses universitaires de Lyon.

—— 1989, *Chronique d'une passion. Le mouvement de libération des femmes à Lyon*, Paris, L'Harmattan.

Clio, histoire, femmes et sociétés, 1995, *Résistances et libérations en France, 1940-1945*, n° 1. —— 1995, *Femmes et religions*, n° 2. —— 1996, *Métiers, corporations, syndicalismes*, n° 3. —— 1996, *Le temps des jeunes filles*, n° 4. —— 1997, *Guerres civiles*, n° 5. —— 1997, *Femmes d'Afrique*, n° 6. —— 1998, *Femmes, dots et patrimoines*, n° 7. —— 1998, *Georges Duby et l'histoire des femmes*, n° 8. —— 1999, *Femmes du Maghreb*, n° 9. —— 1999, *Femmes travesties : un « mauvais » genre*, n° 10. —— 2000,

Parler, chanter, lire, écrire, n° 11. —— 2000, *Le genre de la nation*, n° 12. —— 2001, *Intellectuelles*, n° 13. —— 2001, *Festins de femmes*, n° 14. —— 2002, *Chrétiennes*, n° 15. —— 2002, *L'histoire des femmes en revues, France-Europe*, n° 16. —— 2003, *ProstituéEs*, n° 17. —— 2003, *Coéducation et mixité*, n° 18. —— 2004, *Femmes et images*, n° 19. —— 2004, *Armées*, n° 20. —— 2005, *Maternités*, n° 21. —— 2005, *Utopies sexuelles*, n°22. —— 2006, *Le genre du sport*, n° 23. —— 2006, *Variations*, n° 24.

—— 2004, *Les mots de l'histoire des femmes*, ouvrage rédigé par le comité de rédaction et coordonné par Michelle Zancarini-Fournel, Toulouse, Presses universitaires du Mirail.

CNRS, Action thématique programmée n° 6, 1989, *Recherches sur les femmes et recherches féministes. Présentation des travaux 1984-1987*.

—— 1990, *Recherches sur les femmes et recherches féministes. Présentation des travaux 1986-1989*.

CODE Lorraine, 1999, *Encyclopedia of Feminist Theories*, Oxford, Routledge.

COHEN Claudine, 2003, *La femme des origines. Images de la femme dans la préhistoire occidentale*, Paris, Herscher Belin.

COHEN Yolande, 1981 (éd.), *Femmes et politique*, Montréal, Le Jour.

—— 1987 (éd.), *Femmes et contre-pouvoirs*, Paris, Boréal.

—— 1990, *Femmes de parole. L'histoire des cercles de fermières au Québec, 1915-1990*, Montréal, Le Jour.

—— 1992, « Du féminin au féminisme. L'exemple québecois », Françoise Thébaud éd., *Histoire des femmes en Occident*, vol. 5 : *Le XXe siècle*, Paris, Plon, p. 521-537.

—— 2000, *Profession infirmière. Une histoire des soins dans les hôpitaux du Québec*, Presses de l'Université de Montréal.

COHEN Yolande et THÉBAUD Françoise éd., 1998, *Féminismes et identités nationales*, Lyon, Programme Rhône-Alpes de recherches en sciences humaines – Centre Jacques Cartier.

COHEN Yves et BAUDOUÏ Rémi éd., 1995, *Les chantiers de la paix sociale (1900-1940)*, Fontenay / Saint-Cloud, ENS Éditions.

COLLIÈRE Marie-Françoise, 1981, *Promouvoir la vie. De la pratique des femmes soignantes aux soins infirmiers*, Paris, InterÉditions.

COLLIN Françoise, 1992a, « Différence et différend. La question des femmes en philosophie », Françoise Thébaud éd., *Histoire des femmes*, vol. 5 : *Le XXe siècle*, Paris, Plon, p. 243-273.

—— 1992b (éd.), *Le sexe des sciences. Les femmes en plus*, Paris, Autrement (Sciences en société, n° 6).

—— 1993, « Le philosophe travesti ou le féminin sans les femmes », *Futur antérieur*, supplément, *Féminismes au présent*, Paris, L'Harmattan, p. 205-218.

—— 1995, « Du moderne au postmoderne », *Cahiers du GEDISST*, n° 14, IRESCO-CNRS, p. 7- 26.

—— 1999, *Le différend des sexes*, Paris, Pleins feux.

—— 2005, *Parcours féministe*, entretiens avec Irène Kaufer, Paris, Labor.
COLLIN Françoise, PISIER Évelyne et VARIKAS Eleni éd., 2000, *Les femmes de Platon à Derrida : anthologie critique*, Paris, Plon.
Comité français des sciences historiques, 1980, *La recherche historique en France depuis 1965*, Paris, CNRS Éditions.
CONAN Éric et ROUSSO Henry, 1994, *Vichy, un passé qui ne passe pas*, Paris, Fayard.
CONDÉ Françoise, 1992, *Les femmes photographes en France au XIXe siècle*, mémoire de maîtrise sous la direction de M. Perrot (Université Paris 7).
COOKE Miriam et WOOLLACOTT Angela éd., 1993, *Gendering War Talk*, Princeton University Press.
COQUERY-VIDROVITCH Catherine, 1994, *Les Africaines. Histoire des femmes d'Afrique noire du XIXe au XXe siècle*, Paris, Éditions Desjonquères.
CORBIN Alain, 1978, *Les filles de noce. Misère sexuelle et prostitution aux XIXe et XXe siècles*, Paris, Aubier Montaigne.
—— 1984, « Le "Sexe en deuil" et l'histoire des femmes au XIXe siècle », Michelle Perrrot éd., *Une histoire des femmes est-elle possible ?*, Marseille, Rivages, p. 142-154.
—— 1991, *Le temps, le désir et l'horreur. Essais sur le XIXe siècle*, Paris, Aubier.
—— 1992, « "Le vertige des foisonnements". Esquisse panoramique d'une histoire sans nom », *Revue d'histoire moderne et contemporaine*, n° 39-1, p. 103-126.
—— 1993, « De l'histoire des représentations à l'histoire sans nom », *Politix*, n° 21, p.7-14.
CORBIN Alain, COURTINE Jean-Jacques, VIGARELLO Georges éd., 2005-2006, *Histoire du corps*, vol. 1 : *De la Renaissance aux Lumières*, vol. 2 : *De la Révolution à la Grande Guerre*, vol. 3 : *Les mutations du regard : le XXe siècle*, Paris, Seuil.
CORBIN Alain, LALOUETTE Jacqueline et RIOT-SARCEY Michèle éd., 1997, *Les femmes dans la cité au XIXe siècle*, Paris, Créaphis.
CORRADIN Irène et MARTIN Jacqueline éd., 1999, *Les femmes sujets d'histoire. À la mémoire de Marie-France Brive*, Toulouse, Presses universitaires du Mirail.
COSANDEY Fanny, 2000, *La reine de France. Symbole et pouvoir, XVe-XVIIIe siècles*, Paris, Gallimard.
COSNIER Colette, 2001, *Le silence des filles. De l'aiguille à la plume*, Paris, Fayard.
—— 2003, *Marie Pape-Carpentier. La véritable fondatrice de l'école maternelle*, Paris, Fayard.
COTT Nancy, 1977, *The Bonds of Womanhood : Woman's Sphere in New England 1780-1835*, New Haven / Londres, Yale University Press.
—— 1978, « Passionlessness : an interpretation of victorian sexual ideology, 1790-1850 », *Signs*, vol. 4, p. 219-236.

—— 1987, *The Grounding of Modern Feminism*, New Haven, Yale University Press.

—— 2000, *Public Vows : A History of Marriage and the Nation*, Cambridge, Mass., Harvard University Press.

COTTIAS Myriam, DAUPHIN Cécile, FARGE Arlette *et al.*, 2004, « Entre doutes et engagements : un arrêt sur image à partir de l'histoire des femmes », première partie, *Clio HFS*, n° 20, p. 231-260.

—— 2005, « Entre doutes et engagements : un arrêt sur image à partir de l'histoire des femmes », deuxième partie, *Clio HFS*, n° 21, p. 281-296.

COURTOIS Luc, PIROTTE Jean et ROSART Françoise éd., 1992, *Femmes et pouvoirs. Flux et reflux de l'émancipation féminine depuis un siècle*, Louvain-la-Neuve / Bruxelles, Collège Érasme / Nauwelaerts (recueil de travaux d'histoire et de philologie, 6e série, fascicule 43).

COUTAU-BÉGARIE Hervé, 1989 [1983], *Le phénomène nouvelle histoire*, Paris, Economica.

COVA Anne, 1991, « French feminism and maternity : theories and policies, 1890-1918 », Gisela Bock et Pat Thane éd., *Maternity & Gender Policies : Women and the Rise of the European Welfare States 1880s-1950s*, Londres / New York, Routledge, p. 119-137.

—— 1992a, « Femmes et catholicisme social : trois mouvements nationaux d'initiative lyonnaise », Jean-Dominique Durand, Bernard Comte, Bernard Delpal *et al.* éd., *Cent ans de catholicisme social à Lyon et en Rhône-Alpes. La postérité de Rerum Novarum*, Paris, Les Éditions ouvrières, p. 307-322.

—— 1992b, « Féminisme et maternité : la doctoresse Madeleine Pelletier », Christine Bard éd., *Madeleine Pelletier (1874-1939). Logique et infortune d'un combat pour l'égalité*, Paris, Côté-Femmes, p. 73-89.

—— 1997, *Maternité et droits des femmes en France (XIXe-XXe siècles)*, Paris, Anthropos (livre issu d'une thèse de doctorat).

—— 2000, *Au service de l'Église, de la patrie et de la famille. Femmes catholiques et maternité sous la IIIe République*, Paris, L'Harmattan.

—— 2006 (éd.), *Comparative Women's History : New Approaches*, New York, Columbia University Press.

CRIBIER Françoise et FELLER Élise éd., 2005, *Regards croisés sur la protection de la vieillesse*, Paris, Comité d'histoire de la Sécurité sociale.

CURTIS Sarah, 2000, *Educating the Faithful : Religion, Schooling and Society in Nineteenth-century France*, DeKalb, Northern Illinois Press.

CZYBA Lucette, 1986, « L'œuvre lyonnaise d'une ancienne saint-simonienne : Le *Conseiller des femmes* (1833-1834) d'Eugénie Niboyet », Jean-René Derré éd., *Regards sur le saint-simonisme et les saint-simoniens*, Presses universitaires de Lyon, p. 103-141.

D'AMELIA Marina, 1997, *Storia dellà maternità*, Bari, Laterza.

DARROW Margaret H., 2000, *French Women and the First World War. War Stories on the Home Front*, Oxford / New York, Berg.

DAUBIÉ Julie-Victoire, 1992 [1866], *La femme pauvre au XIXe siècle*, Paris, Éditions Côté-Femmes.

DAUNTON Martin J. et HILTON Matthew, 2001, *The Politics of Consumption : Material Culture and Citizenship in Europe and America*, Oxford, Berg.

DAUPHIN Cécile, 1978, « Femmes », Jacques Le Goff éd., *La Nouvelle Histoire*, Paris, Retz CEPL, p. 176-180.

—— 1991, « Les manuels épistolaires au XIXe siècle », Roger Chartier éd., *La correspondance. Les usages de la lettre au XIXe siècle*, Paris, Fayard, p. 209-272.

—— 1995, « Questions à l'histoire culturelle des femmes. Les manuels épistolaires au XIXe siècle », *Genèses*, n° 21, décembre, p. 96-119.

—— 2000, *Prête-moi ta plume... Les manuels épistolaires au XIXe siècle*, Paris, Kimé.

—— 2001, « *Pénélope* : une expérience militante dans le monde académique », CEDREF, *Vingt-cinq ans d'études féministes. L'expérience Jussieu*, Publications de l'Université Paris 7 - Denis Diderot, p. 61-68.

DAUPHIN Cécile et FARGE Arlette éd., 1997, *De la violence et des femmes*, Paris, Albin Michel.

—— 2001, *Séduction et sociétés. Approches historiques*, Paris, Seuil.

DAUPHIN Cécile, FARGE Arlette, FRAISSE Geneviève *et al.*, 1986, « Culture et pouvoir des femmes : essai d'historiographie », *Annales ESC*, n° 2, mars-avril, p. 271-293.

DAUPHIN Cécile, LEBRUN-PÉZERAT Pierrette, POUBLAN Danièle, 1995, *Ces bonnes lettres. Une correspondance familiale au XIXe siècle*, Paris, Albin Michel.

DAVIDOFF Leonore, 1995, *Worlds Between : Historical Perspectives on Gender and Class*, Cambridge, Polity Press.

DAVIDOFF Leonore et HALL Catherine, 1987, *Family Fortunes. Men and Women of the English Middle Class*, University of Chicago Press.

DAVIS Natalie Zemon, 1976, « Women's history in transition : the european case », *Feminist Studies*, vol. 3, n° 3-4, p. 83-103.

—— 1979, *Les cultures du peuple : rituels, savoirs et résistance au XVIe siècle*, Paris, Aubier Montaigne.

—— 1980, « Gender and genre : women as historical writers, 1400-1820 », Patricia Labalme éd., *Beyond their Sex : Learned Women of the European Past*, New York - Londres, New York University Press.

—— 1982, *Le retour de Martin Guerre*, Paris, R. Laffont.

—— 1988a, « History's two bodies », *American Historical Review*, vol. 93, p. 1-30.

—— 1988b, *Pour sauver sa vie : récits de pardon au XVIe siècle*, Paris, Seuil.

—— 1992, « Women and the world of the Annales », *History Workshop*, n° 33, p. 121- 137.

—— 1997, *Juive, catholique, protestante : trois femmes en marge au XVIIe siècle*,

Paris, Seuil (traduction de *Women on the Margins : Three Seventeenth Century Lives*, Harvard University Press, 1995).

—— 2003, *Essai sur le don dans la France du XVIe siècle*, Paris, Seuil.

—— 2004, *L'Histoire tout feu, tout flamme. Entretiens avec Denis Crouzet*, Paris, Albin Michel.

DAVIS Natalie Zemon et FARGE Arlette éd., 1991, *Histoire des femmes en Occident*, vol. 3 : *XVIe-XVIIIe siècles*, Paris, Plon.

DAVIS Natalie Zemon et SCOTT Joan W., 1992, « A new kind of history », Pauline Schmitt-Pantel éd., *A History of Women*, vol. 1 : *From Ancient Goddesses to Christian Saints*, introduction à l'édition américaine de l'*Histoire des femmes*, Cambridge - Londres, Harvard University Press.

DAVISSE Annick et LOUVEAU Catherine, 1997, *Sports, école, société : la part des femmes*, Paris, Actio.

—— 1998, *Sports, école, société : la différence des sexes. Féminin, masculin et activités sportives*, Paris, L'Harmattan.

DE GIORGIO Michela et KLAPISCH-ZUBER Christiane éd., 1996, *Storia del matrimonio*, Bari, Laterza.

DE GRAZIA Victoria, 1992, *How Fascism Ruled Women, Italy 1922-1945*, Berkeley, University of California Press.

DE GRAZIA Victoria et FURLOUGH Ellen éd., 1996, *The Sex of Things : Gender and Consomption in Historical Perspective*, Berkeley, University of California Press.

DE LUCA Virginie, 2002, *Aux origines de l'État-providence : les inspecteurs de l'Assistance publique et l'aide sociale à l'enfance, 1820-1930*, Paris, INED.

DE LUCA Virginie et ROLLET Catherine, 1999, *La pouponnière de Porchefontaine : l'expérience d'une institution sanitaire et sociale*, Paris, L'Harmattan.

DEFERT Daniel et EWALD François éd., 1994, *Michel Foucault, Dits et Écrits 1954-1988*, Paris, Gallimard, 4 volumes.

DEGLER Carl N., 1980, *At Odds : Women and the Family in America from the Revolution to the Present*, New York, Oxford University Press.

DEL PRIORE Mary éd., 1997, *Historia das mulheres no Brasil*, Sâo Paulo, Contexto.

DEL VAL VALDIVIESO Maria Isabel, SANTO TOMÁS PÉREZ Magdalena, DUEÑAS CEPEDA Maria Jesús *et al.*, 2004, *La historia de las mujeres : una revisión historiográfica*, Universidad de Valladolid - AEIHM.

DELATOUR Yvonne, 1965, *Les effets de la guerre sur la situation de la française d'après la presse féminine, 1914-1918*, diplôme d'études supérieures sous la direction de René Rémond.

DELAUNAY Jean-Marc et DENÉCHÈRE Yves éd., 2006, *Femmes et relations internationales au XXe siècle*, Paris, Presses Sorbonne nouvelle.

DELPHY Christine, 1998, *L'ennemi principal*, vol. 1 : *Économie politique du patriarcat*, Paris, Syllepse.

—— 2001, *L'ennemi principal*, vol. 2 : *Penser le genre*, Paris, Syllepse.

DELPHY Christine et CHAPERON Sylvie éd., 2002, *Cinquantenaire du* Deuxième Sexe. *Colloque international Simone de Beauvoir*, Paris, Syllepse.

DELUMEAU Jean éd., 1992, *La religion de ma mère. Le rôle des femmes dans la transmission de la foi*, Paris, Cerf.

DELUMEAU Jean et ROCHE Daniel éd., 1990, *Histoire des pères et de la paternité*, Paris, Larousse.

DENÉCHÈRE Yves éd., 2004, *Femmes et diplomatie, France - XXe siècle*, Bruxelles, Peter Lang.

DERMENJIAN Geneviève et HAICAULT Monique éd., 1997, *Le forum et le harem. Femmes et hommes, pratiques et représentations*, Aix-en-Provence, Publications de l'Université de Provence.

DERMENJIAN Geneviève, GUILHAUMOU Jacques, LAPIED Martine éd., 2000, *Femmes entre ombre et lumière. Recherches sur la visibilité sociale (XVIe-XXe siècles)*, Paris, Éditions Publisud.

— 2004, *Le panthéon des femmes. Figures et représentations des héroïnes*, Paris, Éditions Publisud.

DERRIDA Jacques, 1967, *De la grammatologie*, Paris, Minuit.

DESAN Susan, 2004, *The Family on Trial in Revolutionary France*, Berkeley, University of California Press.

DESANTI Dominique, 1984, *La femme au temps des années folles*, Paris, Stock.

DESCAMPS Florence, 2001, *L'historien, l'archiviste et le magnétophone. De la constitution de la source orale à son exploitation*, Paris, Comité pour l'histoire économique et financière de la France.

DESSERTINE Dominique, 1981, *Divorcer à Lyon sous la Révolution et l'Empire*, Presses universitaires de Lyon.

— 1990, *La société lyonnaise pour la sauvegarde de l'enfance, 1890-1960*, Toulouse, Érès (ETHISS).

DESSERTINE Dominique et FAURE Olivier, 1988, *Combattre la tuberculose*, Presses universitaires de Lyon.

— 1994, *La maladie entre libéralisme et solidarités (1850-1940)*, Paris, Mutualité française.

DEUBER ZIEGLER Erica et TIKHONOV Natalia éd., 2005, *Les femmes dans la mémoire de Genève, du XVe au XXe siècle*, Genève, Éditions Suzanne Hurter.

DEVANCE Louis, 1973, *La question de la famille dans la pensée socialiste française de Fourier à Proudhon*, thèse de troisième cycle (Université de Dijon).

DIAMOND Hanna, 1999, *Women and the Second World War in France, 1939-1948 : Choices and Constraints*, Harlow, Longman.

DIEBOLT Évelyne, 1984 (éd.), *Marcelle Capy – Aline Valette : femmes et travail au XIXe siècle*, en collaboration avec M.-H Zylberberg-Hocquart, Paris, Syros (Mémoire des femmes).

—— 1990 (éd.), *La maison de santé protestante de Bordeaux (1863-1934)*, Toulouse, Érès (ETHISS).
—— 1997, *De la quarantaine au quarantenaire : histoire du foyer de postcure psychiatrique de l'Élan*, Paris, L'Élan.
—— 2001, *Les femmes dans l'action sanitaire, sociale et culturelle, 1901-2001. Les associations face aux institutions*, Paris, Femmes et associations (livre issu d'une thèse d'État sur travaux).
—— 2004a, « Women and philanthropy in France : from the sixteenth to the twentieth centuries », Kathleen D. MacCarthy éd., *Women, Religion and Civil Society*, Indiana University Press, p. 29-63.
—— 2004b, *Femmes de conviction, femmes d'action. Les femmes aux postes de décision du secteur associatif, 1983-2004*, Paris, Femmes et Associations.
DIEBOLT Évelyne et DOUYÉRE-DEMEULENAERE Christiane éd., 2002, *Un siècle de vie associative : quelles opportunités pour les femmes ?*, Paris, Femmes et Associations.
DIEBOLT Évelyne et FAYET-SCRIBE Sylvie, 1986, « Les associations féministes de recherche », *Les cahiers de l'animation*, n° 54, p. 55-67.
—— 1991, « L'Histoire aux prises avec le social : œuvres et associations, XIXe-XXe siècles », *Sources. Travaux historiques*, n° 25, p. 12-27.
DIEBOLT Évelyne et LAURANT Jean-Pierre, 1990, *Anne Morgan, une Américaine en Soissonnais (1917-1953). De la reconstruction des régions dévastées à l'action sociale*, Soissons, Association Anne Morgan.
DIZIER-METZ Annie, 1992, *La bibliothèque Marguerite-Durand. Histoire d'une femme, mémoire des femmes*, Paris, Mairie de Paris / Direction des affaires culturelles.
DORLIN Elsa, 2006, *La matrice de la race. Généalogie sexuelle et coloniale de la nation française*, Paris, La Découverte.
DOSSE François, 1987, *L'histoire en miettes. Des annales à la nouvelle histoire*, Paris, La Découverte.
—— 2005, *Le pari biographique. Écrire une vie*, Paris, La Découverte.
DOWNS Laura Lee, 1993a, « Les marraines élues de la paix sociale ? Les surintendantes d'usine et la rationalisation du travail en France, 1917-1935 », *Le mouvement social*, n° 164, p. 53-76.
—— 1993b, « If "woman" is just an empty category, then why am I afraid to walk alone at night ? Identity politics meets the postmodern subject », *Comparative Studies in Society and History*, avril, p. 414-437.
—— 1995, *Manufacturing Inequality : Gender Division in the French and British Metalworking Industries, 1914-1939*, Ithaca / Londres, Cornell University Press (livre issu d'un PhD).
—— 2002a, *L'inégalité à la chaîne. La division sexuée du travail dans l'industrie métallurgique en France et en Angleterre, 1914-1939*, Paris, Albin Michel.
—— 2002b, *Childhood in the Promised Land : Working Class Movements and the Colonies de vacances in France, 1880-1960*, Durham, Duke University Press.

—— 2003, « Histoire du peuple, histoire des femmes : l'historiographie anglaise depuis 1968 », Jacqueline Laufer, Catherine Marry et Margaret Maruani éd., *Le travail du genre. Les sciences sociales du travail à l'épreuve des différences de sexe*, Paris, La Découverte - MAGE, p. 70-87.

—— 2004, *Writing Gender History*, Londres, Hodder Arnold (Writing History).

DRAY-BENSOUSAN Renée, ÉCHINARD Hélène, GOUTALIER Régine *et al.* éd., 1999, *Marseillaises. Vingt-six siècles d'histoire*, Aix-en-Provence, Édisud.

DREYFUS Hubert et RABINOW Paul, 1984, *Michel Foucault. Un parcours philosophique*, Paris, Gallimard (traduction de *Michel Foucault. Beyond Structuralism and Hermeneutics*, University of Chicago Press, 1983).

DREYFUS-ARMAND Geneviève, FRANK Robert, LÉVY Marie-Françoise *et al.* éd., 2000, *Les années 68. Le temps de la contestation*, Bruxelles, Complexe.

DUBESSET Mathilde, 1995, « Femmes photographiées : images et représentations d'ouvrières et d'employées (Saint-Étienne, 1890-1940) », Michel Peroni et Jacques Roux éd., *Le travail photographié*, Publications de l'Université de Saint-Étienne, p. 47-56.

—— 2000, « Espace privé, monde des femmes, espace public, affaire d'hommes. Réflexions sur un partage officialisé au XIXe siècle », Annie Bleton-Ruget, Marcel Pacaut et Michel Rubellin éd., *Georges Duby. Regards croisés sur l'œuvre. Femmes et féodalités*, Presses universitaires de Lyon, p. 323-331.

—— 2002, « Les figures du féminin à travers deux revues, l'une catholique, l'autre protestante, *La femme dans la vie sociale* et *Jeunes femmes* dans les années 1950-1960 », *Le mouvement social*, n° 198, p. 9-33.

DUBESSET Mathilde, THÉBAUD Françoise, VINCENT Catherine, 1974, *Quand les femmes entrent à l'usine... Les ouvrières des usines de guerre de la Seine 1914-1918*, maîtrise sous la direction de Michelle Perrot (Université Paris 7).

—— 1977, « Les munitionnettes de la Seine », Patrick Fridenson éd., *1914-1918, L'autre front*, Paris, Les Éditions ouvrières (Cahiers du *Mouvement social*, n° 2), p. 189-219.

DUBESSET Mathilde et ZANCARINI-FOURNEL Michelle, 1993, *Parcours de femmes, réalités et représentations. Saint-Étienne 1880-1950*, Presses universitaires de Lyon (livre issu d'une thèse de doctorat).

DUBOIS Ellen Carol et DUMENIL Lynn, 2005, *An American History, with documents*, Bedford / St. Martin's.

DUBOIS Ellen Carol et RUIZ Vicki éd., 2000 [1990], *Unequal Sisters. A Multicultural Reader in US Women's History*, New York, Routledge.

DUBY Georges, 1981, *Le chevalier, la femme et le prêtre*, Paris, Hachette.

—— 1992 (éd.), *Images de femmes*, Paris, Plon.

—— 1995-1996, *Dames du XIIe siècle*, Paris, Gallimard, 3 volumes.

DUBY Georges et PERROT Michelle éd., 1991-1992, *Histoire des femmes en*

Occident, cinq volumes de l'Antiquité au XXe siècle, Paris, Plon (voir notamment l'introduction dans le volume 1 : « Écrire l'histoire des femmes »).

—— 1993, *Femmes et histoire*, actes du colloque tenu à la Sorbonne en novembre 1992, Paris, Plon.

—— 2002, *Histoire des femmes en Occident*, Paris, Perrin (Tempus), 5 volumes. Réédition en poche, complétée pour le volume 5.

DUCHEN Claire, 1994a, « Gender », *Paragraph*, vol. 17, n° 4, numéro spécial, *Keywords*.

—— 1994b, *Women's Rights and Women's Lives in France 1944-1968*, Londres / New York, Routledge.

DUCROCQ Françoise, 1984, « Le passé des femmes ou l'histoire du passé », AFFER, *Femmes, féminisme et recherches*, p. 837-843.

DUFOUR Andrée et DUMONT Micheline, 2004, *Brève histoire des institutrices au Québec, de la Nouvelle France à nos jours*, Montréal, Boréal.

DUFRANCATEL Christiane, FARGE Arlette, FAURÉ Christine *et al.*, 1979, *L'histoire sans qualités. Essais*, Paris, Éditions Galilée.

DUMONS Bruno, 2006, *Les dames de la ligue des femmes françaises (1901-1914)*, Paris, Cerf.

DUMONT Micheline, 1991, « L'histoire à la barre », *Recherches féministes*, vol. 4, n° 2, p. 131-138.

DUMOULIN Olivier, 1983, *« Profession historien », 1919-1939. Un « métier » en crise*, thèse de troisième cycle sous la direction d'André Burguière (EHESS).

DUPRAT Catherine, 1991, *Le temps des philanthropes. La philanthropie parisienne des Lumières à la monarchie de Juillet. Pensée et action*, thèse d'État (Université Paris 1).

DYHOUSE Carol, 1995, *No Distinction of Sex ? Women in British Universities, 1870-1939*, Londres, UCL Press.

EBREY Patricia, 1993, *The Inner Quarters : Marriage and the Lives of Chinese Women in the Sung Period*, Berkeley, University of California Press.

Écrire l'histoire du temps présent. En hommage à François Bédarida, 1993, actes de la journée d'études IHTP du 14 mai 1992, Paris, CNRS Éditions.

EDELMAN Nicole, 1995, *Voyantes, guérisseuses et visionnaires en France 1785-1914*, Paris, Albin Michel.

—— 2003, *Les métamorphoses de l'hystérique, du début du XIXe siècle à la Grande Guerre*, Paris, La Découverte.

—— 2006, *Histoire de la voyance et du paranormal, du XVIIIe siècle à nos jours*, Paris, Seuil.

EFTHYMIOU Loukia, 2002, *Identités d'enseignantes – Identités de femmes. Les femmes professeurs dans l'enseignement secondaire public en France (1914-1939)*, thèse de doctorat sous la direction de Michelle Perrot et Françoise Thébaud (Université Paris 7).

EHRARD Jean et PALMADE Guy, 1964, *L'histoire*, Paris, Armand Colin.

EIFERT Christiane, 1993, « Frauengeschichte in Deutschland. Literaturübersicht and Auswahlbibliographie », *Jahresbibliographie der Bibliothek für Zeitgeschichte*, Band 64, Essen.

EIFERT Christiane et ROUETTE Suzanne éd., 1986, *Unter allen Umständen : Frauengeschichte (n) in Berlin*, Berlin, Rotation.

ELEY Geoff, 1992, « De l'histoire sociale au "tournant linguistique" dans l'historiographie anglo-américaine des années 1980 », *Genèses*, n° 7, mars, p. 163-193.

EPHESIA, 1995, *La place des femmes. Les enjeux de l'identité et de l'égalité au regard des sciences sociales*, Paris, La Découverte.

ERIBON Didier éd., 2003, *Dictionnaire des cultures gays et lesbiennes*, Paris, Larousse.

ERNOT Isabelle, 1998, « Arvède Barine, une historienne au tournant du siècle », *Mil neuf cent. Revue d'histoire intellectuelle*, n° 16, p. 93-131.

—— 2004, *Historiennes et enjeux de l'écriture de l'histoire des femmes (1791-1948)*, thèse de doctorat sous la direction de Françoise Thébaud (Université Paris 7).

—— 2007, « L'histoire des femmes et ses premières historiennes (XIXe - début XXe siècle) », *Revue d'histoire des sciences humaines*, n° 16, p. 165-194.

EspacesTemps, 1995, *Le temps réfléchi. L'histoire au risque des historiens*, n° 59 à 61. —— 2005 (en collaboration avec *Clio HFS*), *Les voies traversières de Nicole Loraux : une helléniste à la croisée des sciences sociales*, n° 87-88.

EVANS Sara M., 1991, *Les Américaines. Histoire des femmes aux États-Unis*, Paris, Belin (traduction de *Born for Liberty. A History of Women in America*, The Free Press, 1989).

EWAN Elisabeth L., INNES Sue et REYNOLDS Siân éd., 2006, *Biographical Dictionnary of Scottish Women : From the Earliest Times to 2004*, Edinburgh University Press.

FABRE Clarisse et Éric FASSIN, 2003, *Liberté, égalité, sexualités. Actualité politique des questions sexuelles*, Paris, Belfond.

FABRE Dominique éd., 1993, *Écritures ordinaires*, Paris, POL-BPI.

—— 1997, *Par écrit. Ethnologie des écritures quotidiennes*, Paris, Éditions de la Maison des sciences de l'homme.

—— 2000, « Lire au féminin », *Clio HFS*, n° 11, p. 179-212.

FADERMAN Lillian, 1999, *To Believe in Women. What Lesbians Have Done For America - A History*, Boston, Houghton Mifflin Company.

FARGE Arlette, 1979, « L'histoire ébruitée », Christiane Dufrancatel *et al.* éd., *L'histoire sans qualités. Essais*, Paris, Galilée, p. 15-39.

—— 1983, « Dix ans d'histoire des femmes en France », *Le débat*, n° 23, p. 161-166.

—— 1984, « Pratique et effets de l'histoire des femmes », Michelle Perrot éd., *Une histoire des femmes est-elle possible ?*, Marseille, Rivages, p. 18-35.

—— 1986, « Marginaux », André Burguière éd., *Dictionnaire des sciences historiques*, Paris, PUF, p. 436-438.

—— 1995, « L'histoire sociale », François Bédarida éd., *L'histoire et le métier*

d'historien en France, 1945-1995, Paris, Éditions de la Maison des sciences de l'homme, p. 281-300.
—— 1997, *Des lieux pour l'histoire*, Paris, Seuil.
—— 2005, *Quel bruit ferons-nous ?*, entretiens avec Jean-Christophe Marti, Paris, Les Prairies ordinaires.
—— 2007, *Effusion et tourment. Le récit des corps : histoire du peuple au XVIIIe siècle*, Paris, Odile Jacob.
FARGE Arlette et KLAPISCH-ZUBER Christiane éd., 1984, *Madame ou Mademoiselle, itinéraires de la solitude féminine*, Paris, Arthaud-Montalba.
FASSIN Éric, 1993, « La chaire et le canon. Les intellectuels, la politique et l'Université aux États-Unis », *Annales ESC*, mars-avril, n° 2, p. 265-301.
—— 1994, « *Political correctness* en version originale et en version anglaise. Un malentendu révélateur », *Vingtième siècle - Revue d'histoire*, n° 43, juillet-septembre, p. 30-42 (dossier : « Histoire au présent de la "political correctness" »).
—— 2004, « Le genre aux États-Unis », Christine Bard, Christian Baudelot et Janine Mossuz-Lavau éd., *Quand les femmes s'en mêlent. Genre et pouvoir*, Paris, La Martinière, p. 23-43.
—— 2005, « Préface à l'édition française (2005). Trouble-genre », Judith Butler, *Trouble dans le genre. Pour un féminisme de la subversion*, Paris, La Découverte, p. 5-19.
FAURÉ Christine, 1985, *La démocratie sans les femmes. Essai sur le libéralisme en France*, Paris, PUF.
—— 1997a, *Ce que déclarer des droits veut dire : histoires*, Paris, PUF.
—— 1997b (éd.), *Encyclopédie politique et historique des femmes*, Paris, PUF.
FAURE Olivier, 1993, « Lucien Febvre et les historiens : un singulier destin », *Cahiers d'histoire*, n° 2, p. 203-208.
FAYET-SCRIBE Sylvie, 1990a, *Associations féminines et catholicisme. De la charité à l'action sociale, XIXe-XXe siècles*, Paris, Les Éditions ouvrières.
—— 1990b, *La résidence sociale de Levallois-Perret 1896-1936*, Toulouse, Érès (ETHISS).
FAŸ-SALLOIS Fanny, 1996 [1980], *Les nourrices à Paris au XIXe siècle*, Paris, Payot.
FELLER Élise, 1997, « Les femmes et le vieillissement dans la France du premier XXe siècle », *Clio HFS*, n° 7, p. 199-222.
—— 2005, *Histoire de la vieillesse en France : 1900-1960, du vieillard au retraité*, Paris, Éditions S. Arlan.
Feminist Studies, 1988, vol. 14, n° 1 (numéro sans titre consacré à la « déconstruction »).
FERRAND Michèle et COMMAILLE Jacques, 1995, « La place des femmmes : regards et attentes de recherches », Ephesia éd., *La place des femmes. Les enjeux de l'identité et de l'égalité au regard des sciences sociales*, Paris, La Découverte, p. 635-644.
FERRAND Michèle et LE FEUVRE Nicky, 1992, « L'émergence et l'évolution

récente de la sociologie des rapports sociaux de sexe en France », *in Actes* du groupe de travail Sociologie des rapports sociaux de sexe au XIVe congrès de l'AISLF, Lyon 6-10 juillet 1992, p. 6-15.

FERRIÈRES Madeleine, 2004, *Le bien des pauvres. La consommation populaire en Avignon (1600-1800)*, Seyssel, Champ-Vallon.

FINE Agnès, 1984, « À propos du trousseau : une culture féminine ? », Michelle Perrot éd., *Une histoire des femmes est-elle possible ?*, Marseille, Rivages, p. 155-188.

—— 1994, *Parrains, marraines. La parenté spirituelle en Europe*, Paris, Fayard.

—— 2000, « Écritures féminines et rites de passage », *Communications*, n° 70, p. 121-142.

—— 2002, « Histoire des femmes et anthropologie des sexes. Poursuite du débat ouvert en 1986 », *Clio HFS*, n° 16, p. 145-166.

FINE Agnès et NEIRINCK Claire éd., 2000, *Parents de sang, parents adoptifs. Approches anthropologiques et juridiques de l'adoption, France, Europe, USA, Canada*, Paris, Librairie générale de droit et de jurisprudence.

FINK Carole, 1997, *Marc Bloch, une vie au service de l'histoire*, Presses universitaires de Lyon (traduction de *Marc Bloch : A Life in History*, Cambridge University Press, 1989).

FOLEY Susan K., 2004, *Women in France since 1789*, Houndmills / New York, Palgrave Macmillan.

FORTINO Sabine, 1997, « De filles en mères. La seconde vague du féminisme et la maternité », *Clio HFS*, n° 5, p. 217-238.

FOUGEYROLLAS-SCHWEBEL Dominique, PLANTÉ Christine, RIOT-SARCEY Michèle *et al.* éd., 2003, *Le genre comme catégorie d'analyse : sociologie, histoire, littérature*, Paris, L'Harmattan.

FOUQUET Catherine, 1984, « Le détour obligé ou l'Histoire des femmes passe-t-elle par celle de leur corps ? », Michelle Perrot éd., *Une histoire des femmes est-elle possible ?*, Marseille, Rivages, p. 72-84.

FOURCAUT Annie, 1982, *Femmes à l'usine en France dans l'entre-deux guerres*, Paris, Maspero.

FRADER Laura, 1996a, « Engendering work and wages : the French labor movement and the family wage », Laura L. Frader et Sonya O. Rose éd., *Gender and Class in Modern Europe*, Ithaca, Cornell University Press.

—— 1996b, « Femmes, genre et mouvement ouvier en France aux XIXe et XXe siècles : bilan et perspectives de recherche », *Clio HFS*, n° 3, p. 223-244.

FRADER Laura L. et ROSE Sonya O. éd., 1996, *Gender and Class in Modern Europe*, Ithaca, Cornell University Press.

FRAISSE Geneviève, 1975, « Les femmes libres de 1848, féminisme et moralisme », *Les révoltes logiques*, n° 1.

—— 1979a, « Les bavardes, féminisme et moralisme », Christiane Dufrancatel *et al.* éd., *L'histoire sans qualités*, Paris, Galilée, p. 187-218.

—— 1979b, *Femmes toutes mains, essai sur le service domestique*, Paris, Seuil.

—— 1984a, « Singularité féministe. Historiographie critique de l'histoire du

féminisme en France », Michelle Perrot éd., *Une histoire des femmes est-elle possible ?*, Marseille, Rivages, p. 190-204.
—— 1984b, « Sur l'utilisation du concept de "rupture épistémologique" dans le champ des recherches féministes », AFFER, *Femmes, féminisme et recherches*, Toulouse, p. 683- 685.
—— 1991, « La différence des sexes, une différence historique », Geneviève Fraisse, Giula Sissa, Françoise Balibar *et al.* éd., *L'exercice du savoir et la différence des sexes*, Paris, L'Harmattan, p. 13-36.
—— 1992, *La raison des femmes*, Paris, Plon.
—— 1995 [1989], *Muse de la raison, démocratie et exclusion des femmes en France*, Paris, Gallimard (Folio).
—— 1996a, *La différence des sexes*, Paris, PUF.
—— 1996b, « Droit de cuissage et devoir de l'historien », *Clio HFS*, n° 3, p. 251-261.
—— 1998, *Les femmes et leur histoire*, Paris, Gallimard (Folio Histoire).
—— 2000, *Les deux gouvernements : la famille et la Cité*, Paris, Gallimard (Folio Essais).
—— 2001, *La controverse des sexes*, Paris, PUF (Quadrige).
—— 2002, *Clémence Royer, philosophe et femme de sciences*, réédition avec préface à la nouvelle édition, Paris, La Découverte.
FRAISSE Geneviève et PERROT Michelle éd., 1991, *Histoire des femmes en Occident*, vol. 4 : *Le XIXe siècle*, Paris, Plon.
FRANCOS Ania, 1978, *Il était des femmes dans la Résistance*, Paris, Stock.
French Historical Studies, 1989, *Women and Gender in French History*, vol. 16, n° 1. —— 1996, *Biography*, vol. 20, n° 2.
FREVERT Ute, 1986, *Frauengeschichte. Zwischen bürgerlicher Verbesserung und neuer Weiblichkeit*, Frankfurt, Suhrkamp.
—— 1988, *Bürgerinnen and Bürger. Geschlechterverhältnisse im 19. Jahrhundert*, Göttingen, Vandenhoeck und Ruprecht.
—— 1991, « Classe et genre dans la bourgeoisie allemande du XIXe siècle », *Genèses*, n° 6, *Femmes, genre, histoire*, p. 5-28.
—— 2004, *A Nation in Barracks : Modern Germany, Military Conscription and Civil Society*, Oxford / New York, Berg.
FRIDENSON Patrick éd., 1977, *1914-1918, L'autre front*, Paris, Les Éditions ouvrières (Cahiers du *Mouvement social*, n° 2).
FRIEDLANDER Judith, WIESEN COOK Blanche, KESSLER-HARRIS Alice *et al.* éd., 1986, *Women in Culture and Politics. A Century of Change*, Indiana University Press (édition américaine complétée de *Stratégies des femmes*, Marie-Claire Pasquier *et al.* éd., Paris, Tierce, 1984).
FUCHS Rachel G., 1984, *Abandoned Children : Foundlings and Child Welfare in Nineteenth-Century France*, Albany, State University of New York Press.
—— 1992, *Poor and Pregnant in Paris : Strategies for Survival in the Nineteenth Century*, New Jersey, Rutgers University Press.

—— 2005, *Gender and Poverty in Nineteenth-Century Europe*, Cambridge University Press.

FURET François et OZOUF Jacques, 1977, *Lire et écrire*, Paris, Minuit.

FURLOUGH Ellen, 1991, *Consumer Cooperation in France : Politics of Consumption, 1834-1930*, Ithaca, Cornell University Press.

GADOFFRE Gaston, 1987, *Certitudes et incertitudes de l'histoire*, Paris, PUF.

GALSTER Ingrid éd., 2004a, *Simone de Beauvoir :* Le deuxième sexe. *Le livre fondateur du féminisme moderne en situation*, Paris, Éditions Honoré Champion.

—— 2004b, Le deuxième sexe *de Simone de Beauvoir*, Paris, Presses de l'Université Paris-Sorbonne.

GARDEY Delphine, 1996, « Du veston au bas de soie : identité et évolution du groupe des employés de bureau (1890-1930) », *Le mouvement social*, n° 175, p. 55-77.

—— 1999, « Mécaniser l'écriture et photographier la parole : utopies, monde du bureau et histoires de genre et de techniques », *Annales. Histoire, Sciences sociales*, n° 3, p. 587-614.

—— 2001, *La dactylographe et l'expéditionnaire. Histoire des employés de bureau, 1890-1930*, Paris, Belin (livre issu d'une thèse de doctorat).

—— 2004, « Enjeux des recherches sur le genre et le sexe », *Rapport de conjoncture du Comité national de la recherche scientifique*, Paris, CNRS Éditions, p. 181-208.

—— 2005, « La part de l'ombre ou celle des Lumières. Les sciences et la recherche au risque du genre », *Travail, genre et sociétés*, n° 14, p. 29-47.

—— 2006, « Les sciences et la construction des identités sexuées. Une revue critique », *Annales HSS*, n° 3, p. 649-673.

GARDEY Delphine et LÖWY Ilana éd., 2000, *L'invention du naturel. Les sciences et la fabrication du féminin et du masculin*, Paris, Éditions des archives contemporaines.

GARRIDO GONZÀLES Elisa éd., 1997, *Historia de las mujeres en España*, Madrid, Sintesis.

GAUTHIER Marie-Véronique, 1999, *Le cœur et le corps, du masculin dans les années 60. Des hommes écrivent à Ménie Grégoire*, Paris, Imago.

GAUTHIER Xavière, 2002, *Naissance d'une liberté. Contraception, avortement : le grand combat des femmes au XXe siècle*, Paris, Robert Laffont.

—— 2004, *Paroles d'avortées. Quand l'avortement était clandestin*, Paris, La Martinière.

GAUTIER Arlette, 1985, *Les sœurs de solitude. La condition féminine aux Antilles françaises pendant l'esclavage*, Paris, Éditions caribéennes.

GAUTIER Arlette et HEINEN Jacqueline éd., 1993, *Le sexe des politiques sociales*, Paris, Côté-Femmes.

GÉLIS Jacques, 1984, *L'arbre et le fruit. La naissance dans l'Occident moderne XVIe-XIXe siècles*, Paris, Fayard.

—— 1988, *La sage-femme ou le médecin. Une nouvelle conception de la vie*, Paris, Fayard.

—— 2006, *Les enfants des limbes. Morts-nés et parents dans l'Europe chrétienne*, Paris, L. Audibert.

GÉLIS Jacques, LAGET Mireille et MOREL Marie-France, 1978, *Entrer dans la vie. Naissances et enfances dans la France traditionnelle*, Paris, Gallimard (Archives).

Gender & History, 1993, *Gender, Nationalisms and National Identities*, vol. 5, n° 3, numéro spécial. —— 1999, *Gender and History-Retrospect and Prospect*, vol. 11, n° 3, numéro spécial.

Genèses, 1991, *Femmes, genre, histoire*, n° 6, décembre.

GEORGOUDI Stella, 1991, « Bachofen, le matriarcat et le monde antique », Pauline Schmitt-Pantel éd., *Histoire des femmes*, vol. 1 : *L'Antiquité*, p. 477-491.

GERMAIN Christiane et DE PANAFIEU Christine, 1982, *La mémoire des femmes. Sept témoignages de femmes nées avec le siècle*, Paris, Sylvie Messinger.

GIDDENS Anthony, 2004, *La transformation de l'intimité. Sexualité, amour et érotisme dans les sociétés modernes*, Paris, Le Rouergue / Chambon (traduction de *The Transformation of Intimacy : Sexuality, Love and Eroticism in Modern Societies*, Cambridge, Polity Press, 1992).

GIL LOZANO Fernanda, PITA Valeria Silvana, INI María Gabriela éd., 2000, *Historia de las mujeres en la Argentina*, t. I : *Colonia y siglo XIX*, t. II : *siglo XX*, Buenos Aires, Taurus.

GINZBURG Carlo, 1980, *Les batailles nocturnes. Sorcellerie et rituels agraires en Frioul, XVIe-XVIIe siècles*, Paris, Verdier.

GLUCK Sherna Berger et PATAI Daphne éd., 1991, *Women's Words : The Feminist Practice of Oral History*, New York - Londres, Routledge.

GODELIER Maurice, 1982a, *La production des grands hommes. Pouvoir et domination masculine chez les Baruya de Nouvelle-Guinée*, Paris, Fayard.

—— 1982b (éd.), *Les sciences de l'homme et de la société : analyse et propositions pour une politique nouvelle*, Paris, La Documentation française.

—— 2004, *Métamorphoses de la parenté*, Paris, Fayard.

GODINEAU Dominique, 1988, *Citoyennes tricoteuses. Les femmes du peuple à Paris pendant la Révolution française*, Aix-en-Provence, Alinéa.

—— 1991, « Filles de la liberté et citoyennes révilutionnaires », Geneviève Fraisse et Michelle Perrot éd., *Histoire des femmes*, vol. 4 : *Le XIXe siècle*, Paris, Plon, p. 27-42.

—— 2003a, « Histoire sociale, histoire culturelle, histoire politique : la question du droit de cité des femmes », Martine Lapied et Christine Peyrard éd., *La Révolution française au carrefour des recherches*, Aix-en-Provence, Publications de l'Université de Provence.

—— 2003b, *Les femmes dans la société française, XVIe-XVIIIe siècle*, Paris, Armand Colin.

GOFFMAN Erving, 2002, *L'arrangement des sexes*, traduction par Hervé Maury d'un article de 1977, présentation par Claude Zaidman, Paris, La Dispute - Cahiers du Cedref.

GOLDHAGEN Daniel J., 1997, *Les bourreaux volontaires de Hitler. Les Allemands ordinaires et l'Holocauste*, Paris, Seuil (traduction de *Hitler's Willing Executioners : Ordinary Germans and the Holocaust*, Alfred A. Knopf, 1996).

GOLDMAN Wendy, 2000, « Les femmes dans la société soviétique », Michel Dreyfus *et al.* éd., *Le siècle des communismes*, Paris, Éditions de l'Atelier, p. 187-197.

GORDON Ann D., BUHLE Mary Jo et DYE Nancy Shrom, 1976, « The problem of women's history », Berenice A. Carroll éd., *Liberating Women's History*, Urbana-Chicago-Londres, University of Illinois Press, p. 75-92 (l'essai est de 1971).

GORDON Felicia, 1990, *The Integral Feminist. Madeleine Pelletier 1874-1939*, Cambridge, Polity Press.

GORDON Linda, 1988, *Heroes of Their Own Lives : The Politics and History of Family Violence, Boston 1880-1960*, New York, Viking.

GOUDA Frances et CLANCY-SMITH Julia éd., 1998, *Domesticating the Empire : Race, Gender and Family Life in French and Dutch Colonialism*, Charlottesville, University Press of Virginia.

GOUGES Olympe de, 1992a, *Théâtre politique 1790-1793*, préface de Gisela Thiele-Knobloch, Paris, Côté-Femmes.

—— 1992b, *L'esclavage des Noirs 1792*, préface d'Eleni Varikas, Paris, Côté-Femmes.

—— 1993, *Écrits politiques* (dont la déclaration des droits de la femme et de la citoyenne), préface d'Olivier Blanc, Paris, Côté-Femmes.

GRAFTEAUX Serge, 1975, *Mémé Santerre. Une vie*, Paris, éditions du Jour.

GRANET-ABISSET Anne-Marie, 1994, *La route réinventée. Les migrations des queyrassins aux XIXe et XXe siècles*, Presses universitaires de Grenoble.

GRAYSEL Susan, 1999, *Women's Identities at War: Gender, Motherhood and Politics in Britain and France during the First World War*, Chapel Hill / Londres, The University of North California Press.

GREEN Nancy L., 1995, « Classe et ethnicité, des catégories caduques de l'histoire sociale ? », Bernard Lepetit éd., *Les formes de l'expérience. Une autre histoire sociale*, Paris, Albin Michel, p. 165-186.

—— 1998, *Du Sentier à la 7e Avenue. La confection et les immigrés, Paris / New York 1880-1980*, Paris, Seuil (livre issu d'une thèse de doctorat).

—— 2002, *Repenser les migrations*, Paris, PUF.

GRIEF (Groupe de recherches interdisciplinaire d'étude des femmes), 1982, *La dot, la valeur des femmes*, Toulouse, Presses universitaires du Mirail (Travaux de l'Université de Toulouse - Le Mirail, série A, tome 21).

—— 1984, *La femme et la mort*, Toulouse, Presses universitaires du Mirail (Travaux..., série A, tome 27).

—— 1987, *Générations de vierges*, Toulouse, Presses universitaires du Mirail (Travaux..., série A, tome 40).

—— 1991, *Se reproduire, est-ce bien naturel ?*, Toulouse, Presses universitaires du Mirail.

GRIMAL Pierre éd., 1965-1967, *Histoire mondiale de la femme*, Paris, Nouvelle Librairie de France, 4 volumes.

GROPPI Angela, 1995, *I Lavori delle donne*, Rome, Laterza.

GUBIN Éliane, 1994, « Histoire des femmes, histoire de genre », *Sextant*, n° 2, p. 89-103.

GUBIN Éliane et NANDRIN Jean-Pierre éd., 1993, *La ville et les femmes en Belgique. Histoire et sociologie*, Bruxelles, Publications des Facultés universitaires Saint-Louis.

GUBIN Éliane et PIETTE Valérie, 2004, *Emma, Louise, Marie... L'université de Bruxelles et l'émancipation des femmes (1830-2000)*, Bruxelles, ULB, GIEF - Service des archives.

GUBIN Éliane et VAN MOLLE Leen éd., *Femmes et politique en Belgique*, Bruxelles, Éditions Racine.

GUBIN Éliane, JACQUES Catherine, ROCHEFORT Florence *et al.* éd., 2004, *Le siècle des féminismes*, Paris, Éditions de l'Atelier.

GUÉRAICHE William, 1999, *Les femmes et la République. Essai sur la répartition du pouvoir de 1943 à 1979*, Paris, Éditions de l'Atelier (livre issu d'une thèse de doctorat).

GUERRAND Roger-Henri, 1971, *La libre maternité*, Paris, Casterman.

GUERRAND Roger-Henri et RONSIN Francis, 1990, *Le sexe apprivoisé. Jeanne Humbert et la lutte pour le contrôle des naissances*, Paris, La Découverte.

GUERRAND Roger-Henri et RUPP Marie-Antoinette, 1978, *Brève histoire du service social en France 1896-1976*, Toulouse, Privat.

Guerres mondiales et conflits contemporains, 2000, *Les femmes et la guerre*, n° 198.

GUERRY Linda, 2006, « "Main d'œuvre étrangère" et marché du travail dans la région de Marseille (1918-1939). La question du genre », *Hommes & migrations*, n° 1263, septembre-octobre, p. 26-34.

GUILBERT Madeleine, 1966a, *Les fonctions des femmes dans l'industrie*, Paris - La Haye, Mouton.

—— 1966b, *Les femmes et l'organisation syndicale avant 1914. Présentation et commentaire de documents pour une étude du syndicalisme féminin*, Paris, CNRS Éditions.

GUILBERT Madeleine, LOWIT Nicole et ZYLBERBERG-HOCQUARD Marie-Hélène, 1977, *Travail et condition féminine (bibliographie commentée)*, Paris, éditions de la Courtèle.

GUILHAULMOU Jacques et LAPIED Martine, 2005, « Genre et Révolution. Un mode de subversion du récit historique », www.mnemosyne.asso.fr, colloque *L'histoire des femmes et du genre : enseignements et transmissions des savoirs*.

GUILLAIS-MAURY Joëlle, 1986, *La chair de l'autre. Le crime passionnel au XIXe siècle*, Paris, Orban.

GUILLAUME Marc éd., 1986, *L'état des sciences sociales en France*, Paris, La Découverte.

GUILLAUMIN Colette, 1992, *Sexe, race et pratique du pouvoir*, Paris, Côté-Femmes.

GULLACE Nicoletta F., 2002, *The Blood of Our Sons : Men, Women and the Renegotiation of British Citizenship During the Great War*, New York / Houndmills, Palgrave Macmillan.

HAASE-DUBOSC, 1999, *De l'enlèvement des femmes comme stratégie matrimoniale au XVIIe siècle*, Paris, Albin Michel.

HAGEMANN Karen, 2002, *« Männlicher Muth und Teutsche Ehre ». Nation, Militär und Geschlecht zur Zeit der Antinapoleonischen Kriege Preußens*, Paderborn, Schöning Verlag.

HAICAULT Monique, 1992, « Le symbolique dans la complexité des rapports sociaux de sexe : le travail de la doxa », Actes du groupe de travail Sociologie des rapports sociaux de sexe au XIVe congrès de l'AISLF, Lyon, 6-10 juillet 1992, p. 16-44.

HALPERIN David M., 2004, *Oublier Foucault. Mode d'emploi*, Paris, EPEL.

HANDMANN Marie-Elisabeth, 1983, *La violence et la ruse. Hommes et femmes dans un village grec*, Aix-en-Provence, Édisud.

HARRIS Ruth, 1993, « The "Chilf of the Barbarian" : rape, race and nationalism in France during the First World War », *Past and Present*, n° 141, novembre, p. 170-206.

HARTMAN Mary et BANNER Lois éd., 1974, *Clio's Consciousness Raised*, New York, Harper Torchbooks.

HARUKO Wakita, BOUCHY Anne, CHIZUKO Ueno éd., 1999, *Gender and Japanese History*, Osaka University Press.

HAUCH Gabrielle éd., 1993, *Geschlecht-Klasse-Ethnizität, 28. Internationale Tagung der Historikerinnen und Historiker der Arbeiterinnen und Arbeiter bewegung*, Wien-Zürich, Europaverlag.

HAUSEN Karin éd., 1983, *Frauen suchen ihre Geschichte : Historische Studien zum 19 and 20. Jahrhundert*, Munich, Beck.

HEAD-KÖNIG Anne-Lise, 1991, « Demographic History and its Perception of Women, from the Seventeenth to the Nineteenth Century », Karen Offen *et al.* éd., *Writing Women's History : International Perspectives*, Londres, MacMillan, p. 25-44.

HEFFER Jean et WEIL François éd., 1994, *Chantiers d'histoire américaine*, Paris, Belin.

HÉRITIER Françoise, 1996a, *Masculin-féminin. La pensée de la différence*, Paris, Odile Jacob.

—— 1996b, *De la violence*, Paris, Odile Jacob.

—— 2002, *Masculin-féminin II. Dissoudre la hiérarchie*, Paris, Odile Jacob.

HERZOG Dagmar, 2004, *Sexuality and German Fascism*, Oxford / New York, Berghahn Books.

— 2005, *Sex after Fascism : Memory and Morality in Twentieth Century Germany*, Princeton / Oxford, Princeton University Press.

HESSE Carla, 2001, *The Other Enlightenment : How French Women Became Modern*, Princeton / Oxford, Princeton University Press.

HEUER Jennifer Ngaire, 2005, *The Family and the Nation : Gender and Citizenship in Revolutionary France, 1789-1830*, Ithaca, Cornell University Press.

HEWITT Nancy, 1985, « Beyond the search for sisterhood : american women's history in the 1980s », *Social History*, vol. 10, octobre, p. 299-321 (repris dans *Unequal Sisters : A Multicultural Reader in US Women's History*, Ellen Carol Dubois et Vicky L. Ruiz éd., New York / Londres, Routledge, p. 1-29).

HEWITT Nancy A. et LEBSOCK Suzanne éd., 1993, *Visible Women. New Essays on American Activism*, Urbana / Chicago, University of Illinois Press.

HIGONNET Anne, 1991a, « Femmes et images. Apparences, loisirs, subsistance », Geneviève Fraisse et Michelle Perrot éd., *Histoire des femmes*, vol. 4 : *Le XIXe siècle*, Paris, Plon, p. 249-274.

— 1991b, « Femmes et images. Représentations », Geneviève Fraisse et Michelle Perrot éd., *Histoire des femmes*, vol. 4 : *Le XIXe siècle*, Paris, Plon, p. 277-340.

— 1992, « Femmes, images et représentations », Françoise Thébaud éd., *Histoire des femmes*, vol. 5 : *Le XXe siècle*, Paris, Plon, p. 315-371.

HIGONNET Margaret R., 1999, *Lines of Fire : Women Writers of World War I*, Plume, Penguin Group.

HIGONNET Margaret R., JENSON Jane, MICHEL Sonya *et al.* éd., 1987, *Behind the Lines : Gender and the Two World Wars*, New Haven - Londres, Yale University Press.

HILL Bridget, 1993, « Women's history : a study in change, continuity or standing still ? », *Women's History Review*, vol. 2, n° 1, p. 5-22.

HIRATA Helena, LABORIE Françoise, LE DOARÉ Hélène *et al.* éd., 2004 [2000], *Dictionnaire critique du féminisme*, Paris, PUF.

Histoire de l'éducation, 2000, *L'école maternelle en Europe, XIXe-XXe siècles*, n° 82. — 2003, *Les enseignantes. Formations, identités, représentations, XIXe-XXe siècles*, n° 98.

Historiens & géographes, 2006 (en collaboration avec l'association Mnémosyne), *Dossier : Histoire des femmes* (extraits des numéros 392, 393, 395).

History of European Ideas, 1987, *Women in European Culture and Society*, vol. 8, n° 4-5.

HOBSBAWM Eric, 1978, « Sexe, symbole, vêtements et socialisme », *Actes de la recherche en sciences sociales*, n° 23, p. 2-18.

HOFF Joan, 1994, « Gender as a postmodern category of paralysis », *Women's*

History Review, vol. 3, n° 2, p. 149-168 (article publié aussi dans *Women's Studies International Forum*, vol. 17, n° 4, 1994).

—— 1996, « A reply to my critics », *Women's History Review*, vol. 5, n° 1, p. 25-30.

HOOCK-DEMARLE Claire, 1987, *La femme au temps de Goethe*, Paris, Stock.

—— 1990, *La rage d'écrire. Femmes-écrivains en Allemagne de 1790 à 1815*, Aix-en-Provence, Alinéa.

—— 1991, « Lire et écrire en Allemagne », Geneviève Fraisse et Michelle Perrot éd., *Histoire des femmes*, vol. 4 : *Le XIXe siècle*, Paris, Plon, p. 147-167.

—— 1995 (éd.), *Femmes, nations, Europe*, Publications de l'Université Paris 7 - Denis Diderot, CERIC.

HOUBRE Gabrielle, 1997, *La discipline de l'amour. L'éducation sentimentale des filles et des garçons à l'âge du romantisme*, Paris, Plon.

—— 2003, *Grandeur et décadence de Marie Isabelle, modiste, dresseuse de chevaux, femmes d'affaires, etc.*, Paris, Perrin.

—— 2006, *Histoire des mères et filles*, Paris, La Martinière.

—— 2007 (éd.), *Le livre des courtisanes. Archives secrètes de la police des mœurs*, Paris, Taillandier.

HOUDEBINE-GRAVAUD Anne-Marie éd., 1998, *La féminisation des noms de métiers. En français et dans d'autres langues*, Paris, L'Harmattan.

HUBSCHER Ronald, 2005, « Les femmes de l'ombre : migrantes italiennes et polonaises dans l'entre-deux-guerres », Nadine Vivier éd., *Ruralité française et britannique, XIIIe-XXe siècles. Approches comparées*, Presses universitaires de Rennes, p. 129-143.

HUFTON Olwen, 1983, « Woman in history : early modern Europe », *Past and Present*, n° 101, novembre, p. 125-140.

—— 1995a, « Femmes / hommes : une question subversive », Jean Boutier et Dominique Julia éd., *Passés recomposés. Champs et chantiers de l'Histoire*, Paris, Autrement (Mutations, n° 150-151).

—— 1995b, *The Prospect Before Her : A History of Women in Western Europe*, vol. 1, *1500-1800*, Londres, Harper Collins (vol. 2 à paraître : *1800-2000*).

HUGON Anne éd., 2004, *Histoire des femmes en situation coloniale. Afrique et Asie, XXe siècle*, Paris, Karthala.

HUNT Lynn, 1984, *Politics, Culture and Class in the French Revolution*, Berkeley-Londres, University of California Press.

—— 1989, *The New Cultural History*, Berkeley, University of California Press.

—— 1991a, « The many bodies of Marie-Antoinette : political pornographie and the problem of the feminine in the French Revolution », Lynn Hunt éd., *Eroticism and the Body Politics*, Baltimore, The Johns Hopkins University Press, p. 90-107.

—— 1991b (éd.), *Eroticism and the Body Politics*, Baltimore, The Johns Hopkins University Press.

—— 1995, *Le roman familial de la Révolution française*, Paris, Albin Michel (traduction de *The Family Romance of the French Revolution*, Berkeley, University of California Press, 1992).

—— 2003, « L'histoire des femmes : accomplissements et ouvertures », Martine Lapied et Christine Peyrard éd., *La Révolution française au carrefour des recherches*, Aix-en-Provence, Publications de l'Université de Provence, p. 281-292.

HUREL Daniel-Odon, 2001, *Guide pour l'histoire des ordres et des congrégations religieuses (France, XVIe-XXe siècles)*, Bruxelles, Brepols Publishers.

HURTIG Marie-Claude, KAIL Michèle, ROUCH Hélène éd., 2002 [1991], *Sexe et genre. De la hiérarchie entre les sexes*, Paris, CNRS Éditions.

IACUB Marcela, 2004, *L'empire du ventre. Pour une autre histoire de la maternité*, Paris, Fayard.

JAMI Irène, 2003, « Sexe et genre : les débats féministes dans les pays anglo-saxons (1970-1990) », *Cahiers du genre*, n° 34, *La distinction entre sexe et genre. Une histoire entre biologie et culture*, p. 127-147.

JOHANSSON Sheila Ryan, 1976, « Herstory as history : a new field or another fad », Berenice A. Carroll éd., *Liberating Women's History : Theorical and Critical Essays*, Urbana-Chicago-Londres, University of Illinois Press, p. 400-430.

JOHN Angela V. et EUSTANCE Claire, 1999, *The Men's Share ? Masculinities, Male Support and Women's Suffrage in Britain*, 1890-1920, Londres / New York, Routledge.

JONES Gareth Stedman, 1983, *Languages of Class : Studies of English Working Class History*, Cambridge University Press.

JOST Hans Ulrich, PAVILLON Monique et VALLOTON François, 1994, *La politique des droits : citoyenneté et construction des genres aux XIXe et XXe siècles*, Paris, Kimé.

Journal of Womens History, 2004, *Women's History in the New Millenium*, vol. 16, n° 4.

JOUTARD Philippe, 1980, *La légende des camisards. Une sensibilité au passé*, Paris, Gallimard.

—— 1983, *Ces voix qui nous viennent du passé*, Paris, Hachette.

KANDEL Liliane, 1990, « Le mouvement féministe aujourd'hui et le national-socialisme », *Les temps modernes*, n° 524, mars, p. 17-53.

—— 1996, « Une pensée empêchée : des usages du "genre" et de quelques-unes de ses limites », *Les temps modernes*, n° 587, mars-avril-mai (numéro du cinquantenaire), p. 220-248.

—— 1997 (éd.), *Féminismes et nazisme*, CEDREF, Publications de l'Université Paris 7 - Denis Diderot.

KÄPPELI Anne-Marie, 1990, *Sublime croisade. Éthique et politique du féminisme protestant 1875-1928*, Genève, éditions Zoé.

—— 1991, « Scènes féministes », Geneviève Fraisse et Michelle Perrot éd., *Histoire des femmes*, vol. 4 : *Le XIXe siècle*, Paris, Plon, p. 495-525.

KAUFMANN Dorothy, 2007, *Edith Thomas, passionnément résistante*, Paris, Autrement.

KELLY Joan, 1976, « The social relations of the sexes : methodological implications of women's history », *Signs*, n° 4 (réédité dans *Women, History and Theory...*, 1984, p. 1-18).

—— 1977, « Did women have a Renaissance ? », Renate Bridenthal et Claudia Koonz éd., *Becoming Visible. Women in European History*, Boston, Houghton Mifflin Company (réédité dans *Women, History and Theory...*, 1984, p. 19-50).

—— 1979, « The doubled vision of feminist theory », *Feminist Studies*, vol. 5, n° 1, p. 216-227 (réédité dans *Women, History and Theory...*, 1984, p. 51-64).

—— 1984, *Women, History and Theory : The Essais of Joan Kelly* (livre posthume), Chicago / Londres, University of Chicago Press.

KENT Susan Kingsley, 1993, *Making Peace : The Reconstruction of Gender in Interwar Britain*, Princeton University Press.

—— 1996, « Mistrials and diatribulations : a reply to Joan Hoff », *Women's History Review*, vol. 5, n° 1, p. 9-18.

KERBER Linda, KESSLER-HARRIS Alice et KISH SKLAR Kathryn éd., 1995, *U.S. History as Women's History : New Feminist Essays*, Chapel Hill / Londres, University of North Carolina Press.

KERGOMARD Pauline, 2000, *Pauline Kergomard*, correspondance éditée par Geneviève et Alain Kergomard, préface de Jean-Noël Luc, Paris, Fil d'Ariane.

KERN Kathi, 2004, « The benefits of cultural analysis to the past, present and future of women's history », *Journal of Women's History*, vol. 16, n° 4, p. 34-40.

KESSLER-HARRIS Alice, 1982a, *Women Have Always Worked*, New York, Feminist Press.

—— 1982b, *Out to Work : A History of Wage-Earning Women in the United States*, Oxford - New York, Oxford University Press.

—— 1986, « Equal employment opportunity commission versus Sears, Roebuck and Company : a personnal account », *Radical History Review*, vol 35.

—— 2003, *In Pursuit of Equity : Women, Men and the Question for Economic Citizenship in 20th-Century America*, Oxford - New York, Oxford University Press.

KLAPISCH-ZUBER Christiane, 1984, « Le médiéviste, la femme et le sériel », Michelle Perrot éd., *Une histoire des femmes est-elle possible ?*, Marseille, Rivages, p. 37-47.

—— 1986, « Femmes », André Burguière éd., *Dictionnaire des sciences historiques*, Paris, Presses universitaires de France, p. 282-285.

—— 1991 (éd.), *Histoire des femmes en Occident*, vol. 2 : *Le Moyen Âge*, Paris, Plon.

—— 2000, *L'ombre des ancêtres. Essai sur l'imaginaire médiéval de la parenté*, Paris, Fayard.

—— 2003, *L'arbre des familles*, Paris, La Martinière.

KLEIN Renate Duelli, 1986, *The Dynamics of Women's Studies : An Exploratory Study of its International Ideas and Practices in Higher Education*, PhD, University of London, Institute of Education.

KLEJMAN Laurence et ROCHEFORT Florence, 1989, *L'égalité en marche. Le féminisme sous la IIIe République*, Paris, Presses de la Fondation nationale des sciences politiques / Des femmes (livre issu d'une thèse de doctorat).

KNIBIEHLER Yvonne, 1976a, « Les médecins et la "nature féminine" au temps du Code civil », *Annales ESC*, juillet-août, n° 4, p. 824-845.

— 1976b, « Le discours médical sur la femme : constantes et ruptures », *Romantisme*, octobre-décembre, p. 41-55.

— 1980, *Nous les assistantes sociales. Naissance d'une profession*, Paris, Aubier Montaigne.

— 1981, « L'histoire au féminin », *BIEF*, n° 7-8, numéro spécial, *Les femmes et la recherche*.

— 1984a (éd.), *Cornettes et blouses blanches. Les infirmières dans la société française : 1880-1980*, Paris, Hachette.

— 1984b, « Chronologie et histoire des femmes », Michelle Perrot éd., *Une histoire des femmes est-elle possible ?*, Marseille, Rivages, p. 49-57.

— 1987, *Les pères aussi ont une histoire...*, Paris, Hachette.

— 1991, « Corps et cœurs », Geneviève Fraisse et Michelle Perrot éd., *Histoire des femmes*, vol. 4 : *Le XIXe siècle*, Paris, Plon, p. 351-387.

— 1992, « Le pouvoir des mères », Luc Courtois, Jean Pirotte et Françoise Rosart éd., *Femmes et pouvoirs. Flux et reflux de l'émancipation féminine*, Louvain-la-Neuve - Bruxelles, Collège Érasme - Nauwelaerts (recueil de travaux d'histoire et de philologie, 6e série, fascicule 43), p. 45-54.

— 1997, *La révolution maternelle depuis 1945. Femmes, maternité, citoyenneté*, Paris, Perrin.

— 1998 (éd.), *Germaine Poinso-Chapuis, femme d'État (1901-1981)*, Paris, Édisud.

— 2001 (éd.), *Maternité, affaire privée, affaire publique*, Paris, Bayard.

— 2002, *La sexualité et l'histoire*, Paris, Odile Jacob.

— 2007, *Qui gardera les enfants ? Mémoires d'une féministe iconoclaste*, Paris, Calmann-Lévy.

KNIBIEHLER Yvonne et FOUQUET Catherine, 1982 [1980], *Histoire des mères, du Moyen Âge à nos jours*, Paris, Hachette (Pluriel).

— 1982, *La beauté, pour quoi faire ? Essai sur l'histoire de la beauté féminine*, Paris, Temps actuels.

— 1983, *La femme et les médecins. Analyse historique*, Paris, Hachette.

KNIBIEHLER Yvonne et GOUTALIER Régine, 1985, *La femme au temps des colonies*, Paris, Stock.

KNIBIEHLER Yvonne, BERNOS Marcel, RAVOUX-RALLO Élisabeth *et al.*, 1983, *De la pucelle à la minette. Les jeunes filles de l'âge classique à nos jours*, Paris, Temps actuels.

KNIBIEHLER Yvonne, GOUTALIER Régine, MARAND-FOUQUET Catherine *et al.* éd., 1993, *Marseillaises. Les femmes et la ville*, Paris, Côté-Femmes.

KOONZ Claudia, 1989, *Les Mères-patrie du IIIe Reich*, Paris, Lieu commun, (traduction de *Mothers in the Fatherland. Women, the Family and Nazi Politics*, New York, St. Martin's Press, 1986).

KOROVUSHKINA Irina, 1999, « Paradoxes of gender : writing history in Post-Communist Russia, 1987-1997 », *Gender & History*, vol. 11, n° 3, p. 569-582.

KOVEN Seth et Sonya MICHEL, 1993, *Mothers of a New World : Maternalist Politics and the Origins of Welfare States*, New York / Londres, Routledge.

KRAKOVITCH Odile et SELLIER Geneviève éd., 2001, *L'exclusion des femmes. Masculinité et politique dans la culture au XXe siècle*, Bruxelles, Éditions Complexe.

KRAKOVITCH Odile, SELLIER Geneviève et VIENNOT Éliane éd., 2001, *Femmes de pouvoir : mythes et fantasmes*, Paris, L'Harmattan.

KUHN Annette éd., 1979-1985, *Frauen in der Geschichte*, Schwann, Düsseldorf, 6 volumes.

LAGET Mireille, 1982, *Naissances. L'accouchement d'avant l'âge de la clinique*, Paris, Seuil.

LAGRAVE Rose-Marie, 1984, « Les paradoxes du féminisme : l'expérience de *Pénélope, pour l'histoire des femmes* », AFFER, *Femmes, féminisme et recherches*, Toulouse.

—— 1990, « Recherches féministes ou recherches sur les femmes ? », *Actes de la recherche en sciences sociales*, n° 83, juin, *Masculin / féminin 1*, p. 27-39.

—— 2003, « La lucidité des dominées », Pierre Encrevé et Rose-Marie Lagrave éd., *Travailler avec Bourdieu*, Paris, Flammarion, p. 311-321.

LAGUERCHE Dalenda éd., 2000, *Histoire des femmes au Maghreb : culture matérielle et vie quotidienne*, Tunis, Centre de publication universitaire.

LANDES Joan, 1988, *Women and the Public Sphere in the Âge of the French Revolution*, Ithaca, Cornell University Press.

LANGLOIS Claude, 1984, *Le catholicisme au féminin. Les congrégations françaises à supérieure générale au XIXe siècle*, Paris, Cerf.

—— 1995, « "Toujours plus pratiquantes". La permanence du dimorphisme sexuel dans le catholicisme français contemporain », *Clio HFS*, n° 2, p. 229-260.

—— 1997, « Histoire et sociologie du catholicisme contemporain (mariologie, mariophanies, XIXe siècle) », *Annuaire EPHE, V^e section*, t. 104, Paris, EPHE, p. 481-490.

—— 2005, *Le crime d'Onan. Le discours catholique sur la limitation des naissances (1816-1930)*, Paris, Les Belles Lettres.

LAPIED Martine et PEYRARD Christine éd., 2003, *La Révolution française au carrefour des recherches*, Aix-en-Provence, Publications de l'Université de Provence.

LAQUEUR Thomas, 1992, *La fabrique du sexe. Essai sur le corps et le genre en*

Occident, Paris, Gallimard (traduction de *Making Sex : Body and Gender from the Greeks to Freud*, Harvard University Press, 1990).
— 2005, *Le sexe en solitaire. Contribution à l'histoire culturelle de la sexualité*, Paris, Gallimard (traduction de *Solitary Sex : a Cultural History of Masturbation*, New York, Zone Books, 2003).
LASSLETT Barbara, 1993, « Gender analysis and social theory : building on Ruth Bloch's proposals », *Contention*, vol. 2, n° 3, p. 107-132.
LAUFER Jacqueline, MARRY Catherine, MARUANI Margaret éd., 2001, *Masculin-Féminin : questions pour les sciences de l'homme*, Paris, PUF.
— 2003, *Le travail du genre. Les sciences sociales à l'épreuve des différences de sexe*, Paris, La Découverte - MAGE.
LAURETIS Teresa de, 1986, *Feminist Studies : Critical Studies*, Bloomington, Indiana University Press.
LE BRAS-CHOPART Muriel et MOSSUZ-LAVAU Janine éd., 1997, *Les femmes et la politique en France*, Paris, L'Harmattan.
LE GOFF Jacques, 1988 [1978], « L'histoire nouvelle », Jacques Le Goff éd., *La nouvelle histoire*, Paris, Éditions Complexe, p. 35-75.
LE GOFF Jacques et NORA Pierre éd., 1986 [1974], *Faire de l'histoire, nouveaux problèmes, nouvelles approches, nouveaux objets*, Paris, Gallimard, 3 volumes.
LE JEUNE Françoise éd., 2005, *Paroles de femmes dans la guerre (1914-1918). Female Voices in Wartime*, Nantes, CRINI.
Le journal intime de Caroline B., 1985, introduction et notes de Michelle Perrot en collaboration avec Georges Ribeill, Paris, Montalba.
Le mouvement social, 1978, *Travaux de femmes dans la France du XIXe siècle*, n° 105, octobre-décembre. — 1987, *Métiers de femmes*, n° 140, juillet-septembre. — 2002, *Féminin et masculin*, n° 198, janvier-mars.
LE NAOUR Jean-Yves, 2002, *Misères et tourments de la chair durant la Grande Guerre. Les mœurs sexuelles des Français, 1914-1918*, Paris, Aubier.
LE NAOUR Jean-Yves et VALENTI Catherine, 2003, *Histoire de l'avortement, XIXe-XXe siècle*, Paris, Seuil.
LE RIDER Jacques, 1982, *Le Cas Otto Weininger. Racines de l'antiféminisme et de l'antisémitisme*, Paris, PUF.
— 1990a, *Modernité viennoise et crise de l'identité*, Paris, PUF.
— 1990b, « Karl Kraus, satiriste de la femme en guerre », Rita Thalmann éd., *La tentation nationaliste 1914-1945*, Paris, Deuxtemps Tierce, p. 63-75.
LEACOCK Eleanor, 1987, « Women in egalitarian societies », Renate Bridenthal, Claudia Koonz et Susan Stuard éd., *Becoming Visible. Women in European History*, Boston, Houghton Miffin Company.
LEBOVICS Herman, 1995a, « Une "nouvelle histoire culturelle ? ". La politique de la différence chez les historiens américains », *Genèses*, n° 20, septembre, p. 116-125.
— 1995b, *La vraie France. Les enjeux de l'identité culturelle, 1900-1945*, Paris,

Belin (traduction de *True France : The Wars Over Cultural Identity, 1900-1945*, Ithaca / Londres, Cornell University Press, 1992).

LEDUC Guyonne, 1999, *L'éducation des Anglaises au XVIIIe siècle : la conception de Henry Fielding*, Paris, l'Harmattan.

—— 1997 (éd.), *L'éducation des femmes en Europe et en Amérique du Nord, de la Renaissance à 1848 : réalités et représentations*, Paris, L'Harmattan.

—— 2004 (éd.), *Nouvelles sources et nouvelles méthodologies de recherche dans les études sur les femmes*, Paris, L'Harmattan.

—— 2006 (éd.) *Travestissement féminin et liberté(s)*, Paris, L'Harmattan.

LEFAUCHEUR Nadine, 1992, « Maternité, famille, État », Françoise Thébaud éd., *Histoire des femmes*, vol. 5 : *Le XXe siècle*, Paris, Plon, p. 411-430.

—— 2006, « De la tradition française au droit à la vérité de la biographie – ou du recours à l'histoire dans les débats parlementaires sur l'accouchement dit sous X », *Clio HFS*, n° 24, p. 273-290.

LEJEUNE Philippe, 1993, *Le Moi des demoiselles. Enquête sur le journal de jeune fille*, Paris, Seuil.

—— 1998, *Pour l'autobiographie. Chroniques*, Paris, Seuil.

LEPETIT Bernard éd., 1993, « Histoire des femmes, histoire sociale », *Annales ESC*, juillet-août, n° 4, p. 997-998.

—— 1995, *Les formes de l'expérience. Une autre histoire sociale*, Paris, Albin Michel.

LEQUIN Yves, 1976, *Les ouvriers de la région lyonnaise dans la seconde moitié du XIXe siècle (1848-1914)*, Presses universitaires de Lyon.

LEQUIN Yves et VANDECASTEELE-SCHWEITZER Sylvie éd., 1990, *L'usine et le bureau. Itinéraires sociaux et professionnels dans l'entreprise, XIXe et XXe siècles*, Presses universitaires de Lyon.

LERNER Gerda, 1969, « New approaches to the study of women in American history », *Journal of Social History*, vol. 4, n° 4, p. 333-356.

—— 1975, « Placing women in history : definitions and challenges », *Feminist Studies*, vol. 3, n° 1-2, p. 5-15 (ces deux articles sont repris dans *Liberating Women's History : Theoretical and Critical Essays*, B. A. Carroll éd., Urbana-Chicago-Londres, University of Illinois Press, 1976).

—— 1979, *The Majority Finds Its Past*, Oxford, Oxford University Press.

—— 1997, *Why History Matters : Life and Tought*, New York, Oxford University Press.

—— 2004, « U.S. women's history : past, present and future », *Journal of Women's History*, vol. 16, n° 4, p.10-27.

LEROUX-HUGON Véronique,1981, *Infirmières des hopitaux parisiens, 1871-1914. Ébauches d'une profession*, thèse de troisième cycle sous la direction de Michelle Perrot (Université Paris 7).

—— 1987, « L'infirmière au début du XXe siècle, nouveau métier et tâches traditionnelles », *Le mouvement social*, n° 140, juillet-septembre, p. 55-68.

Les cahiers de l'IHTP, 1987, *Questions à l'histoire orale*, n° 4. —— 1992, *La bouche de la vérité. La recherche historique et les sources orales*, n° 21. —— 1995, *Identités féminines et violences politiques (1936-1946)*, n° 31.

Les cahiers du Grif, 1988, *Le genre de l'histoire*, n° 37-38. —— 1990, *Savoir et différence des sexes*, n° 45. —— 1992, *Provenances de la pensée. Femmes/Philosophie*, n° 46.

Les cahiers du GRMF, 1991, *Femmes, famille et action ouvrière. Pratiques et responsabilités féminines dans les mouvements familiaux populaires (1935-1958)*, n° 6.

Les cahiers du MAGE, 1995, *La division sexuelle du travail revisitée*, n° 3-4. —— 1996, *Politiques familiales. Problématiques de l'immigration*, n° 3. —— 1996, *Santé et travail. Emplois de service*, n° 4. —— 1997, *Salaires, compétences et qualifications. Réduction, diversification et éclatement des temps de travail*, n° 2.

Les femmes dans la Résistance, 1977, Actes du colloque tenu à la Sorbonne les 22 et 23 novembre 1975 à l'initiative de l'Union des femmes françaises, Monaco, Éditions du Rocher.

Les femmes et la ville. Un enjeu pour l'Europe, 1993, Actes du colloque organisé à Marseille en mars 1993, par l'association Les femmes et la ville (Marseille) et le groupe interdisciplinaire d'études sur les femmes (Bruxelles), Bruxelles, Éditions Labor.

Les filles de Karl Marx : lettres inédites, 1979, introduction de Michelle Perrot, traduction et notes d'Olga Meier, notes de Michel Trébitsch, Paris, Albin Michel.

LESSELIER Claudie, 1982, *Les femmes et la prison (1815-1939)*, thèse de troisième cycle sous la direction de Michelle Perrot (Université Paris VII).

LETT Didier, 2004, *Histoire des frères et sœurs*, Paris, La Martinière.

LÉVY Marie-Françoise, 1984, *De mères en filles. L'éducation des Françaises (1850-1880)*, Paris, Calmann Lévy.

—— 1995, « Famille et télévision », *Réseaux*, n° 72-73, CNET.

—— 2000, « Les femmes du temps présent à la télévision : la mutation des identités (1960-1975) », Geneviève Dreyfus-Armand *et al.* éd., *Les années 68. Le temps de la contestation*, Bruxelles, Éditions Complexe, p. 199-216.

LEWIS Jane, 1983, *Women's Welfare, Women's Rights*, Londres, Croom Helm.

LIATARD Séverine, 2007, *Colette Andry (1906-1990). Une femme intellectuelle au XXe siècle : engagements et identités*, thèse de doctorat sous la direction de Pascal Ory (Université Paris 1).

LILLY Robert J., 2003, *La face cachée des GI's. Les viols commis par les soldats américains en France, en Angleterre et en Allemagne pendant la Seconde Guerre mondiale*, Paris, Payot.

LISZEK Slava, 1994, *Marie Guillot. De l'émancipation des femmes à celle du syndicalisme*, Paris, L'Harmattan.

LOISEAU Dominique, 1996, *Femmes et militantismes*, Paris, L'Harmattan (livre issu d'une thèse de doctorat).

LOUIS Marie-Victoire, 1986, « Recherches sur les femmes, recherches féministes », Marc Guillaume éd., *L'état des sciences sociales en France*, Paris, La Découverte, p. 457-462.

—— 1994, *Le droit de cuissage, France, 1860-1930*, Paris, Éditions de l'Atelier.

LOUVEAU Catherine et BOHUON Anaïs, 2005, « Le test de féminité, analyseur du procès de virilisation fait aux sportives », Thierry Terret éd., *Sport et genre*, vol. 1 : *La conquête d'une citadelle masculine*, Paris, L'Harmattan, p. 87-117.

LOUX Françoise, 1978, *Le jeune enfant et son corps dans la médecine traditionnelle*, Paris, Flammarion.

LÖWY Ilana, 2000, « Universalité de la science et connaissances "situées" », Delphine Gardey et Ilana Löwy éd., *L'invention du naturel. Les sciences et la fabrication du féminin et du masculin*, Paris, Éditions des archives contemporaines, p. 137-150.

—— 2006, *L'emprise du genre : masculinité, féminité, inégalité*, Paris, La Dispute.

LUC Jean-Noël, 1997, *L'invention du jeune enfant au XIXe siècle : de la salle d'asile à l'école maternelle*, Paris, Belin.

—— 2000, « Madame Jules Mallet, née Émilie Oberkampf (1794-1856), ou les combats de la pionnière de l'école maternelle française », *Bulletin de la société de l'histoire du protestantisme français*, t. 146, *Femmes protestantes, XIXe-XXe siècles*, p. 15-47.

LUDTKE Alf éd., 1994, *Histoire du quotidien*, Paris, Maison des sciences de l'homme.

MAIGNIEN Claude, 1975, *Deux féministes au début du XXe siècle : Nelly Roussel et Madeleine Pelletier*, maîtrise sous la direction de Michelle Perrot, avec Magda Safwan (Université Paris 7).

MAÎTRE Jacques, 1995, *L'orpheline de la Bérésina. Thérèse de Lisieux (1873-1897)*, Paris, Cerf.

MANASSEIN Michel de éd., 1995, *De l'égalité des sexes*, Paris, Centre national de documentation pédagogique.

MARAND-FOUQUET Catherine, 1989, *La femme au temps de la Révolution*, Paris, Stock.

MARCHAND Suzanne, 1994, « Femmes et Histoire. Bilan de la production universitaire québécoise (1970-1993) », *Les cahiers de recherche du GREMF*, n° 63.

MARÉCHAL Denis, 2003, *Geneviève Tabouis. Les dernières nouvelles de demain (1892-1985)*, Paris, Nouveau Monde éditions.

MARGADANT Jo Burr éd., 2000, *The New Biography : Performing Feminity in Nineteenth-Century France*, Berkeley / Los Angeles / Londres, University of California Press.

MARINI Marcelle, 1992, « La place des femmes dans la production culturelle. L'exemple de la France », Françoise Thébaud éd., *Histoire des femmes*, vol. 5 : *Le XXe siècle*, Paris, Plon, p. 275-296.

Marthe, 1982, Paris, Seuil.

MARTIN Jean-Clément, 1996a, *Révolution et contre-Révolution en France, 1789-1989*, Presses universitaires de Rennes.

— 1996b, « Violences sexuelles, études des archives, pratiques de l'histoire », *Annales HSS*, n° 3, p. 643-661.

— 1997, « Femmes et guerre civile, l'exemple de la Vendée, 1793-1796 », *Clio HFS*, n° 5, p. 97- 115.

MARTIN Martine, 1984, *Les femmes et le travail ménager en France entre les deux guerres*, thèse de troisième cycle sous la direction de Michelle Perrot (Université Paris 7).

MARTINEZ Candida, PASTOR Reyna, DE LA PASCUA Maria José *et al.* éd., 2000, *Mujeres en la historia de Espana. Enciclopedia biografica*, Barcelone, Planeta.

MARTIN-FUGIER Anne, 1979, *La place des bonnes. La condition domestique à Paris en 1900*, Paris, Grasset.

— 1983, *La bourgeoise*, Paris, Grasset.

— 2007, *La vie d'artiste au XIXe siècle*, Paris, L. Audibert.

MARUANI Margaret éd., 2005, *Femmes, genre et sociétés : l'état des savoirs*, Paris, La Découverte.

MARWICK Arthur, 1977, *Women at War 1914-1918*, Londres, Fontana Paperbacks.

— 1979, *War and Social Change in the Twentieth Century : A Comparative Study of Britain, France, Germany, Russia and the United States*, Londres, Macmillan.

— 1995, « Two approaches to historical study : the metaphysical (including "Postmodernism") and the historical », *The Journal of Contemporary History*, vol. 30, p. 5-35.

MASUY-STROOBANT Godelieve et HUMBLET Perrine C. éd., 2004, *Mères et nourrissons. De la bienfaisance à la protection médico-sociale (1830-1945)*, Bruxelles, Éditions Labor.

MATHIEU Nicole-Claude, 1991, *L'anatomie politique. Catégorisations et idéologies du sexe*, Paris, Côté-Femmes.

MAUGUE Annelise, 1987, *L'identité masculine en crise au tournant du siècle*, Marseille, Rivages.

— 1991, « L'Ève nouvelle et le vieil Adam. Identités sexuelles en crise », Geneviève Fraisse et Michelle Perrot éd., *Histoire des femmes*, vol. 4 : *Le XIXe siècle*, Paris, Plon, p. 527-543.

— 1996, « La littérature romanesque après la guerre de 14-18 : naissance d'une nouvelle figure du politique », Éliane Viennot éd., *La démocratie « à la française » ou les femmes indésirables*, Paris, Publications de l'Université Paris 7 - Denis Diderot, p. 181- 189.

MAYEUR Françoise, 1977, *L'enseignement secondaire des jeunes filles sous la IIIe République*, Paris, Presses de la Fondation nationale des sciences politiques.

— 1979, *L'éducation des filles en France au XIXe siècle*, Paris, Hachette.

MAYNES Mary Jo, SOLAND Birgitte, BENNINGHAUS Christina éd., 2005, *Secret Gardens, Satanic Mills : Placing Women in Modern European History*, Bloomington, Indiana University Press.

McLAREN Angus, 1977, « Women's work and regulation of family size : the question of abortion in the Nineteenth Century », *History Workshop*, n° 4, p. 70-81.

—— 1978, « Abortion in France : women and the regulation of family size 1800-1914 », *French Historical Studies*, vol. 10, n° 3, p. 461-485.

—— 1996, *Histoire de la contraception de l'Antiquité à nos jours*, Paris, Éditions Noêsis.

MELMAN Billie éd., 1998, *Borderlines : Genders and Identities in War and Peace, 1870-1930*, New York, Routledge.

MICHAUD Stéphane, 1980, *Flora Tristan. Lettres*, Paris, Seuil.

—— 1985a, *Muse et Madone. Visages de la femme de la Révolution française aux apparitions de Lourdes*, Paris, Seuil.

—— 1985b (éd.), *Un fabuleux destin : Flora Tristan*, Dijon, Éditions universitaires de Dijon.

—— 1991, « Idolâtries. Représentations artistiques et littéraires », Geneviève Fraisse et Michelle Perrot éd., *Histoire des femmes*, vol. 4 : *Le XIXe siècle*, Paris, Plon, p. 125-145.

—— 1994 (éd.), *Flora Tristan, Georges Sand, Pauline Roland. Les femmes et l'invention d'une nouvelle morale*, Paris, Créaphis.

—— 1995 (éd.), *Flora Tristan, la paria et son rêve*, Fontenay / Saint-Cloud, ENS Éditions.

MICHAUD Stéphane, MOLLIER Jean-Yves et SAVY Nicole éd., 1992, *Usages de l'image au XIXe siècle*, Paris, Créaphis.

MICHEL Andrée, 1974, *Activité professionnelle de la femme et vie conjugale*, Paris, CNRS Éditions.

—— 1975, *Changement social et travail féminin : un point de vue*, Paris, La Documentation française.

Mil neuf cent – Revue d'histoire intellectuelle, 1998, *Figures d'intellectuelles*, n° 16.

MILKMAN Ruth, 1986, « Women's history and the Sears case », *Feminist Studies*, vol. 12, n° 2, p. 375-400.

—— 1987, *Gender at Work : The Dynamics of Job Segregation by Sex During World War II*, Urbana, University of Illinois Press.

—— 1993, « New research in women's labor history », *Signs*, vol. 18, n° 2, p. 376- 388.

Modern & Contemporary France, 1999, *Gendering the Occupation of France*, vol. 7, n° 1.

MONTREYNAUD Florence, 1997, *Aimer. Un siècle de liens amoureux*, Paris, Le Chêne.

—— 2000 [1992], *Le XXe siècle des femmes*, Paris, Nathan.

—— 2006, *L'aventure des femmes, XXe-XXIe siècle*, Paris, Nathan.

MORANT Isabel Deusa, 1994, « Las formas y el lugar de la historia de las mujeres en Europa y America (un analisis desde el sur) », communication au séminaire de formation Mujeres e historia de l'Université internationale Menendez Pelayo de Valence (3-7 octobre 1994).

— 2005-2006 (éd.), *Historia de las mujeres en Espana y América latina*, 4 volumes, Madrid, Catedra.

MOREAU Thérèse, 1982, *Le sang de l'histoire. Michelet, l'histoire et l'idée de la femme au XIXe siècle*, Paris, Flammarion.

MOREL Marie-France et LETT Didier, 2006, *Une histoire de l'allaitement*, Paris, La Martinière.

MOSES Claire Goldberg, 1984, *French Feminism in the Nineteenth Century*, State University of New York Press.

— 1996, « La construction du "French feminism" dans le discours universitaire américain », *Nouvelles questions féministes*, vol. 17, n° 1.

MOSSÉ Claude, 1993, « Lecture critique du tome 1 de l'*Histoire des femmes* », Georges Duby et Michelle Perrot éd., *Femmes et histoire*, Paris, Plon, p. 19-24.

MOSSE George L., 1997, *L'image de l'homme. L'invention de la virilité moderne*, traduit de l'américain, Paris, Éditions Abbeville.

— 1999, *De la Grande Guerre au totalitarisme. La brutalisation des sociétés européennes*, traduit de l'américain, Paris, Hachette.

MOSSUZ-LAVAU Janine, 1987, « Politique des libérations sexuelles », Pascal Ory éd., *Nouvelle histoire des idées politiques*, Paris, Hachette (Pluriel), p. 682-694.

— 2002 [1991], *Les lois de l'amour. Les politiques de la sexualité en France (1950-1990)*, Paris, Payot.

MOSSUZ-LAVAU Janine et KERVASDOUÉ Anne de, 1997, *Les femmes ne sont pas des hommes comme les autres*, Paris, Odile Jacob.

MOSSUZ-LAVAU Janine et SINEAU Mariette, 1983, *Enquête sur les femmes et la politique en France*, Paris, PUF.

Mots. Les langages du politique, 2005, *Usages politiques du genre*, n° 78.

MUCHEMBLED Robert, 1979, *La sorcière au village (XVe-XVIIIe siècles)*, Paris, Julliard.

— 1981, *Les derniers bûchers, un village de Flandre et ses sorcières sous Louis XIV*, Paris, Ramsay.

— 2005, *L'orgasme en Occident. Une histoire du plaisir du XVIe siècle à nos jours*, Paris, Seuil.

MÜLLER Bertrand éd., 1994, *Marc Bloch, Lucien Febvre : la naissance des Annales 1928-1933, Correspondance*, t. 1, Paris, Fayard.

MURAT Daniel, 2003, « Nourrices et pupilles des hospices : une affection partagée ? Étude du milieu nourricier gardois, 1850-1900 », *Sextant*, n° 19, p. 19-47.

— 2004, « L'internat immobile ? Pour une histoire de l'enfance inadaptée au féminin », *Femmes, familles, filiations. Société et histoire*, études réunies par

Marcel Bernos et Michèle Bitton en hommage à Yvonne Knibiehler, Aix-en-Provence, Publications de l'Université de Provence, p. 235-248.

MURAT Laure, 2006, *La loi du genre. Une histoire culturelle du "troisième sexe"*, Paris, Fayard.

MURPHY Gwenaël, 2005, *Les religieuses dans la Révolution française*, Paris, Belin.

Musée des Arts et Traditions populaires, 1973, *Mari et femme dans la France rurale traditionnelle*, catalogue de l'exposition de l'automne 1973.

NAHOUM-GRAPPE Véronique, 1984, « Une pratique de recherche ponctuelle sur les femmes : *Femme et violence, Pénélope* n° 6, quelques remarques », AFFER, *Femmes, féminisme et recherches*, p. 143-146.

—— 1996a, « L'usage politique de la cruauté : l'épuration ethnique (ex-Yougoslavie 1991-1995) », Françoise Héritier éd., *De la violence*, Paris, Odile Jacob, p. 273-323.

—— 1996b, *Le féminin*, Paris, Hachette.

NASH Mary, 1990 (éd.), *Historia y género : las mujeres en la Europa moderna y contemporanea*, en collaboration avec Jame Amelang, Valencia, Alfons el Magñanim.

—— 1991, « Two decades of women's history in Spain : a reappraisal », Karen Offen, Ruth R. Pierson et Jane Rendall éd., *Writing Women History : International Perspectives*, Londres, Macmillan, p. 381-415.

—— 1995, *Defying Male Civilization : Women in the Spanish Civil War*, Denver, Arden Press.

NASH Mary et TAVERA Susanna éd., 2003, *Las mujeres y las guerras. El papel de las mujeres en las guerras de la Edad Antigua a la contemporanea*, Barcelone, Icaria-Antrazyt.

NEWTON Judith L., RYAN Mary P. et WALKOWITZ Judith R. éd., 1983, *Sex and Class in Women's History*, Londres, Routledge.

NOIRIEL Gérard, 1990, « La naissance du métier d'historien », *Genèses*, n° 1, septembre, p. 58-95.

—— 1996, *Sur la « crise » de l'histoire*, Paris, Belin.

NORA Pierre éd., 1987, *Essais d'ego-histoire*, Paris, Gallimard.

—— 1984-1992, *Les lieux de mémoire*, Paris, Gallimard, 7 volumes.

Nouvelles questions féministes, 1982, *Les femmes dans les sciences de l'homme*, vol. 3, n° 3. —— 1985, *Les femmes et l'État*, vol. 4, n° 6-7. —— 1991, *Particularismes et universalisme*, vol. 7, n° 16-17-18. —— 1994, *La parité « pour »*, vol. 15, n° 4. —— 1995, *La parité « contre »*, vol. 16, n° 2. —— 2002, *NQF Change*, vol. 21, n° 1. —— 2002, *Garde parentale. Prostitution*, vol. 21, n° 2. —— 2002, *Les répertoires du masculin*, vol. 21, n° 3. —— 2003, *In/discipline. La volonté de faire science*, vol. 22, n° 1. —— 2003, *Féminisme et littérature*, vol. 22, n° 2. —— 2003, *À contresens de l'égalité*, vol. 22, n° 3. —— 2004, *Les disciplines en jeu*, vol. 23, n° 1. —— 2004, *Post-communisme : Genre et États en transition*, vol. 23, n° 2. —— 2004, *Famille-Travail : une perspective radicale*, vol. 23, n° 3. —— 2005, *Les logiques patriarcales du militantisme*, vol. 24, n° 1. —— 2005, *Féminismes dissidents en Amérique latine et aux Caraïbes*, vol. 24, n° 2. —— 2005, *Machine, machin, truc, chose : pour du féminisme avec objets*, vol. 24, n° 3. —— 2006, *Sexisme et racisme : le cas français*, vol. 25, n° 1.

NYE Robert, 1992, *Masculinity and Male Codes of Honor in Modern France*, Princeton University Press.

OAKLEY Ann, 1985 [1972], *Sex, Gender and Society*, Londres, Gower.

OFER Dalia et WEITZMAN Leonore éd., 1998, *Women in the Holocaust*, New Haven, Yale University Press.

OFFEN Karen, 1987, « Sur l'origine des mots féminisme et féministe », *Revue d'histoire moderne et contemporaine*, juillet-septembre, n° 34-3, p. 492-496.

—— 1988, « Defining feminism : a comparative historical approach », *Signs*, vol. 14, n° 1, p. 119-157 (traduction partielle en français dans *BIEF*, n° 20-21, 1989).

—— 1990, « The new sexual politics of French revolutionary historiography », *French Historical Studies*, vol. 16, n° 4, p. 909-922.

—— 1991, « Body politics : women, work and the politics of motherhood in France, 1920- 1950 », Gisela Bock et Pat Thane éd., *Maternity & Gender Policies : Women and the Rise of the European Welfare States, 1880s-1950s*, Londres, Routledge, p. 138-159.

—— 1994, « Women, citizenship and suffrage with a French twist, 1789-1993 », Caroline Daley et Melanie Nolan éd., *Suffrage and Beyond : International Feminist Perspectives*, Nouvelle Zélande, Auckland University Press (version française remaniée parue dans Cohen Yolande et Thébaud Françoise éd., 1998).

—— 2000, *European Feminisms, 1700-1950. A Political History*, Stanford University Press.

—— 2003a, « International Federation for Research in Women's History / Fédération internationale pour la recherche en histoire des femmes », bulletin n° 2 de l'Association pour le développement de l'histoire des femmes et du genre - Mnémosyne, p. 9-17.

—— 2003b, « French women's history : retrospect (1789-1940) and prospect », *French Historical Studies, review essay* de 13 livres, vol. 26, n° 4, p. 727-767.

—— 2006, « Le *gender* est-il une invention américaine ? », *Clio HFS*, n° 24, p. 291-304.

OFFEN Karen, HELLERSTEIN Erna et HUME Leslie éd., 1981, *Victorian Women : A Documentary Account of Women's Lives in Nineteenth Century England, France and the United States*, Stanford University Press.

OFFEN Karen, PIERSON Ruth Roach et RENDALL Jane éd., 1991, *Writing Women's History : International Perspectives*, Londres, Mac Millan.

OLIVIER Cyril, 2005, *Le vice ou la vertu. Vichy et les politiques de la sexualité*, Toulouse, Presses universitaires du Mirail.

OMNÈS Catherine, 1997, *Ouvrières parisiennes. Marchés du travail et trajectoires professionnelles au XXe siècle*, Paris, Éditions de l'EHESS.

OPITZ Claudia, 2005a, « L'histoire des genres dans les universités : diversité et paradoxes en Europe », site www.mnemosyne.asso.fr, colloque *L'histoire des femmes et du genre : enseignements et transmissions des savoirs.*

—— 2005b, *Um-Ordnungen der Geschlechter. Einführung in die Geschlechtergeschichte*, Tübingen, Diskord.

ORY Pascal, 2004, *L'histoire culturelle*, Paris, PUF (Que sais-je ?).

OTTOGALLI-MAZZACAVALLO Cécile, 2006, *Femmes et alpinisme. Un genre de compromis, 1874-1919*, Paris, L'Harmattan.

OZOUF Jacques, 1967, *Nous les maîtres d'école. Autobiographies d'instituteurs de la Belle Époque*, Paris, Julliard.

OZOUF Mona, 1995, *Les mots des femmes. Essai sur la singularité française*, Paris, Fayard.

PALAZZI Maura et PORCIANI Ilaria éd., 2004, *Storiche di ieri e di oggi. Dalle autrici dell'Ottocento alle riviste di storia delle donne*, Rome, Viella.

PARR Joy, 1995, « Gender history and historical practice », *The Canadian Historical Review*, vol. 76, n° 3, septembre, p. 354-376.

PASQUIER Marie-Claire, MARINI Marcelle, DUCROCQ Françoise *et al.* éd., 1984, *Stratégies des femmes*, Paris, Tierce.

PASSERINI Luisa, 1988, *Storia et soggettivita : le fonte orali e la memoria*, Florence, La nuova Italia.

PASSMORE Kevin éd., 2003, *Women, Gender and Fascism in Europe, 1919-1945*, New Brunswick, Rutgers University Press.

PATEMAN Carole, 1988, *The Sexual Contract*, Stanford University Press.

PEDERSEN Susan, 1993, *Family Dependance and the Origins of the Welfare State. Britain and France 1914- 1945*, Cambridge University Press.

PELATSCHEK Sylvia et PIETROW-ENKERS Bianka éd., 2004, *Women's Emancipation Movements in the Nineteenth Century : A European Perspective*, Stanford University Press.

PELLEGRIN Nicole éd., 2006, *Histoires d'historiennes*, Saint-Étienne, Publications de l'Université de Saint-Étienne.

PELLETIER Madeleine, 1978 [1914], *L'éducation féministe des filles*, préface, notes et commentaires de Claude Maignien, Paris, Syros (Mémoire des femmes).

PELLISSIER Catherine, 1996, *La vie privée des notables lyonnais au XIXe siècle*, Lyon, Éditions lyonnaises d'art et d'histoire (livre issu d'une thèse de doctorat).

—— 1997, *Loisirs et sociabilités des notables lyonnais au XIXe siècle*, Lyon, PUL-ELAH (livre issu d'une thèse de doctorat).

Pénélope, pour l'histoire des femmes, 1979, *Les femmes et la presse*, n° 1. —— 1980, *Éducation des filles. Enseignement des femmes*, n° 2. —— 1980, *Les femmes et la création*, n° 3. —— 1981, *Les femmes et la science*, n° 4. —— 1981, *La femme soignante*, n° 5. —— 1982, *Femme et violence*, n° 6.

—— 1982, *Femme et terre*, n° 7. —— 1983, *Questions sur la folie*, n° 8. —— 1983, *Femmes et techniques*, n° 9. —— 1984, *Femmes au bureau*, n° 10. —— 1984, *Femmes et associations*, n° 11. —— 1985, *Mémoires de femmes*, n° 12. —— 1985, *Vieillesse des femmes*, n° 13.

PÉREZ CANTÓ Pilar et ORTEGA LÓPEZ Margarita éd., 2002, *Las edades de las mujeres*, Ediciones de la Universidad Autónoma de Madrid.

PERNOUD Régine, 1983, *La femme au temps des cathédrales*, Paris, Stock.

PEROTIN-DUMON Anne, 2000, *La ville aux Iles, la ville dans l'île, Basse-Terre et Pointe-à-Pitre, Guadeloupe 1650-1820*, Paris, Éditions Karthala (livre issu d'une thèse d'État).

—— 2001 (éd.), *El género en historia*, Santiago, Chili, cédérom.

PERROT Michelle, 1974, *Les ouvriers en grève, France 1971-1890*, Paris, Mouton.

—— 1975, « Où en est l'histoire des femmes », communication au colloque d'Aix-en-Provence, *Les femmes et les sciences humaines* (juin 1975), non publiée, prêt de l'auteur.

—— 1976, « L'éloge de la ménagère dans le discours des ouvriers français au XIXe siècle », *Romantisme*, n° 13-14, octobre-décembre, p. 105-121.

—— 1980 (éd.), *L'impossible prison. Recherches sur le système pénitentiaire au XIXe siècle*, Paris, Seuil.

—— 1981, « Sur l'histoire des femmes en France », *Revue du Nord*, t. 63, n° 250, juillet-septembre, p. 569-584.

—— 1982, « Recherches sur les femmes et études féministes », Maurice Godelier éd., *Les sciences de l'homme et de la société en France*, Paris, La Documentation française.

—— 1984a (éd.), *Une histoire des femmes est-elle possible ?*, Marseille, Rivages.

—— 1984b, « Les femmes, le pouvoir, l'histoire », Michelle Perrot éd., *Une histoire des femmes est-elle possible ?*, Marseille, Rivages, p. 205-222.

—— 1985, « Où en est en France l'histoire des femmes ? », *Matériaux pour l'histoire de notre temps*, n° 1, janvier-mars, p. 3-5.

—— 1986, « Histoire des femmes, histoire des sexes », Marc Guillaume éd., *L'état des sciences sociales en France*, Paris, La Découverte, p. 73-75.

—— 1987a, « L'air du temps », Pierre Nora éd., *Essais d'ego-histoire*, p. 241-292.

—— 1987b (éd.), *Histoire de la vie privée*, vol. 4 : *De la Révolution à la Grande Guerre*, Paris, Seuil.

—— 1987c, « Quinze ans d'histoire des femmes », *Sources. Travaux historiques*, n° 12, p. 19-27.

—— 1992, « Pouvoir des hommes, puissance des femmes? L'exemple du XIXe siècle », Luc Courtois, Jean Pirotte et Françoise Rosart éd., *Femmes et pouvoirs. Flux et reflux de l'émancipation féminine*, Louvain-la-Neuve / Bruxelles, Collège Érasme / Nauwelaerts (recueil de travaux d'histoire et de philologie, 6e série, fascicule 43), p. 131-143.

—— 1994, « Où en est en France l'histoire des femmes ? », *French Politics and Society*, vol. 12, n° 1 (bilan à l'usage des lecteurs américains).

—— 1995, « Identité, égalité, différence : le regard de l'histoire », Ephesia éd., *La place des femmes. Les enjeux de l'identité et de l'égalité au regard des sciences sociales*, Paris, La Découverte, p. 39-56.

—— 1997a, *Femmes publiques*, Paris, Textuel.

—— 1997b, *Sand. Politique et polémiques (1843-1850)*, Paris, Imprimerie nationale.

—— 1998, *Les femmes ou les silences de l'histoire*, Paris, Flammarion.

—— 2001, « Les premières expériences », CEDREF, *Vingt-cinq ans d'études féministes. L'expérience Jussieu*, Publications de l'Université Paris 7 - Denis Diderot, p. 13-21.

—— 2006, *Mon histoire des femmes*, Paris, Seuil.

PERROT Philippe, 1981, *Les dessus et les dessous de la bourgeoisie. Une histoire du vêtement au XIXe siècle*, Paris, Fayard.

—— 1984, *Le travail des apparences ou les transformations du corps féminin*, Paris, Seuil.

PETÖ Andrea, 2003, *Women in Hungarian Politics 1945-1951*, Boulder, East European Monographs.

—— 2004, « Writing women's history in Eastern Europe : towards a "Terra Cognita" ? », *Journal of Women's History*, vol. 16, n° 4, p. 173-181.

PICQ Françoise, 1979, *Sur la théorie du droit maternel. Discours anthropologique et discours socialiste*, thèse d'État (Université Paris-Dauphine).

—— 1984, « "Le féminisme bourgeois" : une théorie élaborée par les femmes socialistes avant la guerre de 14 », Marie-Claire Pasquier *et al.* éd., *Stratégies des femmes*, Paris, Tierce, p. 391-406.

—— 1993, *Libération des femmes. Les années-mouvement*, Paris, Seuil.

—— 1998, « Le MLF, exception française ou modèle ? », Yolande Cohen et Françoise Thébaud éd., *Féminismes et identités nationales*, Lyon, Programme Rhône-Alpes de recherches en sciences humaines, p. 207-218.

PIERRARD Pierre, LAUNAY Michel et TREMPÉ Rolande, 1984, *La JOC, regards d'historiens*, Paris, les Éditions ouvrières.

PIERSON Ruth Roach, 1986, *« They're still Women after all » : The Second World War and Canadian Womenhood*, Toronto, McClelland & Stewart.

PIERSON Ruth Roach et CHAUDHURI Nupur éd., 1998, *Nation, Empire, Colony : Historicizing Gender and Race*, Bloomington, Indiana University Press.

PIETTE Valérie, 2000, *Domestiques et servantes : des vies sous condition. Essai sur le travail domestique en Belgique au XIXe siècle*, Bruxelles, Académie royale de Belgique.

PISANO Laura et VEAUVY Christiane, 1997, *Paroles oubliées. Les femmes et la construction de l'État-Nation en France et en Italie (1789-1860)*, Paris, Armand-Colin.

PIZAN Christine de, 1986, *La cité des dames*, traduction et introduction par Éric Hicks et Thérèse Moreau, Paris, Stock.

PLANERT Ute éd., 1996, *Antifeminismus im Kaiserreich. Diskurs, soziale Formation und politische Mentalität*, Göttingen, Vandenhoeck & Ruprecht.

PLANTÉ Christine, 1983, *Les Saint-Simoniennes, ou la quête d'une identité impossible à travers l'écriture à la première personne*, thèse de troisième cycle (Université Paris 3).

— 1986, « Les féministes saint-simoniennes. Possibilités et limites d'un mouvement féministe en France au lendemain de 1830 », Jean-René Derré éd., *Regards sur le saint-simonisme et les saint-simoniens*, Presses universitaires de Lyon, p. 73-102.

— 1988a, « Écrire des vies de femmes », *Les cahiers du Grif*, n° 37-38, p. 57-75.

— 1988b, « Femmes exceptionnelles : des exceptions pour quelle règle ? », *Les cahiers du Grif*, n° 37-38, p. 91-112.

— 1989a, *La petite sœur de Balzac. Essai sur la femme auteur*, Paris, Le Seuil.

— 1989b, « Le silence des femmes ou les enjeux d'une métaphore », *Cahiers du CEDREF*, n° 1, p. 9-41.

— 1998 (éd.), *L'épistolaire, un genre féminin ?*, Paris, Champion.

— 2002 (éd.), *Masculin-féminin dans la poésie et les poétiques du XIXe siècle*, Presses universitaires de Lyon.

POIRRIER Philippe, 2004, *Les enjeux de l'histoire culturelle*, Paris, Seuil (Points Histoire).

POMATA Giana 1992, « Uomini mestruanti : somiglianza e differenza fra i sessi in età moderna », *Quaderni Storici*, vol. 27, n° 1, p. 51-103.

— 1993a, « Histoire des femmes, histoire du genre. Observations sur le Moyen Âge et l'époque moderne dans l'*Histoire des femmes en Occident* », Georges Duby et Michelle Perrot éd., *Femmes et histoire*, Paris, Plon, p. 25-37.

— 1993b, « History particular and universal : on reading some recent women's history textbooks », *Feminist Studies*, vol. 19, n° 1, p. 17-48.

POUZOL Valérie, 2006, *Clandestines de la paix : Israéliennes et Palestiniennes contre la guerre*, Bruxelles, Éditions Complexe.

PRAZ Anne-Françoise, 2005, *De l'enfant utile à l'enfant précieux. Filles et garçons dans les cantons de Vaud et Fribourg (1860-1930)*, Lausanne, Éditions Antipodes.

PRIMI Alice, 2002, « Explorer le domaine de l'histoire : comment les "féministes" du Second Empire conçoivent-elles le passé ? », *Revue d'histoire du XIXe siècle*, n° 25.

— 2006, *Être fille de son siècle. L'engagement politique des femmes dans l'espace public en France et en Allemagne entre 1848 et 1870*, thèse de doctorat sous la direction de Michèle Riot-Sarcey (Université Paris 8).

PROST Antoine, 1996, « Où va l'histoire sociale », *Le mouvement social*, n° 174, janvier-mars, p. 15-22.

PROST Antoine et VINCENT Gérard éd., 1987, *Histoire de la vie privée*, vol. 5 : *De la première guerre mondiale à nos jours*, Paris, Seuil.

PROST Antoine et WINTER Jay, 2004, *Penser la Grande Guerre. Un essai d'historiographie*, Paris, Seuil (Points histoire).

PURVIS Jane, 1995, « Women's history in Britain : an overview », *The European Journal of Women's Studies*, vol. 2, n° 1, p. 7-19.

RACINE Nicole et TREBITSCH Michel éd., 2004, *Intellectuelles. Du genre en histoire des intellectuels*, Bruxelles, Éditions Complexe.

RAMAZANOGLU Caroline, 1996, « Unravelling postmodern paralysis : a response to Joan Hoff », *Women's History Review*, vol. 5, n° 1, p. 19-23.

RANCIÈRE Jacques, 1992, *Les noms de l'histoire. Essai de poétique du savoir*, Paris, Seuil.

—— 1993, « Sur l'*Histoire des femmes* au XIXe siècle », Georges Duby et Michelle Perrot éd., *Femmes et histoire*, Paris, Plon, p. 49-61.

—— 1994, « Histoire et récit », *L'Histoire entre épistémologie et demande sociale*, actes de l'université d'été de Blois (septembre 1993), Toulouse, Versailles, Créteil, Instituts universitaires de formation des maîtres, p. 183-201.

RAUCH André, 2000, *Le premier sexe. Mutations et crise de l'identité masculine*, Paris, Hachette.

—— 2004, *L'identité masculine à l'ombre des femmes, de la Grande Guerre à la Gay Pride*, Paris, Hachette.

RAVIS-GIORDANI Georges éd., 1987, *Femmes et patrimoine dans les sociétés rurales de l'Europe méditerranéenne*, Paris, CNRS Éditions.

RAVOUX-RALLO Élisabeth, 1985, *La femme à Venise au temps de Casanova*, Paris, Stock.

RAVOUX-RALLO Élisabeth et ROCHE Anne, 1984, « Corps, reste, texte », Michelle Perrot éd., *Une histoire des femmes est-elle possible ?*, Marseille, Rivages, p. 85-95.

REBREYEND Anne-Claire, 2005, « Comment écrire l'histoire des sexualités au XXe siècle ? Bilan historiographique comparé français / anglo-américain », *Clio HFS*, n° 22, p. 185-209.

—— 2006, *Pour une histoire de l'intime. Sexualités et sentiments amoureux en France de 1920 à 1975*, thèse de doctorat sous la direction de Françoise Thébaud (Université Paris 7).

Recherches féministes, 1988, *À propos d'éducation*, vol. 1, n° 1. —— 1988, *Femmes et développement*, vol. 1, n° 2. —— 1989, *Lieux et milieux de vie*, vol. 2, n° 1. —— 1989, *Convergences*, vol. 2, n° 2. —— 1990, *L'Amère Patrie*, vol. 3, n° 1. —— 1990, *L'Autre Salut*, vol. 3, n° 2. —— 1991, *Femmes, savoir, santé*, vol. 4, n° 1. —— 1991, *Unité / diversité*, vol. 4, n° 2. —— 1992, *Les femmes de la francophonie*, vol. 5, n° 1. —— 1992, *Femmes et travail*, vol. 5, n° 2. —— 1993, *Temps et mémoire des femmes*, vol. 6, n° 1. —— 1993, *Enjeux*, vol. 6, n° 2. —— 1994, *Familles*, vol. 7, n° 1. —— 1994, *Représentations*, vol. 7, n° 2. —— 1995, *Femmes, populations, développement*, vol. 8, n° 1. —— 1995, *Théorie, méthode, pratique*, vol. 8, n° 2. —— 1996, *Femmes et technologie*, vol. 9, n° 1. —— 1996, *Les âges de la vie*, vol. 9, n° 2. —— 1997, *Femmes et villes*, vol. 10, n° 1. —— 1999, *Femmes, État et société*, vol. 12, n° 1. —— 2001, *Féminin pluriel*, vol. 14, n° 2. —— 2002, *Migrations*, vol. 15, n° 2. —— 2004, *Femmes et sports*, vol. 17, n° 1. —— 2006, *Déconstruire le féminin*, vol. 19, n° 2.

Rendez-vous de l'histoire (Blois, 7, 2004), 2005, *Les femmes dans l'histoire*, Paris, Pleins feux.

RENNES Juliette, 2007, *Le mérite et la nature. Une controverse républicaine : l'accès des femmes aux professions de prestige*, 1880-1940, Paris, Fayard.

RENOULT Anne, 2004, *Andrée Viollis. Une femme journaliste*, Prix Mnémosyne 2003, Presses de l'Université d'Angers.

REVEL Jacques, 1984, « Masculin / féminin : sur l'usage historiographique des rôles sexuels », Michelle Perrot éd., *Une histoire des femmes est-elle possible ?*, Marseille, Rivages, p. 121-140.

—— 1986, « Foucault », André Burguière éd., *Dictionnaire des sciences historiques*, Paris, PUF, p. 290-292.

RÉVENIN Régis, 2005, *Homosexualité et prostitution masculines à Paris (1870-1918)*, Paris, L'Harmattan.

Revue d'histoire moderne et contemporaine, 1992, *Pour une histoire culturelle du contemporain*, n° 1, janvier-mars.

—— 2006, *Écrire l'histoire des homosexualités en Europe : XIXe-XXe siècles*, octobre-décembre, n° 4.

REYNOLDS Siân, 1986 (éd.), *Women, State and Revolution : Essays on Power and Gender in Europe Since 1789*, Brighton, Harvester.

—— 1994, « Women and the Popular Front : the case of the three women ministers », *French History*, vol. 8, n° 2, p. 196-224.

—— 1996, *France Between the Wars : Gender and Politics*, Londres - New York, Routledge.

—— 2005, « Quelle visibilité pour les femmes : spécificité ou intégration? », site www.mnemosyne.asso.fr, colloque *L'histoire des femmes et du genre : enseignements et transmissions des savoirs*.

RHEIN Catherine, 1977, *Jeunes femmes au travail à Paris entre les deux guerres*, thèse de troisième cycle sous la direction de Françoise Cribier (Université Paris 7).

—— 1979, *La vie dure qu'on a eue* (enquête orale de la thèse précédente, dactylographiée à part), Paris, CNRS.

RILEY Denise, 1988, *« Am I that Name ? » Feminism and the Category of « Women » in History*, Londres, Macmillan.

RINGELHEIM Joan, 1990, « Thoughts about women and the Holocaust », R. S. Gottlieb éd., *Thinking the Unthinkable*, New York, Paulist Press.

—— 1993, « Women and the Holocaust : a reconsideration of research », C. Rittner et J. K. Roth éd., *Different Voices. Women and the Holocaust*, New York, Paragon House.

RIOT-SARCEY Michèle, 1991, « Du genre au singulier dans l'histoire », Marie-

Claude Hurtig, Michèle Kail et Hélène Rouch éd., *Sexe et genre. De la hiérarchie entre les sexes*, Paris, CNRS Éditions, p. 181-187.

—— 1993 (éd.), *Femmes, pouvoirs*, Paris, Éditions Kimé.

—— 1994, *La démocratie à l'épreuve des femmes. Trois figures critiques du pouvoir 1830-1848*, Paris, Albin Michel.

—— 1995 (éd.), *Démocratie et représentation*, Paris, Éditions Kimé.

—— 1997, « La place des femmes dans l'histoire ou les enjeux d'une écriture », *Revue de synthèse*, n° 1, p. 107-128.

—— 2000, « L'historiographie française et le concept de "genre" », *Revue d'histoire moderne et contemporaine*, n° 47-4, p. 805-814 (version française de « The difficulties of gender in France : reflections on a concept », *Gender and History*, vol. 11, n° 3, 1999, p. 489-498).

—— 2002, *Histoire du féminisme*, Paris, La Découverte (Repères).

RIOT-SARCEY Michèle et VARIKAS Eleni, 1988, « Réflexions sur la notion d'exceptionnalité », *Les cahiers du Grif*, n° 37-38, p. 77-89.

RIOT-SARCEY Michèle, BOUCHET Thomas, PICON Antoine éd., 2006, *Dictionnaires des utopies*, Paris, Larousse.

RIOUX Jean-Pierre et SIRINELLI Jean-François éd., 1997, *Pour une histoire culturelle*, Paris, Seuil.

RIPA Yannick, 1986, *La ronde des folles. Femmes, folie et enfermement au XIXe siècle*, Paris, Aubier.

—— 1995, « À propos des tondues durant la guerre civile espagnole », *Clio HFS*, n° 1, p. 195-199.

—— 1996, « Le genre dans l'anarcho-syndicalisme espagnol (1910-1939) », *Clio HFS*, n° 3, p. 196-203.

—— 1997, « Le mythe de Dolorès Ibarruri », *Clio HFS*, n° 5, p. 147-155.

—— 1999, *Les femmes, actrices de l'Histoire, 1789-1945*, Paris, SEDES.

—— 2002, *Les femmes*, Paris, Le cavalier bleu (Idées reçues).

ROBERTS Mary Louise, 1994, *Civilization without Sexes. Reconstructing Gender in Postwar France*, Chicago-Londres, University of Chicago Press.

—— 1996, « Prêt-à-déchiffrer : la mode de l'après-guerre et la "nouvelle histoire culturelle" », *Le mouvement social*, n° 174, p. 57-73.

—— 2004 [2002], *Disruptive Acts : The New Woman in Fin-de-siècle France*, Chicago-Londres, University of Chicago Press.

ROCHE Daniel, 1986, « Les historiens aujourd'hui. Remarques pour un débat », *Vingtième Siècle - Revue d'histoire*, n° 12, octobre-décembre, p. 3-20.

—— 1988, « De l'histoire sociale à l'histoire des cultures : le métier que je fais », Daniel Roche éd., *Les républicains des Lettres. Gens de culture et Lumières au XVIIIe siècle*, Paris, Fayard.

ROCHEFORT Florence, 1997a, « Du droit des femmes au féminisme en Europe 1860-1914 », Christine Fauré éd., *Encyclopédie politique et historique des femmes*, Paris, PUF, p. 551- 570.

—— 1997b, « L'accès des femmes à la citoyenneté politique dans les sociétés occidentales : essai d'approche comparative », Yolande Cohen et Françoise

Thébaud éd., *Féminismes et identités nationales*, Lyon, Programme Rhône-Alpes de recherches en sciences humaines, p. 21-45.

—— 2005, « Laïcisation des mœurs et équilibres de genre. Le débat sur la capacité civile de la femme mariée (1918-1938) », *Vingtième siècle - Revue d'histoire*, n° 87, juillet-septembre, p. 129-141.

ROGERS Rebecca, 1992, *Les demoiselles de la Légion d'honneur. Les maisons d'éducation de la Légion d'honneur au dix-neuvième siècle*, Paris, Plon

—— 1996, « Le professeur a-t-il un sexe ? : Les débats autour de la présence d'hommes dans l'enseignement secondaire féminin, 1840-1880 », *Clio HFS*, n° 4, p. 221-239.

—— 2000, « Le sexe de l'espace : réflexions sur l'histoire des femmes aux XVIIIe et XIXe siècles dans quelques travaux américains, anglais et français », *Les espaces de l'historien*, études d'historiographie rassemblées par Jean-Claude Wacquet, Odile Goerg et Rebecca Rogers, Presses universitaires de Strasbourg, p. 181-202.

—— 2004a, « Rencontres, appropriations, résistances : les étapes d'un dialogue franco-américain en histoire des femmes et du genre », *Revue d'histoire des sciences humaines*, n° 11, p. 101-126.

—— 2004b (éd.), *La mixité dans l'éducation. Enjeux passés et présents*, Lyon, ENS Éditions.

—— 2005a, *From the Salon to the Schoolroom. Educating Bourgeois Girls in Nineteenth-Century France*, University Park, Pennsylviana State University Press (à paraître en français aux Presses universitaires de Rennes, 2007).

—— 2005b, « Transmettre l'histoire des femmes et du genre dans l'enseignement supérieur : un modèle américain ? », www.mnemosyne.asso.fr, colloque *L'histoire des femmes et du genre : enseignements et transmissions des savoirs*.

ROGERS Rebecca et ESSEN Mineka Van, 2003, « Écrire l'histoire des enseignantes : enjeux et perspectives internationales », *Histoire de l'éducation*, n° 98, p. 5-35.

ROLLET Catherine, 1990, *La politique à l'égard de la petite enfance sous la IIIe République (1865-1939)*, Paris, INED / PUF.

Romantisme - Revue du XIXe siècle, 1976, *Mythes et représentations de la femme au XIXe siècle*, n° 13-14. —— 1992, *Les femmes et le bonheur d'écrire*, n° 77. —— 1994, *Pouvoirs, puissance : qu'en pensent les femmes ?*, n° 85.

RONSIN Francis, 1980, *La grève des ventres, propagande néo-malthusienne et baisse de la natalité française (XIXe-XXe siècles)*, Paris, Aubier (livre issu d'une thèse de troisième cycle).

—— 1992, *Les divorciaires. Affrontements politiques et conceptions du mariage dans la France du XIXe siècle*, Paris, Aubier.

ROPER Lyndal, 1991, « Stealing manhood : capitalism and magic in early modern Germany », *Gender & History*, vol. 3, n° 1.

ROSANVALLON Pierre, 1992, *Le sacre du citoyen. Histoire du suffrage universel en France*, Paris, Gallimard.

ROSE Sonya R., 1991a, *Limited Livelihoods : Gender and Class in Nineteenth Century England*, Berkeley, University of California Press.

—— 1991b, « "Frères et sœurs en détresse". Ouvriers du tissage mécanique et syndicats dans le Lancashire au XIXe siècle », *Genèses*, n° 6, p. 53-72.

—— 1993a, « Gender history / women's history : is feminist scholarship losing its critical edge ? », *Journal of Women's History*, vol. 5, n° 1.

—— 1993b, « Respectable men, disordely others : the language of gender and the Lancashire weawers strike of 1878 », *Gender & History*, vol. 5, n° 3.

ROSSANA Rossanda, 1983, « Sur la question de la culture féminine », *Peuples méditerranéens*, n° 22-23, *Femmes de la Méditerranée*, p. 287-305 (version originale italienne dans *L'Orsaminore*, n° 0, 1981).

ROUCH Hélène, DORLIN Elsa et FOUGEYROLLAS-SCHWEBEL Dominique éd., 2005, *Le corps, entre sexe et genre*, Paris, L'Harmattan.

ROUSSO Henry, 1987, *Le syndrome de Vichy 1944-198...*, Paris, Seuil.

ROWBOTHAM Sheila, 1972a, *Féminisme et Révolution*, Paris, Payot.

—— 1972b, *Women's Liberation and Revolution : A Bibliography Completed*, Bristol, Falling Wall Press.

—— 1977 [1973], *Hidden from History*, Londres, Pluto Press,

—— 1997, *A Century of Women: The History of Women in Britain and The United States in the Twentieth Century*, New York, Penguin Books.

ROYNETTE Odile, 2000, *Bons pour le service. L'expérience de la caserne en France à la fin du XIXe siècle*, Paris, Belin (livre issu d'une thèse de doctorat).

RUIZ Vicki L. et DUBOIS Ellen Carol éd., 1994 [1991], *Unequal Sisters : A Multicultural Reader in US Women's History*, New York - Londres, Routledge.

RUPP Leila J., 1978, *Mobilizing Women for War. German and American Propaganda 1939-1945*, Princeton University Press.

—— 1997, *Worlds of Women. The Making of an International Women's Movement*, Princeton University Press.

—— 2002 [1999], *A short History of Same-Sex Love in America*, Chicago / Londres, University of Chicago Press.

RYAN Mary P., 1981, *Cradle of the Middle Class : The Family in Oneida County, 1790-1865*, New York, Cambridge University Press.

SAADA Emmanuelle, 2003, *Les enfants de la colonie. Les métis de l'Empire français entre sujétion et citoyenneté (1890-2000)*, Paris, La Découverte.

SACHSE Carola, 2002, *Der Hausarbeitstag. Gerechtigkeit und Gleichberechtigung in Ost und West 1939-1994*, Göttingen, Wallstein Verlag.

SAINCLIVIER Jacqueline, 2005, « Une histoire des agricultrices aux XIXe-XXe siècles est-elle possible en France ? Acquis et perspectives », Nadine Vivier éd., *Ruralité française et britannique, XIIIe-XXe siècles. Approches comparées*, Presses universitaires de Rennes, p. 117-128.

SALLMANN Michel, 1989, *Les sorcières, fiancées de Satan*, Paris, Gallimard.

—— 1991, « Sorcière », Natalie Zemon Davis et Arlette Farge éd., *Histoire des femmes*, vol. 3 : *XVIe-XVIIIe siècles*, p. 455-467.

SAMUEL Pierre, 1975, *Amazones, guerrières et gaillardes*, Bruxelles, Complexe.

SANGSTER Joan, 1994, « Telling our stories : feminist debates and the use of oral history », *Women's History Review*, vol. 3, n° 1.

SARTI Odile, 1992, *The Ligue patriotique des Françaises (1902-1933) : a Feminine Response to the Secularization of French Society*, New York - Londres, Garland.

SAWICKI Jana, 1994, « Foucault, feminism and questions of identity », Jan Goldstein éd., *Foucault and the Writing of History*, Cambridge-Oxford, Blackwell.

SCARAFFIA Lucetta et ZARI Gabriella éd., 1994, *Donne e fede. Santità e vita religiosa in Italia*, Bari, Laterza.

SCHEIBE WOLFF Cristina, 1999, *Mulheres da Floresta : uma história. Alto Juruá, Acre (1890-1945)*, São Paulo, Hucitec.

SCHMITT Jean-Claude, 1987, « L'histoire des marginaux », Jacques Le Goff éd., *La Nouvelle Histoire*, Paris, Complexe, p. 277-305.

— 2002 (éd.), *Ève et Pandora : la création de la femme*, Paris, Gallimard.

SCHMITT PANTEL Pauline, 1984, « La différence des sexes, histoire, anthropologie et cité grecque », Michelle Perrot éd., *Une histoire des femmes est-elle possible ?*, Marseille, Rivages, p. 97-119.

— 1991 (éd.), *Histoire des femmes en Occident*, vol. 1 : *L'Antiquité*, Paris, Plon.

— 2005, « Une histoire du genre est-elle possible ? Éléments de conclusion », *Hypothèses 2004. Travaux de l'École doctorale d'histoire*, Paris, Publications de La Sorbonne, p. 343-348.

SCHÖTTLER Peter, 1991, *Lucie Varga. Les autorités invisibles. Une historienne autrichienne aux Annales dans les années trente*, Paris, Cerf.

— 1992, « Lucie Varga : a central european refugee in the circle of the French "Annales" 1934-1941 », *History Workshop*, n° 33, p. 100-120.

SCHWARZ Gudrun, 1984, « L'invention de la lesbienne par les psychiatres allemands », Marie-Claire Pasquier *et al.* éd., *Stratégies des femmes*, Paris, Tierce, p. 312-328.

SCHWEITZER Sylvie, 2002, *Les femmes ont toujours travaillé. Une histoire du travail des femmes aux XIXe et XXe siècles*, Paris, Odile Jacob.

SCOTT Anne Firor 1984, *Making The Invisible Woman Visible*, Champaign, University of Illinois Press.

SCOTT Joan Wallach, 1981, « Dix ans d'histoire des femmes aux États-Unis », *Le Débat*, décembre, p. 127-132.

— 1982, *Les verriers de Carmaux. La naissance d'un syndicalisme*, Paris, Flammarion (traduction de *The Glassworkers of Carmaux. French Craftsmen and Political Action in a Nineteenth Century French City*, Cambridge, Harvard University Press, 1974).

— 1983, « Women in history : the modern period », *Past & Present : A Journal of Historical Studies*, n° 101, p. 141-157.

—— 1984, « Men and women in the parisian garment trades : discussions of family and work in the 1830's and 40's », Roderick Floud, Geoffrey Crossick et Patricia Thane éd., *The Power of the Past : Essays in Honor of Eric Hobsbawm*, Cambridge University.

—— 1986a, « Gender : a useful category of historical analysis », *American Historical Review*, vol. 91, n° 5, p. 1053-1075.

—— 1986b, « Statistical representations of work : the politics of the chamber of commerce, *Statistiques de l'industrie à Paris 1847-1848* », S. L. Kaplan et C. J. Koepp éd., *Work in France : Representations, Meaning, Organization and Practice*, Ithaca-Londres, Cornell University Press, p. 335-363.

—— 1987a, « Rewriting History », Margaret Randolph Higonnet, Jane Jenson, Sonya Michel *et al.* éd., *Behind the Lines. Gender and the Two World Wars*, New Haven / Londres, Yale University Press, p. 21-30.

—— 1987b, « On language, gender, and working-class history », *International Labor and Working Class History*, n° 31, p. 1-13.

—— 1988a, « Deconstructing equality versus difference, or the uses of poststructuralist theory for feminism », *Feminist Studies*, vol. 14, n° 1, p. 32-50.

—— 1988b, *Gender and the Politics of History*, collection d'articles ou de conférences remaniés pour cette édition, New York, Columbia University Press (outre les références précédentes voir : « Women in *The Making of the English Working Class* », p. 68-90, « "L'ouvrière ! Mot impie, sordide..." : Women workers in the discourse of French political economy, 1840-1860 », p. 139-163, « American women historians, 1884-1984 », p. 178-198).

—— 1988c, « Genre : une catégorie utile d'analyse historique », *Les cahiers du Grif*, n° 37-38, p. 125-153.

—— 1989, « French feminists and the rights of "Man" : Olympe de Gouges's declarations », *History Workshop Journal*, n° 28, p. 1-21.

—— 1991a, « La travailleuse », Geneviève Fraisse et Michelle Perrot éd., *Histoire des femmes*, vol. 4 : *Le XIXe siècle*, Paris, Plon, p. 419-444.

—— 1991b, « Women's History », Peter Burke éd., *New Perspectives in Historical Writing*, Cambridge, Polity Press.

—— 1991c, « The evidence of experience », *Critical Inquiry*, vol. 17, n° 4, p. 773-797.

—— 1994, « Les femmes qui n'ont que des paradoxes à offrir. Féministes françaises 1789- 1945 », Hans Ulrich Jost, Monique Pavillon, François Valloton éd., *La politique des droits : citoyenneté et construction des genres aux XIXe et XXe siècles*, Paris, Éditions Kimé, p. 11-26.

—— 1995, « Vive la différence ! », *Le débat*, n° 87, novembre-décembre, p. 134-139 (dossier : « Femmes : une singularité française ? »).

—— 1996 (éd.), *Feminism and History*, Oxford - New York, Oxford University Press.

—— 1998a, *La citoyenne paradoxale. Les féministes françaises et les droits de l'homme*, Paris, Albin Michel (traduction de *Only Paradoxes to Offer. French Feminists and the Rights of Man*, Harvard University Press, 1996).

—— 1998b, « L'universalisme et l'histoire du féminisme », Yolande Cohen et Françoise Thébaud éd., *Féminismes et identités nationales*, Lyon, Programme Rhône-Alpes de recherches en sciences humaines, p. 285-298.

—— 1999, *Gender and the Politics of History*, édition révisée, New York, Columbia University Press.

—— 2001, « Millenial fantasies : the future of "gender" in the 21st century », Claudia Honegger et Carole Arni (éd.), *Gender. Die Tücken einer Kategorie. Beiträge zum Symposion anlässlich der Verleihung des Hans-Sigrist-Preises 1999 der Universität Bern an Joan W. Scott*, Zürich, Chronos Verlag.

—— 2005, *Parité ! L'universel et la différence des sexes*, Paris, Albin Michel (traduction de *Parité ! Sexual Equality and the Crisis of French Universalism*, University of Chicago Press, 2005).

SEARNS Peter N., 2000, *Gender in World History*, Londres / New York, Routledge.

SEGALEN Martine, 1980, *Mari et femme dans la société paysanne*, Paris, Flammarion.

SEIDMAN Steven éd., 1994, *The Postmodern Turn. New Perspectives on Social Theory*, Cambridge - New York, Cambridge University Press.

SELLIER Geneviève, 2005, *La nouvelle vague. Un cinéma au masculin singulier*, Paris, CNRS Éditions.

SELLIER Geneviève et VIENNOT Éliane éd., 2004, *Culture d'élite, culture de masse et différence des sexes*, Paris, L'Harmattan.

SEVEGRAND Martine, 1995, *Les enfants du bon Dieu. Les catholiques français et la procréation au XXe siècle*, Paris, Albin Michel.

—— 1996, *L'amour en toutes lettres. Questions à l'abbé Viollet sur la sexualité (1924-1943)*, Paris, Albin Michel.

Sextant, 1998, *Femmes dans la cité, Amérique latine et Portugal*, n° 8. —— 1998, *Engagements féminins*, n° 9. —— 1998, *Trajectoires*, n° 10. —— 1999, *Femmes artistes (1)*, n° 11. —— 1999, *Femmes artistes (2)*, n° 12. —— 2000, *Femmes de culture et de pouvoir*, n° 13-14. —— 2001, *Domesticité*, n° 15-16. —— 2002, *Poésie*, n° 17-18. —— 2003, *Enfances*, n° 19. —— 2003, *Familles*, n° 20. —— 2004, *Femmes migrantes*, n° 21-22.

SHAPIRO Ann-Louise, 1994, *Feminists Revision History*, Rutgers University Press.

SHORTER Edward, 1971, « Illegitimacy, sexual revolution and social change in Modern Europe », *Journal of Interdisciplinary History*, vol. 2, n° 2, p. 237-272.

—— 1973, « Female emancipation, birth control and fertility in European history », *American Historical Review*, vol. 78, n° 3, juin, p. 605-640.

—— 1975, *The Making of Modern Family*, New York, Basic Books.

—— 1977, *Naissance de la famille moderne XVIIIe-XXe siècles*, Paris, Seuil.

—— 1984, *Le corps des femmes*, Paris, Seuil.

SIBEUD Emmanuelle, 2002, *Une science impériale pour l'Afrique ? La construc-*

tion des savoirs africanistes en France, 1878-1930, Paris, Éditions de l'EHESS.

SICHERMAN Barbara, MONTER William E., SCOTT Joan W. *et al.*, 1980, *Recent United States Scholarship on the History of Women*, Washington, American Historical Association.

SIMONTON Deborah, 1998, *A History of European Women's Work*, Londres, Routledge.

—— 2005 (éd.), *The Routledge History of Women in Europe since 1700*, Londres, Routledge.

SINEAU Mariette, 1988, *Des femmes en politique*, Paris, Économica.

—— 1992, « Droit et démocratie », Françoise Thébaud éd., *Histoire des femmes*, vol. 5 : *Le XXe siècle*, Paris, Plon, p. 471-497.

SINEAU Mariette et JENSON Jane, 1995, *Mitterand et les Françaises. Un rendez-vous manqué*, Paris, Presses de la Fondation nationale des sciences politiques.

SINHA Mrinalini, 1995, *Colonial Masculinity : The "Manly Englishman" and the "Effeminate Bengali" in the Late Nineteenth Century*, Manchester University Press.

SLEDZIEWSKI Élisabeth, 1989, *Révolutions du sujet*, Paris, Méridien Klincksieck.

—— 1991, « Révolution française. Le tournant », Geneviève Fraisse et Michelle Perrot éd., *Histoire des femmes*, vol. 4 : *Le XIXe siècle*, Plon, p. 43-85.

SMITH Bonnie G., 1984, « The contribution of women to modern historiography in Great Britain, France and the United States, 1750-1940 », *The American Historical Review*, vol. 89, n° 3, p. 709-732.

—— 1989a, *Les bourgeoises du Nord*, Paris, Perrin (traduction de *Ladies of the Leisure Class. The Bourgeoises of Northern France in the Nineteenth Century*, Princeton University Press, 1981).

—— 1989b, *Changing Lives. Women in European History Since 1700*, Toronto, D.C. Heath and Company.

—— 1992, « Historiography, objectivity and the case of the abusive widow », *History and Theory*, vol. 31, n° 4, p. 15-32.

—— 1993, « Gender, objectivity and the rise of scientific history », Wolfang Nader éd., *Objectivity and Its Other*, University of Kentucky Press.

—— 1998, *The Gender of History. Men, Women and Historical Practice*, Cambridge, Harvard University Press.

—— 2000 (éd.), *Global Feminisms since 1945*, Londres / New York, Routledge.

—— 2004-2005 (éd.), *Women's History in Global Perspective*, Urbana / Chicago, University of Illinois Press, 3 volumes.

SMITH-ROSENBERG Carroll, 1977-1978, « Amours et rites : le monde des femmes dans l'Amérique du XIXe siècle », *Les temps modernes*, p. 1231-1256 (traduction de « The female world of love and ritual : relations between women in 19th century America », *Signs*, vol. 1, n° 1, 1975, p. 1-20).

SMITH-ROSENBERG Caroll et NEWTON Esther, 1984, « Le mythe de la lesbienne et la femme nouvelle », Marie-Claire Pasquier *et al.* éd., *Stratégies des femmes*, Paris, Tierce, p. 274-311.

Sociétés et représentations, 2002, *Histoire et archives de soi*, n° 13.

SOGNER Solvi et HAGEMANN Gro éd., 2000, *Women's Politics and Women in Politics. In Honour of Ida Blom*, Oslo, Universitetet i Bergen, Cappelen Akademisk Forlag.

SOHN Anne-Marie 1972, « La Garçonne face à l'opinion publique : type littéraire ou type social des années vingt ? », *Le mouvement social*, juillet-septembre, n° 80, p. 3-28.

—— 1973, *Féminisme et syndicalisme. Les institutrices de la Fédération unitaire de l'enseignement (1919-1935)*, thèse de troisième cycle sous la direction d'Annie Kriegel (Université de Paris 10 - Nanterre).

—— 1977, « Exemplarité et limites de la participation féminine à la vie syndicale : les institutrices de la CGTU », *Revue d'histoire moderne et contemporaine*, juillet-septembre, n° 3, p. 391-414.

—— 1981, « Les rôles féminins dans la vie privée : approche méthodologique et bilan de recherche », *Revue d'histoire moderne et contemporaine*, octobre-décembre, n° 4, p. 597-623.

—— 1984, « Les femmes catholiques et la vie publique en France (1900-1930) », Marie-Claire Pasquier *et al.* éd., *Stratégies des femmes*, Paris, Tierce, p. 97-120.

—— 1989, « Les attentats à la pudeur sur les fillettes et la sexualité quotidienne en France (1870- 1939) », *Mentalités*, n° 3, numéro spécial, *Violences sexuelles.*

—— 1992, « Entre deux guerres : les rôles féminins en France et en Angleterre », Françoise Thébaud éd., *Histoire des femmes*, vol. 5 : *Le XXe siècle*, Paris, Plon, p. 91-113.

—— 1996a, *Chrysalides. Femmes dans la vie privée XIXe-XXe* siècles, Paris, Publications de la Sorbonne (livre issu d'une thèse d'État).

—— 1996b, *Du premier baiser à l'alcôve. La sexualité des Français au quotidien (1850-1950)*, Paris, Aubier.

—— 2001, *Âge tendre et tête de bois. Histoire des jeunes des années 1960*, Paris, Hachette Littératures.

—— 2003, *100 ans de séduction. Une histoire des histoires d'amour*, Paris, Larousse.

SOHN Anne-Marie et THÉLAMON Françoise éd., 1998, *L'histoire sans les femmes est-elle possible ?*, Paris, Perrin.

Sources, Travaux historiques, 1987, *Femmes : universalité et exclusion*, n° 12.

SOWERWINE Charles, 1975, « les femmes dans le parti socialiste en France avant 1914 », *Le mouvement social*, janvier-mars, n° 90, p. 87-120.

—— 1978, *Les femmes et le socialisme*, Paris, Presses de la Fondation nationale des sciences politiques (livre issu d'un PhD).

—— 2001, *France since 1870. Culture, Politics and Society*, Basingstoke, Palgrave.

SOWERWINE Charles et MAIGNIEN Claude, 1992, *Madeleine Pelletier, une féministe dans l'arène politique*, Paris, Éditions ouvrières.

STEINBERG Sylvie, 2001, *La confusion des sexes. Le travestissement de la Renaissance à la Révolution*, Paris, Fayard.

STEWART Mary Lynn, 1989, *Women, Work and the French State : Labour Protection and Social Patriarchy, 1879-1919*, Kingston, McGill-Queen's University Press.

—— 1995, « Setting the standards : labor and family reformers », Elinor A. Accampo, Rachel G. Fuchs et Mary Lynn Stewart éd., *Gender and the Politics of Social Reform*, Baltimore / Londres, The Johns Hopkins University Press.

—— 2001, *For Health and Beauty : Physical Culture for French Women, 1880s-1930s*, Baltimore / Londres, Johns Hopkins University Press.

STONE Lauwrence, 1994, « The use and abuse of herstory », *The New Republic*, 2 mai, p. 31-37 (compte rendu de l'*Histoire des femmes* en cinq volumes).

STORA-LAMARRE Annie, 1990, *L'enfer de la IIIe République. Censeurs et pornographes (1881-1914)*, Paris, Imago.

STUDER Brigitte, 1989, « Das Geschlechterverhältnis in der Geschichtsschreibung und in der Geschichte der 19. and 20. Jahrhundert. Überlegungen zur Entwicklung der historischen Frauenforschung und zu ihrem Beitrag zur geschichtlichen Erkenntnis », *Feministiche Studien*, n° 1, p. 97-121.

—— 1990-1991, « "Le genre de l'histoire" – Histoire des femmes et histoire suisse récente », Faculté des sciences économiques et sociales de l'Université de Genève, département d'histoire économique, *Bulletin*, n° 21, p. 27-39.

—— 1993, « Überlegungen zu den Kategorien "Geschlecht, Klasse und Ethnizitität" in der Historiographie », Gabriella Hauch éd., *Geschlecht-Klasse-Ethnizität, 28. Internationale Tagung der Historikerinnen und Historiker der Arbeiterinnen und Arbeiterbewegung*, Wien-Zürich, Europaverlag.

—— 2004, « La femme nouvelle », Michel Dreyfus *et al.* éd., *Le siècle des communismes*, Points Seuil, p. 377-387.

STUDER Brigitte, SUTTER Gaby et WECKER Regina, 2001, *Die « schutzbedürftige Frau ». Zur Konstruktion von Geschlecht durch Mutterschaftsversicherung, Nachtarbeitsverbot und Sonderschutzgesetzgebung*, Zürich, Kraros.

STUDER Brigitte et THÉBAUD Françoise, 2004, « Entre histoire et mémoire », Éliane Gubin *et al.* éd., *Le siècle des féminismes*, Paris, Éditions de l'Atelier, p. 27-45.

SULLEROT Évelyne, 1966, *Histoire de la presse féminine en France des origines à 1848*, Paris, Armand Colin.

—— 1968, *Histoire et sociologie du travail féminin*, Paris, Gonthier.

—— 1973, *Les Françaises au travail*, Paris, Hachette.

—— 1978 (éd.), *Le fait féminin*, Paris, Fayard.

SUMMERFIELD Penny, 1998, *Reconstructing Women's Wartime Lives : Dis-*

course and Subjectivity in Oral Histories of the Second World War, Manchester / New York, Manchester University Press.

TAMAGNE Florence, 2000, *Histoire de l'homosexualité en Europe, Berlin, Londres, Paris, 1919-1939*, Paris, Seuil (livre issu d'une thèse de doctorat).

— 2001, *Mauvais genre ? Une histoire des représentations de l'homosexualité*, Paris, La Martinière.

TARAUD Christelle, 2003a, *La prostitution coloniale. Algérie, Tunisie, Maroc, 1830-1962*, Paris, Payot.

— 2003b, *Femmes orientales dans la photographie coloniale, 1860-1910*, Paris, Albin Michel.

— 2005, *Les féminismes en questions. Éléments pour une cartographie*, entretiens réalisés par Christelle Taraud, Paris, Éditions Amsterdam.

TARDIVEL Jacqueline, 1993, *Des pacifistes aux résistantes : les militantes communistes en France dans l'entre-deux-guerres*, thèse de doctorat sous la direction de Michelle Perrot (Université Paris 7).

Terrains & travaux – revue de sciences sociales, 2006, *Dynamiques du genre*, n° 10.

TERRET Thierry éd., 2005, *Sport et genre*, vol. 1 : *La conquête d'une citadelle masculine*, Paris, L'Harmattan.

TERRET Thierry et LIOTARD Philippe éd., 2005, *Sport et genre*, vol. 2 : *Excellence féminine et masculinité hégémonique*, Paris, L'Harmattan.

TERRET Thierry et ROGER Anne éd., 2005, *Sport et genre*, vol. 4 : *Objets, arts et médias*, Paris, L'Harmattan.

TERRET Thierry et SAINT-MARTIN Jean éd., 2005, *Sport et genre*, vol. 3 : *Apprentissage du genre et institutions éducatives*, Paris, L'Harmattan.

THALMANN Rita, 1982, *être femme sous le IIIe Reich*, Paris, Robert Laffont.

— 1986 (éd.), *Femmes et fascismes*, Paris, Tierce.

— 1990 (éd.), *La tentation nationaliste*, Paris, DeuxTemps Tierce.

THANE Pat, 1991, « Genre et protection sociale. La protection maternelle et infantile en Grande- Bretagne 1860-1918 », *Genèses*, n° 6, p. 73-97.

The American Historical Review, 1984, *Women's History Today*, vol. 89, n° 3, juin.

THÉBAUD Françoise, 1985, « Le mouvement nataliste dans la France de l'entre-deux-guerres : l'Alliance nationale pour l'accroissement de la population française », *Revue d'histoire moderne et contemporaine*, avril-juin, n° 2, p. 276-301.

— 1986a, *La femme au temps de la guerre de 14*, Paris, Stock.

— 1986b, *Quand nos grand-mères donnaient la vie. La maternité en France dans l'entre-deux-guerres* (version abrégée d'une thèse de troisième cycle), Presses universitaires de Lyon.

— 1986c, « Maternité et famille entre les deux guerres : idéologies et politique familiales », Rita Thalmann éd., *Femmes et fascismes*, Paris, Tierce, p. 85-97.

—— 1990, « Le féminisme à l'épreuve de la guerre », Rita Thalmann éd., *La tentation nationaliste*, Paris, DeuxTemps Tierce, p. 17-46.

—— 1992a (éd.), *Histoire des femmes en Occident*, vol. 5 : *Le XXe siècle*, Paris, Plon.

—— 1992b, « La Grande Guerre : le triomphe de la division sexuelle », Françoise Thébaud éd., *Histoire des femmes en Occident*, vol. 5 : *Le XXe siècle*, Paris, Plon, p. 31-74.

—— 1994a, « Une place nouvelle des femmes dans les sociétés occidentales ? », Stéphane Courtois et Annettte Wieviorka éd., *L'état du monde en 1945*, Paris, La Découverte, p. 227-231.

—— 1994b, « Femmes et guerres en France au XXe siècle », Isabel Morant Deusa éd., *Mujeres e historia : feminismo, historia de las mujeres et interpelaciones à la historia*, Valencia, UIMP, p. 8-32.

—— 1996, « Les Françaises, quelle citoyenneté ? », *Provence historique*, t. 46, fascicule 186, *Femmes et politique en Provence XVIIIe-XXe siècles*, p. 573-581.

—— 1998, « Deuxième guerre, femmes et rapports de sexe. Essai d'historiographie », *Cahiers d'histoire du temps présent*, n° 4, p. 227-248.

—— 2002, « Dix ans plus tard », Françoise Thébaud éd., *Histoire des femmes*, vol. 5, *Le XXe siècle*, réédition complétée, Paris, Perrin Tempus, p. 7-58.

—— 2003a, « Écrire l'histoire des femmes en France : parcours historiographiques, débats méthodologiques et rapports avec les institutions », Gisela Bock et Anne Cova éd., *Écrire l'histoire des femmes en Europe du Sud XIXe-XXe siècles – Writing Women's History in Southern Europe 19th-20th Centuries*, Oeiras (Portugal), Celta Editora, p. 97-115.

—— 2003b, « Histoire des femmes, histoire du genre et sexe du chercheur », Jacqueline Laufer *et al.* éd., *Le travail du genre. Les sciences sociales à l'épreuve des différences de sexe*, Paris, La Découverte - MAGE, p. 70-87.

—— 2004a, « Femmes, féminisme et recherches : regards sur le bief», dans *Femmes, familles, filiations. Société et histoire*, études réunies par Marcel Bernos et Michèle Bitton en hommage à Yvonne Knibiehler, Aix-en-Provence, Publications de l'Université de Provence, p. 163-184.

—— 2004b, « Da *Pénélope* a *Clio*. Forze et debolezze della storia delle donne in Francia», Maura Palazzi et Ilaria Porciani éd., *Storiche di ieri e di oggi...*, Rome, Viella, p. 163-178.

—— 2004c, « Genre et histoire », Christine Bard, Christian Baudelot et Janine Mossuz-Lavau éd., *Quand les femmes s'en mêlent. Genre et pouvoir*, Paris, La Martinière, p. 44-63.

—— 2004d, « Femmes et genre dans la guerre », Stéphane Audoin-Rouzeau et Jean-Jacques Becker éd., *Encylopédie de la Grande Guerre 1914-1918. Histoire et culture*, Paris, Bayard, p. 613-625.

—— 2004e, « L'aventure intellectuelle de l'histoire des femmes en France », Nicole Racine et Michel Trebitsch éd., *Intellectuelles. Du genre en histoire des intellectuels*, Bruxelles, Éditions Complexe, p. 311-338.

—— 2005a, « Pierre Bourdieus *Die Männliche Herrschaft-* Ansichten einer Historikerin », Catherine Colliot-Thélène, Étienne François et Gunter Gebauer éd., *Pierre Bourdieu : Deutsch-französische Perspektiven*, Frankfurt am Main, Suhrkamp, p. 231-254.

—— 2005b, « Genre et histoire en France : les usages d'un terme et d'une catégorie d'analyse », *Hypothèses 2004. Travaux de l'École doctorale d'histoire*, Paris, Publications de la Sorbonne, p. 267-276.

—— 2006, « Les femmes au BIT : l'exemple de Marguerite Thibert », Jean-Marc Delaunay et Yves Denéchère éd., *Femmes et relations internationales*, Paris, Presses Sorbonne nouvelle, p. 177-187.

THÉBAUD Françoise et ZANCARINI-FOURNEL Michelle, 2002, « Naissance et histoire d'une revue », *Clio HFS*, n° 16, p. 9-22.

THÉRY Irène et BIET Christian éd., 1989, *La famille, la Loi, l'État, de la Révolution au Code civil*, Paris, Imprimerie nationale.

THIERCÉ Agnès, 1996, « "De l'école au ménage" : le temps de l'adolescence féminine dans les milieux populaires (IIIe République) », *Clio HFS*, n° 4, p. 75-90.

—— 2000, *Histoire de l'adolescence*, Paris, Belin (livre issu d'une thèse de doctorat).

THUILLIER Guy, 1977, *Pour une histoire du quotidien en Nivernais*, Paris, Mouton.

TIERSTON Lisa, 2001, *Marianne in the Market : Envisioning Consumer Society in Fin-de-Siècle*, Berkeley - Los Angeles - Londres, University of California Press.

TIKHONOV Natalia, 2003, *La féminisation des universités suisses, 1870-1930*, thèse de l'Université de Genève.

—— 2004, « Les débuts de l'accès des femmes aux professions de l'enseignement supérieur en Suisse », C. Bosshart-Pfluger, D. Grisard et C. Späti éd., *Geschlecht and Wissen – Genre et Savoir – Gender and Knowledge*, Zürich, Kronos, p. 293-306.

TILLIER Annick, 2001, *Des criminelles au village. Femmes infanticides en Bretagne (1825-1865)*, Presses universitaires de Rennes.

—— 2004 (éd.), *Des sources pour l'histoire des femmes. Guide*, Paris, Bibliothèque nationale de France.

TILLY Louise A., 1990, « Genre, histoire des femmes et histoire sociale », *Genèses*, n° 2, décembre, p. 148-166 (la version originale de l'article parue dans *Social Science History*, vol. 14, n° 4, 1989, a été suivie de commentaires et d'une réponse de L. Tilly).

TILLY Louise A. et SCOTT Joan, 2002 [1987], *Les femmes, le travail et la famille*, Paris, Payot & Rivages (traduction de *Women, Work and Family*, Holt, Rinehart and Winston, 1978).

TIN Louis-Georges éd., 2003, *Dictionnaire de l'homophobie*, Paris, PUF.

TOSH John, 1999, *A Man's Place : Masculinity and the Middle-Class Home in Victorian England*, New Haven / Londres, Yale University Press.

TOSH John et ROPER Michael éd., 1991, *Manful Assertions : Masculinities in Britain since 1800*, Londres, Routledge.

TOUPIN Louise, 1993, « Une histoire du féminisme est-elle possible ? », *Recherches féministes*, vol. 6, n° 1, p. 25-51.

TOURAINE Alain, 2006, *Le monde des femmes*, Paris, Fayard.

Travail, genre et sociétés, 1999, *Travail et pauvreté*, n° 1. —— 1999, *L'emploi est-il un droit ?*, n° 2. —— 2000, *Le genre masculin n'est pas neutre*, n° 3. —— 2000, *Histoire de pionnières*, n° 4. —— 2001, *Harcèlement et violence : les maux du travail*, n° 5. —— 2001, *Femmes providentielles, enfants et parents à charge*, n° 6. —— 2002, *Égalité, parité, discrimination : l'histoire continue*, n° 7. —— 2002, *Ouvrières : les dessous de l'embellie*, n° 8. —— 2003, *Filles et garçons : pour le meilleur et pour le pire*, n° 9. —— 2003, *Prostitution : marchés, organisation, mobilisations*, n° 10. —— 2004, *Statistiques : retour aux sources*, n° 11. —— 2004, *Le travail du corps*, n° 12. —— 2005, *Les patronnes*, n° 13. —— 2005, *Sciences, recherche et genre*, n° 14. —— 2006, *Salaires féminins, le point et l'appoint*, n° 15. —— 2006, *Les dégats de la violence économique*, n° 16.

TUCAT Danielle, 1982, *Les sages-femmes à Paris 1871-1914*, thèse de troisième cycle sous la direction de Michelle Perrot (Université Paris 7).

TURRIN Yvonne, 1989, *Femmes et religieuses au XIXe siècle : le féminisme en religion*, Paris, Éditions Nouvelle Cité.

VAN DE CASTEELE-SCHWEITZER Sylvie et VOLDMAN Danièle, 1984, « Les sources orales pour l'histoire des femmes », Michelle Perrot éd., *Une histoire des femmes est-elle possible ?*, Paris, Rivages, p. 59-70.

VAN USSEL, 1977, *Histoire de la répression sexuelle*, Paris, Laffont.

VANOLI Dominique, 1975, *Les ouvrières en soie du Sud-Est de la France (1890-1914)*, maîtrise d'histoire sous la direction de Michelle Perrot (Université Paris 7).

—— 1976, « Les ouvrières enfermées. Les couvents soyeux », *Révoltes logiques*, n° 2.

VARIKAS Eléni, 1986, *La révolte des Dames. Genèse d'une conscience féministe dans la Grèce du XIXe siècle, 1833-1908*, thèse de doctorat sous la direction de Michelle Perrot (Université Paris 7).

—— 1988, « L'approche biographique dans l'histoire des femmes », *Les cahiers du Grif*, n° 37-38, p. 41-56.

—— 1991, « Genre, expérience et subjectivité. À propos du désaccord Tilly-Scott », prêt de l'auteur, publié dans la revue italienne *Passato e Presente*, n° 26.

—— 1993, « Féminisme, modernité, postmodernisme : pour un dialogue des deux côtés de l'océan », *Féminismes au présent*, supplément à *Futur antérieur*, Paris, L'Harmattan, p. 59-84.

—— 2006, *Penser le sexe et le genre*, Paris, PUF.

VEAUVY Christiane éd., 2004, *Les femmes dans l'espace public. Itinéraires français et italiens*, Paris, Éditions de la Maison des sciences de l'homme.

VEAUVY Christiane, ROLLINDE Marguerite et AZZOUG Mireille éd., 2004,

Les femmes entre violences et stratégies de liberté. Maghreb et Europe du Sud, Saint-Denis, Éditions Bouchène, 2004.

VEILLON Dominique, 1995, *Vivre et survivre en France, 1939-1947*, Paris, Payot.

VERDIER Yvonne, 1979, *Façons de dire, façons de faire. La laveuse, la couturière, la cuisinière*, Paris, Gallimard.

VERJUS Anne, 2002, *Le cens de la famille. Les femmes et le vote, 1789-1848*, Paris, Belin.

VERRIER Frédérique, 2004, *Le miroir des Amazones. Amazones, viragos et guerrières dans la littérature italienne des XVe et XVIe siècles*, Paris, L'Harmattan.

VICINUS Martha, 1985, *Independent Women : Work and Community for Single Women 1850-1920*, Chicago - Londres, University of Chicago Press.

VIDAL-NAQUET Pierre, 1991, *Les Juifs, la mémoire, le présent*, 2 tomes, Paris, La Découverte.

VIENNOT Éliane éd., 1996, *La démocratie "à la française" ou les femmes indésirables*, Paris, Publications de l'Université Paris 7 - Denis Diderot.

—— 2004, *Marguerite de Valois (reine de France), Mémoires et discours*, Publications de l'Université de Saint-Étienne.

—— 2005, *Marguerite de Valois : la reine Margot*, Paris, Perrin.

—— 2006, *La France, les femmes et le pouvoir*, vol. 1, *L'invention de la loi salique V^e^-XVIe siècles*, Paris, Perrin.

—— 2007 (à paraître), *La France, les femmes et le pouvoir*, vol. 2, *Le verrouillage du système, XVIIe-XXIe siècles*, Paris, Perrin.

VIGARELLO Georges, 2004, *Histoire de la beauté. Le corps et l'art d'embellir de la Renaissance à nos jours*, Paris, Seuil.

Vingtième siècle. Revue d'histoire, 2002, *Histoire des femmes, histoire des genres*, n° 75, juillet-septembre.

VIRGILI Fabrice, 1995a, « Les "tondues" à la Libération : le corps des femmes, enjeu d'une réappropriation », *Clio HFS*, n° 1, p. 111-127.

—— 1995b, « Les tontes de la Libération en France », *Les cahiers de l'IHTP*, n° 31, p. 53-65.

—— 2000, *La France « virile ». Des femmes tondues à la libération*, Paris, Payot (livre issu d'une thèse de doctorat).

VIVIER Nadine éd., 2005, *Ruralité française et britannique, XIIIe-XXe siècles. Approches comparées*, Presses universitaires de Rennes.

VOLDMAN Danièle, 1993, « La place des mots, le poids des témoins », *Écrire l'histoire du temps présent*, Paris, CNRS Éditions, p. 123-132.

WALKOWITZ Judith, 1991, « Sexualités dangereuses », Geneviève Fraisse et Michelle Perrot éd., *Histoire des femmes*, vol. 4 : *Le XIXe siècle*, Paris, Plon, p. 389-418.

WALTERS Jonathan, 1993, « No more than a boy : the shifting construction of masculinity from Ancient Greece to the Middle Ages », *Gender & History*, vol. 5, n° 1.

WEINER Annette, 1983, *La richesse des femmes ou comment l'esprit vient aux hommes (îles Trobriand)*, Paris, Seuil.

WEIS Cédric, 2005, *Jeanne Alexandre. Une pacifiste intégrale*, prix Mnémosyne 2004, Presses de l'Université d'Angers.

WEITZ Margaret Collins, 1997, *Les combattantes de l'ombre. Histoire des femmes dans la Résistance*, Paris, Albin Michel (traduction de *Sister in the Resistance. How Women Fought to Free France 1940- 1945*, New York, John Wiley & Sons, 1995).

WELZER-LANG Daniel, 1988, *Le viol au masculin*, Paris, L'Harmattan.

—— 1991, *Les hommes violents*, Paris, Lierre et Coudrier.

—— 1992, « Le double standard asymétrique », Daniel Welzer-Lang et Jean-Paul Filiod éd., *Des hommes et du masculin*, publié par le CEFUP et le CREA, Presses universitaires de Lyon, p. 127-146.

—— 1994, *Prostitution : les uns, les unes, les autres*, en collaboration avec Odette Barbosa et Lilian Mathieu, Paris, Métaillé.

—— 1996, *Sexualités et violences en prison*, Lyon, Aléas.

—— 2000 (éd.), *Nouvelles approches des hommes et du masculin*, Toulouse, Presses universitaires du Mirail.

—— 2004, *Les hommes aussi changent; que pensent les hommes des femmes ?*, Paris, Payot.

WERNER Pascale, 1979, « Préface », Christiane Dufrancatel *et al.*, *L'histoire sans qualités. Essais*, Paris, Éditions Galilée, p. 9-11.

WHITE Hayden, 1995, « Response to Arthur Marwick », *The Journal of Contemporary History*, vol. 30, p. 233-246.

WIERLING Dorothee, 1994, « Histoire du quotidien et histoire des relations entre les sexes », Alf Lüdtke éd., *Histoire du quotidien*, Paris, Éditions de la Maison des sciences de l'homme, p. 153- 173.

WIESNER M., 1989, « Guilds, male bonding and women's work in early modern Germany », *Gender & History*, vol. 1, n° 2.

WIEVIORKA Annette, 1992, *Déportation et génocide*, Paris, Plon.

—— 2004, *Quelle place pour les femmes dans l'histoire enseignée ?*, rapport au Conseil économique et social, Paris, Direction des Journaux officiels.

WIEVIORKA Michel éd., 1996, *Une société fragmentée ? Le multiculturalisme en débat*, Paris, La Découverte.

WIKANDER Ulla, KESSLER-HARRIS Alice et LEWIS Jane éd. 1995, *Protecting Women : Labor Legislation in Europe, the United States and Australia, 1880-1920*, Urbana / Chicago, University of Illinois Press.

WILDENTHAL Lora, 2001, *German Women for Empire, 1884-1945*, Durham et Londres, Duke University Press.

WISHNIA Judith, 1995, « Natalisme et nationalisme pendant la première guerre mondiale », *Vingtième siècle - Revue d'histoire*, n° 45, janvier-mars, p. 30-39.

Women's History Review, 1992, *Women's Sexualities : Contest and Control*, numéro spécial, vol. 1, n° 3. —— 1993, *Australian Feminisms*, numéro spécial, vol. 2, n° 3. —— 1994, *Feminism, Imperialism and Race : a Dialogue Between India and Britain*, numéro spécial, vol. 3, n° 4. —— 1996, *Women in Central and Eastern Europe*, numéro spécial, vol. 5, n° 4. —— 1997, *Irish Women's History*, numéro spécial, vol. 6, n° 4. —— 1998, *Between Rationality and Revelation : women, faith and public roles in the nineteenth and twentieth centuries*, numéro spécial, vol. 7, n° 2. —— 1999, *Revisiting Moterhood : New Histories of the Public and the Private*, vol. 8, n° 2. —— 2000, *Borders and Frontiers in Women's History*, vol. 9, n° 2. —— 2002a, *Where Politics and Performance Meet in Us Women's History*, vol. 11, n° 1. —— 2002b, *Heartland and Periphery : local, national and global perspectives on women's history*, vol. 11, n° 3. —— 2002c, *Words as Deeds : literary and historical perspectives on women's suffrage (part one)*, vol. 11, n° 4. —— 2003, *Words as Deeds : literary and historical perspectives on women's suffrage (part two)*, vol. 12, n° 1. —— 2004, *Earning and Learning in Women's History*, vol. 13, n° 3. —— 2005, *The Suffragette and Women's History*, vol. 14, n° 3 et 4 . —— 2006, *Family, Private Life and Sexuality*, vol. 15, n° 4.

WOOLF Virginia, 1992 [1951], *Une chambre à soi*, Paris, Denoël.

ZAIDMAN Claude, 2002, « Ensemble et séparés », présentation de Erving Goffman, *L'arrangement des sexes*, Paris, La Dispute / Cahiers du CEDREF, p. 9-37.

ZANCARINI-FOURNEL Michelle, 1995, « Archéologie de la loi de 1892 en France », Leora Auslander et Michelle Zancarini-Fournel éd., *Différence des sexes et protection sociale (XIXe-XXe siècles)*, Saint-Denis, PUV.

—— 2002, « Genre et politique : les années 1968 », *Vingtième siècle. Revue d'histoire*, n° 75, p. 133-143.

—— 2003a, « France : vers une histoire des femmes du temps présent », Gisela Bock et Anne Cova éd., *Écrire l'histoire des femmes en Europe du Sud XIXe-XXe siècles - Writing Women's History in Southern Europe 19th-20th Centuries*, Oeiras (Portugal), Celta Editora, p. 117-137.

—— 2003b, « La mixité scolaire, une confusion des genres ? », Luc Capdevila *et al.* éd., *Le genre face aux mutations. Masculin et féminin, du Moyen Âge à nos jours*, Presses universitaires de Rennes, p. 31-41.

—— 2005a, *Histoire des femmes en France, XIXe-XXe siècles*, Presses universitaires de Rennes.

—— 2005b, « Corps des femmes et genre des corps, XIXe-XXe siècles », Thierry Terret et Jean Saint-Martin éd., *Sport et genre*, vol. 3 : *Apprentissage du genre et institutions éducatives*, Paris, L'Harmattan, p. 15-34.

ZARNOWSKA Anna, 2004, *Workers, Women, and Social Change in Poland, 1870-1939*, Burlington, Ashgate Publishing Limited (Variorum collected studies series).

ZDATNY Steven, 1996, « La mode à la garçonne, 1900-1925 : une histoire sociale des coupes de cheveux », *Le mouvement social*, n° 174, p. 23-56.

ZELDIN Theodor, 1978, *Histoire des passions françaises. Ambition et amour*, t. 1, Paris, Anthropos.

ZERNER Sylvie, 1985, *Travail domestique et forme de travail. Ouvrières et employées entre la première guerre mondiale et la grande crise*, thèse de doctorat en économie (Université Paris 10 - Nanterre).

—— 1987, « De la couture aux presses : l'emploi féminin entre les deux guerres », *Le mouvement social*, n° 140, juillet-septembre.

ZINSER JUDITH, 1993, *History and Feminism*, New York, Twayne.

ZYLBERGER-HOCQUARD Marie-Hélène, 1978, *Féminisme et syndicalisme en France*, Paris, Anthropos (livre issu d'une thèse de troisième cycle).

—— 1981, *Femmes et féminisme dans le mouvement ouvrier français*, Paris, Les Éditions ouvrières.

Table des matières

Avant-propos à la nouvelle édition 5

Préface de la première édition 9

Introduction de la première édition 13

PREMIÈRE PARTIE

L'émergence de l'histoire des femmes ou l'affirmation d'un nouvel objet-sujet d'étude 29

Histoire nouvelle – histoire des femmes : textes pour convaincre 30
Une histoire au masculin. Une discipline masculine 36
Les facteurs de changement ou les origines intellectuelles et politiques de l'histoire des femmes 44
Quelques caractéristiques françaises 55
Choisir l'histoire des femmes : un phénomène générationnel 61

DEUXIÈME PARTIE

L'histoire au féminin ou la phase d'accumulation 67

Un projet de remémoration 68
La pratique de l'histoire au féminin : la question des sources 71
La pratique de l'histoire au féminin : objets et points de vue 79
Bilan de cette phase d'accumulation : acquis intellectuels, résistances institutionnelles 91
Bilan de cette phase d'accumulation : doutes, interrogations et émergence d'une autre pratique 102

TROISIÈME PARTIE

Le temps du *gender* 117

Brève histoire du terme et du concept 121
La *gender history* première manière : richesse et limites 126

Le *gender* à la française : l'*Histoire des femmes en Occident* 142
Le débat américain autour du *linguistic turn* et du *gender* post-structuraliste 152
Retour en France : richesse et paradoxes de l'histoire des femmes 165

Conclusion de la première édition 173

QUATRIÈME PARTIE
Le temps du genre et de la reconnaissance ? 185

Une légitimité internationale : le temps d'une histoire globale ? 186
Le temps du genre ? 193
Nouvelles approches, nouveaux objets 209
Le temps de la reconnaissance ? 231

Conclusion 239

Bibliographie 241

Titres récents, dans la même collection

Faire l'histoire des grands ensembles. Bibliographie 1950-1980
Frédéric Dufaux, Annie Fourcaut, Rémi Skoutelski

Les grandeurs de la Terre. Aspects du savoir géographique au XVIe *siècle*
Jean-Marc Besse

Eau et environnement. Tunisie et milieux méditérranéens
Textes réunis par Paul Arnould et Micheline Hotyat

La mixité dans l'éducation. Enjeux passés et présents
Sous la direction de Rebecca Rogers
avec une préface de Geneviève Fraisse

Territoires d'Europe, la différence en partage
Sous la direction de Violette Rey et Thérèse Saint-Julien

Les jésuites à Lyon, XVIe-XXe *siècle*
Sous la direction de Étienne Fouilloux et Bernard Hours

Réimpression en juin 2016
par l'imprimerie Jouve à Mayenne.
N° d'impression : 2406087Z

Dépôt légal octobre 2007

IMPRIMÉ EN FRANCE